国家出版基金项目
NATIONAL PUBLICATION FOUNDATION

"十三五"国家重点图书出版规划项目
国家社会科学基金西部项目"四川县级档案馆藏
民国档案数字化处理与研究"优秀结项成果

民国璧山司法档案案卷提要

公文卷

吕毅　陈廷湘　刘明琴　著

西南大学出版社

图书在版编目(CIP)数据

民国璧山司法档案案卷提要.公文卷/吕毅,陈廷湘,刘明琴著.--重庆：西南大学出版社,2022.1
ISBN 978-7-5697-0003-9

Ⅰ.①民… Ⅱ.①吕… ②陈… ③刘… Ⅲ.①司法档案－内容提要－汇编－重庆－民国 Ⅳ.①Z89:D929.6

中国版本图书馆 CIP 数据核字(2021)第 098830 号

民国璧山司法档案案卷提要·公文卷
MINGUO BISHAN SIFA DANG'AN ANJUAN TIYAO GONGWEN JUAN

吕毅　陈廷湘　刘明琴　著

出 品 人：张发钧
策划组稿：卢渝宁　黄璜
责任编辑：赖晓玥　畅洁　黄璜　万珊珊　黄丽玉　唐倩　段小佳
装帧设计：观止堂_未氓
排　　版：夏洁
出版发行：西南大学出版社(原西南师范大学出版社)
　　　　　地址：重庆市北碚区天生路2号
　　　　　邮编：400715
　　　　　市场营销部电话：023-68868624
印　　刷：重庆升光电力印务有限公司
幅面尺寸：185mm×260mm
印　　张：19.5
插　　页：2
字　　数：439千字
版　　次：2022年1月第1版
印　　次：2022年1月第1次
书　　号：ISBN 978-7-5697-0003-9
定　　价：268.00元

作者简介

吕毅

吕毅，中国人民公安大学犯罪学学院在站博士后，就职于四川大学历史文化学院，任四川大学中国西南文献信息中心办公室主任。研究方向为中国近现代史、中国西南地方社会区域史、民国时期西南地区县级档案整理与研究。教育部哲学社会科学研究重大课题攻关项目"三线建设历史资料搜集整理与研究"子课题负责人；作为主研参与国家社科基金重大项目"清代巴县衙门档案整理与研究"、国家社科基金西部项目"四川县级档案馆藏民国档案数字化处理与研究"；"十二五"国家重点图书出版规划项目、国家出版基金资助项目"民国乡村建设：晏阳初华西实验区档案"丛书第二主编。

陈廷湘

陈廷湘，四川大学历史文化学院教授，博士生导师，四川大学中国西南文献信息中心主任。中国现代史学会副会长，四川省学术和技术带头人，国家社科基金重大项目首席专家，长期从事中国近现代史等领域的研究。出版学术专著10多部，在《中国社会科学》《历史研究》《近代史研究》《中国史研究》等期刊及台湾《中国文化月刊》等重要学术刊物发表论文80余篇。

刘明琴

刘明琴，四川大学历史学博士，研究方向为中国近现代史、历史文献学。参与国家社科基金重大项目"巴蜀全书"子项目《廖平全集》《平定两金川方略》的点校与整理工作，参与编著"十二五"国家重点图书出版规划项目、国家出版基金资助项目"民国乡村建设：晏阳初华西实验区档案"丛书，合著有《华西实验区乡村工业建设实验研究》等。

序

　　璧山县是长江上游历史悠远、文化昌明之区。清代璧山县隶重庆府，民国时期属四川第三行政督察区。抗战军兴，重庆成为战时首都之际，众多国家机构迁驻于此，大批政界、学界名人暂居于斯，璧山县实为战时首都要地。著名平民教育家晏阳初乡村改造实验因日本侵略受阻于华北后，曾以璧山为中心创设中华平民教育会华西实验区，重启乡村建设。无论从何种角度审视，璧山都是民国时期举足轻重的县份。

　　璧山县的特殊地位决定了以璧山为个案研究民国时期中国，尤其是中国西南基层社会历史，具有不可替代的意义。而能够为民国时期璧山基层社会生活史研究提供最重要史料支撑者，非璧山司法档案莫属。民国璧山县法院始建于1931年10月1日，此前实行司法行政合一制，由县知事兼理司法。县法院设置后，始有专门司法机关审理全县民刑案件。1937年10月1日，国民政府撤法院改设县司法处，1939年9月又撤司法处设地方法院。民国时期，中国司法制度尚处于现代转型之期。为促进法制现代转型，国民政府内迁重庆后继续推行司法改革。1942年5月1日，璧山实验地方法院组建即是当时司法改革最重要的举措之一。璧山实验地方法院运行至1946年1月1日重新恢复为地方法院，一直存在到重庆解放。

　　璧山留存的民国司法档案共约2.1万卷。档案包括县知事兼理司法时期的司法文书，最早形成于1916年（之前未见保存，原因不得而知），但直至1937年，所存档案均为数不多。其绝大部分形成于1937年以后。实验地方法院的司法文书保存规范、完整、细致，因而数量占比较大。仅从璧山司法档案文书数量变化就可看出，民国时期中国司法现代转型很大程度上要靠中央政府推动。国民政府迁重庆后，作为战时首都构成部分的璧山县政府工作直接受到中央政府的指导，这对该县司法改革显然产生了积极的推动作用，案件处理程序趋于规范，文书保存趋于完整，数量也就大幅增加。因此，研究璧山司法档案对研究民国时期法制现代转型的众多问题，如地方法制现代转型与中央政府和民众的关系，地方法制现代转型的历史进程、存在问题与成败得失等都具有十分重要的意义。

与此同时，由于璧山县属于文化昌明之区，加之处于近代以来因开埠而开化较早较快的重庆地区，其经济发展程度相对较高，社会关系、社会问题相对更复杂，因而是转型时期社会文化史研究中具有独特价值的论域。民国璧山司法档案中保存了数量极大的反映民间社会生活状况的资料。当时下层民众的经济状况、生存境遇、生活样态、家庭关系、社会关系、矛盾冲突，以及他们对生存境遇、生存状态的认知与采取的生存策略等在档案中都有大量记载。由于民国司法对庭讯采取当场记录归档的文书保存方式，在其他文献中处于失语状况的下层民众的说话方式也能在档案中生动呈现。这些特点决定了民国璧山司法档案对已成为当今史学热点的下层民众生活史研究而言是不可多得的资料宝库。

　　民国璧山司法档案卷帙浩繁，尽管内容丰富，深受学人所好，但实际上使用难度很大。要从近 2.1 万卷、110 多万页档案中选出具体研究对象，需翻遍全部档案始可放心确定论题。智能高者翻阅部分档案或可选出一题，但继而研究亦需翻阅全部档案。如此研究，言有大海捞针之难虽有所过，但亦相差无几。因此，为每卷档案编著提要十分必要。本书即是对民国璧山司法档案分卷著成提要之作。《提要》在研读案卷内容的基础上编写出大体能提示每卷内容的标题，同时对卷内每个案件每份文书的主体、对象和事由加以简要介绍。全书共 500 余万字，编成 9 册，部头尽管仍然较大，但较之档案原件数量之大已不可同日而语。研究者可通过翻阅简明提要，发现何种问题在档案中有较多记载，较易地确定研究论题。且可获得有关案件完整处理过程的资料，或可获得所选问题需要的特殊资料。这对利用民国璧山司法档案进行学术研究无疑是十分便捷之途。本《提要》的编著旨在进一步把民国璧山司法档案改造为人文社会科学学术研究的公器，便利学者对该部重要历史档案的发掘与利用，为民国时期司法改革和下层民众生活史等方向的研究做些微薄贡献。如能达此目标，则编著者之幸事，亦学术发展之幸事！

陈廷湘
2020 年 12 月 10 日于四川大学

凡例

一、民国璧山司法档案原件藏于重庆市璧山区档案馆，共约2.1万卷，110余万页。2012年，四川大学中国西南文献中心完成民国璧山司法档案原件数字化扫描。在进行该档案数字化工作时，依据档案原件案卷顺序、号码及卷内档案原顺序依次扫描、编号，最终形成民国璧山司法档案数字化版本。

二、民国璧山司法档案数字化版本分别保存于四川大学中国西南文献中心和重庆市璧山区档案馆，由四川大学中国西南文献中心根据该数字化版本著录成本书。民国璧山司法档案原件没有进行过系统整理，卷内档案形成时间、内容顺序多有混乱，为保持档案原件原貌，民国璧山司法档案数字化版本编号、顺序及内容与原件相对应。

三、民国璧山司法档案分为民事、刑事和公文三个部分，分别包含在第12、第13两个全宗内。比如编号方式为12-1-3，其中12代表全宗号，1代表目录号，3代表卷号。其中民事部分在第12全宗内有19个目录号，从1开始依次编号，每个目录号下从卷号1开始依序成卷。刑事部分在第12全宗内有29个目录号，从1开始依次编号，每个目录号下从卷号1开始依序成卷。公文部分在第12和第13全宗内都有包含，但只有一个目录号，编号即为12-1-× 或13-1-×。

四、由于民事、刑事和公文三部分内容在第12、第13全宗内交叉出现，在编著案卷提要时必须加以区别，同时合理划分案卷提要。在编写案卷提要时首先区分民事、刑事、公文三大部分，之后根据目录号划分民事、刑事全宗项下部分，形成章节。如民事部分章节表达形式为"民事一"，"民事"即民事部分，"一"为目录号，刑事部分也如此划分和编写。公文部分在两个全宗中均只有一个目录号，就以全宗号划分章节，编为"公文一""公文二"。

五、案卷提要编写分为题目和内容两个部分。按以下原则编写：

1. 题目部分由序号、裁判主体、案由、案件数量和案卷编号组成。案卷中出现的裁判主体全部写入；案由全部或部分写入；案件数量照实表述；案卷编号按照"三"的要求表述，卷号根据原档案案卷号照录。表述形式为"<u>序号</u>＋<u>裁判主体</u>＋审理＋<u>案由</u>＋<u>案件数量</u>＋<u>案卷编号</u>"，下画线上即为著录内容。

  2. 提要内容部分表述形式为："<u>时间</u>＋<u>裁判主体</u>＋关于＋<u>案由</u>的文书，包括＋<u>文书种类</u>＋<u>诉讼程序</u>"。下画线上即为著录内容。涉及当事人姓名时，人名照录。

  3. 时间为案卷内档案最早形成时间段和最晚形成时间段，用公历书写，根据实际情况尽量保留至月份，如1921年5月至1936年9月。

  4. 裁判主体、当事人及案由每一案件分开表述，信息尽量著录。文书种类全部著录。

  5. 如果案卷中出现与卷内主要案件无关的其他案件的极少量文书或其他杂件，则根据这些文书的内容和种类单独表述。

目录

公文一 …………………………………………………………… 1
公文二 …………………………………………………………… 285

公文一

1. 四川高等法院训令、四川省政府代电、璧山地方法院文书等　12－1－1

1946年12月至1949年11月，四川高等法院关于保障人权、刑事事项抄件等问题的训令，四川省政府关于县参议员兼职、出席缺席等问题的代电，璧山地方法院代送文件登记簿、新收人犯日报单、给付典价纠葛案的文书等。

2. 璧山地方法院看守所附设监狱人犯日报表及农业推广所相关文书　12－1－2

1949年1月至1949年8月，璧山地方法院看守所附设监狱在押与做工人数日报表、璧山县农业推广所人犯月报表、璧山县农业推广所工作日志表、璧山县农业推广所训令等。

3. 四川高等法院、璧山地方法院办理农地交租减租事宜的指令、公函等　12－1－3

1937年10月至1949年11月，四川高等法院关于该院雇佣人员登记册的指令、交业给租等纠葛的公函，璧山地方法院书记室欠租纠纷公函，璧山县丁家乡(民国)三十八年度办理农地减租成果表、减租申报表，璧山县临江乡第三保(民国)三十八年度农地减租申报表等。

4. 四川高等法院有关行政工作等事宜的文书　12－1－4

1941年3月至1949年11月，四川高等法院关于抄发姓名使用条例、复员后办理刑事诉讼补充条例、简化检察官推事指挥司法警察证发证程序、各级司法机关支持"戡乱"政务、请求最高法院从速覆判特刑案件、切实彻底处理兵役案件、各专员县长发生纠纷应首先函请长官公署解决等事宜的相关文书。

5. 四川高等法院、璧山地方法院、璧山田赋粮食管理处等日常工作相关文书　12－1－5

1949年2月至1949年10月，四川高等法院关于田赋征收及粮食管理、乐山地方法院呈报募捐囚人副食品食盐、威远地方法院呈报洽购公粮、各监所借粮借款等的训令。璧山地方法院关于推广巡回公证制度、从速归还借粮的代电、庶务室财产移交清单；璧山田赋粮食管理处关于抄转改订追收官商亏欠粮食款办法、催征 1948 年欠赋的公函等。

6. 璧山（实验）地方法院日常工作文书、四川高等法院土地税费相关训令等　12－1－6

1942 年 10 月至 1949 年 10 月，璧山（实验）地方法院关于申请假扣押案的训令、璧山（实验）地方法院书记室关于张元献遗产案的公函。四川高等法院关于土地税费的相关训令，附四川省政府修正实施农地减租办法、币制恢复银元本位后规定地价及征收土地税费补充办法、四川省（民国）三十八年度田赋征借实物实施办法细则等。璧山县政府函复何官长为代表的公函、高等法院检察官答辩书、四川高等法院监察处奉令抄送战区撤退司法人员救济办法、璧山地方法院看守所呈复并未羁押政治犯的训令。

7. 璧山地方法院司法案件相关案簿　12－1－7

1948 年 1 月至 1949 年 1 月，璧山地方法院民事全字分案簿、民事传票挂号簿、检察官稿件送阅簿。

8. 四川高等法院、璧山地方法院看守所、四川高等法院重庆分院关于处理人犯及修整监所事宜文书　12－1－8

1938 年 12 月至 1949 年 10 月，四川高等法院关于战区撤退监所整理办法、各监所清理已未结军事人犯统计表、军政机关应酌派队警协助监所戒获、人犯子女应送救济院所收容以资救济、修正监所职员奖惩办法条文、绥靖区各县监所人犯处理办法、修正捐款改良监所奖惩办法等训令；璧山地方法院看守所关于建房砖块迭次被盗遗失及办理情形报请鉴核，呈请饬江北地方法院所属看守所将前借脚镣归还的公函；四川高等法院重庆分院关于将重庆监所人犯移送重庆附近监所的训令等。

9. 璧山县乡公所有关缉捕盗匪等的文书　12－1－9

1949 年 7 月至 1949 年 11 月，璧山县乡公所关于堵击盗匪呈文，附失物清单、犯人口供笔录等；广普乡乡公所关于免去罗文才和杨海清送县验收、剿办股匪日期请予批准、王前富入营服役无法解送、捏报匪情企图贪功、傅开祥拾获废枪请予鉴核、获匪枪三支不克立即送交、补充弹药以固治安等事宜呈文。四川省第三区保安司令部关于抄发土匪自新保结格式的训令等。

公文一

10. 璧山县乡公所有关盗劫案等的文书　12－1－10

　　1949年7月至1949年10月,璧山县乡公所关于福禄乡第九保徐述全纵匪抢夺、周银臣放鸭被劫等案的呈文,刘荣良涉案的押票回证,璧山县太和乡乡公所提请消除匪患、票传帅洪轩等人到案讯质以明真假等事由呈文。

11. 璧山实验地方法院案件统计报表　12－1－11

　　1942年10月至1942年11月,璧山实验地方法院监察处执行徒刑拘役罚金案件统计表、璧山实验地方法院监察处一年来受理案件四柱表、终结案件期间一览表、刑事诉讼程序审查表、申告铃使用规则、密告箱使用办法,实验地方法院办理民刑事诉讼补充办法与民刑事诉讼法比较表、璧山实验地方法院职员值日办法、制作民事判决原本注意事项的文书。

12. 璧山地方法院看守所及璧山县政府、陆军第108军239师司令部解送人犯相关公函、训令等　12－1－12

　　1947年10月至1949年3月,璧山地方法院看守所及璧山县政府关于解送盗匪、解送人犯等事宜公函及遗失警察证的训令,陆军第108军239师司令部关于寄押人犯事宜的公函,璧山地方法院关于解送人犯的公函及盗匪案的提票回证,重庆高等特种刑事法庭奉令撤销未决政治犯的公函。

13. 璧山地方法院监察处拘传票登记簿、土地法令等事项的文书　12－1－13

　　1948年12月至1949年1月,璧山地方法院监察处拘传票登记送达文件簿,璧山地方法院关于土地法令的卷宗、特种刑事办案进行簿、刑事特字公案簿的文书。

14. 璧南私立初级中学关于催缴学谷、经费清册等事宜的文书　12－1－14

　　1947年7月至1949年9月,璧南私立初级中学校长关于学生应缴黄谷以清垫累、增加物理化教员张德乾待遇、前训导主任谭树勋索要薪谷、核免学生学谷、减低学费、徐显志在校所欠食米拟在所缴学谷项下发付、函送预算书收支流及各项单据、征收学谷及经费清册、经费支出决算书、1947年寒假伙食收支表、洪贵华因病休学学谷移作下学期学费、支薪清单的公函,璧山县政府关于核准补助各私立中小学校经费的训令。

15. 璧山县乡公所惩治匪霸、璧山地方法院关于田产纠纷案等的文书　12－1－15

　　1948年12月至1949年11月,重庆警备司令部关于将匪霸陈开第全案速查严办的公函、璧山县乡公所检举陈开第赴渝请愿人员姓名表、陈开第为惯匪陈德昌求情乡长开释的呈文、侦讯单、判决书,璧山县政府关于缉拿匪党呈文,解送匪犯王述云等四人法办的代电,璧山地方法院关于田产租佃、房屋、借贷钱财纠纷、抢劫等案的判决书等。

16. 四川省政府禁止官员赌博训令、璧山实验地方法院关于民事案件的判决文书等　12－1－16

1945年8月至1949年8月,四川省政府关于禁止官员赌博的训令,璧山实验地方法院关于申请诉讼救助的裁定书,产业纠纷、盗窃案、田产、坟墓迁移纠纷的判决书,四川高等法院关于土地法的训令,璧山实验地方法院看守所概况表,璧山县政府关于核示军民合作代办所经费预书呈文、壮丁交付名单。

17. 璧山县第二区广普乡保甲编查册等　12－1－17（1）

1942年6月至1948年5月,璧山县第二区广普乡保甲编查册、普通户口调查表、工役领米名单。

18. 璧山地方法院诉状登记簿、大衍会规、检察处送达文件簿　12－1－17（2）

璧山地方法院诉状登记簿,含姓名、案由、日期等项;大衍会序、大衍会规则、推算各会局之期姓名表;璧山实验地方法院检察处送达文件簿,含被送达人姓名、案由、文件类别、日期等项。(时间不详)

19. 璧山地方法院工作记录表、看守所人员身份簿、司法助理员考试试卷　12－1－19

1949年1月至1949年9月,璧山地方法院工作记录表,璧山地方法院看守所人员身份簿,璧山地方法院考试司法助理员法制大意试卷、国文试卷、国父遗教试卷、常识试卷。

20. 璧山县政府及璧山地方法院关于田产、债务纠纷等的民事执行收结案件簿　12－1－20

1949年4月至1949年11月,璧山县政府及璧山地方法院关于田产纠纷、债务、租谷、赌产、赔偿损失、迁坟、终止租约、分割遗产等的民事执行收结案件簿。

21. 璧山地方法院量积仪计算土地面积统计表　12－1－21

1949年,璧山地方法院量积仪计算土地面积统计表,含地号、地目、亩数、平均数等项。

公文一

22. 璧山地方法院关于刑事被告羁押一览表、囚粮名册、乡建工作通讯等　12－1－22

1949年4月至1949年6月,璧山地方法院关于刑事被告羁押一览表、检察官上呈刑事被告羁押人员月报表、囚粮名册、助理员服务注意事项、乡建工作通讯等。

23. 璧山县六塘乡造报抗战迄今出征军人职业阶级呈报表、璧山地方法院司法案件文书　12－1－23

1949年1月至1949年11月,璧山县六塘乡造报抗战迄今出征军人职业阶级呈报表,璧山地方法院刑事被告羁押一览表、工作记录,以及关于盗窃、欺诈、伤害、贪污、妨害兵役等案件的司法文书。

24. 璧山地方法院关于伤害、妨碍兵役、盗窃等案的收状簿　12－1－24

1949年1月至1949年10月,璧山地方法院关于伤害、妨碍兵役、盗窃、妨碍自由、妨碍权力执行的民事收状簿。

25. 璧山地方法院羁押人犯登记册以及民事刑事案件相关文书　12－1－25

1949年1月至1949年11月,璧山地方法院羁押人犯登记册,以及关于拍卖产业、追缴所欠军粮、盗窃及烟毒、私造枪械、伤害、妨碍名誉、杀人、抢夺、欺诈、妨害公务、通奸案件的文书。

26. 璧山地方法院关于司法案件,县乡公所关于隐匿人口、保长选举及乡民代表会议记录,县政府关于鸦片案等的文书　12－1－26

1947年4月至1949年1月,璧山地方法院关于买卖认证、租佃认证、遗失存查、典当公正、借贷认证、业权存查、贪污、烟毒的文书,璧山地方法院考试司法助理员成绩审查表,璧山县乡公所关于隐匿人口、核查新选举正副保长及乡民代表会议记录的呈文,璧山县政府关于鸦片案的判决书。

27. 璧山县地方预算岁入总表、地政规费岁入类追加预算书等相关文书　12－1－27

1949年1月至1949年11月,璧山县1949年度地方预算岁入总表,璧山县地籍整理办事处1948年下半年地政规费岁入类追加预算书,四川省政府地政局关于追加预算书并再严令造报1948年下半年规费岁入累计表的训令,四川高等法院重庆分院关于依法办理欧显淞上诉案的训令。

28. 璧山地方法院司法案件相关文书、未结案件月报表、司法助理员常识试卷　12－1－28

1935年9月至1949年11月，璧山地方法院关于杀人、盗窃、欺诈、诬告、妨害秩序、朱佐尧与符汉清债务纠纷、租佃纠纷等案的文书，十月份未结案件月报表，璧山实验地方法院考试司法助理员常识试卷。

29. 璧山地方法院民事判决及训令，璧山实验地方法院布告、院务会议记录等相关文书　12－1－29

1942年5月至1949年4月，璧山地方法院关于彭颜氏诉彭方荣伪造契约案的函片，工作报告，耕牛、黄谷、田产纠纷的民事判决或训令，璧山实验地方法院布告、院务会议记录、通用实验法规结案月报表、1942年5月至8月民刑诉讼及侦查案件收结一览表、办理民刑诉讼补充办法，璧山地方法院与实验地方法院收入比较表，司法行政部关于抄发训练机关受理办法的训令。

30. 璧山地方法院关于伤害、杀人、诈取、诬告、窃盗等案的文书　12－1－30

1949年2月至1949年11月，璧山地方法院关于伤害、杀人、教唆、砍伐树木、欺骗、伤辱、诈取、诬告、胁迫、窃盗、续审、中止租约等案的文书。

31. 璧山地方法院总收文簿　12－1－31

1949年2月至1949年4月，璧山地方法院关于抄送1939年12月份经费、将人犯案卷送审、缓造1940年各月收支计算书、发布员司俸薪巡查表等事宜收文簿，含进行号数、来文机关、有无附件、事由等项。

32. 璧山地方法院被告案件记录　12－1－32

1949年2月至1949年5月，璧山地方法院关于撤回、具结、并诉、委任、补诉、具领、和诉、再议、抗告、声明等被告案件的记录。

33. 璧山地方法院等关于建筑看守所的文书　12－1－33

1946年6月至1949年6月，璧山地方法院关于建筑璧山地方法院看守所捐册、璧山健龙乡乡公所关于筑璧山地方法院看守所捐款名册的呈文。

34. 璧山地方法院看守所工作人犯名单、户籍册、公函等　12－1－34

1948年9月至1949年11月，璧山地方法院看守所工作人犯名单、执行刑罚稽考簿，健龙乡第二保户口调查表，璧山县政府关于检送太和乡第九保王东林户籍、抄送安世全户籍滕本的公函,璧山县户籍登记簿,璧山地方法院监察官关于将大兴乡第九保户籍册查明抄送的公函,璧山地方法院关于抄送冯祖佑户籍、巴塘乡五保(民国)三十四至三十六年度户籍册的公函,四川省政府关于璧山地方法院函调户籍册的指令,璧山县巴塘乡1947年度验收壮丁名册,璧山地方法院看守所1949年元月份工作人犯名单。

35. 璧山县警察所驻地补修预算书、预算呈文、公函等　12－1－35

1949年6月至1949年11月,璧山县第二区警察所造呈西门城楼驻地补修预算书。璧山县警察局关于警察所培修所址预算、造具解送人犯费预算书、刘松廷审查通知书请按级支薪等事宜的呈文。璧山县参议会关于警察局修建费预算审议一案的公函,璧山县警察局造具解送人犯出差食宿费预算书,璧山县政府准许参议会议决警察局修建房屋预算书、同意警察局报请注销青棉警服的训令。

36. 璧山地方法院监察处民事刑事案件文书、二所支用账簿等　12－1－36

1941年1月至1941年9月,璧山地方法院监察处关于伤害、侵占他人财物、盗窃、欺诈、毁损、抢夺、杀人、妨害自由、妨害婚姻等案件的文书,二所(监所)支用账簿。

37. 璧山地方法院刑事被告羁押一览表、案件表等　12－1－37

1949年3月至1949年11月,璧山地方法院刑事被告羁押一览表、刑事已结未结案件表、1949年5月份案件法收调查表、刑事宣告缓刑人数月报、1949年5月份办案人员结案调查表。陆军第366师司令部电请璧山县政府协助招募志愿兵的代电、璧山县征发新兵名册、四川高等法院关于划定军法与司法案审判范围的训令、永川团管区司令部关于募补士兵的代电。

38. 璧山地方法院民事刑事案件文书　12－1－38

1949年1月至1949年11月,璧山地方法院关于渎职、诱拐、妨害自由、盗窃、诬告、侵入住宅、伪证、伪造文书、欺诈、妨害家庭、贪污、侮辱、杀人未遂等案件的文书,璧山地方法院关于抢夺、诬告等罪的刑事判决书,璧山地方法院刑事裁定。

39. 璧山实验地方法院薪饷发放表及刑事案件笔录、判决,看守所关于人犯保释的呈文等　12－1－39

1937年2月至1949年9月,璧山实验地方法院1945年度一月份补助清单、发放1945年一月份工饷表、俸薪表。璧山实验地方法院关于罪犯白世昌的问答笔录、刑事判决。四川高等法院关于羁押被告的训令。璧山地方法院看守所关于另造保释人犯清册、报请鉴核监犯的呈文，璧山地方法院看守所附设监狱人犯与绥靖区监狱人犯临时处理办法比照表。四川高等法院关于疏通人犯办法及人犯刑期计算标准、切实督促疏通已未决人犯的代电。璧山地方法院看守所关于非常时期监犯临时疏通办法之规定，募集监房工程所需工资、交保释放人犯的呈文，璧山地方法院监所协进委员会会议记录。

40. 璧山县政府所发收据、田土等买卖文契　12－1－40

1915年6月至1934年12月，璧山县政府征收局发给民众缴纳剿赤经费的收据，冯中证卖田土、山林、房屋基址的文契。

41. 璧山县农民出卖田产文契、中小学新生名册及户籍调查等文书　12－1－41

1946年1月至1949年4月，璧山县黄化中出卖田土的文契以及债务、租谷纠纷清单。璧山县中小学新生名册、学籍表、物理化学仪器及标本清册。璧山县关于产业买卖的民事判决书及审讯笔录。看守所经常办公费预算、种猪饲料费预算，璧山县卜元公所一保二甲十二户户籍登记申请书、户口调查表。

42. 四川省政府、四川高等法院等关于监所人犯处置办法、刑法第五条修正条文等事宜的文书　12－1－42

1938年4月至1949年8月，四川省省政府关于非常时期监所人犯处置办法。四川高等法院关于复员人员办理民事诉讼补充条例、刑法第五条修正条文、各县市成立军法看守所及修改戒严法、不得擅捕人民及惩治叛乱条例的训令。司法行政部关于公务员犯罪案件处理的训令。璧山县政府派遣自卫壮丁名册、璧山县政府惩治叛乱条例。

43. 璧山县政府、璧山地方法院民事案件登记表　12－1－43

1949年，璧山县政府、璧山地方法院民事案件登记表，包括人名、年度、承办推事、案卷内容。

44. 璧山地方法院关于债务等案件的判决书、大足县政府要求归还生产贷款的公函、司法行政部会计处抄发考绩各种表册格式的训令等　12－1－44

1944年6月至1949年，璧山地方法院关于债务、租谷纠纷、盗窃、吸食鸦片、作伪证、伤人等案件的判决书。户籍登记申请书、璧山实验地方法院检察处羁押被告稽考簿、璧山各界欢送驻璧山中央机关学校离开大会会议记录、璧山小学学生总名册、大足县政府要求东关镇归还生产贷款的公函、司法行政部会计处关于抄发考绩各种表册格式的训令、各法院监所员役薪饷表。

公文一

45. 璧山县第一区住户户口调查表　12－1－45

1939年10月至1949年，璧山县第一区住户户口调查表，调查表内容包括户长、年龄、籍贯、是否识字、居住年数等。

46. 璧山县梓潼乡第五保户籍登记表　12－1－46

1911年12月至1949年11月，璧山县梓潼乡第五保户籍登记表，登记表包括姓名、性别、出生年月、教育程度、担任职务、本籍、寄籍等内容。

47. 璧山地方法院关于补诉、具保、呈领、委任、具领、抗告等被告案件的文书　12－1－47

1949年1月至1949年11月，璧山地方法院关于补诉、具保、呈领、委任、具领、抗告等被告案件的文书，包括被告人姓名、时间、文件类别等内容。

48. 璧山县1949年下学期学生总名册、筑路支队部移交公务文件清单及耕畜登记表、征购军粮花名册等　12－1－48

1949年9月至1949年11月，璧山县鹿鸣乡第四保国民学校公历、1949年下学期学生总名册。璧山民工筑路支队部移交公务文件清单，璧山县第三区正兴乡人民政府耕畜登记表，璧山县第二区梓潼乡征购军粮花名册。

49. 璧山县正兴乡户籍登记表　12－1－49

1949年，璧山县正兴乡户籍登记表，包括姓名、性别、年龄、出生年月、受教育程度、担任职务、本籍、寄籍等内容。

50. 璧山地方法院募捐册　12－1－50

1949年，璧山地方法院募捐册，册上内容包括应募人姓名、实收债款、住址、临时收据号数等。

51. 璧山地方法院看守所关于造报作业决算书表的呈文、四川高等法院经费核实的公函等　12－1－51

1948年12月至1949年9月，璧山地方法院看守所关于造报1948年下半年作业决算书表的呈文，四川高等法院会计室关于会计报告经费核实的公函，四川高等法院关于四川省审计处函改订稽查限额、经费结余问题的训令。

52. 璧山地方法院看守所囚粮名册等文书　12－1－52

　　1949年,璧山地方法院看守所囚粮名册,包括人犯姓名、罪名、开押或指挥执行机关等内容。璧山律师公会通知,保证书样张。

53. 璧山地方法院户口点查表　12－1－53

　　1949年,璧山地方法院户口点查表,表格内容包括户长、亲属、姓名、性别、婚姻、年龄及出生年月、籍贯、受教育程度、居住年数等。

54. 璧山地方法院关于诉讼案件的文书　12－1－54

　　1942—1949年,璧山地方法院关于租谷、迁坟、赔偿、伤害、盗匪等诉讼案件的文书,包括诉讼人姓名、案由、档卷、年度等内容。

55. 璧山县户籍登记申请书　12－1－55

　　1941—1949年,璧山县户籍登记申请书,包括姓名、性别、户长或当事人、关系人称、年龄及出生年月、本籍、寄籍、居住本县开始时期、受教育程度、职业、婚姻状况、残疾登记事由及日期、住址。

56. 璧山地方法院判决书　12－1－56

　　1948年至1949年,璧山地方法院关于伤害、盗窃等案件的刑事判决书、民事判决书。

57. 璧山地方法院孟计普利田园会序、武圣帝君救劫破迷论等文书　12－1－57

　　1938年5月至1949年11月,璧山地方法院孟计普利田园会序、会规书。武圣帝君救劫破迷论,璧山地方法院民庭函片及民事执行展复片。

58. 璧山地方法院羁押被告簿、通报簿、裁判案件簿　12－1－58

　　1949年4月至1949年6月,璧山地方法院羁押被告簿、通报簿、裁判案件簿,包括姓名、性别、年龄、案由等内容。

59. 璧山地方法院等关于司法案件的公函、训会等　12－1－59

　　1941年1月至1949年1月,璧山地方法院书记室关于送达证书请查收的公函,四川高等法院重庆分院书记室关于会款纠纷、租谷、伤害等案件的公函,四川高等法院第一分院书记室关于伪造文书的公函。四川高等法院重庆分院关于押解犯人的训令。

60. 璧山地方法院关于妨害婚姻等案卷的文书　12－1－60

　　1939年1月至1949年11月,璧山地方法院关于妨害婚姻、杀人、伪造文书等案卷的文书,内容包括告诉人、被告或申请人姓名及案由、案发时间、终结时间、处分要旨。

61. 内政部调查局重庆调查处永川分处布告、璧山地方法院职员薪俸册等　12－1－61

　　1935年2月至1949年9月,内政部调查局重庆调查处永川分处布告,璧山地方法院警犬花名册、法院职员薪俸册、1949年度农业推广所印鉴表,四川高等法院第一分院关于荣桂抗告案的民事裁定,璧山县政府1949年度征发新兵名册、关于婚约及家庭纠葛的民事判决。

62. 璧山地方法院关于债务等案的文书、司法警察勤务送阅簿等　12－1－62

　　1942年至1949年9月,璧山地方法院关于债务、房屋、租谷、返还押金等案件的文书,内容包括诉讼人姓名、案由、年度、卷数等。民事执行索引簿、司法警察勤务送阅簿。

63. 璧山地方法院刑事诉讼案卷簿　12－1－63

　　1949年1月至1949年11月,璧山地方法院刑事诉讼案卷簿,内容包括案由、时间、承办者姓名、执行号数。

64. 璧山地方法院收管文簿　12－1－64

　　1949年1月至1949年11月,璧山地方法院收管文簿,内容包括执行号数、时间、发文类别、发文件数、发往机关、事由等。

65. 璧山地方法院诉讼案件簿　12－1－65

　　1949年1月至1949年11月,璧山地方法院诉讼案件簿,内容包括执行号数、时间、送案机关或告诉人姓名、被告人姓名、罪名、附件名称及件数、承办检察官等。

66. 四川高等法院整饬违法渎职司法人员、璧山地方法院捐薪劳军的训令等文书　12－1－66

　　1948年12月至1949年8月,忠股移交案卷清册,四川高等法院关于整饬违法渎职司法人员的训令及护送法院眷属至安全区的代电等文书,璧山地方法院捐薪劳军的训令,戒严法条例,县长及地方行政长官兼理军法暂行办法。

67. 璧山地方法院民事诉讼案件及判决书、四川高等法院关于拟定现任执达员的训令等文书　12－1－67

1941年5月至1949年9月,璧山地方法院关于借款纠纷等民事诉讼案件及判决书。四川高等法院关于拟定四川各级法院及县司法处现任执达员的训令,四川各级法院执达员惩奖规则,璧山地方法院检察官公函,四川高等法院检察官关于缓刑的指令。

68. 璧山地方法院裁判送阅簿　12－1－68

1949年1月至1949年11月,璧山地方法院裁判送阅簿,内容包括裁判、案由、裁判月日、送阅月日、裁判种类等。

69. 璧山（实验）地方法院职员请假文书卷、办案进行簿等　12－1－69

1945年1月至1949年11月,璧山地方法院职员请假文书卷,内容包括姓名、职别、请假事由、起假时间、讫假时间等。璧山实验地方法院办案进行簿,内容包括送案机关或告诉人姓名、被告人姓名、罪名、附件名称及件数、收案月日等。

70. 璧山地方法院户口登记申请书　12－1－70

1941－1949年,璧山地方法院户口登记申请书,内容包括姓名、类别、年龄及出生年月、登记申请义务人、本籍、寄籍、受教育程度、职业、婚姻状况、登记事由及日期等。

71. 璧山地方法院银行往来账目表　12－1－71

1949年1月至1949年10月,璧山地方法院银行往来账目表,内容包括时间、摘要、存入金额、提出金额、结存金额等。

72. 璧山地方法院检察处办案进行簿　12－1－72

1947年10月至1949年11月,璧山地方法院检察处办案进行簿,内容包括案由、收案日期、卷宗号数、处分日期、处分结果、送达日期、送审日期、申请再议日期、送卷日期、执行日期、归档日期等。

73. 璧山地方法院户口登记簿　12－1－73

1949年,璧山地方法院太和乡、正兴乡及城西乡户口登记簿,内容包括姓名、性别、年龄、家长、受教育程度等。

74. 璧山地方法院检查官稿件送阅簿、看守所附设监狱收支对照表　12－1－74

1942年4月至1949年11月,璧山地方法院检察官稿件送阅簿,内容包括送案机关或告诉人姓名、被告姓名、罪名、附件名称及件数、收案时间、执行号数等。璧山地方法院看守所附设监狱收支对照表。

75. 璧山地方法院签到簿　12－1－75

1949年4月至1949年9月,璧山地方法院签到簿。

76. 璧山地方法院执行案件办案进行簿、稽改簿、司法警察签到簿　12－1－76

1948年12月至1949年10月,璧山地方法院执行案件办案进行簿。羁押被告稽改簿,内容包括羁押被告姓名、性别、年龄、籍贯、职业、住址、案由、有无另案等。司法警察签到簿。

77. 璧山地方法院司法案件杂卷　12－1－77

1949年7月至1949年11月,璧山地方法院司法案件杂卷,包括犯人口供、璧山县政府格毙人犯查验证明书、传讯笔录、侦讯笔录、璧山县城乡联防办事处关于获送人犯的呈文等。

78. 璧山地方法院川剧研究社简章、璧山县征发新兵名册等文书　12－1－78

1935年10月至1949年5月,璧山地方法院川剧研究社简章,璧山县财政整理委员会员工薪俸1949年度五月份领支名册,璧山县财政整理委员会1949年度五月份经费收支报销清册,璧山县征发新兵名册,璧山县丁家乡户籍统计月报表。

79. 璧山地方法院被告捉押簿、刑事归档簿　12－1－79

1949年1月至1949年11月,璧山地方法院被告捉押簿、刑事归档簿,内容包括所长、医士、名籍、管理、发票员、犯人姓名、时间、案由或刑罪、当事人姓名、卷宗件数、不属于总登记册之其他记载。

80. 璧山地方法院新收人犯日报单、四川高等法院报送会计报表的训令等　12－1－80

1949年2月至1949年11月,璧山地方法院新收人犯日报单,四川高等法院关于1948年各项岁入应缴国库、各附属机关报送会计报表的训令、代电,璧山县转龙乡乡公所关于改选调解委员会的呈文,看守所1949年6月实押人犯数额、当地平均粮价表等。

81. 璧山地方法院征收费用月报表、四川高等法院修正法人登记规则的训令等相关文书　12－1－81

1949年1月至1949年10月，璧山地方法院征收费用月报表。四川高等法院关于将1948年4月起滞纳薪资所得税款缴入国库的代电及提高民事案件邮务送达费、修正法人登记规则的训令。

82. 璧山（实验）地方法院判决书卷　12－1－82

1933年6月至1949年10月，璧山地方法院刑事判决书、璧山地方法院民事判决书、刑事裁定、璧山实验地方法院刑事判决书、璧山县政府行政执行和解笔录、璧山地方法院公证处通知书。

83. 璧山地方法院人犯疾病死亡簿等　12－1－83

1948年12月至1949年11月，璧山地方法院人犯疾病死亡簿，内容包括人犯姓名、时间、支用摘要、金额。璧山地方法院看守所附设监狱在监人死亡证书，璧山地方法院检察官关于拟报患病人犯的指令。

84. 璧山地方法院关于内乱罪、烟毒等案的笔录、口供单等　12－1－84

1948年12月至1949年，璧山地方法院关于吴海堂内乱罪、抢劫、烟毒等案件的文书，包括县政府查讯笔录、三教乡警察队口供单、讯问笔录等，附有四川高等法院关于禁烟禁毒治罪及惩治贪污条例的训令。

85. 璧山地方法院关于犯人保外服役及假释卷等文书　12－1－85

1948年12月至1949年7月，璧山地方法院关于犯人保外服役及假释卷。四川高等法院关于修改受刑人成绩记分表的训令、人犯身份簿、四川高等法院关于犯人保外就医事宜的代电。

86. 璧山地方法院普通刑事办案进行簿　12－1－86

1948年6月至1949年11月，璧山地方法院普通刑事办案进行簿，内容包括案由、收案日期、卷宗号数、处分日期、处分结果、送达日期、送审日期、申请再议日期、归档日期等。

87. 璧山地方法院检察官起诉书和申请书等　12－1－87

1948年7月至1949年8月，璧山地方法院检察官关于吸食毒品、盗窃等案件的起诉书和申请书，璧山地方法院检察官关于盗窃、伤害等案件的不起诉处分书。

公文一

88. 璧山地方法院簿册　12－1－88

1948年6月至1948年11月,璧山地方法院簿册,内容包括来文机关或姓名、事由、执行号数、来文号数、来文类别、来文件数、收受盖章。

89. 璧山地方法院看守所附设监狱在押与做工人数日报表　12－1－89

1949年1月至1949年6月,璧山地方法院看守所附设监狱在押与做工人数日报表,内容包括类别、性别、监管人数、新收人数、开除人数、实在人数。

90. 璧山县政府军法室及璧山地方法院等司法案件杂卷　12－1－90

1949年3月至1949年10月,璧山县政府军法室传票、侦讯笔录,璧山县理发业职业工会关于票传违规会员的呈文,璧山县政府审讯庭单、审讯笔录,璧山县城东乡乡公所关于整治漏报户籍的呈文,璧山地方法院检察官关于吴海堂内乱罪及羁押犯人归案的公函,璧山地方法院通缉书等。

91. 璧山地方法院陆军名册及申请书、重庆警备司令部训令、璧山县政府审讯笔录等　12－1－91

1949年7月至1949年11月,璧山地方法院陆军名册、申请书,内容包括侦讯笔录、政府提票回证;重庆警备司令部关于查办惯匪的训令;璧山县政府关于谭时高营私舞弊案件的审讯庭单、审讯笔录。

92. 璧山地方法院特种刑事被告羁押一览表、已结未结案件表,普通刑事已结未结案件月报表　12－1－92

1949年4月至1949年9月,璧山地方法院特种刑事被告羁押一览表,内容包括被告人姓名、性别、年龄、籍贯、职业、案由、收押年月日、羁押理由、延长羁押理由、开除理由、开除年月日。特种刑事已结未结案件表,内容包括收案日期、被告姓名及案由、现押被告人数、承办人姓名等内容。普通刑事已结未结案件月报表,内容包括被告姓名及案由、现押被告人数、收案日期等内容。

93. 璧山地方法院关于免刑、羁押案件的杂卷及司法、勤务情形的呈文等　12－1－93

1949年1月至1949年11月,璧山地方法院关于免刑、羁押等案件的杂卷,包括案由、收案日期、卷宗号数、处分日期、处分结果等内容。璧山地方法院关于司法、警察、勤务情形的呈文。璧山县职业学校移交公物清册。

94. 璧山地方法院看守所在押与做工人数目表　12－1－94

1949年4月至1949年11月,璧山地方法院看守所在押与做工人数目表,内容包括收案时间、送案机关或告诉人、被告姓名、案由等。

95. 璧山地方法院收状簿　12－1－95

1949年1月至1949年11月,璧山地方法院收状簿,内容包括执行号数、文件类型、被告姓名、告诉人姓名、案由等。

96. 璧山地方法院判决书卷　12－1－96

1948年10月至1949年11月,璧山地方法院关于租谷、田地、债务、农具等纠纷的民事判决书,妨害自由案的刑事判决书。

97. 璧山地方法院归档簿　12－1－97

1949年1月至1949年11月,璧山地方法院归档簿,簿册内容为纠纷案的判决记录,包括归档时间、案由、当事人姓名、卷宗件数等。

98. 璧山地方法院刑事判决书格式目录　12－1－98

1949年11月至1949年11月,璧山地方法院刑事判决书格式目录,内容包括标题、当事人、代理人及辩护人、案由、主文、事项、理由、检察官执行职务、判决年月日及法院、判决正本应记载之事项。

99. 璧山地方法院刑事索引部、人事登记簿　12－1－99

1949年3月至1949年5月,璧山地方法院刑事索引部、人事登记簿,内容包括申请人姓名、籍贯、住址、田地地号、坐落、面积、土地肥瘠等。

100. 璧山地方法院新案收状簿　12－1－100

1949年1月至1949年11月,璧山地方法院新案收状簿,具体内容包括执行号数、时间、类别、涉案人姓名、案由等。

101. 璧山地方法院关于上海高院所拟未决人犯疏通办法的训令等　12－1－103

1948年6月至1949年6月,璧山地方法院关于上海高院所拟未决人犯疏通办法的训令及犯人保释缘由文书、保释人犯名单、依据战时疏通办法保释人犯清册、呈文等。

102. 璧山地方法院关于监犯刘大炳的训令等文书　12－1－104

1949年1月至1949年11月，璧山地方法院关于监犯刘大炳携带烟毒、军政机关酌派队警协助戒护监所事宜的训令，在押人犯盗卖监所工厂铅钉铅墩一案的供状、裁定书、传票、民事判决书等。璧山县政府、参议会、田赋粮食管理处、璧山地方法院看守所借拨囚粮事宜往来公文。法院摊募黄谷修建监所的公函，丹凤乡乡公所呈请摊募修建监所花名册。

103. 璧山地方法院执字分案簿、普通刑事办案进行簿、检察官稿件送阅簿等　12－1－105

1949年1月，璧山地方法院关于烟毒、伤害、抢夺、盗窃、诈欺等案件的执字分案簿，普通刑事办案进行簿、检察官稿件送阅簿。信义田园会会规及会员名册。

104. 璧山县丁家乡学生名册、拟聘教职员表、学生总名册等　12－1－106

1949年3月至1949年4月，璧山县丁家乡第一中心国民学校学生成绩表、上学期拟聘教职员表及第一学期新生名册，第二中心国民学校上学期小学部学生总名册、第八保国民学校第一学期拟聘教职员表和学生名册、第十二保国民学校第一学期学生名册和拟聘教职员表、第十四保国民学校学生名册，附璧山县城镇中心国民学校学位证书。

105. 璧山依凤乡农会各种名册　12－1－107

1946年1月至1947年9月，璧山县依凤乡关于县农会出席代表选举及县参议员初选、举行农民节及召开常年大会日期等事宜的呈文，附农会改选县农会代表名册、县参议院初选人名册、农会选举人名簿等。

106. 东川邮政管理局国防相关密令　12－1－108

1948年4月至1949年11月，东川邮政管理局关于邮局变动、临时邮局现状、特种信箱编发、保密防谍工作等相关事宜的密令。交通部会商防奸伪对策的会议记录，附都市公共事业交通机关防奸实施办法。

107. 东川邮政管理局密令　12－1－109

1949年1月至1949年11月，东川邮政管理局关于停收部分地区包裹、停收国际包裹、调整陆运空运包件资例等事宜的密令，含国内包件资例表、停收包裹具体执行事项的通知。

108. 璧山地方法院名单表　12－1－110

该卷为无标题名册,名册上包括序号、名字、钱数、时间等栏。

109. 璧山县各乡遗失身份证与新补发身份证花名册　12－1－111

1949年8月至1949年10月,璧山县城东乡第九保遗失身份证与补发身份证花名册、第一至第十保赋额名册、申请遗失损坏身份证补发等事宜的相关文书,璧山县政府关于对已领身份证者补办加盖印章、未领者速领身份证的布告,璧山县城东乡各保切结证明书、第九保新加入户口所需门牌及身份证名册、第八保申请入户籍名册及依凤乡登入户籍证明书等。

110. 璧山地方法院看守所采购囚粮事宜相关文书及押票等　12－1－112(1)

1949年3月至1949年11月,璧山地方法院看守所(民国)三十六年三至六月已决未决人数日报表,璧山地方法院押票及管收票、看守所实押人犯数额及当地平均粮价暨需要全额表、采购囚粮一事的训令、申请书及报告表等。

111. 璧山地方法院看守所采购囚粮事宜相关文书等　12－1－112(2)

1949年9月至1949年11月,璧山地方法院看守所采购囚粮报告表、璧山县政府押票、璧山县政府关于为参议会电请省府补助副秫差价一案公函、璧山县第二区警察所关于警官简历表的呈文。

112. 璧山县参议会公函、县政府公函、警察局支出簿等　12－1－113

1949年6月至1949年9月,璧山县自卫总队关于各乡区联防计划等事宜的公函。璧山县参议会、田赋粮食管理处关于筹借军粮事宜公函,璧山县参议会关于县立职业学校公费生副食费、增加长警待遇、增设常备自卫中队、组织本县租佃委员会、稽征营业税、审定残疾所教育馆预算等事宜的公函。璧山县政府关于取缔以物易物的公函,县警察局支出簿,璧山县税捐处接收卸任李前处长咨交公文案情形一览表,璧山地方法院民事和刑事判决书。

113. 璧山县警察局工作文书及法院因公损失财物补偿等相关事宜的训令　12－1－114

1949年7月至1949年11月,璧山县警察局关于交保、逮捕的申请书、悔过书、保状。璧山县地方警察局关于川东师范学校学生遗失物品一案的笔录、乡公所呈文等。璧山地方法院看守所应行改进事项相关文书。四川高等法院、璧山地方法院关于国库开支、司法人员因公损失财物补偿、免送单据以减少编制困难等事宜的训令,关于东北问题、原子弹泄露、公证须知、修正司法状纸等事宜的文稿。

114. 璧山实验地方法院在押犯人相关文书　12－1－115

　　1944年3月至1945年12月,璧山实验地方法院看守所关于在押犯人各项请求的指令和呈文,包含雷凯龙请求撤销停止接见指令、徐子良请求易科罚金、周柏青请求增加缮状费等事宜。璧山实验地方法院在押人犯清册、保管档案卷诉讼人姓名索引簿部分表格。

115. 璧山地方法院办案文书、看守所账目总表、四川高等法院薪饷发放事宜等相关文书　12－1－116

　　1949年8月至1949年11月,璧山县警察局就失窃、卖伪钞、吸毒等案件转送及讯办犯人的呈文、笔录、证明书等。私立健生艺术专科学校关于归还东林寺房舍的公函。看守所附设监狱(民国)三十七年账目总表,璧山地方法院检察处办案进行簿,璧山地方法院看守所关于办理囚粮手续的呈文,四川高等法院关于薪饷发放、职工教员工时标准的代电训令,四川成都监狱承印各院处监所重要账表簿册目录,璧山县民众自卫总队部委任各乡自卫大队队长的训令,等等。

116. 四川高等法院、璧山地方法院关于薪饷经费等事宜的训令、代电等　12－1－117

　　1947年10月至1949年9月,璧山县(民国)三十七年下半年度追加经常费分配预算表,璧山地方法院关于经常费办公费用预算、一至八月份薪饷经费、简化库款签拨手续、修正监所作业管理人员的奖惩办法等事宜的代电、训令,璧山地方法院看守所监狱建筑工程施工说明书,四川高等法院关于下半年度囚粮主副食费、各机关经费预算的代电、训令以及通知、银行汇款凭证、收据、分拨清单等。1949年11月,璧山县警察局关于青木关中学生被盗一案相关文书。

117. 璧山地方法院侦查文书及人犯身份簿　12－1－118

　　1949年1月至1949年11月,璧山县璧山地方法院检察处侦查文书、人犯身份簿,其中,身份簿包含执行书、判决书、身历表、作业表、赏誉表、惩罚表、书信表、行状录、人相指纹表。

118. 璧山实验地方法院看守所人犯清册及经费报表等　12－1－119

　　1945年5月至1945年7月,璧山实验地方法院看守所管理人犯清册、璧山县经费支出表、公务员役生活补助经费核定员额表、(民国)三十三年度地方总预算书。

119. 璧山地方法院、检查处训令等的目录表、陆军军法及陆军礼节条例等　12－1－120

璧山地方法院、检察处训令、指令、公函、通知等的目录表,陆军军法条例、陆军礼节条例。(时间不详)

120. 璧山地方法院诉讼案件归档簿　12－1－121

1948年9月至1949年11月,璧山地方法院诉讼案件归档簿,该簿包括当事人姓名、卷宗件数、归档编号等项。

121. 建筑璧山地方法院看守所捐册及看守所附设监狱人犯身份簿　12－1－122

1948年4月至1949年3月,建筑璧山地方法院看守所捐册及看守所附设监狱人犯身份簿,后者含执行书、判决书、身份来历表、作业表、赏誉表、惩罚表、书信表、行状录、人相指纹表等项。

122. 璧山地方法院看守所教化原簿等文书,璧山县政府关于经费等事宜的公函,璧山县民众自卫总队训令　12－1－123

1949年2月至1949年8月,璧山地方法院看守所教化原簿、假释同意书及假释条件证明清册。璧山县政府关于签拨大会经费支付书、调整县级自治员工四至八月份待遇支给标准、编造各单位会计报告、调整公旅费、修正定额薪资所得税起征额、追加(民国)三十八年度经费预算等相关事宜的公函。璧山县民众自卫总队关于着装、人员委任等事宜的训令。

123. 璧山县看守所疏通人犯清册等　12－1－124

1949年1月至1949年2月,璧山县看守所疏通人犯清册、璧山地方法院关于保释监犯事宜的训令、依战乱时期临时疏通办法保释申请书。

124. 璧山县预算岁入岁出总表等　12－1－125

1949年1月至1949年11月,四川省璧山县(民国)三十八年度地方预算岁入总表、普通及事业岁出总表、岁入总预算书,璧山县政府关于地方总预算书的公函。

125. 璧山县看守所监房已决未决人数日报表、消耗物品收发簿　12－1－126

1949年1月至1949年6月,璧山县看守所监房已决未决人数日报表、消耗物品的收发簿,其中,消耗物品含呈文纸、公函纸、点名单、公文封等。

126. 璧山地方法院诉讼案件归档簿　12－1－127

1949年2月至1949年11月,璧山地方法院诉讼案件归档簿,含当事人姓名、卷宗件数、归档编号等项。

127. 璧山地方法院杂卷　12－1－128

该卷为各类手写杂卷,无头无尾,标题可见内容有回教之兴起与哈里发帝国,北门外的知名之士及伪军官兵相关主题的类似笔记之记录。后半部分内容为璧山地方法院每日工作记录表。

128. 璧山地方法院缮状收费登记簿　12－1－129

璧山地方法院缮状收费登记簿,含缴款人姓名、案由、征收数目、收据号数等项。(时间不详)

129. 璧山地方法院物品清册等　12－1－130(1)

1947年,璧山地方法院物品清册、监所作业基金预算表、作业基金收支表、历年部拨基金报告表等。

130. 璧山地方法院等关于监所工场作业的训令、指令等　12－1－130(2)

1948年1月至1949年11月,四川高等法院、璧山地方法院及看守所关于监所工场作业的训令、指令、呈文及各类报表、物品清册等,璧山县政府提票、璧山地方法院收票、押票等。

131. 监所人犯支出日报表　12－1－131

1949年4月至1949年5月,监所人犯支出日报表,含人犯姓名、支用摘要、所花金额、经手人员等项。

132. 璧山(实验)地方法院受理诉讼每日记录表、民事诉讼案件索引、看守所呈文记录表　12－1－132

1943年5月至1944年3月,璧山实验地方法院受理诉讼每日记录表。

1949年1月至1949年11月,看守所呈文记录表、璧山地方法院民事诉讼案件索引等。

133. 璧山县口令表、璧山地方法院检察处提票等　12－1－133

1948年7月至1949年11月,璧山县(民国)三十八年九至十一月口令表,璧山地方法院检察处关于盗窃、烟毒以及民事管收等案的提票。璧山地方法院请求购置点名单、刑事卷宗、民事传票等办公用品的清单。四川高等法院新颁关于保密防谍工作、司法人员擅自撤离、散播谣言等事宜的法令。

134. 四川省安保司令部、四川高等法院等关于监犯保释、调役等事宜的文书　12－1－134

1949年1月至1949年6月，检察官关于调卷宗的指令、四川省安保司令部关于军事犯调役的公函、四川高等法院关于监犯保外服役办法的训令、看守所保状、教化原簿、假释同意书、实质条件证明清册、保证书及关于犯人保释调役的呈文，附申请书、法院裁定文书、犯人身份簿等。

135. 警察局关于盗窃、缉捕吸毒人员等的文书，璧山县政府、璧山地方法院训令等　12－1－135

1949年5月至1949年9月，璧山地方法院关于暂予提高稽察标准限额的训令、代电，警察局就盗窃、缉捕吸毒人员、押送杀人犯等案件的呈文、调查书、签呈、命令等，璧山县政府关于转送犯人的训令。

136. 看守所保释人犯清册及保状等，四川高等法院、璧山地方法院训令　12－1－136

1949年7月至1949年11月，看守所关于按战乱时期临时疏通办法保释监犯的呈文、保状、保释人犯清册，四川高等法院、璧山地方法院关于抄发惩治叛乱条例、对已决保释犯不得令交保证金、未决犯酌情保释、审计部派员赴各机关抽查等事宜的训令。

137. 璧山地方法院看守所在押与做工人数日报表等　12－1－137

1949年1月8日至1949年1月30日，璧山地方法院看守所附设监狱在押与做工人数日报表，含性别、已决未决人数、新收开除人数、实在人数等。1949年3月至1949年10月，璧山地方法院关于盗窃、强奸、贪污、妨害兵役等案的押票、收票、提票等。

138. 璧山县警察局讯问记录　12－1－138

1949年8月，璧山县警察局关于丁家乡发生盗窃案件的讯问笔录，包括十二保、七保、二保等地失窃案件，附失窃人报告书、警察局长追捕盗窃嫌疑犯文书、失窃清单等。

139. 璧山县警察局训令、丁家乡分驻所讯问口供单等　12－1－139

　　1944年3月至1945年1月，丁家乡分驻所讯问关于通奸嫌疑、私住客人身份不明、拐逃嫌疑、妨害交通秩序等案的口供单、保状，璧山县警察局关于纠正尾随汽车儿童行为、取缔公宴及限制烟酒消耗的训令。

140. 璧山（实验）地方法院看守所附设监狱人犯身份簿等　12－1－140

　　1945年1月至1945年9月，璧山县军事犯看守所现有人犯清册，璧山县乡公所关于编造献粮名册、发放壮丁家属安家费、饬令缴足民兵受训副食费等事由的训令，璧山实验地方法院押票、提票等，璧山县政府军法监狱实押军事犯报告表及部分军事调遣文书。

　　1949年7月，璧山地方法院看守所附设监狱人犯身份簿，含执行书、判决书、身历表、作业表、赏誉表、惩罚表、书信表、行状录、人相指纹表。

141. 省政府关于学生成绩等事宜的指令等　12－1－141

　　1948年6月至1948年11月，四川省政府就私立璧南初级中学男生新生一览表、第二学期男女各班学生上学期成绩表、女生第八班插班生一览表等相关呈文的指令。

142. 地方行政规章　12－1－142

　　地方行政规章，包含法律的基本概念、地方行政机关体系及演变、弹劾与惩戒、诉愿审理、行政审判等内容。（时间不详）

143. 璧山（实验）地方法院检察处法警报告书、刑事保状等　12－1－143

　　1943年3月至1943年6月，璧山实验地方法院检察处法警报告书、检察官侦查笔录、刑事保状，璧山实验地方法院书记室公函，四川高等法院第一分院书记室关于伪造、变造私文书等司法案件相关公函，璧山县救济院实有被救人数口食折购黄谷报告，璧山实验地方法院办理民刑诉讼补充办法。

　　1949年3月至1949年10月，四川高等法院、璧山地方法院关于发放薪饷、调整薪饷标准、严格出差人员的旅费申领等相关的训令、代电、呈文，附领款收据、银行存根、文职人员薪俸支给标准表等。

144. 璧山地方法院普通刑事被告羁押一览表等　12－1－144

　　1949年1月至1949年10月，璧山地方法院检察官关于普通及特种刑事被告羁押一览表的呈文，普通刑事被告羁押一览表。

145. 璧山地方法院案件月报表等及司法行政部会计报表等　12－1－145

　　1949年,璧山地方法院二至九月普通刑事已结未结案件月报表、六月刑事被告羁押一览表、民事揭示文登记簿、办案进行簿,司法行政部所属机关编送会计报表竞赛办法,附应送会计报表一览表、会计报表送达本部期限表、造送前任会计报表一览表。

146. 璧山实验地方法院(民国)三十二年收支预算及经费、四川高等法院及司法行政部文书送审训令　12－1－146

　　1943年1月至1943年12月,璧山实验地方法院(民国)三十二年收支预算及经费,四川高等法院、司法行政部就机关收支计算书类、人员旅费、员工名额俸薪饷项登记计算表等要求送审的训令。

147. 璧山(实验)地方法院看守所职员名册、招考录事名册、监所解送人犯卷等　12－1－147

　　1942年4月至1945年6月,四川高等法院、司法行政部、四川外役监关于监所解送人犯的训令,璧山地方法院看守所、璧山实验地方法院、璧山县政府关于解送人犯的呈文、公函,璧山地方法院招考录事名册。

　　1949年1月至1949年9月,四川高等法院检察官、璧山地方法院关于检察官指挥证、指挥司法警察证的训令、指令、签呈等公文;璧山地方法院及看守所关于附属机关职员任免的训令、呈文,附看守所概况调查表、看守所受委任职员名册。

148. 璧山律师公会等相关文书等　12－1－148

　　1949年2月至1949年9月,璧山律师公会关于改选就职日期及交接情形、召开会员大会修正会则的呈文,附职员表、公会会员一览表、公会职员证明书等;璧山地方法院检察官关于律师公会人员交接的指令。

149. 四川高等法院重庆分院训令、璧山县依凤乡国民学校呈文　12－1－149

　　1949年2月至1949年11月,四川高等法院重庆分院关于送达证书的训令;璧山县依凤乡各保国民学校就复课教师资历暨学生名册领米清册的呈文,附依凤乡各保国民学校现有教师领米名册、教职员名册、各级学生名册。

150. 璧山地方法院会计报表、检察处羁押被告簿　12－1－150

　　1948年1月至1948年11月,璧山地方法院会计报表,含收受日期、案由、承办者姓名、卷宗、证物等项;璧山地方法院检察处关于烟毒、诈欺、盗窃、伤害等案的羁押被告簿,含姓名、性别、籍贯、羁押理由、案由等项。

151. 璧山地方法院书记室等的公函　　12－1－151（1）

　　1948年1月至1949年9月，四川高等法院第一分院书记室、四川高等法院重庆分院书记室、璧山地方法院书记室将赔偿伤害、分割遗产、交业给租等民事上诉案件的开庭通知书、裁定书、填发传票、送达证书等送达当事人的公函。

152. 璧山地方法院书记室等送达当事人的公函　　12－1－151（2）

　　1948年2月至1948年9月，四川高等法院第一分院书记室、四川高等法院重庆分院书记室、璧山地方法院书记室将物权纠纷、租佃纠纷等民事上诉案件的开庭通知书、裁定书、填发传票、送达证书。

153. 璧山地方法院看守所附设监狱月报表、统计年报等　　12－1－152

　　1948年2月至1948年12月，璧山地方法院看守所附设监狱月报表、（民国）三十六年监狱统计年报及监狱在押与做工人数日报表等，含囚粮报告表、作业收入状况报告表、人犯疾病死亡报告表、人犯假释及撤销假释报告表、人犯出监时受教育程度报告表、人犯入监前职业及资产报告表等。

154. 四川高等法院训令　　12－1－153

　　1947年12月至1948年11月，四川高等法院关于表彰司法人员、追缴商欠税款及处理各民事诉讼时应注意事项的训令，包含对租佃纠纷引起的刑事案件、轮奸、医疗诉讼等具体事项的应对办法及解释法令。

155. 四川高等法院第一分院书记室、璧山地方法院书记室公函　　12－1－154（1）

　　1948年4月至1948年6月，四川高等法院第一分院书记室、璧山地方法院书记室将上诉案件的开庭日等相关填发传票、送达证书等送达当事人的公函。

156. 四川高等法院第一分院书记室、璧山地方法院书记室公函　　12－1－154（2）

　　1947年12月至1948年4月，四川高等法院第一分院书记室、璧山地方法院书记室将上诉案件的开庭日等相关裁定书、判决书、通知书、填发传票、送达证书等送达当事人的公函。

157. 璧山地方检查处刑事被告羁押簿、七月份薪饷册等　　12－1－155

　　1948年1月至1948年12月，璧山地方检察处刑事被告羁押一览表，含被告姓名、性别、年龄、案由、被押年月日、羁押理由、延长羁押理由、开除理由等；检察处七月份借支薪饷册、七月职员借支册，含应领数、借支数、实发数等。

158. 璧山地方法院诉讼案件归档簿等　12－1－156

　　1948年1月至1948年12月，璧山县城南乡观音阁机织生产合作社筹备会议记录，璧山地方法院关于彭纯仁土地纠纷案的提票回证及讯问笔录。璧山地方法院诉讼案件归档簿，具体含归档日期、案由、当事人姓名、卷宗件数等项。

159. 璧山地方法院雇员考成事宜清册、司法警察人事任免文书　12－1－157

　　1948年1月至1948年6月，璧山地方法院（民国）三十六年下半年及（民国）三十七年雇员考成相关报表，附考成表、各月工作概要及公务员平时成绩考核记录表、雇佣人员考成结果清册等；与司法警察任免相关的司法警察身份书、警丁保证书等。

160. 璧山地方法院业务检讨及年终会议记录　12－1－158

　　1948年9月至1948年12月，璧山地方法院业务检讨及年终会议记录，含主席报告、统计室年终统计报告、收发室新收状及民刑事旧状报告、决议事项等。

161. 四川高等检查院检查处传览文书、璧山地方法院考勤簿　12－1－159

　　1948年9月至1949年9月，四川高等检查院检查处关于法院检察处应行注意事项、看守所节囚食、法院办案须迅速进行不得积压、中央机关应受当地最高军事长官指挥等事宜的传览文书，璧山地方法院考勤簿。

162. 璧山地方法院检察处办案进行簿、折文簿等　12－1－160

　　1948年1月至1948年12月，璧山地方法院检察处办案进行簿、折文簿、裁判送阅簿、（民国）三十七年年度报表，璧山县户籍登记簿部分文书。

163. 璧山地方法院看守所监房日报表　12－1－161

　　1948年3月至1948年6月，璧山地方法院看守所监房日报表，含已决未决人数、新收人数、开除人数、实在人数、监房与对应人数。

164. 璧山地方法院关于燃料超支、看守所囚粮表册等事宜的公文　12－1－162

　　1948年6月至1948年12月，璧山地方法院关于十一月份燃料超支事宜的训令，看守所附设监狱（民国）三十七年五月份至十一月份囚粮清册、六月份支出司法囚粮主食费报告表、购领囚粮折价表及相关事宜的呈文。

165. 璧山（实验）地方法院关于债务纠纷的执行书等及检察处分案簿等　12－1－163

1943年4月，璧山实验地方法院关于债务纠纷的执行书、执行讯问笔录、民事传票、高院裁定书等。

1948年1月至1949年11月，璧山地方法院检察处分案簿、执行刑罚稽考簿、民刑各庭分案总簿、办案进行簿等文书。

166. 璧山地方法院被告羁押簿及璧山县政府等有关征兵的训令、代电、呈文　12－1－164

1948年1月至1948年12月，璧山地方法院被告羁押簿，璧山县政府、各乡乡公所、永川团管区司令部征兵相关训令、代电、呈文，附战乱期间征兵权责划分及考核奖惩办法、男子体格检查表、兵役申请书、征兵欠额名单等。

167. 璧山地方法院看守所交接清册及相关事宜的呈文　12－1－165

1948年9月，璧山地方法院看守所交接清册及相关事宜的呈文，含印信册、保管文卷簿册、普通特别刑事人犯清册、公有财务清册、军法监狱器具册等。

168. 璧山地方法院检察处羁押被告稽考簿、被告登记册　12－1－166

1948年1月至1948年10月，璧山地方法院检察处羁押被告稽考簿，含羁押被告姓名、性别、年龄、羁押理由、开除理由、羁押开除日期等；被告登记册，包括被告姓名、案由、出所日期、出所事由等内容。

169. 书记官办案进行归档簿、特种刑事办案进行簿　12－1－167

1948年1月至1948年12月，检察处书记官办案进行归档簿，含案由、卷宗号数、经过日数、处分结果、是否逾限、卷宗数目等；特种刑事办案进行簿，含案由、卷宗号数、处分日期、处分结果、送达日期、送审日期等。

170. 璧山地方法院民事上诉相关公函　12－1－168

1948年4月至1948年11月，璧山地方法院书记室公函，内容为"将各不服判决提起上诉案件的卷状送达四川高等法院第一分院书记室"，附有民事判决书。

171. 璧山地方法院等关于看守所修建工程相关代电、训令、通知书、呈文等　12－1－169

1947年12月至1948年10月，财政部国库署答复（民国）三十六年度修建费领款事项通知书,四川高等法院、璧山地方法院关于看守所修建费及修建情形、看守所借拨二期工程费、补充承包营造工程因工资调整增给包价、追加概算清单、组织修建监所工程队等事宜的训令、代电、指令,看守所关于修建及充实设备情形调查表、缺乏木石工人犯、借拨二期工程款等事宜的呈文。

172. 财政部、四川高等法院、璧山地方法院土地权及税务法令等相关公函　12－1－170

1947年12月至1948年9月,财政部川康区货物税局法律分局、四川高等法院关于修正罚金罚款提高标准条例、办理税务违章案件、抄发房屋租赁条例、处理土地权利纠纷等事宜的训令;财政部重庆货物税局致璧山地方法院关于提高饮料品类税的公函,附八月份各类课税物品税额表;财政部江津国税稽征局璧山稽征所、璧山地方法院关于纳税义务人违反税法事宜的公函。

173. 璧山地方法院看守所交接清册　12－1－171

璧山地方法院看守所交接清册,含印信册、保管文卷簿册、普通及特别刑事人犯姓名清册、司法民事管收人犯姓名清册、军事寄押人犯姓名清册、共有财物清册、军法监狱器具清册等。(时间不详)

174. 璧山地方法院检察处执行刑罚一览表　12－1－172

1948年1月至1948年3月,璧山地方法院检察处执行刑罚一览表,包括犯人姓名、刑名刑期或罚金额、判决机关及确定日期、执行日期、执行处所、承办原案法官姓名等。附璧山地方法院刑事判决及最高法院特种刑事判决书。

175. 璧山地方法院惩办盗匪相关文书　12－1－173(1)

1948年7月至1948年9月,璧山县丁家乡乡公所关于从抢匪刘万金身上搜出手榴弹一案的呈文及口供单;大路乡乡公所就巨匪逃跑途中误中流弹毙命一事的呈文及证明书;璧山县政府关于惩治周树荣、蔡玉山、胡云成、尹尚荣等匪犯,抓捕在逃犯的指令、训令、呈文及讯问笔录;警察局关于解送携枪嫌疑犯的呈文;重庆警备司令部关于缴获枪弹处理的批复;等。

176. 乡公所、警备司令部、璧山县政府关于惩办盗匪等事宜的文书等　12－1－173(2)

1948年11月至1949年2月,大路乡乡公所关于击毙巨匪周丙其验断书、八塘乡乡公所关于解送伤匪及缉捕逃犯、鹿鸣乡乡公所关于匪赃情形的呈文;重庆警备司令部关于击毙匪犯的批复以及照格式填报查验证明书的公文,附查验证明书格式;璧山县政府关于重办盗匪、七塘乡击毙匪犯等事由的公函、指令及侦讯笔录等。

177. 璧山地方法院看守所附设监狱人犯日报表等　12－1－174

　　1947年12月至1948年7月,重庆警备司令部、璧山县政府就提供破案线索之人奖金一事的代电、训令等,璧山地方法院看守所附设监狱人犯日报表。

178. 璧山地方法院各类会计报表等　12－1－175

　　1948年1月至1948年6月,四川高等法院关于欠送会计报表及抄发(民国)三十六年经常费预算清单的代电、训令,璧山地方法院(民国)三十五至三十七年度经费类报表及呈文,附年度经费类平衡表、年终结账及经费类平衡表、经费类现金出纳表、暂付款明细表、生活补助费收支对照表等。

179. 璧山地方法院刑事案件开庭通知书、消耗物品收发簿及二月份民刑案件统计月报表等　12－1－176

　　1948年2月至1948年7月,璧山地方法院关于刑事案件开庭日致检察官的通知书,二月份民刑案件统计月报表、犯罪人数月报表、民事案件收结表、迟延未结案件月报表等事宜的报表及呈文,消耗物品收发簿,(民国)三十六年至三十七年部分上诉人状纸及收费联。

180. 四川高等法院关于检察官与司法警察机关执行职务等事由的训令、璧山地方法院关于大学毕业生到院学习的呈文等　12－1－177

　　1948年1月至1948年7月,四川高等法院关于检察官与司法警察机关执行职务注意事项、公务员退休抚恤两法实施细则、大学毕业生到岗学习等事由的训令;璧山地方法院民事裁定书及大学毕业生到院学习的相关呈文,附学习司法官结案表、期满成绩报告书等。

181. 四川高等法院关于修正调度司法警察条例等事宜的训令、璧山地方法院办案进行簿等　12－1－178

　　1948年6月至1948年11月,璧山地方法院民事判决和民事裁定书、设置人事管理机构情形调查表、书记室通知书、检察官起诉书、(民国)三十七年下届征兵督征人员乡镇分配表,璧山县政府新兵会冲证明名册,永川团管区司令部关于征兵时限的代电,四川省政府地政局关于催编报内政部公务统计方案土地类表报一事的代电,四川高等法院关于修正调度司法警察条例等事宜的训令,璧山地方法院检察处九至十一月办案进行簿。

182. 璧山地方法院在职人员资历证明、办案笔录，看守所囚粮册表等　12－1－179

　　1947年2月至1947年6月，璧山地方法院关于在院工作人员就职卸职的证明书及资历证明书、请假书等相关文书，看守所关于犯人服刑期满释放的呈文。

　　1948年3月至1949年1月，璧山地方法院关于陈忠合与陈甘氏田地买卖纠葛、彭李氏被诉诈欺两案的公证讯问笔录、认证书、公证通知书、授权书、刑事审判笔录、民事言词辩论笔录等文书，看守所十一和十二月份人犯囚粮册表及相关呈文，璧山县自卫枪支统计表等部分文书。

183. 四川高等法院惩治贪污盗窃案等的训令、璧山地方法院看守所会计报表等　12－1－180

　　1947年3月至1948年12月，四川高等法院关于盗窃电信干线、延长特种刑事案件诉讼时间、受理贪污案应注意事项等的训令，璧山地方法院看守所六至八月份总分类账各科目汇总表、岁出经常费支出明细表、囚粮主副食费支出明细表、财产报告表等各类报表、二至六月配发公教人员食米代金清册及相关呈文。

184. 四川高等法院、璧山地方法院抄发新颁法令等的训令等　12－1－181

　　1948年1月至1948年9月，璧山地方法院关于修正预算法决算法、提高及改订犯人纯益金提奖成数、修正解送人犯办法、抄发各行局库收存军政机关公款移转中央银行、抄发重庆监狱印制簿册数价目表、行政院须制定各机关建筑工程料价调整办法、国库收支结算办法、公文用纸格式条文、改良监所奖励办法等事宜的训令，四川高等法院关于简化各级司法机关（民国）三十六年度各项年报表清单、颁布受刑人金钱物品保管办法、颁布监所人员服制及服式表、各机关存款检查办法、受刑人申诉办法等相关事宜的训令，群贤会会则，四川高等法院、璧山地方法院、律师公会就律师公会调查表、公会成员履历表以及会则补充的呈文、指令等。

185. 璧山地方法院监犯死亡证书等　12－1－182

　　1948年7月至1948年11月，璧山地方法院禁止一些监犯保外服役的训令及在监人犯死亡证书、呈请假释同意书等，看守所关于犯人刑满释放的呈文，璧山地方法院检察官关于监犯执行书的训令。

186. 璧山地方法院移送检察处公函等　12－1－183

　　1947年1月至1947年12月，璧山地方法院看守所（民国）三十五年度及三十六年度十二月已决未决人犯调查表、各部分组织员役及薪饷表及相关事宜的呈文，璧山县参议会关于调整公教人员七月至十二月待遇的代电、公函,璧山地方法院执行证书及存根、关于将判决书及相关卷宗送达检察处的公函。

187. 四川高等法院日常行政工作相关事宜的训令　12－1－184

1947年12月至1948年5月,四川高等法院关于国有土地管理机关及权限划分原则、绥靖区及东北九省仍依临时紧急军政措施办法治理、考试院对于监察委员建议革新政治、邮政相关诉讼注意事项、行政机关行文署名盖章办法、机关学校团体悬挂国旗方式、修正自卫枪支管理条例、文职公务员被处刑罚及禁烟毒等事宜的训令,附文职公务员被处刑罚月报表、禁烟毒清册等。

188. 璧山地方法院民刑案件收状簿等　12－1－185

1948年8月,璧山地方法院关于伤害、盗窃案件的刑事裁定、刑事判决书等,五至八月份收状簿,含进行号数、日期、类别、原被告姓名、案由等。

189. 司法行政部、四川高等法院、璧山地方法院有关人事管理等事宜的文书,警察局办案文书等　12－1－186

1947年12月至1948年12月,四川省政府关于尚未组织及无法召开参议会之县市一案的训令,璧山地方法院关于盗匪案及书记室关于送达证书的公函,永川团管区司令部关于修订(民国)三十七年征兵实施要则代电,璧山县政府、警察局就蒲元乡烟毒案的呈文、训令,璧山县警察局移交清册、派遣公函及民事案件侦讯文书,司法行政部关于公务员支给薪俸限制及看守所编制事宜的训令,璧山地方法院人事管理相关清单及呈文,四川高等法院关于惩办盗匪、惩治贪污人员、人事办理的训令。

190. 璧山地方法院四至六月民刑案件月报表等　12－1－187

1948年9月,璧山地方法院四至六月份民事案件收结表、特种刑事羁押人犯数目表、普通刑事羁押人犯数目表、各股推事民刑结案一览表、民刑案件统计月报表等各类报表及相关呈文。

191. 璧山地方法院收状记录表册　12－1－188

璧山地方法院收状记录表册,内含移交事宜相关公函一份。(时间不详)

192. 璧山地方法院收状簿、收受公文簿　12－1－189

1948年1月至1948年7月,璧山地方法院收状簿,含进行号数、日期、类别、原被告姓名、案由等;收受公文簿,含来文号数、来文类别、来文件数、来文机关或姓名、事由等。

193. 璧山地方法院检察官稿件送阅簿   12－1－190

1948年1月至1948年12月,璧山地方法院检察官稿件送阅簿,含稿件类别及件数、案由、送稿及检阅日、检察官及书记官盖章等。

194. 璧山地方法院检察处特种刑事被告羁押一览表、办理案件调查表等   12－1－191

1948年1月至1948年12月,检察处办理案件调查表、特种刑事被告羁押一览表及检察官呈文,附四川高等法院首席检察官相关指令。

195. 璧山地方法院生活补助费相关文书等   12－1－192

1947年12月至1948年7月,四川高等法院、司法行政部、璧山地方法院关于员役生补助费的呈文、训令、代电,含补助标准、补助费已领应领对照表、减发各机关生补费实施办法、分拨学习人员生活补助费垫款办法等;四川省银行关于提前拨支员工生活补助的公函;璧山地方法院(民国)三十七年度俸薪表及生活补助费清册、(民国)三十六年度生活补助费基本数及俸薪加成数计算表。

196. 璧山地方法院民事诉讼案件归档簿   12－1－193

1948年1月至1949年1月,璧山地方法院民事诉讼案件归档簿,含归档日期、案由、当事人姓名、卷宗件数、归档编号、备考等栏。

197. 四川高等法院关于会计人员调动、公务员被控违法、办理消费合作社等事宜的训令等   12－1－194

1948年3月至1948年11月,四川高等法院关于调动会计人员,颁发受刑人金银物品保管办法,抄发禁烟罚金充奖月报表,抄发银行钱庄存放款利率限制办法,周元初、于伯衡等人被控贪赃枉法,办理消费合作社等事由的训令;璧山地方法院关于(民国)三十五年经费款支票、编造档案簿册、送审职员名册、办理盗匪案等事宜的呈文;四川省银行璧山办事处关于已取款支票的公函;璧山县国民义务劳动服务团关于职员名册格式的公函;璧山县福禄乡财产保管委员会关于超收牙行捐款一事的呈文;璧山县政府关于国民身份证总检查的公函。

198. 璧山地方法院送缮簿、检察处分案簿等   12－1－195

1948年1月至1948年12月,璧山地方法院一至三月送缮簿,包含事由、文件类别、字数等;书记室关于送还送达证书公函;检察处分案簿,含收案日期、送案机关或告诉人姓名、被告姓名、罪名、附件名称及件数等。

199. 璧山地方法院民事案件归档簿　12－1－196

　　1948年1月至1948年7月,璧山地方法院民事案件归档簿部分文书,含归档日期、原卷号数、案由、当事人姓名、卷宗件数等。

200. 璧山县矿会会议记录、璧山县政府处理公职人员被检举违法案件文书等　12－1－197

　　1948年2月至1949年6月,璧山县矿会会议记录;璧山县政府处理大兴乡乡长、转龙乡第五保保长、河边乡参议员等公职人员被检举违法案件相关文书,含乡公所及乡民呈文、政府审讯笔录、政府批示等;璧山地方法院检察处通缉熊必武等六十五名人犯一览表。

201. 璧山地方法院刑事上诉案件移交清册、雇员考成清册等　12－1－198

　　1946年3月至1948年12月,璧山地方法院刑事上诉案件移交清册、刑事尾卷移交清册,璧山县政府、璧山县警察局关于派警员前往青木乡维持秩序事宜的公函,城南乡第十一保就机织生产合作社相关事宜的呈文,国民政府主计处、璧山地方法院统计室雇员(民国)三十七年上半年考成清册、公务员平时成绩考核结果汇报表,璧山地方法院看守所关于犯人刑满释放的呈文,璧山县(民国)三十七年下半年奉配壮丁四百八十三名配赋表,中华民国教育促进会实验区办事处呈报丹凤乡黄角坡社成立登记书表,璧山地方法院公证处部分公证文书及认证书,法院看守所附设监狱犯人身份簿、物品领用名单。

202. 四川高等法院、璧山地方法院关于法收款项、公职人员卸任等事宜的文书　12－1－199

　　1948年5月至1948年10月,四川高等法院、璧山地方法院关于上半年度法收款项、公职人员卸任等事宜的训令,附缴款书、璧山地方法院(民国)三十七年七、八月份员警应领食米代金清册、十月份员工食米代金借支清册等文书。

203. 璧山地方法院刑事案件收状簿　12－1－200

　　1948年1月至1948年12月,璧山地方法院刑事案件收状簿,包括进行号数、日期、类别、件数、原告被告姓名、案由等项。

204. 四川高等法院关于鉴定检验费收费标准等的公文等　12－1－401

　　1947年4月至1948年1月,四川高等法院关于鉴定检验费收费标准等的训令、登记费收据缴验及存根,璧山县狮子乡缮状收费登记簿,璧山地方法院认证书等。

205. 璧山县政府及璧山地方法院服务日记簿　12—1—402

1947年12月至1948年6月,璧山县政府及璧山地方法院服务日记簿,此簿包含交办日期、交办事项种类、件数、承办人、办毕日期、交办人收回章等。

206. 四川高等法院、璧山地方法院及看守所关于囚粮等事宜的公文　12—1—403

1946年12月至1947年12月,四川高等法院、璧山地方法院及看守所关于囚粮及主副食费表及折价表的呈、指令、代电等。

207. 璧山县政府及璧山地方法院办案进行归档簿　12—1—404

1947年7月至1947年12月,璧山县政府及璧山地方法院书记官办案进行归档簿,此簿包含案由、收案时间、卷宗号数、处分日期及结果、经过日数等事项及案件收结表。

208. 璧山地方法院案件登记簿　12—1—405

1946年11月至1948年4月,璧山地方法院案件登记簿,此簿包含进行号数、年度、收案时间、案由、起诉日期及要旨、不起诉日期及要旨、缓起诉日期及要旨、附记等。

209. 四川高等法院、璧山地方法院等关于案件、人事等事宜的公文等　12—1—406

1946年11月至1948年7月,四川高等法院统计室、璧山地方法院、检察官、大兴乡参议员、中国国民党璧山县党部第八区执行委员会及三民主义青年团璧山分团直属十九分队部关于办理案件调查表、大兴乡乡长违法浮收屠宰税、公务员任用审查表等事宜的公函、指令、呈、训令、代电、签呈、讯问笔录等,附公务员平时成绩考核记录表、城西乡镇区第四保长副保长选举票等。

210. 璧山县政府及璧山地方法院检查官、看守所等关于邮局被盗、人事、作业基金及印刷部等事宜的公文等　12—1—407

1946年7月至1947年2月,四川高等法院、璧山县政府及璧山地方法院检察官、看守所关于璧山邮局被盗、人事补免调升、雇员考成结果清册、监所工场作业基金及印刷部等事宜的训令、呈、侦讯笔录等;四川铜梁地方法院看守所证明单、财产目录及作业基金月报表等。

211. 璧山县政府及璧山地方法院、东川邮政管理局通令等　12－1－408

　　1945年12月至1947年12月，璧山县政府及璧山地方法院、东川邮政管理局关于包裹事务的通令、表等。

212. 璧山县政府及璧山实验地方法院、东川邮政管理局关于包裹事务等的通令等　12－1－409（1）

　　1944年2月至1944年11月，璧山县政府及璧山实验地方法院、东川邮政管理局关于敌人收译我方情报、调查敌人罪行、党政军邮件、不妥书刊、新生活运动、驻军密报表、邮局汇票及包裹事务、军邮局异动通知单、航空器材增订办法、军邮法令汇编、关卡地名表、邮局办人员舞弊潜逃等事宜的通令等。

213. 璧山县政府及璧山地方法院、东川邮政管理局关于邮路及包裹等事宜的通令等　12－1－409（2）

　　1944年11月至1947年2月，璧山县政府及璧山地方法院、东川邮政管理局关于邮路及包裹事务、青年志愿从军、无线电报、军邮汇兑及军事邮件、安顿员工眷属食宿津贴等事宜的通令等。

214. 璧山县政府及璧山地方法院、东川邮政管理局关于遵照包裹寄送资例事标准的通令　12－1－410

　　1947年2月至1947年11月，璧山县政府及璧山地方法院、东川邮政管理局关于遵照包裹寄送资例事标准的通令数份，附国内航空包裹资例表。

215. 璧山县政府及璧山地方法院、东川邮政管理局关于邮票、邮路及包裹等事宜的通令等　12－1－411

　　1946年4月至1946年11月，璧山县政府及璧山地方法院、东川邮政管理局关于邮票、邮路及包裹事务、驻军调查表及各局应达标准数字表、县政建设及法治建设、奸匪、抗战阵亡将士、邮电暂行办法、罢工风潮、中航公司拒运航空新闻纸案等事宜的通令等。

216. 璧山县政府及璧山地方法院、东川邮政管理局关于国际航空函件等事项的公文等　12－1－412

　　1943年3月至1947年8月，交通部邮政总局、璧山县政府及璧山地方法院、东川邮政管理局关于国际航空函件航空额外资费清单、邮资及邮票、储票、挂号及快递小条、明信片及邮简等事项的通令、指令、修改通知单等。

217. 四川高等法院、璧山地方法院及看守所等关于案件、经费等的文书等　12－1－413

1947年8月至1948年11月,四川高等法院、璧山地方法院、看守所、参议会关于粮谷款贪污案、公教人员薪俸及生活补助费、年度经常费分配预算、国库支付书一张、中央统制会计制度所属机关、税收及规费收入、办公费支用等事宜的公函、训令、指令、呈、代电等;附人犯身份簿、俸薪表等。

218. 璧山县政府及璧山地方法院诉讼人姓名索引簿、接见登记簿　12－1－414

1945年1月至1949年11月,璧山县政府及璧山地方法院诉讼人姓名索引簿,此簿包含诉讼人姓名、案由、档卷年度字号数等事项;接见登记簿,此簿包含接见人姓名、关系、事由等项。

219. 璧山实验地方法院等关于确认地权案的文书等　12－1－415

1945年1月至1946年12月,璧山实验地方法院、书记室、状元桥建桥委员会关于确认地权案的呈、通知、民事起诉状、委任书、案件审理单、受传唤人或通知人名单、民事言词辩论笔录及宣判笔录、证人结文、民事补充理由单、民事申请书、民事判决书等,附档案室调卷簿。

220. 四川高等法院、璧山地方法院及看守所等关于经费等事宜的公文　12－1－416

1946年12月至1947年11月,财政部、四川高等法院、璧山地方法院、会计室、看守所关于公务员特别办公费、薪资规则及支给薪俸办法、年度经常费及生活补助费、薪给报酬所得税、国库通知书、各项会计报告等事项的训令、呈、指令、公函、代电、快邮代电等。

221. 璧山县政府及璧山地方法院提票、押票、收票等　12－1－417

1947年1月至1947年12月,璧山县政府、法院检察处关于禁烟禁毒、抢劫、窃盗及赃物、伤害及杀人、诈欺、抗拒扣押、侵占及侵入住宅、妨害农业家庭自由及秩序、贪污、盗卖黄谷、诬告及做伪证、制伪钞、拐逃、拒不偿还债务、抗拒执行、借提验伤、租谷执行等案件的提票、押票、收票、管收票回证等;陆军第二百〇三师工兵营、璧山地方法院、参议会、税捐稽征处、马坊乡乡民代表大会、六塘乡乡民代表大会及乡公所关于羁押犯提交过营、节俭经费、贱卖粮谷等事宜的代电、训令、公函等。

222. 璧山县政府及璧山地方法院、检察处关于案件的押票、收票、提票等　12－1－418（1）

　　1947年1月至1947年5月,璧山县政府及璧山地方法院、检察处关于妨害秩序、自由婚姻、公务,伤害及杀人,借提,抢夺,窃盗,鸦片,毁损,递解,行贿及贪污,掘坟墓,侵占及侵入住宅,重婚,诬告,伪造文书等案件的押票、押票回证、收票、提票等。

223. 璧山县政府及璧山地方法院、检察处关于案件的提票、押票及收票等　12－1－418（2）

　　1947年1月至1947年8月,璧山县政府及璧山地方法院、检察处关于窃盗及侵占、鸦片、抢夺、妨害自由婚姻及风化、伤害、强奸、掠诱及拐逃、诈欺、贪污、借提、伪造文书及诬告、侵入住宅、执行给付黄谷、重婚、发掘坟墓等案件的提票、押票、收票等。

224. 璧山地方法院、检察处关于案件的押票、收票等　12－1－419

　　1945年6月至1948年4月,璧山县大路乡乡公所、来凤乡乡公所关于通讯兵食米薪金、捕食青蛙、警备班、户籍统计表及佃户押金册、吸烟犯、疾病、搭车、请假、舞弊、选举正副保长及代表、食米补助、出征军人家属、盗犯嫌疑、工场作业材料及成员收支、保队、财产保管委员会、防卫队维持治安、中心校黄谷、国民兵校阅、代购料豆稻草、干部讲习、配送壮丁、自治定额捐、捕蝗队、公职候选人、义务警察及警丁副食费、清剿队丁、大道小学开办初中部、募捐等事项的训令、手令、签呈、报告、保状、通知、悔过书等；璧山地方法院、检察处关于拐逃、窃盗及赃物、侵占、鸦片、借提、杀人及杀人未遂、诈欺、妨害家庭及自由、强奸、拒不偿还债务、公共危险、毁损等案件的押票、押票回证、收票等；附四川省各县局乡镇义勇警察队编组办法、新兵征集注意事项。

225. 璧山县政府及璧山地方法院、检察处关于案件的提票、押票等　12－1－420

　　1943年4月至1947年10月,璧山县政府及璧山地方法院、检察处关于窃盗及赃物、侵占、鸦片、伤害及杀人、诈欺、诱拐、妨害风化及自由、妨害公务、贪污、公共危险、给付棉纱、抢劫及抢夺、借提、毁损、诬告、重婚、贩运咸水、拒不偿还债务及给付黄谷等案件的提票、押票及押票回证、管收票等；附陆军第二百〇三师工兵营、辎重营第一连关于寄押犯的公函等。

226. 璧山县政府及璧山地方法院检察处关于案件的提票、押票等　12－1－421

　　1947年6月至1947年11月,璧山县政府及璧山地方法院、检察处关于鸦片,杀人,窃盗及侵占,脱逃,伤害,妨害风化、秩序及自由,借提,贪污,抢夺,诬告,诈欺,行贿,伪币,给付黄谷,以及损害赔偿执行、抗不交业、贩运咸水、售卖电线等案件的提票、押票及押票回证、管收票等。

227. 璧山地方法院关于案件的刑事判决书等　12－1－422

　　1945年7月至1947年10月,璧山地方法院、检察官关于执行书的训令;璧山地方法院关于窃盗及赃物、鸦片、公共危险、妨害风化、脱逃、强奸等案件的刑事判决书等;璧山地方法院看守所附设监狱身份簿、检察官执行徒刑拘役指挥书、军法人犯执行表等。

228. 四川高等法院、璧山实验地方法院及看守所等关于人事、经费等的公文　12－1－423

　　1943年12月至1945年4月,司法行政部、四川高等法院、粮食部四川粮食储运局璧山仓库、璧山实验地方法院、看守所关于新旧任交代、员工食米及生活补助费、米代金结算表、囚粮、麻布口袋、公粮及经费等事项的代电、训令、快邮代电、指令、咨、函、呈等。

229. 璧山地方法院关于案件的民刑事判决书等　12－1－424

　　1947年2月至1947年11月,璧山县税捐稽征处关于税收册表收据的训令;璧山地方法院关于伤害、协同登记、确定利率、返还契据及终止租等案件的民事、刑事判决书,附四川省司法机关捐献及赠与收入追加概算清单、璧山县政府及璧山地方法院城东乡财产保管委员会业主房租应缴税款册。

230. 四川高等法院、璧山地方法院及看守所等关于经费等的文书及关于案件的刑事判决书等　12－1－425

　　1946年4月至1948年2月,四川高等法院、璧山地方法院、检察官、看守所关于监所修建、执行指挥书、囚人费用及司法囚粮主食费、妨害兵役等事宜的训令、呈、代电、指令等;璧山地方法院关于鸦片、窃盗、妨害婚姻、诬告等案件的刑事判决书;璧山地方法院看守所附设监狱身份簿、检察官执行徒刑拘役指挥书、军法人犯执行表等。

231. 璧山县政府及璧山地方法院执行案件归档簿、被告登记册及人犯登记册　12－1－426

　　1947年3月至1948年11月,璧山县政府及璧山地方法院执行案件归档簿,此簿包含时间、案由、当事人姓名、归档编号等事项;被告登记册,此册包含登记日期、被告姓名、性别、年龄、籍贯、案由、羁押理由等事项;人犯登记册,此册包含登记日期、人犯姓名、性别、年龄、籍贯、罪名等事项。

232. 璧山县政府及璧山地方法院状纸有售簿、人犯登记册　12－1－427

　　1947年1月至1948年5月,璧山县政府及璧山地方法院人犯登记册,此册包含签票员、日期、人犯姓名、案由或罪刑等事项;状纸有售簿,此簿包含日期、状别、旧管、新收、售出等事项。

233. 四川高等法院、璧山县政府、璧山地方法院及看守所关于监所作业表、寄押人犯清册等的公文等　12－1－428

　　1946年7月至1948年7月,四川高等法院、璧山县政府、璧山地方法院、看守所关于监所作业各表、寄押人犯清册及实支主副食费清册暨预借囚粮折购黄谷四联单等事宜的指令、呈、公函等;附璧山县政府寄禁寄押人犯囚粮暨灯油柴炭费清册。

234. 璧山县政府及璧山地方法院调卷登记簿、收发文簿　12－1－429

　　1946年11月至1948年4月,璧山县政府及璧山地方法院调卷登记簿,此簿包含时间、当事人姓名、案由、案卷件数、调卷人员盖章等事项;收发文簿,此簿包含发文日期、发文号数、去文机关、摘要等事项。

235. 璧山县政府、璧山地方法院及璧山县银行关于呈送及接收文件的公函等　12－1－430

　　1946年1月至1947年12月,璧山县政府、璧山地方法院及璧山县银行关于呈送及接收文件的公函等。

236. 璧山地方法院及看守所等关于监犯等的公文　12－1－431

　　1947年2月至1949年8月,四川高等法院第二分院及重庆分院、万县分院,璧山地方法院及看守所关于旧棉单衣裤及军毯、监犯执行期满、执行徒刑指挥书、指纹印色盒、窃取动产、烟犯等事宜的训令、呈、代电、快邮代电、公函、报告、指令等,附办案进行簿、璧山地方法院案件登记簿等。

237. 璧山地方法院等关于案件的民刑事判决及裁定书等　12－1－432

　　1941年8月至1948年12月,首都地方法院、四川江津地方法院、璧山地方法院关于确认所有权及共有权、确认立嗣无效及继承权、侵占及侵入住宅、鸦片、伤害及毁损、诬告及伪证、重婚遗弃、回复占有、回赎典产、先买权及确认买卖契约无效、宣告死亡、分割遗产、赔偿损害、抢夺及窃盗、贪污、租约及交业、给付租谷及债款、妨害自由及婚姻、伪造文书、渎职、侵害坟墓、业契及借据、离婚、假扣押、诈欺、奸匪、违反印花税法及财产税条例等案件的民事、特种刑事、刑事及刑事附带民事诉讼判决书、裁定书;璧山县城中镇征收房捐发票清册等。

238. 璧山地方法院等关于案件的民刑事判决书等　12－1－433

　　1944年3月至1948年7月,四川高等法院、璧山地方法院看守所关于作业工场财产事务的呈、指令等;首都地方法院、璧山地方法院关于侵害坟墓、诬告、妨害水利及自由、伤害及赔偿损害、确认共有权耕作权及契约无效、分割遗产、继承回复、止约交业及搬迁交业、抢夺、窃盗及赃物、给付、执行异议、滥发文票、返还典物及押金等案件的民事、刑事及刑事附带民事诉讼判决书等。

239. 璧山县政府及璧山实验地方法院办案进行簿　12－1－434

　　1944年1月至1944年8月,璧山县政府及璧山实验地方法院办案进行簿,此簿包含时间、旧管已决未决人数、新收已决未决人数、开除已决未决人数、实在已决未决人数等事项。

240. 璧山地方法院、检察官等关于人事、因犯等事宜的公文等　12－1－435

　　1944年11月至1948年6月,璧山地方法院、检察官、七塘乡乡公所、在乡军官会、七塘乡筹备会、七塘乡财委会、田赋粮食管理处依凤征收处关于在乡军官会、斗息牙行、钤记及到差日期、救济、减刑执行书等事宜的公函、训令,璧山地方法院关于伤害及杀人、窃盗、鸦片等案件的刑事判决书,看守所附设监狱身份簿,检察官执行徒刑拘役指挥书,等。

241. 璧山县政府及璧山地方法院、检察处关于案件的提票、押票等　12－1－436

　　1947年3月至1947年10月,璧山县政府及璧山地方法院、检察处关于窃盗、伤害及杀人、诬告、伪钞、妨害家庭及秩序、给付租谷执行、贪污、借提、鸦片、诱拐、抗不偿还债务等案件的提票、押票、管收票等,附璧山县政府及璧山地方法院监狱在押与做工人数日报表、工作人犯名单。

242. 璧山县政府及璧山地方法院收文簿　12－1－437

　　1948年9月至1949年11月,璧山县政府及璧山地方法院收文簿,此簿包含时间、去文机关、文别、摘要等事项。

243. 璧山地方法院关于月报表的训令及案件的文书等　12－1－438

　　1946年9月至1948年4月,璧山地方法院关于月报表的训令;四川高等法院第一分院、璧山地方法院关于贪污、鸦片、窃盗、诈欺及赌博等案件的刑事判决书;璧山地方法院看守所附设监狱身份簿及主副食费清单,检察官执行徒刑拘役指挥书等。

244. 璧山县政府及璧山地方法院收状登记簿　12－1－439

　　1942年1月至1949年11月,璧山县政府及璧山地方法院收状登记簿,此簿包含诉讼人姓名、案由、档卷年度字号数等事项。

245. 四川高等法院、璧山（实验）地方法院及看守所等关于人犯的公文等　12－1－440

　　1944年4月至1947年6月,兵役部、四川高等法院、永荣师管区司令部、第二补充团团本部、璧山实验地方法院、看守所关于调服军役人犯等事宜的呈、公函、快邮代电、训令;璧山县政府及璧山地方法院诉讼案件归档簿。

246. 璧山县政府及璧山地方法院关于案件的提收票等　12－1－441

　　1947年1月至1947年12月,璧山县政府关于鸦片、伤害、盗匪等案件的提票、收票等;璧山地方法院看守所附设监狱在押与做工人数日报表及工作人犯名单。

247. 璧山县政府及璧山地方法院关于案件的押票、提票等　12－1－442

　　1947年7月至1947年12月,璧山县政府及璧山地方法院关于抢劫及窃盗、伪造、伤害及杀人、借提、侵占、诈欺、贪污、妨害兵役秩序及自由、鸦片、债务、侵入住宅、租谷执行等案件的押票、提票等。

248. 四川高等法院、璧山地方法院及看守所关于工程修建的公文等　12－1－443

　　1946年5月至1947年11月,四川高等法院、璧山地方法院、看守所关于公有建筑审查规则、监所修建费及充实设备费、修建设备工程、修建纪念碑、国库通知书、修建消耗材料等事宜的训令、呈、指令、报告等,附监房主任移交公务清册等。

　　璧山地方法院关于打架、充当警士、口角纠纷、窃盗、娼妓、鸦片、拐逃、伤害、杀人未遂、侮辱及私藏现金等案件的保状。

249. 璧山县政府及璧山地方法院关于案件的押票等文书及看守所在押与做工人数日报表及工作人犯名单等　12－1－444

　　1946年5月至1947年11月,璧山县政府及璧山地方法院关于鸦片、抗不偿还债务、伤害及毁损、窃盗及抢劫、杀人、通奸、妨害风化家庭自由秩序及婚姻、侵占及侵入住宅、给付租谷、贪污、借提、公共危险、诬告、诈欺赌博、伪币、贩运咸水等案件的押票、提票、收票及管收票等;璧山地方法院看守所附设监狱在押与做工人数日报表及工作人犯名单等。

250. 四川高等法院第一分院书记室、检察官关于刑事案件的文书等　12－1－445

　　1945年7月至1946年6月,四川高等法院第一分院书记室、检察官关于杀人案件的声明书、讯问笔录、诉状、委任状、辩诉书、公函、刑事裁定及判决书、刑事附带民事判决等。

251. 璧山实验地方法院等关于看守服装及囚人衣被席扇等事宜的公文等　12－1－446

　　1943年12月至1945年12月,财政部花纱布管制局璧山分处、璧山实验地方法院、看守所关于看守服装及囚人衣被席扇、囚人溢支用费及主副食费、售布花、临时预算书等事宜的公函、呈、指令、训令等,选举保长候选人名单,办理移交到会人员名单,保甲会议及保民大会到会名单及会议记录,送文登记簿等。

252. 璧山实验地方法院关于案件的押票、提票等　12－1－447

　　1945年1月至1948年8月,陆军第二十一军司令部、璧山县农业推广所关于指导员、抗敌军人家属、就职报到及人事补免调升等事宜的训令、代电、命令;璧山实验地方法院关于抢劫、窃盗及赃物、伤害及杀人、诈欺、妨害家庭及兵役、脱逃、侵占、诱拐、借提、贪污、违反战时军律等案件的押票、提票;璧山县第二区警察所关于窃取法币、伤害等案件的保状、讯问笔录、报告;璧山地方法院关于交业案件的民事判决书;璧山实验地方法院看守所附设监狱在押与做工人数日报表及做工人犯名册,囚人主副食费清单等。

253. 四川高等法院、璧山县政府及璧山地方法院、律师公会等关于律师事务的公文等　12－1－448

　　1945年4月至1947年5月,四川高等法院、财政部川康区直接税局璧山直接税分局、璧山县政府、经收处、璧山地方法院、律师公会关于律师公会规则、律师注销登记、律师大会及会员改选、律师会所及平民与抗属事务所地点、会员收盈等级清册及各级所得税、法官训练班及就职日期、律师接见羁押被告、强占璧山公学等事宜的训令、呈、通知、公函、指令；璧山县社会各级团体改选进度表，司法官训练办法；《中国近代史》等。

254. 四川高等法院、璧山实验地方法院等关于人事、监所等的公文等　12－1－449

1942年11月至1945年12月，司法行政部、四川高等法院、璧山实验地方法院关于债务人财产执行、民事管收室、司法处组织暂行条例、烟犯服役赎罪规程、机关购买公用物品、奸伪、引用适龄壮丁、司法人员风纪、处理监所职员、支领薪津、介绍或经行派用看守、政令贯彻到基层、特种刑事案件诉讼条例、监狱法规、出狱人保护会组织规程、公务员交代条例等事宜的训令、呈；关于伪造印章及文书、窃盗及赃物、诈欺、脱逃、公共危险、抬高盐价、伤害及杀人等案件的在押被告送审通知书等。

255. 四川省政府及高等法院，璧山县政府及璧山地方法院、看守所等关于人事升迁、经费、乡民代表大会等事宜的公文等　12－1－450

1945年10月至1948年6月，陆军第二〇三师工兵营、四川省政府及高等法院、璧山县政府及璧山地方法院、看守所、参议会、璧泉管理委员会、七塘乡教育会及中心国民学校、大路乡第七保第一甲关于税捐处代缴之支付书、违约给付、校舍培修费、公教人员补助金、添聘教师及增加员工待遇、贪污案、私立大道小学校移交校址、工事结算表、营缮工程验收证明及购置财物验收证明、保护温泉瓦水管厂、人事升迁、追偿、作业工场修建费、学校修整费及办公费、乡民代表大会等事宜的公函、呈、报告、批、训令、代电、咨；璧山地方法院关于鸦片、妨害权利、执行异议等案件的民事、刑事判决书；桥头基地有权、失火等案件的民事诉状，受传唤人或通知人名单，讯问笔录，保状，申请状，声明书；陆军第二〇三师炮兵营接收璧泉（游泳池）公物移交清册，璧山地方法院看守所附设监狱人犯注射防疫针报告表、月报表及主副食表、在押与做工人数日报表、检察官执行徒刑拘役指挥书存根，璧山地方法院财产增加表等。

256. 四川高等法院，璧山县政府及璧山地方法院、看守所关于监犯等的公文等　12－1－451

1946年12月至1948年1月，四川高等法院，璧山县政府及璧山地方法院、看守所关于人犯参加筑路工程、鸦片烟犯及司法人犯、押犯分娩、未决犯提庭侦审及疏通人犯、撤销停止接见、公款出纳保管、事假假期、监所诈取财物、拨囚犯为技师、人犯脱逃及人犯教诲教育、补救看守所办法、监犯患病、接见人犯登记簿、增设看守及购置铁链、贪污盗匪案、寄禁寄押军事人犯、解送人犯办法、赦免或释放人犯、出狱贫苦兵丁救济办法、出狱人保护会等事宜的呈、签呈、训令、指令、报告、公函；监狱受刑人健康检查规则及表格，四川省公路局县道五年计划第一年实施路线表等。

257. 璧山县政府及璧山地方法院、看守所关于囚犯经费等的文书等　12－1－452

1946年5月至1947年11月，璧山县政府及璧山地方法院、看守所关于肃清烟毒调验所、在押烟犯施戒联系办法、看守所制服费、囚犯副食费及囚粮等事宜的训令、指令、呈、公函；璧山县政府及璧山地方法院归档簿，看守所犒赏费、人犯花名收据册等。

258. 四川高等法院、璧山地方法院、看守所等关于人犯等事宜的公文等　12－1－453

1946年12月至1948年1月，国民政府主席重庆行辕、四川高等法院、璧山地方法院、看守所、省立璧山医院、城北乡乡公所、城南乡中心学校关于军事人犯、调服劳役及保外服役、假释及保释、停止接见、捐购DDT、押犯病重及死亡、人犯疏通、分配药品、人犯注射防疫针及获赠救济水、杀人未遂及贪污、警察监所看守受征等事宜的代电、训令、指令、呈、公函、领状、报告、保状、验断书等等。

259. 璧山县政府及璧山地方法院等关于案件的文书等　12－1－454

1946年1月至1946年12月，重庆卫戍区第三分区司令部，璧山县政府及璧山地方法院、检察官关于窃盗及抢劫，行贿，侵入住宅，侵占，伤害及杀人，诱拐及拐奸，租谷执行，抗不偿还债务，妨害自由、兵役、婚姻家庭、风化、鸦片、脱逃、贪污、诬告及伪证、诈欺、公共危险、私造及私运枪弹、伪造文书、借提、重婚、赔偿损害、放火、发掘坟墓、冒领出征军人优待谷等案件的押票、管收票、收票、提票；青年远征军第二〇一师关于偷窃案的公函等。

260. 四川省政府、教育厅、璧山县立中学关于学生等的文书　12－1－455

1945年7月至1948年5月，四川省政府、教育厅、璧山县立中学关于学生转学证书、学生成绩表等事宜的训令、指令、呈等。

261. 璧山县政府及璧山地方法院人数日记簿、案件登记簿　12－1－456

1947年1月至1947年7月，璧山县政府及璧山地方法院人数日记簿，此簿包含时间、已决人数、未决人数等事项；案件登记簿，此簿包含所长、医士、名籍、管理、发票员、登记号数、人犯姓名、案由或罪刑等事项。

公文一

262. 司法行政部、四川高等法院、璧山地方法院及看守所关于经费的公文等 12－1－457

1947年1月至1948年8月,司法行政部、四川高等法院、璧山地方法院及看守所关于经常费及办公费、预算法、会计制度工本费、司法季刊费、国库收支结算办法、公款存汇办法及汇费、缴款书等事宜的呈、训令、指令、代电、公函;璧山地方法院看守所附设监狱财产报告表、岁出囚粮主食费支出明细账单、岁出经临费类总分类账各科目汇总表、收支对照表、生活补助费计算表、动支囚人用费报告表等。

263. 璧山县政府及璧山地方法院、检察官关于案件的文书等 12－1－458

1947年1月至1947年12月,陆军第二百〇三师工兵营关于违反军纪军士的代电;璧山县政府及璧山地方法院、检察官关于伤害及杀人、贪污、抢夺、窃盗及赃物、鸦片、诱拐及拐逃、诬告及伪证、伪钞、债务、排除侵害执行、诈欺、给付租谷、侵入住宅及侵占、遗失枪支、抗拒抵押、妨害自由、妨害家庭婚姻、妨害兵役、贩运咸水、通奸等案件的提票、押票、管收票、收票等。

264. 四川高等法院、璧山地方法院及看守所关于经费的公文 12－1－459

1946年12月至1947年12月,四川高等法院、璧山地方法院及看守所关于囚粮及主副食费、自行种菜、购煤炭等事项的指令、呈、训令、公函、代电等。

265. 四川高等法院、璧山地方法院及看守所关于监犯及公务员、经费等事宜的公文等 12－1－460

1948年1月至1949年4月,四川高等法院、璧山地方法院及看守所关于考试及格证书费,战区撤退监所整理办法,人犯子女,监所职员奖惩办法,公务员因公治病及退休金、抚恤金,固守岗位,考成成绩,作业报表及月报表,币制改革,制鞋科工作等事宜的训令、指令、呈;璧山地方法院、检察处关于窃盗,鸦片,抗不偿还债务,贪污,妨害风化、秩序及家庭,伤害及杀人,公共危险、抗不交业、诈欺等案件的押票、管收票;璧山地方法院关于鸦片、窃盗案件的刑事判决书;人犯身份簿,检察官执行徒刑拘役指挥书等。

266. 璧山县政府、参议会及各乡乡公所等关于经费等的文书 12－1－461

1946年11月至1948年1月,璧山县政府、参议会、丹凤乡公所、太和乡公所、中兴乡乡公所、大兴乡乡公所、三合乡乡公所、第二区梓潼乡乡公所、鹿鸣乡乡公所、正兴乡乡公所、大路乡乡公所、依凤乡乡公所、六塘乡乡公所、八塘乡财产保管委员会、龙溪乡乡公所、河边乡乡公所及警察警丁、第二区乡镇联合自治会、临江乡乡公所、璧山县银行关于会计账表、预算标准及收支决算表、年度经费、会计员经济干事及财产保管委员会关系职务划分及工作联系办法、俸薪食米及公教员生活补助费、机关学校人事设置实际员额、户政兵役讲习会人员旅费、支付书遗失、乡镇人员公粮、会计员保证书、印鉴、捐票等事宜的训令、指令、呈、签呈等。

267. 璧山县健龙乡农会、丁家乡农会关于改选等事宜的公文等　12－1－462（1）

1947年5月至1947年9月,璧山县健龙乡农会、丁家乡农会关于派员指导改选理监事、农会代表及会员名册、职员改选、就职日期及职员资历表、参议员初选人名册、农会选举人名簿等事宜的呈等;丁家乡农会移交清册等。

268. 璧山县政府、丁家乡农会关于人事、经费等事宜的公文等　12－1－462（2）

1947年9月至1948年3月,璧山县政府、丁家乡农会关于人事补免调升、征收常年费及会费、农会职员名册及简历表等事宜的呈、训令等;丁家乡农会选举人名簿等。

269. 四川高等法院、璧山县司法处等关于司法收入诉讼存款等事宜的公文　12－1－463

1937年7月至1939年5月,四川高等法院、全川司法经费整理委员会、璧山县司法处关于司法收入诉讼存款、司法印状纸等事宜的公函、指令等。

270. 四川高等法院关于法律的公文　12－1－464

1946年2月至1946年7月,四川高等法院关于复员后办理民刑事诉讼补充条例、营业税法、遗产税法、公司法等事宜的训令等。

271. 四川高等法院、璧山（实验）地方法院及看守所等关于刑事规则、人事等事宜的公文　12－1－465

1935年4月至1947年7月,司法行政部、四川高等法院、璧山（实验）地方法院、看守所关于刑事报表格式及造报规则、刑事诉讼审限规则、人事补免调升等事宜的训令、呈、指令等。

272. 四川高等法院、璧山县政府、璧山地方法院等关于经费、人事等的文书等　12－1－466

1937年1月至1947年12月,四川高等法院、检察处、书记室关于控诉璧山地方法院违法裁判、营建公墓及捐款、升降国旗所奏乐、重庆新中华医药学会充任药剂鉴定任务、囚人主食费汇款回条、购置囚人衣被等费预算估单、囚粮册表、催报岁经两类会计报告、工场费基金、看守所改良充实设备费、抄发工事结算表营缮工程验收证明书及购置财物验收证明书、垫借看守所修建费困难、人事管理人员成绩考核办法等事宜的指令、启文、训令、代电；璧山地方法院关于司法人员补助俸、出差生活补助费及办公经费、派推事及公证人讲授政治课程、法院办公经费、康济运输公司合约、人事补免调升、殉难人员公墓捐款、解缴法收计算错误、购置囚人衣被等费、办理案件成绩考核报告表、看守所改良充实设备费、国库支付书等事宜的快邮代电、公函、便函、代电、报告、呈、训令、指令；璧山县政府关于宪兵潜逃、临江乡巡检庙初级小学校长、疏通寄押人犯、人事任免等事宜的训令、委任令、指令；璧山地方法院看守所关于购置囚人草垫、药品所需款项，国库支付书等的呈。

璧山县税捐稽征处关于璧山税捐稽征处改名及人事任免的公函；川康区江津盐务分局关于外销盐税价调整时征退差价差税办法、盐政条例的公函，附盐政条例；四川田赋粮食管理处储运处关于田赋征收粮食的公函；璧山田赋粮食管理处关于康济运输公司合约的公函；陆军第二百〇三师搜索连关于派员讲授政治课程的公函；司法行政部关于拨发追加囚人用费、补发看守所溢支囚人用费、司法机关人事管理人员级俸比叙标准、各级人事管理人员考绩考成应行注意事项的指令、训令；宪兵第八团关于宪兵潜逃的公函；璧山县丁家乡乡公所关于户口异动报告表、户口调查表的呈；永川县立初级中学关于学生修业期满的证明书；璧山地方法院书记室关于返还黄谷案的公函；中国国民党四川省璧山县执行委员会关于律师公会人事任免的代电；审计部关于派员监验陆军预备学校定制竹木器的公函。

璧山县中等学校教职员联谊会复课复职声明，璧山县中等学校校长贪污违法滥用私人书，璧山县户籍登记簿及申请书（若干张），临江乡巡检庙小学教员聘书，璧山县救济院与宽仁医院合组诊疗所1936年支出决算书，非常时期公务员资历证件补充办法。

273. 璧山地方法院检察官关于特种刑事已结未结案件月报表的文书　12－1－467

1947年2月至1948年1月，璧山地方法院检察官关于特种刑事已结未结案件月报表的呈，此表包含收案日期、被告姓名及案由、承办人员姓名等事项。

274. 四川高等法院、璧山地方法院、看守所关于保外服役及假释、保外医治等事宜的公文　12－1－468

1946年12月至1947年12月，四川高等法院、璧山地方法院、看守所关于保外服役及假释、保外医治等事宜的指令、呈、训令等。

275. 四川高等法院、审计处、审计部重庆市审计处等关于监察等的公文　12－1－469

1946年12月至1947年9月,联合勤务总司令部第二十八粮食库、陆军第二百○三师司令部、四川高等法院、审计处、审计部重庆市审计处、璧山警察局、粮食管理处、简易师范学校关于审计机关、稽查机关营缮工程及购买变卖财物金额,法院及司法处代办合约审核,派员参加监标,运粮合约,采购副粮食物,营房工程,重庆被服厂、织布厂标售手车布及车旅费,璧山简易师范学校修缮屋宇及购置器物,招标夏季服装,浴室工程等事宜的训令、公函、代电、快邮代电等。

276. 四川高等法院会计室及璧山地方法院会计室等关于经费、人事、监察等事宜的公文　12－1－470

1947年1月至1947年12月,司法行政部会计处、四川高等法院会计室、重庆地方法院、荣昌地方法院会计室、璧山地方法院会计室关于公务员试用期及履历表,函授学校及业余进修,岁经两类会计报告,司法机关会计人员考绩考成,中秋节不收礼,会计人员对人处事应行注意事项及薪俸,公款收支,书记官潜逃,人事任免,民刑状纸工本费及缮状费,员额编制及人员任用,审查费,行政党团员殉职优恤办法,雇员参加考试,公务员、地方自治人员、事业机关职员、民意代表及其职员、公务员支给薪俸变通办法,营造承包工程及营缮工程费,岁入岁出类决算及概算格式,会计夫妻,超收法收留用办法等事宜的训令、代电、签呈、通知、指令、呈、公函、快邮代电等。

277. 四川高等法院、璧山地方法院及看守所关于卫生、经费等事宜的公文　12－1－471

1947年4月至1947年8月,四川高等法院、璧山地方法院、看守所关于清洁卫生并为人犯打防疫针、解送人犯办法、捐款改良监所奖励办法、军法监所移交司法机关接收、出狱人保护会、指纹印色盒、监所奖惩一览表、监狱教诲工作及课本、寄禁军事犯及赦减、监所设法接济、依军律处刑之逃亡犯、工程修建费及修建法院监所工程竞赛办法、贪污盗匪鸦片案、因粮、因人医药及卧具、补救看守所办法、监狱规则及监所分年改制办法、接收因犯有异议、法办没收私磺、人犯逃脱等事宜的训令、呈、指令、代电、公函等。

278. 四川高等法院、璧山地方法院等关于敌伪产业、汉奸、盗匪等事宜的公文　12－1－472

1945年1月至1947年11月,司法行政部、四川高等法院、璧山地方法院关于德侨在华私人产业处理办法、日伪财产原始清册及接收国内日本产业赔偿、敌伪财产物资、重建收复区人民房屋或其他建筑物被敌伪折毁、机关房地产租建买卖、接管德籍犹太人产业、逆处理司法机关与处理机关、检举及惩治汉奸盗匪、释放反汉奸人员、天津市临时参议会提案、没收汉奸财产、优待俘虏、工作报告书等事宜的训令、呈、指令、代电、公函等。

279. 四川高等法院、璧山地方法院等关于人事等事宜的公文等　12－1－473

1946年6月至1947年8月,四川高等法院、璧山地方法院、书记室关于招考司法警察、执法员法警、人事补免调升等事宜的通告、公函、布告、通知、训令、代电、指令、呈、签呈等;警丁保证书,非常时期生活改进运动实施方案,璧山县动员委员会工作计划书等。

280. 四川高等法院、璧山地方法院及看守所等关于经费、日常工作等事宜的公文　12－1－474

1946年12月至1948年3月,贵州赤水地方法院书记室,四川高等法院,第三区保安警察大队第二中队,璧山县政府及璧山地方法院,看守所,参议会,马坊乡乡公所关于警察局训练班预算、监所建筑费及作业管理人员奖惩办法、公职候选人、验尸案、移驻文庙日期及任务、民刑状纸工本费、作业成绩报告表及已办作业监所调查表、作业预算、受刑人监外作业、纸张品名价目表、会计事务处理、承租《渝北日报》印刷器材等事宜的公函、呈、训令、指令、代电;四川高等法院所属各机关应送会计报告清单,历年部拨基金报告表等。

281. 司法行政部、四川高等法院、璧山地方法院关于提存事宜的公文等　12－1－475

1946年12月至1948年4月,司法行政部、四川高等法院、璧山地方法院关于提存法及施行细则、提存事件季报表式、提存所成立等事宜的训令、呈、指令;四川省各地法院分批成立提存一览表,提存通知书、利息或红利请求书、代替提存或连同保管请求书、取回提存物请求书、零钱提存物请求书等。

282. 四川高等法院第一分院、璧山县政府及璧山地方法院关于案件等的文书等　12－1－476

1936年11月至1948年2月,四川高等法院第一分院、璧山县政府及璧山地方法院关于请求返还原界及军纱布、确认所有权、鸦片、妨害自由及名誉、给付洋纱、给付欠租、搬迁交业、家产、诽谤、遗产继承等案件的民事、刑事判决、裁定、训令、呈、公函、民事及刑事上诉书。

附璧山县省参议员候选人名单、四川省政府典契等。

283. 四川高等法院，璧山（实验）地方法院及看守所关于经费等事宜的公文等 12－1－477

　　1945年1月至1946年12月，四川高等法院、璧山地方法院、看守所关于会计报表、经费支出及支出凭证、溢支经常费、财产目录、囚粮等事宜的训令、呈、指令、函、报告等，附璧山实验地方法院看守所附设监狱收支对照表及支出计算书、在押与做工人数日报表及做工人犯名册、缴费书单等。

284. 四川高等法院第一分院书记室、璧山（实验）地方法院等关于案件的文书及经费、人事等事宜的公文等 12－1－478

　　1940年12月至1949年6月，四川高等法院第一分院书记室、璧山地方法院、第二区警察所关于窃盗、被污诈财、撤销契约、交业、给付租谷及生活费、拍卖抵押物件、返还田产及赔偿损害、赔偿医药费、债务、返还礼物及押金、终止租约、分割遗产等案件的呈、意见书、公函、民事裁定及民事判决书、讯问笔录、保证书、检验实录；璧山实验地方法院看守所作业材料、成品及收支款项四柱清册、各科作业人数细表、作业纯益金收支一览表，看守所附设监狱收入及支出计算表、作业盈亏试算表、财产目录、收支对照表，甲（乙）种公职候选人履历书，璧山县两座桥合作社员名册及呈请变更登记表，办理农地减租成果表等。

285. 璧山地方法院检察官特种刑事已结未结案件表等 12－1－479

　　1946年1月至1947年1月，璧山地方法院检察官关于特种刑事已结未结案件表，此表包含收案日期、上月份未结或本月份新收被告姓名及案由、现押被告人数、承办人员姓名等事项。

286. 四川高等法院、璧山县政府及璧山地方法院检察官、璧山医院等关于案件的公文 12－1－480

　　1945年1月至1947年1月，司法行政部、四川高等法院、检察处、璧山县政府及璧山地方法院检察官、璧山医院关于禁烟禁毒、特种刑事案件的训令、呈、公函、快邮代电、指令、代电。

287. 璧山县政府及璧山地方法院关于案件的公文等 12－1－481

　　1945年1月至1946年12月，璧山县政府及璧山地方法院离婚案件报告表，民刑事第一审、民事诉讼及附带民事诉讼案件报告表、买卖诉讼案件报告表，典权诉讼、民事破产、所有权诉讼、公证、不动产登记案件报告表，机关事业行政人员报告表，民事强制执行案件报告表，民刑事案件统计月报表，办案人员结案调查表，案件法收调查表，平股现押人犯数表；璧山地方法院年度会议记录等。

288. 四川高等法院、璧山县政府、璧山（实验）地方法院及看守所等关于经费、会议等事宜的公文等　　12－1－482

　　1946年1月至1947年7月,行政院关于受理诉愿之官逾期不为决定案的训令;司法行政部关于收复区房屋租赁事件适用法律疑义、伪内政部许可之丧失国籍是否有效案、岁入决算汇总情形、员工福利超收法收留用办法、各地国库最近动态表、追加特殊门常时部分决算表、岁入决算表等的训令、指令、代电、指令;四川高等法院关于公务员交代条例施行细则、伪内政部许可之丧失国籍是否有效案、璧山地方法院不执行追缴寄仓公粮案、修正或废止各种战时法令等的训令;璧山地方法院关于公务员交代条例施行细则、接收财物未注明价格及购置日期处理办法、看守所所长移交清册及印鉴、司法解释工本费、元旦庆祝大会、纪念国父大会、法收及超支经费数额、司法印纸联单稽核联收费月报表、追加特殊门常时部分决算表等的训令、指令、公函、通知、代电、呈;璧山县政府关于征实会报初度座谈会的公函;璧山地方法院检察官关于看守所移交情形的指令;璧山地方法院看守所关于前任所长移交清册及印鉴的公函、呈。

　　青年军复员大会筹备会议记录,璧山县人民自由保障委员会筹备会通知及会议记录,璧山县各界元旦庆祝大会会议记录,纪念国父大会会议记录,璧山各界欢送驻县中央机关学校离璧暨欢送二〇二师复员大会会议记录,璧山县遗产评价委员会第七次评价会议记录,征实会报初度座谈会会议记录。

　　璧山实验地方法院岁入经费累计表、岁入类现金出纳表、岁入类平衡表,璧山实验地方法院征收费用月报表,璧山实验地方法院看守所移交清册。

289. 四川高等法院、璧山实验地方法院及看守所等关于移交清册的公文等　　12－1－483

　　1945年12月至1946年12月,司法行政部、四川高等法院、璧山实验地方法院、看守所关于看守所新旧所长移交清册的呈、指令、训令;璧山实验地方法院看守所寄押人犯、刑事人犯姓名清册,保管公有财物清册、经费清册,作业材料器具收支清册,药品清册,印信清册,留任人员清册,政绩比较表,等等。

290. 璧山县政府及璧山地方法院等关于案件的公文等　　12－1－484

　　1934年11月至1949年5月,最高法院、璧山县政府及璧山地方法院、书记室、检察官关于鸦片、会账纠葛、诈欺、伪造文书、侵越优先权、债务及租谷、确认抵押权、买卖契约、工资纠葛、赔偿、离婚、窃盗及赃物、伤害、贪污及亏欠公粮等案件的公函、训令、讯问笔录、民刑事判决及裁定书、通知书、报告、不起诉处分书、签呈、拘提票、证明书;璧山县政府军法处案件点名单等。

291. 四川高等法院、璧山（实验）地方法院、警察局、看守所等关于公粮、人事等事宜的公文等　12－1－485

　　1940年11月至1949年11月，司法行政部关于清结公粮的训令；四川高等法院关于会计报告工作成绩、整顿作业工场、监所脱逃人犯、清结公粮案、公粮报核册表等的训令、指令；璧山县政府关于实行夏季办公时间的训令；璧山地方法院关于职员请假日期、领发公粮速向粮政机关办理清结、切实审核公粮清册、所长负责清缴欠缴公粮等的公函、指令；璧山县警察局关于中央在我军事机关内布置工作人员、防范共产党、抢劫巴县案、善后救济物及工作人员之运送等的密令、代电、训令；璧山地方法院看守所关于监所人犯临时处理办法、员役公粮、补缴公粮、清结公粮、员工食米与核实数、超借食米、造送食米册表、实领平价米代金报核册表等的呈、公函，附公粮收支及核实数量表、看守所员工食米收支对照表、看守所实领平价米代金现金出纳表；四川全省防空司令部关于本团改隶国民兵团的指令；重庆警备司令部关于增加哨所的公文；重庆防空司令部关于各省县市防护团改隶国民六项实施程序的代电；璧山防护团关于国庆纪念暨中国国民党五十周年纪念筹备大会、移交文卷公物的通知、公函，附璧山县防护团造具移交文卷公物清册及移交职员兵名册；四川省立璧山医院关于派员代理璧山医院院长的公函；粮食部四川粮食储运局璧山粮食储运处关于缴还公粮、员工食米差额表、造公粮清单的公函，附收粮凭单、各县司法机关员工食米核定与借拨数差额表；璧山县立初级中学关于毕业生更名的证明书。

　　璧山县户证，璧山实验地方法院看守所购用普通司法人犯食粮四柱清册及粮食一览表、购用普通司法人犯囚粮名册，同盟胜利美金公债还本付息表，财政部江西缉私分处各税警逃亡年貌表，各省县市防护团改隶国民六项实施程序，璧山县政府军事人犯看守所囚粮副食费清册，璧山县仓库拨粮领粮报告、收据存根及缴粮书，行政院审核请领食米通知单，粮食部四川粮食储运局拨粮通知单。

292. 四川省电话管理处璧山县管理所、璧山县政府、建设科关于窃取电话线一案的公文　12－1－486

　　1946年7月，四川省电话管理处璧山县管理所、璧山县政府、建设科关于窃取电话线案件的呈、讯问笔录、审讯庭单、传票等。

293. 璧山县政府及璧山地方法院刑事案件分案簿、稿件送阅簿、上诉结果登记簿　12－1－487

　　1946年1月至1946年12月，璧山县政府及璧山地方法院刑事声字、特字、自字分案簿，此簿包含进行号数、收受日期、案由、承办者姓名等事项；检察官稿件送阅簿,此簿包含进行号数、稿件类别及件数、案由等事项;上诉结果登记簿,此簿包含裁判时间、案由、当事人姓名、裁判要旨等事项。

294. 四川高等法院,璧山县政府、璧山实验地方法院及看守所等关于案件的公文及法律、监所建筑等事宜的文书等　12－1－488

　　1946年1月至1946年12月,司法行政部、四川高等法院、重庆卫戍区第三分区司令部、璧山县政府、参议会、警察局、璧山实验地方法院、看守所、城南乡乡公所、城中镇镇民代表会、私立甘棠中学关于移交财产文卷、监所建筑及囚床、国民政府公报、司法机关应用表、统计图表及统计法规、司法院法令解释、返还房屋、公会会员代表大会、学校被捣毁、窃盗、妨碍交通、商人沿街出售、土布业公会、警察局紧急会议等事宜的呈、公函、签呈、指令、训令、申请书、保状、通知、代电;现行法令大全目录,中央周刊重庆分社征求基本订户办法等。

295. 重庆地方法院检察官起诉书卷　12－1－489

　　1946年3月至1946年12月,重庆地方法院检察官关于鸦片,妨害公务及农工商业、自由婚姻,伤害及杀人,诈欺及伪造文书,公共危险,脱逃,窃盗及赃物,贪污,遗弃,渎职,侵占,掠诱等案件的起诉书等。

296. 璧山县政府、法院检察官及各乡乡公所等关于案件的公文及通信线路等的文书等　12－1－490(1)

　　1946年1月至1947年10月,陆军第二百○三师工兵营、四川省政府、公路局、第三区行政督察专员兼保安司令公署、重庆警备司令部、四川省电话管理处重庆工程区、璧山县政府、法院检察官、商会、电信局、城东乡乡公所、城西乡乡公所、城北乡乡公所、狮子乡乡公所、马坊乡乡公所、丁家乡乡公所、河边乡乡公所关于通信线路被盗、严惩城西乡四保保长、印信等事宜的训令、呈、公函、代电、报告、快邮代电、证明书、签呈、保状;璧山地方法院检察官关于窃盗、侵占等案件的起诉及不起诉处分书、刑事判决书;交通部被窃线料统计表,璧山县政府传票存根等。

297. 四川省政府、公路局、璧山县政府及璧山地方法院及各乡乡公所等关于通信线路的公文等　12－1－490(2)

　　1946年9月至1948年8月,四川省政府、公路局、重庆警备司令部、四川省电话管理处重庆工程区、璧山县政府及璧山地方法院、城北乡乡公所、河边乡乡公所、福禄乡乡公所、马坊乡乡公所、四川省电话管理处璧山县管理所关于通信线路等事宜的呈、公函、代电、训令、快邮代电;璧山地方法院关于窃盗电线、鸦片等案件的刑事判决书;附璧山县政府及璧山地方法院人犯身份簿等。

298. 璧山县政府及璧山地方法院刑事分案簿等　12－1－491

1946年1月至1946年12月,璧山县政府及璧山地方法院刑事附字、提字、诉字、助字、他字分案簿,此簿包含进行号数、收受日期、案由、承办人姓名等事项。

299. 重庆地方法院检察官、璧山(实验)地方法院检察官关于案件的公文等　12－1－492

1945年1月至1946年12月,重庆地方法院检察官、璧山实验地方法院检察官关于窃盗及抢夺、掠诱及重婚、伤害侮辱及毁损、杀人、通奸、侵占、诬告、妨害自由、妨害兵役、妨害名誉、妨害家庭、妨害秩序、妨害风化、公共危险、遗弃、失火、渎职、鸦片、脱逃等案件的不起诉处分书、起诉书;璧山县政府及璧山地方法院办案人员办理案件调查表,案件及法收调查表,民刑事案件统计月报表,犯罪人数月报表,民庭推事结案月报表,特种刑事及刑事已结未结案件表,刑事被告羁押一览表,等。

300. 四川高等法院、璧山实验地方法院、看守所等关于敌伪财产、经费、人事等事宜的公文等　12－1－493

1944年2月至1946年11月,行政院关于中央党政机关还都办法解释及补充、还都办法二次解释及补充的训令、指令、条例;司法行政部关于填报收复区国有财产、交还敌伪强占人民产业、修正收复地区土地权利清理办法、后方敌产接管处理办法、青年军复员会组织规程、复员期间劳资纠纷评断办法、收复区各省政府及中央驻省机关员工复员补助费标准、收复区私有土地上敌伪建筑物处理办法、军事犯主副食费名册格式、司法囚粮以自行购办为原则、寄押军事人犯支用口粮办法及审查会议记录等的训令、快邮代电,附清查国有财产办法及各种调查表,收复地区土地权利清理办法,前敌产处理委员会登记管理之后方敌产接管处理办法,军事委员会青年军复员委员会组织规程,复员期间劳资纠纷评断办法,收复区私有土地上敌伪建筑物处理办法,寄押军事人犯支用口粮及用费支给办法;四川高等法院关于修正收复地区土地权利清理办法、接收敌伪公私产业财物、查报接收敌伪财产及物资收入、收复区隐匿敌伪财产物资及军用物品检举奖惩规则、复员期间劳资纠纷评断办法、收复区私有土地上敌伪建筑物处理办法、汉口耆绅意见与要求六项、后方敌产接管处理办法、处理逆产原则、敌产停止移转日期、囚粮停拨实物、司法囚粮以自行购办为原则、囚粮库款未到以前仍先行拨借、伤患及犯罪嫌疑官兵副食费领发办法、缓还粮政机关借拨之囚米、监所囚粮采购办法、监所向各借粮机关洽商价格、寄押军事人犯支用口粮办法、修正员役薪饷查报表格式等的训令、代电、指令,附收复地区土地权利清理办法、收复区隐匿敌伪财产物资及军用物品检举奖惩规则、复员期间劳资纠纷评断办法、收复区私有土地上敌伪建筑物处理办法,前敌产处理委员会登记管理之后方敌产接管处理办法、监所囚粮采购办法；四川高等法院统计室关于员役薪饷查报表的公函，附四川高等法院统计室查询表。

璧山地方法院关于军事犯主副食费名册格式、囚粮停拨实物、司法囚粮以自行购办为原则、囚粮可按官价向当地粮政机关折售、伤患及犯罪嫌疑官兵副食费领发办法、借拨囚粮追还具报、缓还粮政机关借拨之囚米、看守所借碛米、监所向各借粮机关洽商价格、监所囚粮购置委员会成立、寄押军事人犯支用口粮办法、向粮政机关借拨囚粮数量及折还价款、员役薪饷查报表等的训令、呈、聘书；璧山地方法院看守所关于派员采购囚粮、不敷溢支囚粮副食费支付书、向粮政机关借拨囚粮数量及折还价款的呈；璧山地方法院囚粮购置委员会关于购置监所囚粮及招标的公告；粮食部四川粮食储运局璧山粮食储运处关于借拨囚粮追还具报、司法囚犯膳食费支给标准的公函；璧山田赋粮食管理处关于囚粮可按官价向当地粮政机关折售的公函；璧山地方法院监所囚粮购置委员会成立会议记录。

301. 四川省政府、璧山县政府、救济委员会等关于慈善救济等事宜的文书　12－1－494（1）

1946年2月至1947年2月，四川省政府、社会处、璧山县政府、救济委员会、聚善慈善会关于救济奖助款及筹募款物、救济改进事项、团体注意事项等的快邮代电、代电、公函、呈、聘书、座谈记录、通报；璧山县救济工作计划及救济委员会名册、捐助款物人名册及受济人名册，璧山县政府通讯兵送达公文簿等。

302. 四川省政府、璧山县政府、各乡乡公所关于救济事项的公文等　12－1－494（2）

1946年1月至1947年4月，四川省政府、璧山县政府、蒲元乡乡公所、梓潼乡乡公所、临江乡乡公所、转龙乡乡公所关于救济事项的呈、训令、代电、指令；璧山县救济委员会、博济慈善会及聚善慈善会救济捐助款物人名册及受济人承领款物名册，璧山明达慈善会发赈册等。

303. 四川高等法院、璧山实验地方法院、警察局等关于案件的公文及税务、法律等的文书等　12－1－495（1）

1944年3月至1945年11月，国民政府军事委员会军训部总务厅及军事杂志社、司法行政部、四川高等法院、有限责任军训部官兵消费合作社、重庆卫戍区第三分区司令部、粮食部四川粮食储运局璧山粮食储运处、璧山实验地方法院、书记室、警察局、来凤警察所关于窃盗、申请书结据未贴足印花、管理进出口物品条例及硝磺类管理条例、房租收入不敷缴纳土地税及房捐等补救原则、罚锾、盐机关分区、解释国有财产疑义及清理公有款产规则、公有租佃办法、整理自治财政办法、限价及议价条例、国家总动员会议等事项的训令、公函、记录表、失物清单、侦讯笔录、签呈、代电、保状、申请书、裁决书、布告等。

304. 璧山县政府、警察局、卫生院等关于案件等的公文等　12－1－495（2）

　　1945年8月至1946年5月,青年远征军第二〇一师司令部、重庆卫戍区第三分区司令部、璧山县政府、警察局、卫生院、福禄乡乡公所关于征收粮谷、窃盗等事宜的口供单、请愿书、刑讯笔录、签呈、裁决书、申请书、保状、呈、失物清单、公函、训令、指令等;璧山县临江乡第六保会议记录,六塘乡乡民代表会议记录,选举县参议员会议记录等。

305. 四川高等法院、璧山县政府、璧山实验地方法院、璧山看守所关于监所作业、生活补助费等事项的公文等　12－1－496

　　1945年10月至1947年1月,四川高等法院、璧山县政府、璧山实验地方法院、璧山看守所关于扩充看守所基地及监所作业、生活补助费等事项的训令、呈、公函、指令;附璧山实验地方法院看守所附设监狱收支对照表等。

306. 璧山地方法院关于案件的公文等　12－1－497

　　1946年1月至1947年1月,璧山地方法院关于案件法收调查表、办案人员结案调查表、民刑事月报表等事宜的公函、呈。
　　附璧山县健龙乡户口统计报告表等。

307. 璧山实验地方法院检察处的送达文件簿及案件分类簿　12－1－498

　　1946年1月至1946年12月,璧山实验地方法院检察处的送达文件簿,此簿包含进行号数、收案时间、送案机关或告发人姓名、被告姓名、罪名等事项;案件分类簿,此簿包含进行号数、时间、文件类别、件数、附件等事项。

308. 璧山地方法院检察官被告一览簿、人犯登记簿等　12－1－499

　　1946年1月至1947年1月,璧山地方法院检察官关于普通刑事被告羁押一览表的呈、画押被告一览簿及看押人犯登记簿等。

309. 璧山地方法院关于案件的公文等　12－1－500

　　1946年1月至1946年10月,璧山地方法院民刑事案件统计月报表,案件及法收调查表,犯罪人数月报表,民庭推事已结未结案表,特种刑事及刑事已结未结案件表,刑事被告羁押一览表,公证处及登记处收结案月报表,等。

310. 璧山地方法院关于案件的公文等　　12－1－501

1943年10月至1947年7月,璧山地方法院关于银楼房屋扣押、窃盗、妨害兵役、欠谷、民刑诉讼改进事项及民事诉讼费、处理伪组织律师证办法等事宜的公告、公函、训令、布告;璧山县八塘乡第五保户籍册,原登录事项表及名单,公证须知、不动产登记须知,诉讼案件公告牌登记办法,璧山律师公会和地方法院关于第五次会员大会、镇长座谈会情形核查和公会修正规则,监所协进委员会组织规定,看守所羁押人教育补习班办法,监狱和地方法院概况等。

311. 璧山地方法院、看守所关于囚粮、地方预算等事宜的公文及案件的文书等　　12－1－502

1946年5月至1946年12月,璧山地方法院、看守所关于囚粮名册及领购囚粮折价表等事宜的训令、指令;璧山县地方预算表,公教职雇员役公粮附属表、璧山地方法院办理案件总汇表等。

312. 璧山地方法院、看守所关于囚粮事宜的呈、判决书汇总表等　　12－1－503

1946年1月至1946年12月,璧山地方法院、看守所关于囚粮折价表的呈,璧山地方法院案件判决书汇总表,裁判送阅簿等。

313. 璧山县丁家乡乡公所的户籍登记申请书　　12－1－504

1945年10月至1946年1月,璧山县丁家乡乡公所的户籍登记申请书,此书包含时间、地点、姓名、性别、年龄、受教育程度、从业或服务处所、登记事由说明等事项。

314. 璧山地方法院民事归档簿　　12－1－505

1946年2月至1946年12月,璧山地方法院民事归档簿,此簿包含归档时间、原卷号数、案由、当事人姓名、卷宗件数、附件等事项。

315. 璧山县政府及璧山地方法院、警察局等关于教职员学生等事宜的公文及案件的文书等　　12－1－506

1938年9月至1946年11月,璧山县政府及璧山地方法院、警察局、七塘乡中心国民学校、依凤乡第七保国民学校、三教乡中心国民学校关于报案损失赔偿、充实警察机关设备、侦缉人员借端逮捕行政人员或当地人民、保障人民身体自由、特种刑事案件移送书格式、伪警、禁烟禁毒、军事或警察机关不能受理刑事案件、提审法、教职员表、新生名册及学生总名册等事宜的训令、指令、公函;国民兵组织管理训练服役规程,国民兵役年龄男子名册,甲(乙)种国民兵名簿及乙种国民兵受训名册;璧山县皇寺小学及立清平初小学生名册,立心镇白云寺小学教职员一览表,农税缴纳通知书、正式收据、存根,赔偿金领据等。

316. 璧山地方法院关于案件的公文等　12－1－507

1946年7月至1946年9月,璧山地方法院关于民刑事案件报表的公函,案件及法收调查表、办案人员办理案件调查表、犯罪人数月报表,民庭推事结案、刑事被告羁押一览表,特种刑事及普通刑事已结案件表,民事执行登记公证月报表等。

317. 璧山地方法院传票挂号簿　12－1－508

1946年1月至1946年12月,璧山地方法院传票挂号簿,此簿包含进行号数、发票日期、件数、被传人姓名、案由、指定到庭日期、送达处所等事项。

318. 四川高等法院、璧山地方法院等关于敌伪产业、银行、译电、战犯、经费等事宜的公文及案件的文书等　12－1－509

1945年5月至1946年12月,四川高等法院、司法行政部、璧山地方法院、检察官、查征所关于敌伪产业及敌伪银行资产、进出口贸易及中央银行管理外汇、银行存放款利率管理条例、敌伪机构债权债务互相抵消、尚未结清之外汇合约、战区巡回审判办法及民刑诉讼暂行办法、军人犯军法以外之罪办理及军人军属犯军法以外之罪办理、战争罪犯处理办理、犯人家属之田产婚姻、战时军律、自卫枪支管理条例、复员志愿兵、军事委员会委员长行营改名、集体拘捕、通讯及译电工作人员技术、审判密电本、无线电发射周律统制办法、窃盗罪、工程及置卖物留价额标准、旅费、国库收支结算、所得税法、囚粮、机关汇解公款、经临各费及办公费、预决算、薪津及补助俸等事宜的训令、代电、公函、指令、通知;附军政部战犯拘留所编制表,审判战犯军事法庭编制表等。

319. 四川高等法院、璧山实验地方法院等关于案件的公文及经费的文书等　12－1－510

1945年3月至1946年11月,司法行政部会计处、四川高等法院、璧山实验地方法院关于文件收拆缮发、侵占、伤害及杀人、变造私文书、窃盗及赃物、妨害自由、延长羁押、抢夺、侵入住宅、掠诱、司法印纸联单稽核联及收费月报表、收入凭证簿等事项的公函、训令、诉状等;璧山实验地方法院出差旅费报告表,检察官工作日记,出差工作日记簿,发给笔墨清册,璧山地方法院审判案件汇总表,岁入类现金出纳表、岁入累计表、平衡表等。

320. 璧山县政府、救济院等关于整顿筹集物、购借谷、人事等事宜的公文等　12－1－511

1944年2月至1946年7月,璧山县政府、救济院、仓保管委员会关于人事补免调升,机关组织及员工人数,整顿救济院筹集物、改组设立安老残疾及习艺所,办理儿童收养所,调查办理退役士兵救济,筹办妇女救养事业及筹设妇女教养所,普设工厂托儿所,救济荣誉军人家属,机关学校团体登记册,社会救济事业总检查实施办法及注意事项应用表式,收养人员清册,县政概况统计,党童花名册,救济院职员表,会计人员座谈会议,整理救济院办法,购积谷及借谷的训令、指令、呈文、公函、代电等。

救济院调训人员工作报告,救济院教养所预算分配数目表及职员公役姓名年龄籍贯略历表,机关(或事业或学校)组织年报表,各级地方机关人数年报表,璧山县救济院组织年报表,四川省参议会第一届第一次大会的提案,璧山县政府人事登记表,救济院养老所花名册等。

321. 璧山地方法院关于民刑事案件的公文等　12－1－512

1946年8月至1946年11月,璧山地方法院关于民刑事案件月报表的呈文、公函;民刑事统计月报表、犯罪人数月报表、案件法收调查表、办案人员结案调查表、特种刑事及刑事已结未结案件表、刑事被告羁押一览表、刑庭推事结案月报表、民股已结未结案件表、不动产登记处月报表、公证处月报表、民事执行案件月报表等。

322. 璧山(实验)地方法院、检察官关于案件的公文及各种规则办法的文书等　12－1－513

1941年5月至1946年12月,璧山地方法院检察官关于特种及普通刑事被告羁押一览表的呈文,民刑事案件统计月报表,璧山实验地方法院第二次报告,法院助理员考试训练规则,司法助理员奖惩规则,检察处申告令使用规则,检察处密告箱使用办法,璧山地方法院法收数目比较表、民刑案件已结未结比较表、璧山地方法院检察处收结案件统计表、办理缓起诉讼案件统计表等。

323. 璧山地方法院传览文件表及数张账单等　12－1－514

1946年1月至1946年12月,璧山地方法院传览文件表,此表包含时间、传览文件事由、受传览人盖章等事项;数张账单;等。

324. 四川高等法院及第一分院、璧山地方法院及看守所等关于案件的文书及人事、会议记录等事宜的公文等　12－1－515

1936年4月至1947年4月,四川省军官区司令部、四川高等法院、四川高等法院第一分院、重庆警备司令部、重庆师区永川团管区司令部、中央训练团重庆分团第二军官总队一大队一中队、璧山地方法院、看守所、三教乡调解委员会关于退除役军员及还乡士兵、监所工场作业、人事补免调升、窃盗、诱拐、债务、诈欺、执行期满及释放日期、鸦片等事宜的呈、通知、签呈、代电、不起诉处分书及起诉书、笔录、判决书、民事裁定、鉴定书、口供单、失物清单等；璧山县来凤乡第四、五保国民大会会议记录，璧山县城中镇第一、二保保务会议记录等。

325. 璧山实验地方法院关于案件的公文等　12－1－516

1946年2月至1946年4月，璧山地方法院案件及法收调查表，办案人员办理案件调查表，民刑事案件统计月报表，犯罪人数月报表，民庭廉股已结未结案件表；执行处、公证处、登记处收结月报表，璧山地方法院未结案件表，特种刑事及普通刑事已结未结案件表，刑事被告羁押一览表等。

326. 璧山地方法院受理案件的公文及看守所关于做工人数的文书　12－1－517

1946年1月至1946年12月，璧山地方法院受理死亡及离婚案件登记表，看守所附设监狱在押与做工人数日报表及工作人犯名册等。

327. 璧山地方法院关于案件的公文及看守所关于人犯的文书等　12－1－518

1946年1月至1946年12月，中国国民党四川璧山县党部直属第三区分部关于移交公物文卷的咨文；璧山地方法院债务判决登记表及案件收结表，看守所附设监狱在押与做工人数日报表及人犯登记表、工作人犯名册等。

328. 四川省政府、璧山县政府及实验地方法院、警察局等关于荒地、办公地址等的公文等　12－1－519

1945年1月至1946年6月，四川省政府关于拨地供看守所应用的指令；重庆市政府关于教育部移交青木乡房屋的快邮代电；璧山县政府关于建立工商土布市场、江苏私立正则女子职业学校增建校舍、璧北中学建校舍、划南门内城隍庙为训练所所址、拨地供看守所应用、终止移交温泉寺地带修建房屋、接收公共地产器材、教育部移交青木乡房屋等的公函、呈、签呈、训令；璧山实验地方法院关于划拨卫戍区第四分区司令部官地、分拨公地给看守所的公函；璧山县警察局关于划南街中山路公房为警察局局址的呈；永荣师管区司令部关于公有荒地自行种植菜蔬的代电；璧山县临时参议会关于换地建筑正园、建立工商土布市场、划拨城隍庙为训练所所址、划拨中山路房屋为附属医院、交涉驻县中央机关留赠房屋器材委员会第二次会议决议等的公函，附建立工商土布市场的提案；中国国民党四川省璧山县执行委员会关于划拨城隍庙作为训练所所址的公函；璧山县地方行政干部训练所关于划南门内城隍庙为训练所所址的公函;璧山县青木乡乡公所、乡民代表会关于换地建筑正园、终止移交温泉寺地带修建房屋的呈、代电;璧山县龙凤乡教育促进会、乡民代表会关于将石龙街房文昌会产权及地基标卖所有价款作为中心学校基金的呈;三民主义青年团重庆支团部关于利用荒山公地办农垦的代电。

国立社会教育学院关于借用荒山为生产组学生实习之用的公函,附租佃荒山合同;宪兵学校关于接收青木乡温泉寺房屋的代电;璧山县立初级实用职业学校关于拨地为学校校舍的呈;璧山县立图书馆关于划拨馆址的呈;璧山县立医院筹备委员会关于划拨院址的呈;璧山县土布商业同业公会关于建土布交易市场的呈;璧山县农业推广所关于划拨龙王庙为推广所办公地址的呈。户籍试题一份。

329. 璧山地方法院检察处侦查案件登记册及法院案件登记表　12－1－520

1946年1月至1946年12月,璧山地方法院检察处侦查案件登记册及法院案件登记表,此表包含进行号数、收案时间、送案机关或告发人姓名、被告姓名、罪名等事项。

330. 璧山地方法院分案簿　12－1－521

1946年1月至1946年12月,璧山地方法院破字、全字、他字、诉字分案簿,此簿包含进行号数、收案时间、案由、承办者姓名等事项。

331. 璧山县政府及璧山地方法院的分类登记册等　12－1－522

1946年1月至1946年12月,璧山地方法院关于申请提讯的刑庭批示;璧山县政府及璧山地方法院的分类登记册,此册包含所长、医士、管理、登记号数、时间、人犯姓名、案由或罪行等事项。

332. 璧山县政府及璧山地方法院示监通知簿等　12－1－523

1939年9月至1942年12月,璧山县政府及璧山地方法院声字、人字、再字示监通知簿等。

333. 四川高等法院统计室、璧山地方法院看守所等关于经费、人事等事宜的公文及报表清册等　12－1－524

1944年至1947年1月,四川高等法院统计室、璧山地方法院看守所、简易师范学校关于经费及食米、预算表及年报表、已决未决人犯调查简表、民刑统计月报表及统计报表竞赛办法、调查拘捕人犯月报表、主计处工作改进意见、人事任免、雇员调查表、统计室成立日期、抗战损失调查表、向统计室募捐等事宜的签呈、训令、代电、呈、指令、启文、文告;机关工业行政人员报告表及查询表,国民政府主计处设置各机关主计职称清单,办案人员结案调查表格式,案件法收调查表,璧山地方法院不动产的登记须知,等。

334. 四川高等法院第一分院、重庆分院,璧山地方法院等关于案件的公文及征兵等的文书等　12－1－525

1941年5月至1949年9月,四川高等法院第一分院、重庆分院,璧山地方法院,直接税查征所关于伤害及杀人、妨害自由及农工商、毁损侮辱、窃盗、侵占、诬告、违反所得税、债务、贪污、卖树纠葛等案件的刑事判决及裁定书、刑事附带民事判决书、审理笔录、诉状、刑事申请状、案件费用单、声明书、处分书、起诉书、民事诉讼登记表、自述书、保状、公函等;重庆地方法院民事裁定的格式,璧山地方法院民刑事案件统计月报表,联升巷二号田房简图,璧山县城东乡镇征新兵名册,璧山县政府审理案件点名单,《安乐铭》一份等。

335. 司法行政部、四川高等法院关于经费、敌伪资产、各种条例的公文等　12－1－526

1946年5月至1946年8月,司法行政部、四川高等法院关于生活补助费及出差旅费、医药补助费及员工丧葬补助费、考核委员会经费及组织规程、复员会组织规程及复员期间劳资纠纷评断办法、寄送文件处所、公有土地管理办法、司法院法令解释、敌伪银行资产及敌伪机构债权债务、公务员叙级条例、整党及其所属机构所购置土地权利归属、菜蔬补助费、敌产接管处理办法、引水法、检验员技术能率、私有土地上地委建筑物处理办法、预算表、公务员直系尊亲死亡不能奔丧、与荷尚未结清之外汇合约、贪污、注射防疫针、公务员服务法及恤金条例、政协会协定转行、港口暂缓开放、节约运动、司法人员回避、监犯保外服役、寺僧财产及僧众自由、硝磺类管理条例及战时军律、违警罚法、处理积案、在外台侨国籍处理办法、假释办法、公有土地处理规则、接收国内日本产业赔偿我国损失记账办法、契税条例、县长及地方行政长官兼理军法制度、战时法令、监察使巡视监察规程等事宜的训令、代电等。

336. 璧山地方法院看守所附设监狱在押与做工人数日报表及工作人犯名册等　12－1－527

1946年1月至1946年11月,璧山地方法院看守所附设监狱在押与做工人数日报表,此表包含时间、旧管人数、新收人数、开除人数、实在人数等事项;工作人犯名册等。

337. 四川高等法院、璧山地方法院等关于律师、经费、人事等事宜的公文及案件的文书等　12－1－528

　　1945年12月至1946年8月，司法行政部，四川高等法院，四川高等法院第一分院、第二分院，大足县司法处，璧山地方法院关于律师登录及撤销事项、人事补免调升、加入律师公会日期、各机关颁发重要法令、各省市县举行动员会议、各行政机关复员建设拨借国防工事材料暂行办法、汽车监察办法、各级党政机关编选表报、战区检察官服务规则、战事结束日期、严惩附逆党员、国殇墓园设置办法、公用事业公司机关贴用印花税票办法、中央驻各省公务员及省级公务员待遇调整办法、中央派赴新疆党政工作人员待遇办法、党政各机关设计政绩委员会经费及组织规程、优待从军青年、预戒法、工潮案、年终会议司法事物分配及代理次序表式、国民政府公报法令检察表及国府公布法令、全国人民纪念国难办法、公务员直系尊亲属死亡、官员德行奖慰宋建中等十八位同志、政协会协定转行、寺僧财产及僧家自由、硝磺数额管理条例、节约运动、电报挂号号码、违警法、韩侨处理办法、军政机关公款存汇办法、接收国内日本产业赔偿我国损失记账办法、县长及地方行政长官兼理军法制度及乡镇长不得兼任县参议员、公务员申请提词手续、无国籍侨民居留规则、各地主席行辕、送检案件、杀人案、迁回原址所需搬迁费用、旧欠及新粮缓加罚日期等事宜的呈、训令、指令、批文、公函、代电等。

338. 璧山实验地方法院关于案件的公文等　12－1－529

　　1945年1月至1945年12月，璧山实验地方法院通缉被告登记表，缓起诉案件登记表，羁押被告画押登记表，政事助字、声字、诉字、调字分案表，审理案件登记表等。

339. 司法行政部、四川高等法院、璧山地方法院及看守所等关于经费、人事等事宜的公文及案件的文书等　12－1－530

　　1946年1月至1946年12月，司法行政部、法医研究所、四川高等法院第一分院检察处、大竹地方法院、江津地方法院、乐至县司法处及看守所、璧山地方法院、看守所、经收处、城东乡乡公所、三民主义青年团重庆支团璧山分团部关于配偶生育及生活补助费、增加薪金、差旅费、服务起讫、妨害自由及越权案、现有员额调查表及在职资历证明、密电加码表、拒绝贿赂、司法官考试及审查高等考试应考资格、人事补免调升、现有职员清单、烟犯施戒、配售酒精及盐酸、募捐收据及捐册、派出所交接、脱逃、鸦片、国库收据、警丁、各部门及民刑各庭迁渝市原址日期、院长视察、客车标售、重估来凤丁家地价的参议会、川康监察使开始办公、公学产租佃等事宜的公函、训令、快邮代电、签呈、启文、呈、证明书、报告、指令、保证书等。

　　附璧山县人民自由保障委员会成立宣言等。

340. 司法行政部、四川高等法院、璧山县政府、璧山地方法院及看守所等关于经费、人事、制度等的公文等　12－1－531

1946年1月至1947年6月,财政部国库署、司法行政部、会计处、四川高等法院、会计室、大足县农业推广所、璧山县政府及璧山地方法院、检察官、书记室、看守所、中国农民银行璧山办事处关于汇款、旅费及舟车食宿杂费、丧葬补助费及抚恤费、营缮工程费及购置费、收据领取、简易会计制度及会计审计简化办法、晋级人员补支俸额、员役食米及囚粮、整饬监所狱政、返还租赁物、禁烟罚金月报表、烟毒案件调查表、吸食烟毒调查表、鸦片、国库收支结算办法、追加经临各费报销办法、民刑状面、颁给胜利勋章条例、弥陀万古农会介绍贷款及六保乡玉龙乡农会造具贷款书表、双路乡农会申贷书、购买稻草等事宜的公函、签呈、训令、呈、指令、代电;附璧山地方法院执行命令、执行证书及存根、转汇库款申请书及证明书通知书样式;璧山县城西乡镇区第四保保长、副保长选举票,公证问答,等。

璧山地方法院关于妨害公务案、杀人案等案件的保证书、判决书、起诉书及不起诉书等文书。

341. 璧山地方法院工作记录簿等　12－1－532

1946年1月至1946年10月,璧山地方法院工作记录簿,此簿包含时间、工作记录、工作人数、备考等事项。

附十全互助会公约等。

342. 璧山地方法院看守所附设监狱在押与做工人数日报表、看守所日报表　12－1－533

1943年11月至1946年12月,璧山地方法院看守所附设监狱在押与做工人数日报表,此表包含时间、旧管人数、新收人数、开除人数、实在人数等事项;看守所日报表。

343. 司法行政部、璧山地方法院检察官关于案件的公文　12－1－534

1946年2月至1946年8月,司法行政部、璧山地方法院检察官关于普通刑事已结未结案件日报表及特种刑事案件月报表的呈、指令等。

344. 璧山地方法院看守所附设监狱人犯登记册　12－1－535

1946年1月至1946年12月,璧山地方法院看守所附设监狱人犯登记册,此册包含登记日期、收监号数、人犯姓名、性别、年龄、职业、罪名、刑名、出监事由等事项。

345. 璧山地方法院关于人犯提役、递解、保释、新收、开释等事项的登记簿　12－1－536

　　1944年3月至1946年11月,璧山地方法院关于人犯提役、递解、保释、新收、开释等事项的登记簿,此簿包含姓名、籍贯、案由、刑期、入狱及出狱时间等事宜。

346. 璧山地方法院检察处的检验实录卷　12－1－537

　　1946年10月至1947年1月,璧山地方法院检察处的检验实录卷,此实录包含时间、地点、检验员、受伤人、受伤部分等项。

347. 铜梁地方法院书记室、璧山地方法院、书记室关于贪污案的公文等　12－1－538

　　1948年6月至1948年12月,铜梁地方法院书记室、璧山地方法院、书记室关于贪污案的公函、受传唤人或通知人名单、刑事审判笔录、阅卷申请书、调阅更审案全卷的刑事申请书、不到庭的申请书、证人结文及笔录、刑事传票及报告证明书、特种刑事判决书、诉状、批示、通知。

348. 四川高等法院重庆分院书记室、璧山地方法院书记室等关于各类司法案件的公文　12－1－539（1）

　　1947年6月至1948年10月,四川高等法院重庆分院书记室、璧山地方法院书记室、合川地方法院、江津地方法院关于债务、回赎及放赎典产、返还黄谷、确认抵押权及所有权、返还租房、给付棉纱、毛铁、搬迁交业、返还耕牛、终止收养、买卖契约及租约、损毁及赔偿、抢夺及窃占、妨害权利、移转管辖、窃盗、请求同居、所得税、侮辱、贪污、鸦片、增加给付、执行刑事、返还白糖、修复水堰、押金、返还业据、伤害致死等各类案件的公函、判决正本、送达证书等。

349. 四川高等法院重庆分院及第一分院书记室、璧山地方法院书记室等关于案件的公文等　12－1－539（2）

　　1948年2月至1948年8月,四川高等法院民事第三庭、四川高等法院重庆分院、四川高等法院第一分院书记室、璧山地方法院书记室关于赔偿损害、贪污、分割遗产、给付毛铁、止约给租、给付租谷、伤害及杀人、抢夺及窃盗、撤销监护、妨害名誉及自由、返还契约、增加给付、回赎典产、买卖契约及佃契、领押交业、债务、分割田土房屋、伪造私文书、确认所有权、侵占、执行异议、婚约等案件的公函等。

350. 四川高等法院、璧山地方法院关于案件的公文等　12－1－541

　　1946年5月至1949年7月,四川高等法院、璧山地方法院关于公证书正本善本、盗匪贪污案、惩办贪污、司法院解释惩办贪污条例、国民参政会改革政治肃清贪污、出差旅费及出差工作日记簿等事宜的训令；璧山县现通电话处所及里程一览表，领工资发票，璧山县政府第四科（建设）档卷目录等。

351. 四川高等法院、璧山县政府及璧山地方法院等关于人事、经费等事宜的公文及司法案件公文等　12－1－542

1946年2月至1947年1月，司法行政部、会计处，四川高等法院及其检察处、第一分院、会计室，达溪县司法处，璧山县政府及璧山地方法院、书记室、检察官、看守所，人民自由保障委员会，警察局来凤分所，城南乡乡公所关于戒护人犯及缴人犯解票、校车翻车、缮状费及登记费、非法逮捕、制造表报应行注意事项、欠粮案件执行费、监所作业月报表、保证金没收国库、预算、生育医药丧葬补助费及旅费、工役膳宿补助费、第一预备金、颁给胜利勋章条例、文件收折缮发、赎业等事宜的公函、指令、训令、代电、签呈、公函、聘书等；璧山地方法院缓刑稽改簿、传览文件事由表等。

四川高等法院及璧山地方法院关于伤害、缉捕在逃人犯、窃盗、妨害自由、贪污、宣告缓刑表侦讯笔录及悔过书、保状等文书。

352. 司法行政部、四川高等法院、璧山地方法院关于民刑事诉讼、工作时间、纪念日等事宜的公文等　12－1－543

1946年1月至1947年1月，司法行政部、四川高等法院、璧山地方法院关于民刑事诉讼法、司法人员办理民事案件、已调查之证据、非常时期民刑事诉讼补充条例、军事机关或警察机关越权受理刑事诉讼案件、复员后办理民刑事诉讼补充条例、罚金罚锾、夏季时间及改订办公时间、退还押金补偿佃农损失办法、土色商欠米案件、孔子诞辰纪念日、国庆纪念日、元旦放假、国父纪念日及革命先烈纪念日、违反粮食管理法罪暂行条例、妨害兵役治罪条例及出征抗敌军人婚姻保障条例等事宜的训令、公函、布告；非常时期璧山地方法院工作记录表等。

353. 璧山县政府及璧山地方法院民事归档簿　12－1－544

1946年12月至1947年5月，璧山县政府及璧山地方法院民事归档簿，此簿包含归档时间、原卷号数、案由、当事人姓名、卷宗件数、附件等事项。

354. 璧山县政府及璧山地方法院民事诉讼人姓名索引　12－1－545

1946年1月至1946年12月，璧山县政府及璧山地方法院民事诉讼人姓名索引，此索引包含诉讼人姓名、案卷时间及字号数、承办推事等事项。

355. 四川高等法院、璧山地方法院、看守所关于囚粮及经费等的公文等　12－1－546

1946年1月至1946年12月,四川高等法院、璧山地方法院、看守所关于囚粮折价表、囚粮主副食费及溢支囚人用费、监所删除第四项规定五字、囚粮表式及监所囚粮办法等事宜的呈、指令、训令、代电等。

璧山地方法院看守所附设监狱经常费支出明细表、财产增加表、岁入经临费分类账各科目录总表等。

356. 璧山县政府经收处、璧山(实验)地方法院等关于卫生、经费、人事、会议等事宜的公文　12－1－547

1944年4月至1946年12月,司法行政部关于工作竞赛优胜人员给奖典礼、军公差船装运邮件的训令;审计部关于璧山建筑办公室的快邮代电;审计部四川省审计处关于派员监视璧山县立简易师范学校修缮屋宇及购置器物的公函;璧山县政府关于补给国军副食费、抗战建国七周年纪念大会、加紧催征田赋征实、元旦庆祝大会筹备会议、举行三八妇女节、元旦节之劳军及慰问征属等的通知、公函,附璧山县1946年度元旦庆祝大会筹备会议记录;璧山县政府经收处关于定期议租的公函;璧山实验地方法院关于补发棉纱、看守所所长即将移交的批文、呈;乐山地方法院、检察处关于人事任免的公函;璧山实验地方法院看守所关于看守所所长即将移交的呈;重庆卫戍区第四分区司令部关于人事任免的代电;璧山县参议会关于参议会第一次大会的公函;璧山县公教消费合作社关于社员缴纳股金的启文、通知;璧山律师公会关于选举参议员、呈报第三次会员大会日期的呈;璧山县国民兵团部关于双十节国民兵特别检阅的笺函;璧山县地方行政干部训练所关于迁移所址的启事;青年远征军第二〇一师团政治部关于军中书画展、慰劳二〇一师直属部队、举行革命先烈纪念大会暨第二届青年节筹备会的公函,附革命先烈纪念大会暨第二届青年节筹备会记录;三民主义青年团重庆支团璧山分团部关于国父诞辰纪念及社教运动周筹备会、青年合唱团、画展、初选璧山律师公会大会代表的通知、公函,附会议记录;粮食部四川粮食储运局璧山粮食储运处关于公开招商标色赋粮黄谷、标色健龙乡黄谷、标色丁家坳狐狸树之粮的公函;财政部花纱布管制局璧山办事处关于重新招标、五一劳动节游艺庆祝大会、标售房屋及零星色布的公函;渝北日报社关于报社人事任免的公函;璧山卫生院关于举办卫生展览的公函;四川第二监狱建筑委员会关于讨论歇台子新监建筑工程、讨论四川二监添制囚床工程招标的启文;璧山县遗产评价委员会关于璧山县遗产评价委员会第六次评价会议的启文;璧山县铁机织布业产业工会关于补发前主任扣存棉纱及厂长交卸前扣发棉纱的呈;璧山县河边乡农会关于改选职员、简易农会及福利社成立大会、常年大会的呈。

璧山地方法院送达文件记录表，军政部康川署第一织布厂厂长任内纠支纠纷报告记录，财政部花纱布管制局璧山办事处城内办公房屋地产招标简则，璧山县遗产评价委员会第五次评价会议记录。

357. 司法行政部、四川高等法院、璧山地方法院关于不动产、法人登记等事宜的公文　12－1－548

1946年11月至1949年10月，司法行政部、四川高等法院、璧山地方法院关于不动产登记、成立不动产登记处及成立法人登记处等事宜的训令、公函、呈文、指令。

璧山地方法院案件及法收调查表，办案人员办理案件调查表，民刑事统计月报表，犯罪人数月报表，民事执行案件月报表，刑事被告羁押一览表，特种刑事及刑事已结未结案件表，民庭推事结案月报表，廉股已结未结案件表，不动产登记及公证案件月报表等。

358. 四川高等法院、璧山地方法院检察处等关于经费、学生及教职员等事宜的公文　12－1－549

1943年3月至1948年3月，四川高等法院、璧山地方法院检察处关于主食费、缓刑月报表、公务案、抢夺案、诬告案等的呈文、训令、代电。

璧山县狮子乡中心国民学校及三教乡第六保国民学校小学部学生总名册，三教乡第四保国民学校及狮子乡第二保国民学校小学部学生总名册及拟聘教职员表等。

359. 四川高等法院、璧山地方法院、看守所等关于囚粮及人犯主副食等事宜的公文　12－1－550

1947年12月至1948年8月，四川高等法院、会计室、岳池地方法院看守所、璧山地方法院、看守所关于囚粮及人犯菜蔬主副食燃料、熟米重量、监所人犯自备饮食等事宜的呈文、代电、训令、指令、启文。

附璧山警察局收文簿等。

360. 四川高等法院、检察处、璧山地方法院检察处关于工作报告、公务员成绩、会议等的公文及法院登记簿等　12－1－551

1942年3月至1946年11月，四川高等法院、检察处、璧山地方法院检察处关于工作报告格式、公务员成绩记录表、年终会议及处务会议的训令、通知。璧山地方法院羁押被告登记簿及接见登记簿等。

361. 四川省政府、璧山县政府及璧山地方法院检察官、看守所等关于军事人犯、经费等的文书　12－1－552

1944年10月至1947年12月,四川省政府、保安司令、璧山县政府及璧山地方法院检察官、看守所关于军事人犯看守所及军事人犯、军法监狱、在印鉴簿上签名盖章、脱逃、贪污、交还借用监房等事宜的公函、指令、代电、训令、起诉书。

璧山地方法院看守所预算囚粮折合黄谷预借报告,璧山县政府寄禁寄押人犯囚粮暨灯油柴炭费清册,璧山县农业税通知单、收据、存根式,璧山地方法院收费登记簿,等。

362. 璧山县政府及璧山地方法院院令粮存簿　12－1－553

1946年1月至1946年4月,璧山县政府及璧山地方法院院令粮存簿,此簿包含人事任免升调、璧山地方法院门禁、发放信纸信封等办公用品、薪水支出等项。

363. 璧山县政府及璧山地方法院关于纱布收付暨库存情形的公文等　12－1－554

1946年6月至1946年11月,璧山县政府及璧山地方法院关于纱布收付暨库存情形的签呈,附华西实验区合作社物品供销处璧山分处棉纱布库存表等。

364. 司法行政部、四川高等法院、璧山地方法院、看守所关于律师、经费、制度等事宜的公文等　12－1－555

1943年9月至1946年12月,司法行政部、四川高等法院、璧山地方法院、看守所关于简易会计制度、司法人犯囚粮主食费及溢支副食费、律师法及律师证书办法、民事诉讼费、岁出入会计报表及经临费会计报告、国民政府组成法及法院组成法、律师公会会员会费、律师登录等事宜的训令、指令、呈、布告、代电。

璧山地方法院检查官工作报告,司法行政部璧山地方法院工作报告,院务会议记录,学术会议记录,等。

365. 四川高等法院、璧山县政府及璧山地方法院、看守所关于经费、军事人犯等事宜的公文等　12－1－556

1947年1月至1948年7月,四川高等法院、璧山县政府及璧山地方法院、看守所关于囚粮暨灯油柴炭费及主副食费、移送已决军事人犯案卷、解释寄押军事人犯各疑义等事宜的公函、训令、呈;璧山地方法院关于伤害及盗匪案的讯问笔录、应讯人到场报告单、被拘人姓名处所表及拘票、传票、案件进行单、检验实录、身历表;附囚粮折购黄谷四联单存根联等。

366. 璧山县政府及璧山地方法院刑事旧案收状簿 12－1－557

1946年10月至1946年12月，璧山县政府及璧山地方法院刑事旧案收状簿，此簿包含进行号数、时间、类别、件数、原告或自诉人姓名、被告姓名、案由等事项。

367. 四川高等法院、璧山地方法院等关于律师、经费、人事等事宜的公文等 12－1－558

1945年12月至1946年8月，司法行政部，四川高等法院，四川高等法院第一分院、第二分院，大足县司法处，璧山地方法院关于律师登录及撤销事项、人事补免调升、加入律师公会日期、各机关颁发重要法令、各省市县举行动员会议、各行政机关复员建设拨借国防工事材料暂行办法、汽车监察办法、各级党政机关编选表报、战区检察官服务规则、战事结束日期、严惩附逆党员、国殇墓园设置办法、公用事业公司机关贴用印花税票办法、中央驻各省公务员及省级公务员待遇调整办法、中央派赴新疆党政工作人员待遇办法、党政各机关设计政绩委员会经费及组织规程、优待从军青年、预戒法、工潮案、年终会议司法事物分配及代理次序表式、国民政府公报法令检察表及国府公布法令、全国人民纪念国难办法、公务员直系尊亲属死亡、官员德行奖慰宋建中等十八位同志、政协会协定转行、寺僧财产及僧家自由、硝磺数额管理条例、节约运动、电报挂号号码、违警法、韩侨处理办法、军政机关公款存汇办法、接收国内日本产业赔偿我国损失记账办法、县长及地方行政长官兼理军法制度及乡镇长不得兼任县参议员、公务员申请提词手续、无国籍侨民居留规则、各地主席行辕、送检案件、杀人案、迁回原址所需搬迁费用、旧欠及新粮缓加罚日期等事宜的呈、训令、指令、批文、公函、代电等。

368. 四川高等法院、璧山地方法院等关于司法印纸联单、经费等事宜的公文 12－1－559

1945年10月至1946年11月，四川高等法院、会计室、璧山地方法院关于司法印纸联单、员工俸薪总领清册及借支薪饷实领清册、法警庭丁生补费、员工借支米款等事宜的训令、呈、布告、指令、代电、公函等。

369. 司法行政部、四川高等法院、璧山地方法院、看守所等关于卫生、人事等事宜的公文 12－1－560

1945年12月至1947年4月，司法行政部、中华民国红十字会总会、四川高等法院、检察处、璧山地方法院、检察官、看守所关于公务员平时成绩考核结果及雇员考成清册、甲种考绩表、红十字会拨赠药材及捐助药品给看守所在押人犯、人犯注射防疫针及戒护医药因床、人犯保释责付、胜利勋章条例及公务员服务法、二中全会决议、追缴欠粮案、党员犯罪加重处刑暂行办法等事项的呈、公函、训令、指令、启等。

370. 司法行政部、四川高等法院第九分院、四川各地方法院等关于经费、人事、卫生等事宜的文书等　12－1－561

1946年1月至1946年5月,司法行政部、四川高等法院第九分院,四川宜宾地方法院,重庆地方法院,永川、达县及隆昌等地方法院,万源县政府统计室,璧山县政府及璧山地方法院等关于赐予题词、办案迟缓、采购牙刷、抢夺案、贿赂案、非法逮捕案、儿童节讲演比赛及体育表演健康比赛、移交文件、改订办公时间、捐济湘灾款项、二〇一师重要人员名单、人事补免调升、工作检讨学术演讲会、民刑例稿及册簿格式、司法助理、通用中心宣传标语、寄还公文使用坚韧封套、公务员生活补助费、补助俸及复员费、参议会机关法团士绅暨各地粮民借谷债权、更改番号、中央护校学员前往参观、赐位、农事调解等事项的公函、训令、布告、启、代电、快邮代电、通知、指令、鸣谢启事、传阅单等。

璧山县粮食储运处1945年借征谷加工概况表,璧山县人民自由保障委员会成立宣言,农会组织须知,璧山县各乡镇设置中心农场实施办法,等。

371. 璧山县政府及璧山地方法院等关于看守所经费、司法案件等的文书　12－1－562

1946年4月至1948年7月,四川省政府、高等法院、第一分院书记室、合川地方法院、璧山县政府及璧山地方法院、检察官、书记室、看守所、七塘乡卫生所等关于保外服役及调服劳役、成绩审查及考成表、监狱教诲工作实施记录及成人千字课本、农会组织须知、囚人主副食费、中心农场实施办法及农事调解、追偿公款、工场作业、监所代存囚犯私人存款、退役俸额等事宜的呈文、训令、代电、公函等。

四川高等法院及璧山地方法院关于盗卖公粮、诈欺、移转契约、赔偿树木、交业、给付黄谷及支付地租、返还收益、给付会款及返还租佃、贪污、鸦片、杀人、债务等案件的保状、侦讯笔录、通知单、刑事判决书、不起诉处分书等。

372. 璧山地方法院等关于人事、经费、办公时间、会议等事宜的公文等　12－1－563

1937年12月至1946年12月,四川高等法院第一分院、璧山地方法院、三教乡关于催缴募捐款、人事补免调升、改订办公时间、年终会议、暂支录事月薪、求偿会款等事宜的呈、布告、训令、报告、民事裁定书、刑事申请状;璧山县城西乡镇区第四保正副保长选举票,各乡镇乡民代表会主席简历表,璧山县日机轰炸人口伤亡调查表、民营财产直接损失汇报表,璧山县政府及璧山地方法院来文登记表及县公务统计方案等。

373. 司法行政部、四川高等法院、璧山地方法院、看守所等关于经费、囚粮等事宜的公文等　12－1－564

1944年4月至1946年10月，司法行政部、四川高等法院、璧山地方法院、看守所、粮食部四川粮食储运局璧山粮食储运处关于司法人犯名册、囚粮、溢支囚人用费及囚粮副食费、伤患及犯罪嫌疑官兵副食费、简易会计制度等事宜的呈、公函、训令、代电、指令、快邮代电；附璧山地方法院接见登记表等。

374. 璧山县政府、璧山地方法院工作记录簿　12－1－565

1945年1月至1946年1月，璧山县政府、璧山地方法院工作记录簿，此簿包含时间、工作记录、工作人数、备考等事宜。

375. 璧山县政府关于生产合作社申请登记的指令式、调服劳役等的呈式、军人户籍调查表等　12－1－566

1946年1月至1946年12月，璧山县政府关于生产合作社申请登记的指令式、调服劳役等的呈式、军人户籍调查表领结保证结式、保甲证明书式、卫生机关检验证明书式等。

376. 司法行政部、四川高等法院、璧山地方法院关于调服军役、保外服役、汉奸惩治等事宜的文书及各种条例的公文等　12－1－567

1945年12月至1946年10月，司法行政部、四川高等法院、璧山地方法院关于调服军役及保外服役、假释、引用适龄壮丁充当佚役及机关公役限制级登记办法、嗣后人犯出狱再举行国民公约宣誓、惩处汉奸、监狱行刑法羁押法、监狱条例及看守所条例、人犯戒护及轮流值卫看守、疏通监所人犯、行刑累进处过条例、清理监所已决未决军事人犯、逃逸、看守所改善、犯人患病及医药问题、准持治安紧急办法及惩治土豪劣绅条例、引水法及传播登记法、介绍监所看守及以法警兼充、西康监察区监察使署、拘情嘱托予犯人、解送人犯、视察监所报告、监察院组织法等事宜的训令、代电、公函等。

377. 璧山地方法院关于案件的民事判决书等　12－1－568

1947年1月至1947年5月，璧山地方法院关于给付租谷及欠款、给付树价及确认树木砍伐权、确认佃权及搬迁交业、终止租约、偿还修理费用及会款、偿还租赁物、债务、返还股本及礼物、增加给付、赔偿损害、确认赠与及养赡契约、给付毛铁、回赎典产、赔偿医药费及给付生活费、返还耕牛等案件的民事判决书；璧山县第三区接龙乡乡公所公物移交清册等。

378. 璧山县警察局关于街道卫生、人事、经费等事宜的公文以及璧山地方法院关于案件的文书等   12－1－569

1943年11月至1945年9月,璧山县警察局关于盗窃嫌疑犯、壮丁逃跑、嫌疑犯潜逃、茅舍焚毁、欠债不还、拐逃、聚众赌博、侮辱、开设烟馆等案件,黑花猪、猪便等涉及街道卫生事宜,到职日期及任用审查表、办公费用、人事补免调升等事宜的呈文、报告等。

璧山地方法院关于凶殴伤害、霸据有夫之妇、拖骗债务、骗款潜逃、破产偿债、捕获惯贼等案件的申请书、审理笔录、验伤单、呈状、保状、缴状、服役登记表、房屋地皮移交册等。

379. 最高法院、璧山地方法院等关于案件的公文等   12－1－570

1941年10月至1947年12月,最高法院、四川高等法院第一分院、璧山地方法院关于脱逃、窃盗及赃物、诬告及编造文书、杀人、妨害婚姻及家庭等案件的训令、刑事判决书。

璧山地方法院看守所附设监狱身份簿,检察官执行徒刑拘役指挥书,璧山县政府军法人犯执行表,等。

380. 四川高等法院、璧山地方法院及看守所关于经费等事宜的文书   12－1－571

1946年1月至1948年10月,四川高等法院、璧山地方法院及看守所关于经费支出明细账表、监狱工厂作业基金、借休息室、扩充印刷、人犯逃脱、在监人犯吸食鸦片、薪饷工资等事宜的呈、训令、指令、代电、账目表单、报告、公函、计划书等。

381. 璧山地方法院判决书卷等   12－1－572

1946年3月至1946年12月,璧山地方法院关于遗产纠纷、妨害兵役、窃盗、承典、给付生活费、赔偿损失、确认共有权、回赎案、侵入住宅、迁让交业、增加给付、妨害秩序、禁烟禁毒、妨害公务、给付欠款、终止租约、赔偿布价及给付欠款、侵占及诽谤、给付黄谷、伤害及妨害名誉、返还业契、确认标佃有效、返还土地、诬告及杀人、妨害自由、欺诈、贪污、履行婚约或赔偿损害案、拍卖抵押物、债务纠纷、经界纠纷、会款纠纷、恐吓诬告及伪证等案的民刑事判决书、裁定书等。该卷附1946年8月的案件登记表两张。

382. 璧山地方法院看守所附设监狱身份簿及璧山县政府军法人犯执行表   12－1－573（1）

1945年9月至1947年8月,璧山地方法院看守所附设监狱身份簿,此簿包含姓名、年龄、籍贯、入监时间、判决罪名、判决刑期等事项；璧山县政府军法人犯执行表，此表包含姓名、性别、年龄、籍贯、案由、刑期、羁押日期、执行日期等事项。

383. 璧山县政府及璧山地方法院、看守所关于经费等的公文及案件的文书等　12－1－573（2）

1946年1月至1946年11月，璧山县政府及璧山地方法院、看守所关于人犯执行表、司法囚粮主副食费、溢支囚人用费等项支出明细账单等事宜的公函、指令、呈等。关于禁烟禁毒、妨害兵役、窃盗等案件的刑事判决书等。璧山地方法院看守所附监狱身份簿及行状录，璧山县政府军法人犯执行表，检察官执行徒刑拘役指挥书，等。

384. 璧山县政府及璧山地方法院等关于案件的提押票等　12－1－574

1945年2月至1946年12月，青年远征军陆军第二〇一师，重庆卫戍区第二、三分区司令部，璧山县政府及璧山地方法院，璧山地方法院检察官关于脱逃、伤害及杀人、鸦片、妨害家庭、诈欺、通奸及强奸、抢夺、贪污、抗不偿还债务、窃盗及赃物、侵占、妨害公务、公共危险、妨害风化、变造文书、脱逃及妨害兵役、妨害权利、掠诱、违反战时军律、妨害自由、亏挪军粮、妨害法庭秩序等案件的提票、押票、管收票及收票、提讯人犯通知单等。

385. 璧山地方法院案件提押票、看守所在押与做工人数日报表、工作人犯名册等　12－1－575

1946年1月至1946年12月，青年远征军第二〇一师司令部、璧山县政府及璧山地方法院、检察官关于杀人、鸦片、妨害家庭、诈欺及抢夺、强奸及通奸、伤害、贪污、抗不偿还债务、窃盗及赃物、侵占、妨害公务、公共危险、妨害风化、妨害兵役、脱逃、妨害权利、掠诱、棉纱执行管收、违犯战时军律、侮辱、妨害自由、亏挪军粮、妨害法庭秩序、变造公文书、侵入住宅等案件的押票、收票、提票、管收票及羁押人犯通知。

璧山地方法院看守所附设监狱在押与做工人数日报表及工作人犯名册等。

386. 璧山县政府及璧山地方法院刑庭等关于案件的押票等及看守所附设监狱在押与做工人数日报表等　12－1－576

1946年1月至1946年9月，青年远征军陆军第二〇一师、璧山县政府及璧山地方法院刑庭、检察官关于窃盗、鸦片、伤害及诬告、妨害秩序、违抗执行、妨害家庭、抢夺、遗失枪支、盗卖军用品、亏挪军粮、抗不偿还债务、渎职、杀人、妨害公务、伪证、侵占、脱逃、掠诱、诬告、妨害秘密、诈欺等司法案件的押票、管收票、提讯人犯通知单等；附璧山地方法院看守所附设监狱在押与做工人数日报表等。

387. 四川高等法院、璧山地方法院、看守所、监所协进委员会等关于经费、募捐等事项的公文 12－1－577

　　1946年1月至1946年11月,行政院、财政部、国库署、四川高等法院、璧山地方法院、看守所、监所协进委员会、正兴乡乡公所关于文职公教人员生活补助费及生育医药教育补助费、公役勤工伙食补助费、职员俸薪、各月份经常费、员丁公粮及员守膳食费、人犯囚粮、司法人员待遇办法、司法警长生活补助费、离职工役生活补助费、公务员退休金抚恤金、员工医药丧葬补助费、公务员请公假归葬期内薪俸、修建监所捐募册等事项的训令、呈、快邮代电、签呈、启文等。

388. 璧山县政府及璧山地方法院等关于司法案件的提押票等及看守所日报表等 12－1－578

　　1946年2月至1946年11月,重庆卫戍区第三分区司令部、璧山县政府及璧山地方法院、检察处关于脱逃、鸦片、贪污、杀人、抢夺、窃盗、伤害、妨害家庭、妨害权利、伪造文书、赌博、掠诱、妨害农工商、妨害兵役、赃物、窃占、盗卖枪械及枪弹、妨害公务、诬告、掠拐、侵入住宅、妨害婚姻、妨害风化、强奸、行青年远征军第二〇一师司令部贿、租谷执行、侮辱等案件的提票、押票、收票及羁押人犯通知单。

　　璧山地方法院看守所附设监狱在押与做工人数日报表等。

389. 璧山地方法院、警察局等关于各类司法案件的公文等 12－1－579

　　1946年1月至1946年11月,璧山地方法院、警察局、第二区警察所关于鸦片、兵役、盗匪、贪污、伤害、纠纷、翁媳嫌疑、侵入住宅及阻挠耕种、妨害身体自由等案件的审讯笔录、保状、悔过书、申请书、保证书、失物清单、报告等;附璧山地方法院来文登记表等。

390. 璧山县警察局、来凤乡关于案件等的公文及司法囚粮溢支食费支出明细表、经常费支出明细账单等 12－1－580

　　1946年6月至1946年10月,璧山县警察局、来凤乡关于窃盗、赌博、挑运私宰牛肉、失火、债务、无法医治、人事补免调升等事宜的审讯笔录口供单、悔过书、保状、失物单、报告、证明书、训令、签呈。

　　附司法囚粮溢支食费支出明细表,经常费支出明细账单,璧山县税捐稽征处收据等。

391. 璧山地方法院关于案件的刑事判决书及监所文书等 12－1－581

　　1944年8月至1948年11月,璧山地方法院关于鸦片、贪污、妨害兵役、诬告、伤害等案件的刑事判决书；璧山地方法院看守所附设监狱身份簿，政府指挥执行书，检察官执行徒刑拘役指挥书及行状表，洽收库款通知书，缴款书，璧山公库支票领取证，等。

392. 璧山地方法院、监所协进委员会等关于修建监所募捐的公文等　12－1－582

1946年6月，璧山地方法院、监所协进委员会、狮子乡及中兴乡乡公所关于修建监所募捐的启、呈等；附璧山地方法院看守所捐册等。

393. 璧山县来凤乡驻所关于案件等的公文等　12－1－583

1946年7月至1946年9月，璧山县来凤乡驻所关于中央训练团毕业同学调查表、侵占、运输亏本、忤逆不孝、窃盗、当押纠纷、强逼溺死、伤害、因病身故、虐待遗弃、卷物潜逃、招嫖妓女、诈欺、拐逃等案件的通知、申请书、悔过书、讯问笔录、报告、保状等。

394. 璧山县政府及璧山地方法院、检察处等关于案件的提押票等　12－1－584

1946年9月至1946年12月，青年远征军陆军第二〇一师、璧山县政府及璧山地方法院、检察处关于鸦片、盗匪、伤害及诬告、贪污、杀人、强奸及诱奸、侵占、抢夺、诈欺、变造文书、侵入住宅、诱拐、所有权、妨害风化、妨害家庭、妨害自由、通奸、公共危险、妨害兵役、给付棉纱执行、债务执行、租谷执行、重婚、赃物、分割遗产、妨害法庭秩序、亏挪军粮、毁损、人犯脱逃及妨害公务、拐逃、遗失枪支、渎职、伪证、妨害农业、妨害水利等案件的提票、押票、提讯人犯通知单等。

395. 璧山县警察局来凤乡关于案件的公文等　12－1－585

1946年8月至1946年12月，璧山县警察局来凤乡关于打架、伤害、鸦片、妨害交通、赌博、抬高市价、窃盗、债务等案件的讯问笔录、申请书、悔过书、报告、保状等。

396. 四川高等法院、璧山地方法院、看守所、卫生院等关于卫生、药品等事宜的文书等　12－1－586

1946年2月至1948年11月，四川高等法院、重庆市卫生局、璧山地方法院、检察处、看守所、卫生院、民生大药房关于药品报销、痘苗、人犯所需药品、人犯注射防疫针、医药设备、红十字会拨赠药材、保释责付、监狱霍乱病、药品消耗及处方笺、杀人案及烟毒案等事项的报告、呈、训令、公函、指令、启、提票等；附关于监狱卫生一项的监狱改良计划等。

397. 璧山地方法院看守所附设监狱在押与做工人数日报表、工作人犯名册　12－1－587

1946年4月至1946年12月,璧山地方法院看守所附设监狱工作人犯名册及在押与做工人数日报表,此表包含时间、旧管人数、新收人数、开除人数、实在人数等事项。

398. 璧山地方法院关于买卖纠纷、债务纠纷等案件的文书　12－1－588

1946年7月至1947年6月,璧山地方法院关于买卖纠纷、债务纠纷等案件的起诉书、委任书、传票、受传唤人或通知人名单、言词辩论笔录、代用司法印纸联单、证人结文、民事申请书、证明书、民事判决书及民事裁定等。

399. 璧山地方法院看守所被告登记册　12－1－589

1946年12月至1947年8月,璧山地方法院看守所被告登记册,此册包含登记日期、被告姓名、性别、年龄、籍贯、职业、案由、送押机关等事项。

400. 璧山地方法院关于囚粮等事宜的公文等　12－1－590

1946年7月至1946年10月,璧山地方法院关于鸦片、履历、借公搪诈、盗匪嫌疑、因病申请保外、缺乏棉被、假释、囚粮等事宜的报告;警长日记簿,承接法币的说明,等。

401. 司法行政部、璧山县政府及璧山地方法院、璧山县警察局等关于案件等的公文、诉讼法讲义、文化教育政策、送达须知等　12－1－591

1943年7月至1947年12月,司法行政部、璧山县警察局、国立交通大学贵州分校关于强制执行案件应行注意各端、承租田产、领押搬迁、盗窃、乡民大会、结婚、领猪肉、追回国币、掉换马枪等事宜的启、指令、训令、通知、报告、讯问笔录、收据等。

璧山县政府及璧山地方法院民事诉讼法讲义、文化教育政策、法院及县司法处送达须知,看守所附设监狱财产增加表等。

附文章《追忆——我的妹妹》、诗文《六书浅说》等。

402. 四川省政府、四川高等法院、璧山县政府及璧山地方法院等关于经费、预决算的公文等　12－1－592

1946年1月至1947年4月,四川省政府、四川全省保安司令、四川行政部会计处、四川高等法院、青年远征军陆军第二〇一师、璧山县政府及璧山地方法院、看守所关于囚人主副食费、囚粮及救济院收容人口食费、岁出预决算书、国库收支结算办法、编送决算办法、主计法令、大赦令、法币等事宜的公函、呈、训令、代电等。

403. 璧山县政府及璧山地方法院等关于案件的收票、押票、提票等　12－1－593

1946年5月至1946年8月，重庆卫成区第三分区司令部、璧山县政府及璧山地方法院、检察处关于强奸、杀人、抢夺、鸦片、贪污、窃盗、脱逃、妨害公务、诬告、赃物、妨害兵役、妨害自由、借提还押、掠诱、妨害家庭及婚姻、欺诈、妨害风化、侵占、伤害、妨害权利、卷款潜逃、作伪证等案件的收票、押票、提票等。

404. 璧山地方法院民刑事判决卷　12－1－594

1946年2月至1946年6月，璧山地方法院关于给付租谷及修整费、生活费、毁损窃盗及侵入住宅、恐吓、妨害家庭及婚姻、返还房屋产业、贪污、确认身份、分割遗产、诈欺、抢夺、妨害自由、妨害兵役、妨害农工商、伤害教唆、强暴、延欠公费、搬迁、撤销买卖、损害赔偿、掘墓、收养关系、赃物、偿还债款、侵占、诬告、回赎典产、迁让交房、撤销赠与契约、领押交业等案件的民刑事判决书等。

405. 璧山地方法院、警察局来凤分所、璧山律师公会等关于人事、条例、会议等的公文等　12－1－595

1945年12月至1946年10月，四川高等法院第一分院、四川高等法院会计会、粮食部四川粮食储运局璧山粮食储运处、财政部花纱布管制局璧山办事处、璧山地方法院、检察官、警察局来凤分所、璧山律师公会关于赃物案、生活补助费、国产烟酒类税条例、货物税条例、伪造卷烟查验证、赋粮加工滥烟处理办法、标售中斜纹布及机纱、盐场或仓征税后行销办法、所得税施行细则、贴足印花、营业税法细则及总收入额计算表、勘验、第五次律师会员大会、爱国游行大会、人事补免调升等事宜的签呈、训令、指令、呈、公函、刑事判决书及警丁保证书。

璧山地方法院看守所附设监狱身份簿、司法警察身份簿，检察官执行徒刑拘役指挥书，看守所附设监狱在押与做工人数日报表，各市县度政工作概况第五次汇报表，地方总概算书，遗产税法施行细则，遗产税审查委员会组织规程，印花税法施行细则，各单位捐款及支出，等。

406. 璧山地方法院关于民刑月报表等事宜的呈等　12－1－596

1946年1月至1946年12月，璧山地方法院关于民刑事月报表、刑事案件表、审理案件调查表、办案人员结案调查表、犯罪人数月报表、民事案件收结表、特种刑事及刑事已结未结案件表、刑事被告羁押一览表等事宜的呈等。

407. 司法行政部、四川高等法院、璧山地方法院检察官关于人事、会议、案件等的公文等　12－1－597

1946年1月至1946年11月，司法行政部、四川高等法院、璧山地方法院检察官关于刑事已结未结案件表及刑事被告羁押一览表、民刑案件月报表、特种刑事案件及月终羁押被告人数填注方法、保障人民身体自由、统计报表竞赛办法、调查拘捕人犯月报表、公务员考绩条例及考绩各种表册、禁烟禁毒案等事宜的训令、呈。

附璧山地方法院职员表，四川省参议会第一届第一次大会提案，等。

408. 四川高等法院、璧山实验地方法院、看守所等关于经费、各种条例等的公文等　12－1－598

1944年7月至1946年3月，司法院、司法行政部、四川高等法院、四川高等法院第一分院、璧山实验地方法院、看守所关于盐专卖暂行条例、遗产税暂行条例、承租权、公产租佃办法、共有产业租佃纠纷解决办法、法令会议议决、耕地租赁契约的押金、特种刑事诉讼程序中提起附带民事诉讼、旅费、修建军法人犯看守所费用示范图形及捐款捐册清册收支账单、租约纠葛等的代电、快邮代电、公函、呈、指令、训令等。

附璧山监所协进委员会第三次常会记录等。

409. 四川省政府、四川高等法院、璧山县政府等关于经费、各种条例等事宜的公文等　12－1－599

1939年10月至1947年1月，四川省政府、四川高等法院、川康区川东税务管理所、璧山县政府、参议会关于营业税法、遗产税法、学习费、所得税、收入支出计算表、民刑状面、第一届第一次大会记录等事宜的训令、指令、公函等。

410. 四川高等法院、璧山地方法院、看守所等关于人事、会议等事宜的公文及案件的文书等　12－1－600

1946年11月至1946年12月，四川高等法院第一、三、十分院，检察处，成都、永川及泸县等地方法院检察处，璧山地方法院、看守所等关于洪灾损失、招商标色及赋粮、量器、住所距离、织布业年终会员大会、省立医院改组、院舍及校具造册、申请状、藏匿盗匪、殉职、到职接令视事及人事补免调升等事宜的训令、呈、公函、签呈、证明书、通知、启等。

附国庆纪念庆祝大会筹备会议记录、不动产登记须知等。

411. 璧山县政府及璧山地方法院、看守所关于经费、寄押人犯等事宜的公文等 12－1－601

1944年4月至1946年7月,璧山县政府及璧山地方法院、看守所关于统计手册工本费及邮包费、囚粮囚犯主副食费及救济院收容人口食费、四川省政府公报费、寄押人犯、开释足镣、军法已未决人犯名册、崇尚节约、稽核监所囚粮办法、受训期间恐误功课等事宜的训令、公函等;璧山地方法院关于受贿及鸦片等案件的判决书。

412. 四川高等法院、璧山县政府及璧山地方法院等关于经费、人事等事宜的公文及案件的文书等 12－1－602

1936年5月至1947年9月,四川高等法院、永川团管区司令部、重庆师管区永川团管区第三新兵大队部、铨叙部、璧山县政府及璧山地方法院、看守所、第二区三教乡乡公所、狮子乡乡公所等关于退役俸、瘾民登记、民仓义仓调查、撤河边镇第十八保保长等人事补免调升、罂粟收缴及戒烟药品、蓄婢、缴匪枪、撤销选举案、受训及受训离职、扒手、看守所纺线科及作业基金、储押贷款及生产贷款、监所作业月报表、志愿兵、人事登记册及公务员任用审查表等事宜的代电、指令、训令、启、呈、公函等。

四川高等法院及璧山地方法院关于非法锁押、拐犯等案件的诉状及民庭批示等文书,璧山县政府施政报告,不动产登记须知等。

413. 四川高等法院、璧山地方法院及看守所等关于人事、保外服役等事宜的公文等 12－1－603

1946年1月至1946年7月,四川高等法院、司法行政部、璧山地方法院、看守所关于保外服役暂行办法、保释及假释、公务员考绩、民刑事案件表、管收民事被告报告书及造报规则、民事判决报部办法等事宜的训令、指令、呈等。

414. 璧山县政府及璧山地方法院等关于案件的公文等 12－1－604

1946年3月至1949年8月,军事委员抚恤委员会驻用抚恤处、四川高等法院重庆分院、璧山县政府及璧山地方法院、田赋粮食管理处、警察局、城西乡第一区乡公所、六塘乡第一保办公处关于劫杀、田地房屋界限、窃盗、妨害自由及婚姻等案件的公函、批示、通知、训令、刑事判决书、刑事处分书、传票、刑事审判笔录、刑事宣判笔录、被传讯人或通知人名单、刑事委状及申请等。

415. 璧山县政府及璧山地方法院个人日记等 12－1－605

1945年8月至1946年9月,璧山县政府及璧山地方法院个人日记等,日记中包含工作、生活等细节。

416. 司法行政部、璧山县政府及（实验）地方法院等关于人事及案件等事宜的公文等 12－1－606

1937年2月至1945年12月，司法行政部、四川高等法院第一分院书记室、璧山县政府、璧山实验地方法院、书记室、检察官、三合乡乡公所关于作业基金、印信书卷宗簿册、就职日期等事宜的呈、公函、牌告、训令、指令；璧山地方法院刑事第一审自诉、公诉案件报告表，附带民事诉讼案件报告表，民事再审案件报告表，第一审民刑事案件总报告表，机关事业行政人员报告表，机关事业组织报告表，买卖、租赁、典权、婚姻关系、诉讼案件报告表，民事调解、破产、强制执行案件报告表，附看守所工作人犯名册，璧山县正兴乡放发征属优待清册等；璧山实验地方法院关于贪污、包庇兵役、抢夺幼女、债务、妨害权利、窃盗及赃物、妨害自由、伤害、损毁、杀人等案件的文书等。

417. 璧山县六塘乡户口登记申请书、人事登记申请书 12－1－607

1945年10月至1945年12月，璧山县六塘乡户籍登记申请书，此申请书包含时间、地点、家长及家属姓名、性别、年龄、教育程度、登记事由说明等事项；人事登记申请书，此申请书包含时间、地点、家长及家属姓名、性别、年龄、受教育程度、登记事由说明等事项。

418. 璧山马坊乡第三保户口登记申请书 12－1－608

1945年11月至1946年1月，璧山县马坊乡第三保户籍登记申请书，此申请书包含时间、地点、家长及家属姓名、性别、年龄、受教育程度、登记事由说明等事项。

419. 璧山实验地方法院等关于经费、食米及案件等事宜的文书 12－1－609

1945年4月至1946年8月，璧山实验地方法院、检察官关于贿赂、窃盗、伪证、伤害、赌博、贪污、诈欺、侵占、脱逃、妨害投票、杀人、诬告、烟刀等案件的不起诉处分书及起诉书，民事执行文稿、命令、受传唤人或通知人名单、民事申请状、拘票、报告书等。

附璧山县警察局第二区警察所现有工役领米及生活补助费名册、薪俸表、工饷表、副食费表，审理案件登记表等。

420. 璧山县政府及璧山地方法院等关于人事、经费等事宜的公文及司法案件文书等 12－1－610

1945年1月至1946年12月，司法行政部、大足县政府、璧山县政府及璧山地方法院关于经费保留数分配预算、国民学校教师人数、学校人事补免调升、国库动态表、合作社生产周转资金等事宜的公文；妨害水利、妨害家庭、妨害公务、妨害自由及权利、伤害、诬告、窃盗及赃物、减刑、侵占、伪造文书及度量衡、毁损、背信、贪污、重婚、诈欺、侵入住宅、更正裁定、渎职、违反食盐专卖条例等案件的指令、训令、公函等。

421. 璧山县政府及璧山地方法院检处归档簿　12－1－611

1945年5月至1946年7月，璧山县政府及璧山地方法院检察处归档簿，此簿包含归档时间、原卷号数、案由、当事人姓名、卷宗件数、归档编号等事项。

422. 璧山县政府及璧山实验地方法院转所及已决未决人数日报表　12－1－612

1945年5月至1945年11月，璧山县政府及璧山实验地方法院转所人数日报表、已决未决人数日报表，此表包含时间、转所人数、未决人数、监房与人数等事宜。

423. 司法行政部、四川高等法院、璧山县政府及（实验）地方法院等关于经费、人事、条例等事宜的公文等　12－1－613

1945年2月至1945年11月，国民政府军事委员会军训部总务厅、司法行政部、审计部、会计处、四川高等法院、四川第二监狱、璧山实验地方法院、会计室、看守所关于裁判费、监狱借款、密码电本工本费、俸津及补助俸、生补费及菜蔬补助费、旅费及视察汽油费、缮状费、学习费、勘验拘提费、作业购置器械费、增建工程及工场费、存款、领布、国库动态表及收支结束办法、国有财产、会计报告及会计员复审证件、人事补免调升、婚假、学校印刷课本、文书手续简化办法、编制决算、业务机关经费开支、填有年龄的证件、财产登记及目录、印刷预算、公务员交代条例、胜利勋章条例、印花税法等事项的指令、公函、训令、呈、快邮代电、代电等。

424. 璧山县政府及璧山地方法院等关于会议、经费、人事等的公文及案件的文书等　12－1－614

1943年3月至1949年9月，川康区盐务管理局大足场公署、璧山县政府及璧山地方法院检察官、田赋粮食管理处、临江乡乡公所关于嫌疑犯提议书、地方自治工作竞赛、乡长资历表志愿书、临时参议会、临江乡秋季大会及乡务大会、兵役紧急会议、财务人员讲习会、惩治贪污办法、调解人员规避及取缔办法、教育促进组织办法、商贩地址、到职接印及人事补免调升、观察地形、举奸究匪、扰乱会场、敌寇特工、拐逃、对敌防御干训班及民众组训干部讲习、干部工作讲习会、仓米及副食费、旅费、保障人民身体自由办法、华侨捐赠、地方自治、预决算、党员团员及公职人员参加帮会办法、重庆市出入境证填发及检查办法、移交公款公物、扩大保甲会议、维持朝务、外国在华教会教产、干部素质调查、地方供应事项及军民接洽、因公伤亡补贴暂行办法、乡镇公所政务疑点、区署行文疑义、征兵征粮、地方自治机关互相行文办法、党国旗及总理遗像总裁肖像的使用、壮丁册、乡镇保组织调整及运用办法、食盐供给及公卖店、麻价高涨、县乡镇权责划分办法等事宜的训令、代电、指令、通知、布告、签呈、呈文、公函、派令等；

璧山地方法院关于纠纷、窃车、私窃林木等案件的司法文书等。璧山救济委员会成立大会记录，调解与宣传公证说明，乡镇保干部工作讲习须知，推行工役注意事项，璧山实验地方法院民事送达执行征收车食宿费标准表，公证须知及不动产登记须知等。

425. 璧山县政府及璧山实验地方法院案件登记簿　12－1－615

1945年2月至1945年10月，璧山县政府及璧山实验地方法院案件登记簿，此簿包含申请缮撰状人姓名、案由、缮状或撰状、字数等项。

426. 四川高等法院、璧山县政府及实验地方法院、看守所等关于人事、经费、工程的公文等　12－1－616

1944年7月至1945年12月，四川高等法院，司法行政部，重庆卫戍区第三、四分区司令部，璧山县政府及璧山实验地方法院、看守所，城北乡乡公所关于拨官地给看守所、民刑状、任用审查、请假、任用人员年龄、调遣职务、办理考绩补充注意、见习人员成绩考核办法、募捐册、借用枪弹及旧车胎、缮状费、囚粮副食费、作业报表、监犯调服军役及疏通人犯、题词、种菜、修建监所捐启稿本、出狱人保护会组织规程暨奖励办法、男女所隔离、人犯文书、看守服装囚人衣被及购鞋扇费、监犯脱逃及协助戒护、移垦人犯、禁押人犯及疏教监犯简明表、监狱规则等事宜的公函、训令、指令、布告、呈等。

任职、服役保证书，人犯登记簿，璧山实验地方法院看守所附设监狱概况及职员名册，实验地方法院看守所简章及协进委员会简章，徒刑人犯移垦暂行条例等。

427. 璧山县政府及璧山实验地方法院等关于诉讼条例、案件等的文书　12－1－617

1944年11月至1945年8月，司法行政部、会计处、重庆卫戍区总司令部稽查处璧山稽查所、第四分区司令部、璧山实验地方法院检察处、书记室、警察局关于特种刑事案件诉讼条例、米价、公粮费分配预算记账办法及拨发办法等事宜的训令、快邮代电、公函等；

璧山实验地方法院关于窃盗、赃物、妨害自由及名誉等案件的通知书、审讯笔录、保状、申请书、传票、失物清单等文书。

428. 川东邮政管理局关于包裹等事务的通令等　12－1－618

1944年5月至1945年12月，川东邮政管理局关于航空包裹，去宜昌、沙市、汉口包裹，麻醉药品包裹，军部包裹，东南各地包裹，验关费，进出口包裹，包裹印纸及高值邮票，汽车代运包裹，留存包裹，缉获烟毒寄解办法，包裹资费及资例，互换包裹，英国邮政，包裹小包追查及遗失补偿，验征未设海关地方邮局收寄及投递包件，易破损物品的包裹，大宗包裹，邮包检查，中苏、中印包裹等事务的通令、通知单、清单、表等。

429. 璧山县政府及实验地方法院等的员工补助费卷等　12－1－619

1944年1月至1944年11月，财政部盐务总局、四川高等法院、财政部花纱布管制局璧山办事处、璧山实验地方法院、看守所关于煤水及膳食费，医药、生育及殓葬补助费，福利费及抚恤金，职员请购平价布，特别办公费，发售条子布，公共食堂燃料预算及粪水费，垫支补助费标准及审核程序，发给及领取食盐棉布等事宜的代电、训令、启、指令、公函、通知单、表、清单等。

430. 璧山县政府及璧山实验地方法院诉讼费用表、现金备查簿　12－1－620

1945年1月至1945年5月，璧山县政府及璧山实验地方法院诉讼费用一览表，第一审收数，第二、三审收数等项；现金备查簿，此表包含摘要、收入、付出、赊用等项。

431. 璧山县政府及璧山实验地方法院传票挂号簿　12－1－621

1945年1月至1945年12月，璧山县政府及璧山实验地方法院传票挂号簿，此簿包含时间、件数、被传人姓名、案由等事项。

432. 璧山县政府及璧山地方法院刑事旧案收状簿等　12－1－622

1946年11月至1946年12月，四川高等法院会计室关于平时成绩考核的训令；璧山县政府及璧山地方法院刑事旧案收状簿，此簿包含时间、类别、原告或自诉人姓名、被告姓名、案由等事项。

433. 璧山县政府及璧山实验地方法院传票挂号簿　12－1－623

1945年，璧山县政府及璧山实验地方法院传票挂号簿，此簿包含进行号数、时间、件数、被传人姓名、案由等事项。

434. 璧山县政府及璧山实验地方法院收状簿   12—1—624

1945年1月至1945年12月,璧山县政府及璧山实验地方法院收状簿,此簿包含进行号数、时间、类别、件数、具状人姓名、案由、备考等事项。

435. 璧山(实验)地方法院等关于人事等事宜的公文   12—1—625

1945年11月至1946年1月,四川高等法院第一分区检察处、司法行政部、会计处、璧山(实验)地方法院、书记室关于履历表、到职日期及人事补免调升等事宜的公函、代电、训令、指令、快邮代电、签呈、呈、报告、委任令等。

436. 璧山县政府及璧山地方法院不动产、动产登记表   12—1—626

1945年,璧山县政府及璧山地方法院不动产、动产登记表,此表包含填表人、家属称谓、动产、不动产等事项。

437. 璧山县太和乡保民大会选举会议记录等   12—1—627

1945年5月至1946年12月,璧山县太和乡第八、九、十一保保民大会选举会议记录;璧山县私立正义小学学生总名册,中兴乡第七保国民学校初级部新生名册、小学部学生总名册等。

438. 璧山县政府公务统计方案实施办法等及不动产登记证明书存根等   12—1—628

1945年6月至1945年8月,璧山县政府各级机关办理公务统计方案实施办法及注意事项,办理公务统计人员履历报告表,公私立中等学校应行造报各项报表;不动产登记证明书存根等。

439. 璧山实验地方法院清册、登记盖印簿等   12—1—629

1945年4月,璧山县梓潼乡第四保国民学校关于申请增加教员的呈、履历表等;璧山实验地方法院公粮买报核清册、司法助理员考试训练规则、登记盖印簿,璧山县国民兵团城北乡队征属优待发放清册等。

440. 璧山县政府、国民兵团部等关于经费、人事的公文等   12—1—630

1944年8月至1946年12月,四川省政府统计处、四川省补给委员会、四川省第三区行政督察专员兼保安司令公署、永荣师管区司令部、洪雅县政府统计室、璧山县政府、会计室、统计室、鹿鸣乡乡公所、城西乡乡公所、转龙乡队部、国民兵团部、大兴乡队部、中国会计图书股份有限公司成都总公司关于订购账表、包庇壮丁、假借出征军人身份领优待、壮丁调走补助费、共有荒地、追缴剔除款、领款印鉴、正式军事学校毕业学生、食米经费及米津、公粮及购谷、斗秤行息筵席税及屠宰税、经常费、迁修费、志愿兵营开办费、参加远征军学生费用、社务会议、公务及兵役交付、到职日期及人事补免调升、刊置铃记、病兵安置办法、献械捐款、代金、经济动态、扩大县政会议等事宜的启、快邮代电、批示、指令、代电、训令、呈、通知、名册、表、签呈等；

公务员平时成绩考核记录表及任用审查表，璧山县政府统计室甲种考绩表，县公务统计的统计室提案及注意事项，璧山县国民兵团部审理兵役案件庭论单等。

441. 璧山县政府、参议会、律师公会等关于律师、经费等事宜的公文及羁押被告稽改簿、会议记录、教职工学生情况表等　12－1－631

1936年7月至1949年11月，大足县司法处、璧山县政府、参议会、律师公会关于乡村警察组织规程及经费预算、充实乡镇武力、加入律师公会及律师登记等事宜的指令、呈、公函；

璧山县政府及璧山地方法院传览文件；璧山县福禄乡第九保保民会议记录，羁押被告稽改簿，丁家乡兴隆铺、石佛寺、石家堡初级小学学生学籍表及名册，私立璧南中学标本、仪器、参考书、教科书目录表、课程表、经常费预算表、学校概况表、职员履历表等。

442. 璧山县政府及实验地方法院粘存簿，太和乡优待征属登记册、第四、七保选举，璧山实验地方法院公粮费报核清册等　12－1－632

1945年1月至1945年12月，璧山县政府及实验地方法院关于购置物品，人事补免调升、薪水等事项的院令粘存簿；璧山县太和乡优待征属登记册，第四、七保保民大会选举保民代表及保长记录，青木乡农会公物移交清册，璧山实验地方法院刑事他字分案簿及公粮费报核清册等。

443. 璧山县政府及璧山地方法院被告登记册、青木乡会议记录等　12－1－633

1933年3月至1945年12月，璧山县政府及璧山地方法院被告登记册，正兴乡征属优待清册，青木乡乡务会议记录，璧山县国民兵团部支出汇总账单、会计报告表、现金出纳表、经费追加预算书，最高法院关于妨害自由案件的刑事判决书，借据等。

444. 璧山实验地方法院等关于案件的文书等　12－1－634

1945年1月至1946年5月，四川高等法院第一分院、璧山实验地方法院关于诬告、诈欺、伪造文书印章、伪证、妨害自由、妨害家庭、妨害兵役及权利、窃盗及赃物、侵入住宅、重利、贪污、抢夺、伤害、毁坏、侮辱、侵占、掠诱、确认买卖契约、领押交业、脱逃、盗用院印、违反营业税法及盐专卖条例、迁让房屋、渎职、侵害坟墓尸体等案件的训令、呈、刑事判决书等。

刑庭平股案件移交清册，实验地方法院办理民刑诉讼补充办法办理案件稽改簿等。

445. 璧山实验地方法院民事判决书等　12－1－635

1945年2月至1945年3月，璧山实验地方法院关于给付食谷及欠租、借款、工资、领押交业、交还房屋熟土、分割遗产及确认买卖契约、交付产业、搬迁、迁让房屋、损害赔偿、返还耕地及产业、正价典价、交业执行、所有权及不动产物权移转契约等案件的民事裁定及民事判决书、支付命令、调解书等。

446. 璧山实验地方法院、看守所等关于囚粮及经费的公文等　12－1－636

1944年12月至1945年11月，四川高等法院、司法行政部、璧山实验地方法院、看守所关于人犯囚粮名册及注意事项、人犯囚粮表及四柱（旧管、新收、开除、实在）清册、人犯所需油盐柴菜费用月报表、副食费及垫付看守所超溢副食费、收支对照表、公粮等经费的公函、训令、快邮代电、呈、指令、表、报告等；附缴粮书、领粮报告及收据存根等。

447. 璧山实验地方法院等关于所有权登记、人事等事宜的公文等　12－1－637

1945年1月至1948年6月，司法行政部会计处、四川高等法院重庆分院、璧山实验地方法院、司法处关于纳租、会计员额编制及人事任免、原有聘用派用人员整理办法、公务员送审等事宜的训令等；璧山实验地方法院行政卷宗及文具等清册、簿册移交清册、民事执行卷宗移交清册、公证处、登记处移交卷宗清册，不动产登记申请书等。

璧山实验地方法院关于所有权保存登记、典业、止约赎典等案件的民事裁定及民事判决书、通知、受传唤人或通知人名单、审讯笔录、民事申请书、收据、解笔录等文书。

448. 四川高等法院、璧山律师公会等关于律师执行职务等的公文等　12－1－638

1945年9月至1945年12月，中国国民党四川省璧山县执行委员会、司法行政部、四川高等法院、璧山律师公会关于律师在伪法院出庭执行职务、整饬律师风纪、加入律师公会及会员费、律师公会会所及平民与抗属事务所地点、律师收杂役员丁任书记、律师法、平民法律扶助办法等事宜的训令、快邮代电、呈、公函等。

449. 璧山县政府及璧山实验地方法院不动产登记证明书存根　12－1－639

　　1944年12月至1945年11月,璧山县政府及璧山实验地方法院不动产登记证明书存根,此存根内包含登记人姓名、登记号数、收件时间及号数、不动产之标示、登记原因及时间等事项。

450. 璧山县政府、教育会等关于食米、参议员等事宜的公文等　12－1－640

　　1945年9月至1947年7月,国民政府军事委员会军训部、璧山县政府、教育会关于教师补助食米筹集办法、参议员、维持秩序临时办法、团体改选应注意事项等的指令、训令等。

451. 璧山实验地方法院等关于强制执行法令的公文等　12－1－641

　　1945年5月至1945年7月,司法行政部、四川高等法院、粮食部四川粮食储运局璧山粮食储运处、璧山实验地方法院、田赋粮食管理处关于追收民欠赋粮执行、历年欠粮追收办法、办理民事执行案件、强制执行法令等事宜的公函、训令等;附征收诉讼费用一览表等。

452. 璧山县政府及实验地方法院看守所关于在押人犯囚粮及经费等的公文等　12－1－642

　　1945年11月至1945年12月,璧山县政府、璧山实验地方法院看守所关于犯人执行期满及患病、指令汇案表、囚粮折购黄谷、在押人犯囚粮及灯油、生活费、囚粮主副食费、公教自治人员生活补助费、飞机失事伤害平民处置抚恤办法、机关学校团体登记册、军事犯看守所注意事项、军事人犯调查表、印章遗失等事项的公函、签呈、通知、表等。

453. 璧山县政府及璧山实验地方法院办案进行簿、案件登记簿　12－1－643

　　1945年1月至1945年12月,璧山县政府及璧山实验地方法院办案进行簿,此簿包含原告姓名、被告姓名、案由、进行情形、终结情形等事项;案件登记簿,包含接收日期、字号、案由、终结日期、宣判日期、上诉日期等事项。

454. 璧山实验地方法院民刑事案件统计月报表等　12－1－644

　　1945年7月至1945年10月,璧山实验地方法院关于民刑事案件月报表的便函、呈;刑庭推事结案月报表,公证处、登记处收结案件月报表,民事执行处未结月报表,特种刑事、刑事已结未结案件表、民刑事案件统计月报表、犯罪人数月报表、刑事被告羁押一览表、办案人员办理案件调查表,案件法收调查表等。

455. 璧山实验地方法院检察官关于案件的不起诉书及起诉书等　12—1—645

1943年12月至1949年11月，璧山实验地方法院检察官关于诈欺及伪造印章、诬告及伪证、窃盗及赃物、遗弃及重婚、侵占及毁损、伤害及杀人、妨害自由、妨害婚姻、妨害农事、妨害兵役、妨害家庭、妨害公务、恐吓、逃脱、抢夺、公共危险、烟毒、贪污等案件的不起诉处分书、起诉书等。

456. 璧山县政府等关于财务经费的公文等　12—1—646（1）

1944年3月至1944年11月，四川省政府、交通部璧山电报局、璧山县政府、临时参议会、救济院、卫生院、附属医院、来凤乡卫生所关于卫生所会计报告及财产目录、修建大门临费及门诊部建筑费、生活补助费及经临费、长台专线预存话费、办公购置费及办公费、妇婴保健增设助产士食米、增设人员及俸给、节余俸薪、岁入款及经费结存、经费食米报销、免费治疗费、支出凭证簿及支出汇总账单、卫生促进委员会、城区洁水工程等财务经费的指令、公函、呈、表等；璧山县卫生院狮子乡卫生所、丁家乡卫生所、妇婴保健所追加预算书，送达报告单等。

457. 璧山县政府及各卫生所等关于财务经费的公文等　12—1—646（2）

1944年9月至1945年6月，四川省政府、璧山县政府、卫生院、来凤乡卫生所、狮子乡卫生所、河边乡卫生所、七塘乡卫生所关于支出经费会计报告及财产目录、增设助产士、年度决算、医疗设备、追加预算、医院建筑费、附属医院及妇婴保健所经费、药械费、卫生事业费、改建工程、生活补助费、防疫费等财务经费的指令、训令、快邮代电、呈、表、报告等。

458. 璧山县政府及璧山实验地方法院办案进行簿等　12—1—647

1945年1月至1945年12月，璧山县政府及璧山实验地方法院办案进行簿、审理案件登记表、执行案件收结表等。

459. 璧山县政府及璧山地方法院等关于经费、人事等事项的文书及案件的公文等　12—1—648

1934年2月至1945年12月，国民兵团部、璧山县政府及璧山地方法院、法院检察官、来凤乡乡公所、蒲元乡乡公所、接龙乡乡公所、城区警察所关于壮丁检阅及壮丁统计表，全川社训工作会议，购置油印机钢板复写纸等其他办公用品，申请书、户籍簿、身份证，城区警察所人事任免等事项的呈、咨、训令、报告、公函等。

璧山地方法院关于枪支遗失、购自卫手枪、七九步弹、借枪弹、诈欺、传票回证、返还契约、侵占、妨害家庭、垫发军谷等案件的民事裁定、刑事判决、坦白书、刑庭拘票及报告书等文书。

璧山县政府审理民事案件点名单,债务案的民事申请书,经收处各乡镇屠宰税收欠数目简明表,承包商欠税款数目简明表,璧山县土地查报单,价购新建集中仓库基地费支付预算书,县立第一女子小学校的聘书及无试检定小学教员呈请检定书等。

460. 璧山地方法院等关于案件等的公文等　　12－1－649

1930年12月至1946年8月,司法行政部、四川高等法院第一分院书记室、重庆实验地方法院、璧山县参议会、璧山地方法院、书记室、检察官、看守所、征收局、丁家乡中心国民学校等关于员额调查表、整顿乡村警察、学生家属疾病、协助执行交房、特种刑事犯支出囚粮经费、人犯名册及副食费表、工作报告、人犯注射防疫针等事宜的代电、公函、指令、训令、呈、表等。

附璧山县农业税收据、存根及通知单式等。

璧山地方法院关于妨害公务、抢夺、重利、侵入住宅、妨害典权、妨害家庭、诈欺、伤害、渎职、逃亡、窃盗、毁损侮辱、妨害自由等案件的起诉书及不起诉处分书、审讯单等文书。

461. 璧山实验地方法院等关于囚粮、不动产所有权登记案件等的文书等　　12－1－650

1945年3月至1945年9月,璧山实验地方法院关于不动产所有权登记案件的命令、报告、公告、保证书、通知书、受传唤人或通知人名单、证明书等。

璧山县政府及璧山地方法院送达文件簿,实验地方法院看守所附设监狱囚粮表,所有权登记通知书,抵押权、所有权、登记申请书收据,璧山实验地方法院送达人征收食宿开车费收据,璧山县河边乡国民教育研究会概况报告表,璧山县立初级中学聘书等。

462. 璧山地方法院书记室等关于案件的公文等　　12－1－651

1945年11月至1946年2月,最高法院书记厅、四川高等法院第一分院书记室、重庆实验地方法院、永川地方法院书记室、璧山地方法院书记室关于赎典及赎业赎产、黄谷、确认佃权所有权及物权转移、确认买卖契约及共有、给付票款租金黄谷食米及业价、回赎典产、赔偿损害医药费树木等、契约、返还及迁让田屋、停止租约、田业、交付房屋、执行异议、离婚、欠租领押及止佃交业、典价、产业及分产、监护权、送还送达证书、假扣押、交还抵押物等案件的公函等。

463. 璧山县政府及璧山实验地方法院收状簿　12－1－652

　　1945年1月至1945年11月，璧山县政府及璧山实验地方法院收状簿，此簿包含进行号数、时间、类别、件数、原告自诉人姓名、被告姓名、案由等事项。

464. 璧山县政府及璧山实验地方法院刑事新案收状簿　12－1－653

　　1945年1月至1945年12月，璧山县政府及璧山实验地方法院刑事新案收状簿，此簿包含进行号数、时间、类别、件数、原告自诉人姓名、被告姓名、案由等事项。

465. 璧山县政府及（实验）地方法院处理案件卷等　12－1－654

　　1944年4月至1947年6月，璧山县政府及璧山地方法院关于杀人、窃盗、诬告等案件的批示、刑事庭批、公函；璧山实验地方法院关于窃盗及赃物、伤害、妨害自由、妨害兵役、妨害公务、妨害婚姻、伪造文书、侵占、给付借款、贪污、诈欺及诈财、渎职、抢夺、重婚、损坏、脱逃、领押交业、终止租约等案件的民刑事判决书、起诉书等。

466. 重庆实验地方法院、璧山县政府及璧山实验地方法院刑事判决书等　12－1－655

　　1945年1月至1945年7月，重庆实验地方法院、璧山县政府及璧山实验地方法院关于公共危险、窃盗及赃物、妨害风化、妨害家庭、妨害兵役、妨害公务、妨害名誉及自由、伤害及杀人、侵占、诈欺、抢夺及诬告、贪污、毁损、脱逃、诽谤、违背印花税、伪造文书、囤积居奇等案件的刑事附带民事诉讼的判决书、裁定书等。

467. 璧山实验地方法院等关于财务经费的公文等　12－1－656

　　1945年6月至1945年12月，司法行政部、会计处、四川高等法院、璧山实验地方法院、看守所关于超收法收有关账务处理的补充规定、岁入各类表、员工福利费及冬服补助费、收入报表及收入凭证、经费累计表、解缴、存保管款数目及存放的银行、归还借款、存款利息、看守所工程费、缴款书、视察汽油费、罚锾提成分配手续、缮状费提成收支等财务经费的训令、呈、指令、代电、表、公函、快邮代电等。

468. 璧山实验地方法院等关于案件等的公文等　12－1－657

　　1943年4月至1945年11月，司法行政部、四川高等法院及第一分院书记室、永川地方法院、青年远征军第二〇一师政治部、长寿地方法院、璧山实验地方法院、检察官、警察局、蒲元乡乡公所等关于人事主管任官平时成绩考核记录、汇款、接待法国法学家、办公及工作时间、司法解释工本费、胜利大会及结业典礼、办理兵役案件、倒闭织厂、视察赣闽浙司法建议书、民刑诉讼补充办法、实验法院各项规章方案、看守所及协进委员会简章、诉讼当事人在途期间、工作报表及办理案件月报表、公共食堂、保障人民身体自由及惩治贪污、农民被劫及失物清单、赌博拘留、陆地测量人员作业服装使用办法、嫌疑犯及罪犯的建议、军人强搭校车、民众焚烧烟火、潜逃报告表、盐店照章售盐、通缉逃犯、取缔散发灵符、查勤、协缉奸犯及稽征员、青年军违犯法纪、社会运动、俘虏、实习工作考核、到职日期、组织中山室、受贿帮凶、学生实习、调解员、同业商店、印鉴、修缮宿舍费、旧年年礼、四川省银行汇款、视察汽油费、诉讼用纸及簿册格式、旅费、民刑事档案事宜的训令、快邮代电、指令、公函、代电、表、呈、布告等。

四川高等法院及璧山实验地方法院关于重婚、妨害家庭、妨害公务、妨害兵役、回赎典产、伤害及杀人、送达文件、窃盗诬告及伪证、妨害权利及自由、窃占、贪污、包庇、欺诈、抢劫、抢夺附带民诉、伪造文书及遗嘱等案件的通缉书等文书。

司法行政部部长视察四川法院，璧山县警察局临时局务会议记录，美国新闻处战时摄影图片展览目录，湘灾筹赈会璧山分会川剧荣誉券负责推销办法及委员次序表，军政部成都临时军人监狱员兵监犯逃亡年貌表等。

469. 四川高等法院、司法行政部会计处关于人事等事宜的公文等　12－1－658

1945年3月至1945年4月，四川高等法院、司法行政部会计处关于退休抚恤办法、机关行文方式及程序、会计人员办理出纳事务、机关主计机构原则及条文程式、考试及格人员、惩治盗匪条例等事项的训令等；公路运输业统一会计科目及资产负债表格及内容，收费登记表等。

470. 璧山县政府等关于鸦片、渎职等案件的公文及发公文函件挂号簿等　12－1－659

1945年1月至1945年3月，军事委员会特派四川省川东区禁烟巡察执法监部、四川高等法院第一分院书记室、璧山县政府关于确认共有权、鸦片、渎职等案件的公函、呈、签呈、指令、审讯笔录、提票、解票、传票、判决书、执行书、证明书等；璧山县政府军事犯调服劳役呈报表、保证书，发公文函件挂号簿等。

471. 璧山县政府及璧山地方法院收状簿等　12－1－660

1941年11月至1948年3月，璧山县第二区区署、普兴镇各保保长关于第四区自卫枪支登记、人事任免、公务员吸鸦片、包庇烟馆、保外服役等事项的签呈、呈、批示等；璧山县政府及璧山地方法院收状簿，农业税收据、通知单及存根，健龙乡公有械弹总计表等。

472. 璧山县政府及实验地方法院等关于案件的文书、职员公丁名册等　12－1－661

　　1933年10月至1946年1月,最高法院检察署、审计部、四川高等法院、第一分院检察处、书记室、璧山县政府、璧山实验地方法院、检察官等关于破产、移交廉股、就职日期、履历、屠宰税、旅费、工役食米、汇总账单单据粘存簿及甲种收支报告、生活补助费及副食费、医药费、违反战时军律等事宜的牌告、公函、签呈、布告、呈、训令、指令、批示、代电、存查通知、核准通知等。

　　四川高等法院及璧山实验地方法院关于妨害权利、诬告、典权、领押交业、买卖契约、赎产、窃盗附民诉、杀人、侵入住宅等案件的裁定等文书。

　　璧山实验地方法院检察处移交清册,移交书记室行政卷宗印件及簿册清册,耻股、廉股簿册卷宗移交册,职员公丁名册,岁出预算经常门经费累计表等。

473. 璧山县政府及璧山实验地方法院侦察案件已结登记簿　12－1－662

　　1944年12月至1945年12月,璧山县政府及璧山实验地方法院侦察案件已结登记簿,此簿包含进行号数、时间、案由、起诉不起诉及缓起诉的时间及要旨等事项。

474. 璧山县政府及璧山实验地方法院院令簿等　12－1－663

　　1945年1月至1945年8月,璧山县政府及璧山实验地方法院院令簿,此簿包含传览文件事由、应送处所、受传览人盖章等事项。

475. 璧山县政府及(实验)地方法院申请书登记表、屠宰业公会选举人名簿等　12－1－664

　　1941年4月至1946年10月,璧山实验地方法院关于返还押金案件的公函;璧山县屠宰业公会选举人名簿,律师法,璧山第二区公学产业投标竞佃开标清册,璧山县政府及璧山地方法院申请书登记表等。

476. 璧山县政府及实验地方法院刑庭及看守所等关于经费、人事等事宜的公文及案件的押票等　12－1－665

　　1942年4月至1949年11月,璧山县政府、璧山实验地方法院刑庭及看守所、成都简阳岳池县防护团关于设统计室、公务员捐献日薪、施政准则、赌博、革命纪念日、公粮陈谷、扩大县政会议、生活补助费、囚粮名册、囚人病情及保外医治、脱逃、吊牌、到职日期等事宜的训令、快邮代电、代电、呈、指令、报告等;璧山各界庆祝国父诞辰纪念大会筹备会记录、元旦参加各单位行列程序单,璧山县政府军事人犯看守所开办费预算书等。

璧山实验地方法院关于私盐诈欺、贪污、侵入住宅窃盗、强制执行、窃盗及赃物、抢劫、妨害权利、脱逃、强奸、伤害、诱拐、侵占、民事借提、重婚等案件的押票、管收票等文书。

477. 璧山县政府等关于国家总动员会及军民合作等事宜的公文等　12－1－666

1942年4月至1946年4月,四川省政府、四川省第三区行政督察专员兼保安司令公署、重庆卫戍区总司令部、总动员委员会、璧山县政府关于国家总动员会及国民精神总动员、校阅点验等人员、以身作则、工资报告、植树节、讲习大纲、胜利公债、动员工作、会议通则、动委会办理未完事件等事宜的训令、公函、呈、回批、代电、表等。

国民参政会经济动员策进会组织规程、工作大纲及职员名单,璧山县军民合作站概况,妨害国家总动员惩罚暂行条例及宣传大纲,璧山县动员委员会造具结束移交公务文卷清册,国家总动员会议组织大纲、处务规程及宣传资料,研究国家总动员法实施程序等。

478. 璧山县政府及璧山实验地方法院民事案件分类簿　12－1－667

1945年1月至1945年12月,璧山县政府及璧山实验地方法院民事案件分类簿,此簿包含进行号数、收受日期、案由、承办者姓名、卷宗、证物、备考等事项。

479. 璧山县政府及璧山地方法院不动产登记簿　12－1－668

1944年12月至1946年12月,璧山县政府及璧山地方法院不动产登记簿,此簿包含登记人姓名、登记号数、收件日期及号数、不动产之标示、登记原因及时间等事项。

480. 璧山县政府及（实验）地方法院民事诉讼进行收状及一览牌登记办法等　12－1－669

1943年10月至1945年4月,四川高等法院、璧山实验地方法院、考试院考选委员会关于诈欺案的训令、公函、启、呈等;附璧山县政府及璧山实验地方法院民事诉讼进行收状及登记表,诉讼案件进行状况一览牌登记办法,考试法等。

481. 璧山县政府军事犯看守所等关于民事诉讼案件的公文等　12－1－670

1945年2月至1945年8月,璧山县政府军事犯看守所、警察局、第二区警察所、国立交通大学贵州分校、私立璧南初级中学、重庆公共汽车管理处驿运服务处丁家坳站、璧山县第二区第二保陈祥安关于抢割、诱娶及侵占、窃盗、保障坟地、伤害、死尸、毒杀、抢夺、妨害所有权、妨害家庭及农业、恐吓、诈欺、诬告、打架纠纷、凶殴、法币、脱逃、通奸、翻车受伤及遗失现款衣物、壮丁、毁损、言语嫌疑、强暴等案件的呈、报告、指令、签呈、公函、诉状、申请状、保状、伤单、讯问笔录等；附璧山县政府军法监狱因粮请款报告，军事人犯看守所文卷册簿移交清册等。

482. 璧山县政府及实验地方法院关于人事、经费等事宜的公文等　12－1－671

1945年1月至1945年7月，璧山县政府及实验地方法院关于归档案卷及其上诉案卷、记录书记官司法助理员及卫警、上诉结果百分比例数字表、民刑事诉讼人交纳款项、菜蔬补助费、差旅费、公共食堂、医药费、例稿簿册、食米、保证金、收文收状、年节、服务日记簿、收费账目、经常支出及超支经费计算书、会计室签到簿、遗失公文、办公时间、诉讼人支出诉讼费用手册、修理房屋工料费、传览文件、业务检讨会、薪津、慰劳过境国军、员工理发、购煤、传票、人事补免调升等事宜的命令等。

璧山实验地方法院司法助理员征收舟车食宿费表、结存数分配表，璧山实验地方法院适用实验法规结案月报表等。

483. 璧山实验地方法院关于案件的月报表等　12－1－672

1945年1月至1945年12月，璧山实验地方法院关于民刑事案件月报表的便函；璧山实验地方法院民庭推事已结未结案件月报表、公证处、登记处收结案件月报表，特种刑事、刑事已结未结案件表，犯罪人数月报表，刑事被告羁押一览表，案件及法收调查表，办案人员结案调查表，等。

484. 四川高等法院第一分院、重庆实验地方法院民刑事判决书等　12－1－673

1945年1月至1946年6月，四川高等法院第一分院、重庆实验地方法院关于赃物、过失致人死、妨害自由、妨害家庭、妨害兵役、妨害婚姻及公务、盗匪及窃盗、贪污及行贿、伪造公文及诈欺、伤害及杀人、脱逃、侵占、确认房屋共有权并执行异议、终止租约、偿还债务、勒索、履行契约、违反票据法、毁损等案件的刑事判决、民事判决、刑事附带民事诉讼判决等。

485. 璧山县政府等关于学校工作的公文等　12－1－674

1944年12月至1946年4月，四川省政府，璧山县政府，来凤乡乡公所，来凤乡第六、七、九、十一、十三保国民学校，来凤乡中心学校等关于教师补助食米、到职日期及人事补免调升、国民教育促进会、毕业学生名册及毕业证书、私塾、加聘教员及资料证件聘书、移交校印教具及一切公物、修整校舍费及学生修整费、校铃印模、扩充班级、升学、棹凳门板毁损、服务成绩优良证明书、诬告、肄业证明、视察费、学生名册等事宜的训令、指令、呈、签呈、通知等。

486. 璧山县政府及璧山实验地方法院关于会议等的公文及户籍登记申请书等　12－1－675

　　1945年3月至1945年11月，璧山县政府及璧山实验地方法院关于精神总动员暨植树节纪念会、忠烈祠民族扫墓节筹备会议、物价工资评议会、救济院基金保发委员会、抗战八周年纪念筹备会、鞋袜劳军会、元旦庆祝大会筹备会等会议记录，璧山县丹凤乡第十一保户籍登记申请书，案件登记簿等。

487. 璧山县户籍登记申请书　12－1－676

　　1945年1月至1945年12月，璧山县丁家乡乡公所第三保、六塘乡乡公所第二保户籍登记申请书，此书包含姓名、性别、年龄、受教育程度、担任职务、登记事由说明等事项。

488. 璧山实验地方法院职员履历表等　12－1－677

　　1943年10月至1945年7月，璧山实验地方法院职员履历表；璧山县政府及实验地方法院检察处改善实验方案意见书等。

489. 璧山实验地方法院、司法行政部等关于经费、各种条例等的公文及案件的文书等　12－1－678

　　1941年6月至1949年7月，司法行政部、四川高等法院、璧山实验地方法院、田赋管理处关于公证费及公证事务竞赛、公证事件季报表、购用公地办法、地政施行程序大纲、战时及非常时地价申报条例、房屋租赁、征用土地、业佃纠纷、土地税征收税则及宣传大纲问题解答、战时地籍整理条例、土地管业执照办法、市地地租、战时征收土地税条例等事宜的训令、呈、指令、公函等；附国有土地及附着物调查表填法须知等。

　　四川高等法院及璧山实验地方法院关于返还谷款等案件的民事执行申请书、笔录、民事执行文稿、报告、执行命令等文书。

490. 璧山（实验）地方法院等关于经费、假释等事宜的公文及案件的文书等　12－1－679

　　1945年8月至1949年10月，四川高等法院、璧山地方法院、看守所、丁家乡乡公所、第二保住民关于霸娶配偶侵占财产、赔偿债务、拐逃、妨害利益及水利、佃约、决水拔秧造伤诬抵、殴打、套买肥猪、金箍抵押、离异、毁损、纳租、借谷、私挡包车、状心工本费、人犯假释、窃盗、烟毒案件等事宜的保状、讯问笔录、报告、签呈、呈、悔过书、申请书、证明书、训令、同意书、刑事判决书等。

96

璧山实验地方法院看守所附设监狱身份簿,检察官执行徒刑拘役指挥书,璧山县政府军法人犯执行表,璧山县大路征收处六塘乡征募积谷花名册等。

491. 璧山县政府及璧山实验地方法院案件登记簿　12－1－680

1945年1月至1945年12月,璧山县政府及璧山实验地方法院案件登记簿,此簿包含时间、进行号数、嘱托机关、文件类别、案由及附件等事项。

492. 璧山实验地方法院关于案件的文书等　12－1－681

1945年6月至1945年9月,璧山实验地方法院关于毁损、伤害及杀人、违反营业税法及印花税、妨害教育、妨害名誉、妨害家庭、妨害自由、妨害公务及兵役、领证、诬告及诽谤、诈欺、贪污、窃盗及赃物、延长羁押、脱逃、伪造文书、抢夺、窃占、侵入住宅、尸首、侮辱、重婚、减刑、鸦片、罚金、遗产等案件的函等。

附璧山实验地方法院职员履历表等。

493. 璧山县政府临时参议会及实验地方法院等关于人事、会议等事宜的公文及案件的文书等　12－1－682

1939年2月至1946年3月,最高法院、璧山实验地方法院、检察官、县政府临时参议会、城东乡及八塘乡等乡乡公所、国民兵团大路乡队部关于七塘乡乡民代表会及保民大会、解送烟犯、七塘乡乡公所选举、到职日期及人事补免调升、迁移七塘乡乡公所补修费、病重就医等事项的呈、公函、训令、批示、指令、签呈、证明书、派令存根及委任令存根等。

最高法院及璧山实验地方法院关于诬告、贪污、包庇红灯、变造契约、办理兵役不力及欺诈、褫夺公权、粮谷碛米、违法舞弊、变造文书等案件的刑事判决书等。

选举县参议员会议记录,七塘乡乡民代表会会议记录,水利及应兴应改事项会议记录,城西乡乡公所现有工役领米名册,璧山县农业税缴纳正式收据、通知书存根,璧山县七塘乡卫生推进委员会组织法,七塘乡选举票等。

494. 璧山县政府、各县参议会等关于公债办理、临时参议会、人事等事宜的公文等　12－1－683

1945年4月至1946年5月,成都市临时参议会、重庆市临时参议会、四川省第三区行政督察专员兼保安司令公署、长寿县参议会、开江县参议会、崇宁县参议会、遂宁县参议会、广汉县参议会、新都县参议会、璧山县政府、看守所、临时参议会、经收处、教育会、农会、田赋粮食管理处、庆祝胜利大会筹备处、三民主义青年团重庆支团干事会、粮食部四川粮食储运局璧山粮食储运处、四川省电话管理处璧山县管理所、财政部花纱布管制局璧山办事处、财政部川康区货物税局永川分局驻璧山办公处、中国毛纺织厂特种股份有限公司、涪陵县中等学校关于议会与行政机关之别、参议会调查表、电话单机及订购乡村电话器材、订购制服呢料、人事补免调升、新都第一届第一次大会及璧山第二届第五次大会、征借实物会议、庆祝胜利大会、美金法币公债、寄押人犯口粮、乡贤奉祀、施政报告、施政计划及地方概算、全体议员大会、成立及开始办公日期、交议案件、工作计划、省参议员选举、服役书表、军需粮食供应、薪俸、织布问题等事宜的代电、便函、公函、启、快邮代电、通知等。

长寿县、开江县、遂宁县参议会成立大会宣言，财政部花纱布管制局璧山办事处商讨原料问题会议记录等。

495. 璧山县政府等关于土地赋税减免、工作计划、经费等事宜的公文等　12－1－684

1934年6月至1945年9月，国民军事委员会军训部总务厅、四川省政府、地政局、财政部四川省田赋管理处、璧山县政府、临时参议会、丁家乡乡公所、城东乡第七保办公处、粮食管理处关于年度工作计划及编审办法指示要点、施政计划及地方概算、经费及食米、裁定正本案件、妨害自由、土地赋税减免及耕地荒废救济暂行办法、免征地价税、寺庙公有土地及因公征用土地清册、军事设施征用土地、田赋减免表及填造说明等事项的训令、公函、咨、申请书、呈、证明等。

附公益会会议记录等。

496. 司法行政部、四川高等法院关于交通等事项的公文等　12－1－685

1941年4月至1945年10月，司法行政部、四川高等法院关于通信兵军官统制办法、水陆交通统一检查条例、战区缉私及经济封锁办法、封锁敌区交通办法、公路两旁建筑物取缔规则及公路征收汽车养路费规则、译电人员、军用机统一检查办法、军用运输机搭乘办法、邮政管理、引水法等事项的训令；璧山县旅京同乡会会员录；1945年度十二月份民刑统计月报表等。

497. 璧山县政府及璧山实验地方法院发文收状簿　12－1－686

1945年2月至1945年12月，璧山县政府及璧山实验地方法院发文收状簿，此簿包含进行号数、文件类别、送达机关、附件、事由等事项。

498. 璧山县政府等关于草料、食米、马乾等事宜的公文　12－1－687

1945年6月至1945年12月，国民政府军事委员会军训部总务厅，采购组，陆军重迫击炮第一团，陆军第十四军第八十三、八十五师司令部，青年远征军第二〇一师、二〇二师第六〇六团第三营营部，璧山县政府，军民合作代办所，补给分会，丁家乡乡公所、城西乡乡公所、城东乡乡公所、六塘乡乡公所、健龙乡乡公所、来凤乡军民合作站关于协助代购及分拨草料、马秣配购数量表及食物证明、协助各部队代购马乾通知单存根、实物证补给数量表及暂行办法、马骡统计表、官兵食米、稻草通单等事宜的公函、训令、代电、呈等。

499. 璧山实验地方法院关于整顿改善监所、卫生的公文等　12—1—688

1944年1月至1945年12月,司法行政部、四川高等法院、璧山实验地方法院、书记室、看守所关于人犯各自为炊、整顿改善看守所、党政工作考核委员视察及情形、修理看守所的作业基金、看守所注意事项、工作报告、美国派员来我国考察司法、卫生秩序、监狱规则、监犯身份簿、未决犯指纹纸及解犯清单格式、参观监所及入监所传教、疏通监犯、未决人犯名册、监所戒护及工作概况报告、工作计划、司法解释汇编、监所状况调查表、刷新狱政、人犯文书及体刑、借用枪弹、分配房舍、监所法令及员工福利、没收枪支等事宜的训令、呈、笺函、指令等。

整顿监所存卷,处理营业会计办法,人犯教育实施程序,工伤注意事项。

500. 璧山县政府等关于案件的公文等　12—1—689

1944年12月至1945年10月,军事委员会特派四川省川东区禁烟巡察执法监部、四川省政府、璧山县政府、临时参议会、党部青年团分团部、监察院关于贪污渎职、挟忿飞诬、故意杀人、枉法免禁、禁追欠硝、乡镇公益储蓄、璧山县长申辩书、抢劫、鸦片等事宜的报告、证明书、呈、公函、训令、判决书等;璧山县田赋管理处契税附加征解表,代收监证费一览表,《渝北日报》。

501. 璧山县政府及璧山实验地方法院粮政科印监簿等　12—1—690

1944年8月至1945年4月,四川省农业改进所第三农业推广辅道区、三民主义青年团重庆支团璧山分团关于员工食米的便函,璧山县第一区狮子乡壮丁队编组清册,璧山县政府及璧山实验地方法院粮政科印监簿等。

502. 璧山县政府及实验地方法院收状簿　12—1—691

1945年5月至1945年11月,璧山县政府及璧山实验地方法院收状簿,此簿包含进行号数、时间、类别、件数、原告自诉人及被告姓名、案由、诉讼费用等事项。

503. 璧山实验地方法院民刑事案件月报表等　12—1—692

1945年4月,璧山实验地方法院民刑庭推事结案月报表,民刑事案件月报表、统计表,犯罪人数月报表,特种刑事、刑事已结未结案件表,刑事被告羁押一览表等。

504. 璧山县政府及璧山实验地方法院办案进行簿等　12－1－693

　　1944年4月至1945年12月,璧山县政府及璧山实验地方法院办案进行簿,此簿包含原告被告姓名、案由、收受时间、进行情形、终结情形等事项;审理案件登记簿,此簿包含时间、卷号、案由、终结日期、宣判日期、终结情形等事项。

505. 璧山县政府及实验地方法院等关于购置测量仪器、人事等事宜的公文等　12－1－694

　　1943年5月至1945年12月,司法行政部、会计处、四川省政府、地政局、全省土地测量队、璧山县政府、补给分会、会计室、中兴乡乡公所、大兴乡乡公所、马坊乡乡公所、来凤乡乡公所、健龙乡乡公所、丹凤乡乡公所、河边乡乡公所、三合乡乡公所、三合乡补给站、狮子乡补给站、璧山实验地方法院检察官、北碚土地测量队、地政科长关于测量仪器、土地测量尺度规则、北碚土地测量队印收、因公赴渝、考绩条例及平时成绩记录表、雇佣人员考成表、工作计划及工作进度检讨报告表、考绩结果呈阅办法及特保最优人员密报表、月供食油数量、副食马乾数量及价格调查表、稻草配额、豆料及燃料数量等事宜的签呈、公函、代电、训令、指令、呈、表、请假书等;验收物品证明书,项款收据,支出收回书等。

506. 璧山实验地方法院检查官等关于刑事案件月报表的公文等　12－1－695

　　1945年1月至1946年1月,司法行政部、璧山实验地方法院检察官关于刑事已结未结案件月报表的呈、训令,附刑事已结未结案件月报表。

507. 璧山县政府及璧山实验地方法院国父纪念周及国民月会签到簿、民事庭签到簿　12－1－696

　　1945年1月至1945年12月,璧山县政府及璧山实验地方法院国父纪念周及国民月会签到簿,此簿包含时间、地点、出席人等事项;民事庭签到簿,此簿包含姓名、到院时间、出院时间等事项。

508. 璧山县政府及璧山地方法院书记室等关于案件的公文及刑事附字分案簿、侦字分案簿等　12－1－697

　　1944年3月至1945年12月,四川高等法院第一分院书记室、重庆地方法院书记室、江津地方法院、铜梁地方法院书记室、璧山县政府、璧山实验地方法院书记室关于检验费、私借债款、送达传票、公示权、交还产业、宣告死亡、契约及租约、买卖无效、利息、分割遗产、租谷、赔偿、诈欺、窃盗、妨害自由、伤害等案件的训令、公函、刑事裁定及判决书等;璧山县政府及璧山实验地方法院刑事附字分案簿、侦字分案簿,公证分案簿,璧山县统购粮食通知单及存根等。

公文一

509. 璧山县政府等关于经费、补给等事宜的公文等　12－1－698

1942年8月至1945年4月,军事委员会、陆军第八十五师、二五五团、副官处、青年远征军第二〇一师、四川省政府、补给委员会、宪兵司令部特务营、宪兵学校第二十二期军士第二大队、重庆卫戍区总司令部、永荣师管区司令部、璧山县政府、补给分会、城北乡乡公所、来凤乡乡公所、梓潼乡乡公所、临江乡补给站、丹凤乡补给站、城西乡补给站、三教乡补给站、河边乡补给站、青木乡补给分站、学员代表关于补给困难、马料报销手续及文卷表、领用副食代金、视察补给业务、副食马乾、摊派马料、临江乡务会议、实物价值与原价不符、运送稻草及稻草竹子树料配额、参战海军官兵过璧山补给情形、赴美参战海军官兵、电报尾及奉文日期、配购实物、销假、土地登记费权力书状费收据缴验算暨缴款书报、伙食费、食油供应、副食实物、煤价等事项的电报稿、呈、签呈、训令、指令、代电、公函、通知、快邮代电等;附户籍登记申请书,土地登记簿,交通部电报等。

510. 璧山县政府等关于案件等的公文及会议记录簿等　12－1－699

1944年9月至1946年9月,军事委员会委员长重庆行营、璧山县政府、理发业职业公会关于接收及解送已决烟犯及调服劳役案件的公函、呈、通知、指令、讯问笔录。

军事犯调服劳役表;璧山县城南乡第三、十一、十二保保民大会记录,保民大会及选举乡民代表及正副保长会议记录,转龙乡第二保选举正副保长及乡民代表与开会签到册及大会记录;璧山县农税缴纳通知单、正式收据及存根等。

511. 璧山县政府及(实验)地方法院看守所等关于人事、合作社、经费等事宜的公文等　12－1－700

1940年10月至1945年12月,四川省政府、合作事业管理处、璧山县政府、农业推广所、临时参议会、璧山实验地方法院看守所、璧山中国农民银行、璧山县合作金库、城中镇中心学校关于纺织生产合作社登记、购平价布(经济类)、人员任用事宜、薪金及旅费、工作简报及调查表、生产事业申请贷款、合作主管机关联系办法、经费报销、合作社章程及社员名册(人事行政类)、推行合作事业工作要点、地方总预算、欠款、理监事会议日期、承销食盐、人犯囚粮及副食名册、士兵犯军纪、国建及国耻纪念日、农业推广所所址、清查户口工作等事宜的公函、启、代电、咨、通知、快邮代电等。

无限责任资中县第一区信用蔗糖产销合作社联合办公处经营漏棚业务报告书记结算表,中国合作新闻社征求合作通讯员及通讯简则,四川省璧山县户政定期督导表,璧山合作农场办事处工作报表;璧山县政府军法室已判呈核案件一览表,已判呈准尚正执行案件一览表,未判案件一览表等。

512. 兵役部、军法执行监部等关于璧山县长贪污公款一案的文书及司法人员补助俸、农会工作的文书等　12－1－701

　　1945年4月至1945年10月,兵役部、军法执行监部、四川省政府、军管区司令部、永荣师管区司令部,璧山县临时参议会、国民党执行委员会、三民主义青年团分团部关于璧山县长方靖四贪污挪用壮丁安家费等公款一案的训令、签呈、请示、公函、签条、代电、报告等,附公民联名举报信、征属代表呈文、收付壮丁安家费账单抄件、活期存款证明、往来细数对账单、银行证明等。

　　1944年1月至1946年12月,四川高等法院、璧山地方法院关于补发司法人员补助俸事宜的签呈、通知、训令、指令、呈文、公函,附经费累计表、缴款书、收支对照表等。璧山县政府、太和乡农会、太和乡乡公所关于太和乡农会的人事任免、选举、会议召开、名册呈报、呈报成立日期及章程表册等事宜的指令、呈文等,附印模、姓名资历表、章程、履历表、名册、誓词、选举结果存根等。司法行政部关于姓名使用限制条例、陆海空军勋奖章佩戴、证件年龄及填发月日用中国数字大写等事宜的训令。

513. 璧山地方法院人犯分类登记簿　12－1－702

　　1945年8月至1949年1月,璧山地方法院人犯分类登记簿,包含发票员、年月日、人犯姓名、案由或罪刑、不属于总登记册之其他记载等栏。

514. 司法行政部、璧山实验地方法院及看守所关于经费等事宜的公文及报表等　12－1－703

　　1944年11月至1945年12月,司法行政部、璧山实验地方法院及看守所关于呈送、编写、更正、核定办公、工役膳宿补助、监所工场作业基金、案件办理等各类经费预算及收支书表等事宜的公函、训令、指令等公文,以及各类报表、清单、预算书、计划书等。

515. 璧山县户籍登记申请书、户口异动迁入报告、户口调查表　12－1－704

　　1944年8月至1946年,璧山县六塘乡乡公所户籍登记申请书,璧山县来凤乡户口异动迁入报告,璧山县第一区城南乡普通户口调查表。

516. 璧山县丹凤乡乡公所户籍登记申请书　12－1－705

　　1945年10月,璧山县丹凤乡乡公所户籍登记申请书,包含家长、姓名、性别、年龄、受教育程度、从业或服务处所、担任职务、本籍、寄籍等栏。

517. 璧山实验地方法院执行收债案件进行簿   12—1—706

　　1945年1月至1945年12月,璧山实验地方法院执行收债案件进行簿,包含接收月日、字、年、卷号、债权人、债务人、执行名义、终结月日、终结情形、结案经过等栏。

518. 璧山实验地方法院办案进行簿等   12—1—707

　　1945年1月至1945年12月,璧山实验地方法院办案进行簿,包含收件年月日、收件号数、住所或居所、申请标的、发件类别、件数、备考等栏;另一种簿册包含接收月日、字、年、卷号、案由、终结情形等栏。

519. 璧山实验地方法院民刑案件报表等   12—1—708

　　1945年11月,璧山实验地方法院关于汇编民刑事案件统计月报表及犯罪人数表事宜的呈文。另有民刑事案件统计月报表、犯罪人数月报表,特种、普通刑事已结未结案件表,刑庭、民庭推事结案月报表,民庭廉股未结月报表,公证处、登记处收结案件月报表,办案人员结案调查表,案件及法收调查表,犯罪人数月报表等。

520. 璧山实验地方法院登记簿、接见簿   12—1—709

　　1945年1月至1945年12月,璧山实验地方法院人犯分类登记簿,包含所长、医士、名籍、管理、发票员、登记号数、年月日、房舍号数、人犯姓名、案由或罪行、不属于总登记册之其他记载各栏;接见簿,包含姓名、接见来意、谈话要旨、来见人姓名住所与被见人之关系、附注等栏。

521. 璧山实验地方法院民刑案件报表及公文等   12—1—710

　　1945年9月,璧山实验地方法院关于汇编民刑事案件统计月报表及犯罪人数表事宜的呈文;附民刑已结未结案件月报表,公证处、登记处收结案件月报表,案件及法收调查表,办案人员结案调查表,民刑事案件统计月报表,犯罪人数月报表等。

522. 四川省政府、璧山县救济院相关工作文书等   12—1—711

　　1945年9月至1946年5月,四川省政府、璧山县救济院关于办理具报各类总检查表、各乡工作登记表,颁发社会救济法施行细则、规定公私救济院刊发钤记办法,经费收支、设立妇女教养所、会议召开、院长人事任免、救济院筹款整顿、维护救济儿童、钤记修改、核示救济院食米、呈报救济院管教养卫章则等事宜的计划书、公函、训令、呈文、指令、代电等。附有救济院长陈竹修办事敷衍侵蚀食米一案的部分文书,四川省参议会第一届第一次大会提案。

523. 璧山县农业推广所日常工作相关文书，璧山县乡保选举相关文书，璧山县政府、警察局司法案件文书等　12－1－712

　　1945年4月至1945年7月，璧山县农业推广所关于成立简易农仓及颁发相关规章、会议召开等事宜的议案、草案、训令等；附中国农民银行办理简易农仓储押贷款暂行办法，璧山县简易农仓储押证本副证、存根等。

　　璧山县河边镇、青木乡、城西乡、城中镇及所属各保关于乡保选举相关事宜的呈文、声明、签呈、会议记录、选举票额一览表等。

　　璧山县政府、警察局，七塘镇关于规避服役、窝藏窃贼、囤存纱布、伤害、结党诱坏良民、价不敷债案件的训令、联名申请书、布告、审讯笔录、保状、登记表、公函等。

524. 最高法院、四川高等法院第一分院、璧山实验地方法院司法案件杂卷等　12－1－713

　　1945年10月至1946年1月，最高法院、四川高等法院第一分院、璧山实验地方法院关于送达返还产业、给付黄谷、租佃纠纷、契约、党员契约、赔偿损害、分割遗产、所有权、共有权、物权转移、赎产、止约、典产、先治费、支付命令、顶约、管理权、返还房屋、罢契、婚姻、租赁物、欠款、赎产业、返还分关、增加给付、账簿纠纷等案件的上诉理由书、诉讼状、证书、判决书、传票、裁定、通知书等。卷内杂有重庆实验地方法院、铜梁地方法院、永川地方法院关于传票送证、支付命令等的公函。

525. 青年远征军第二〇一师、璧山实验地方法院及看守所关于囚粮等事宜的文书等　12－1－714

　　1945年2月至1945年12月，青年远征军第二〇一师、璧山实验地方法院及看守所关于处置寄押人犯、领发囚粮、副食（煤）、呈送囚粮名册、拨借御寒衣被等相关事宜的代电、公函、笺、呈文、训令、指令等；附人犯口粮、囚粮名册、表、填载说明、稽核监所囚粮办法，领粮存根联、通知联、收据及存根、报告，结余表，副食所需燃料日用数量表等。

　　另附青年远征军第二〇一师关于指导游泳竞赛及征募奖品、借用木板的公函；粮食部四川粮食储运局璧山粮食储运处关于抄送囚粮划账证格式的公函；璧山实验地方法院看守所关于无空地种菜、呈送战时生活补助费收支对应表及清册、审核函知联算事宜的呈文、公函等。

526. 璧山实验地方法院归档簿　12－1－715

　　1945年1月至1945年12月，璧山实验地方法院检查处书记官办案进行归档簿，包含案由、收案月日、卷宗号数、处分月日、处分结果、经过日数、已否逾期、归档月日、卷宗数目、收卷处所、收卷证章、备考等栏。

527. 璧山（实验）地方法院律师登记簿　12－1－716

　　1942年3月至1949年10月,璧山(实验)地方法院律师登记簿,包含姓名、性别、年龄、籍贯、住址、会员证号数、退会年月日、备考各栏,部分附有照片。

528. 璧山实验地方法院传览簿、四川省银行对账单等　12－1－717

　　1945年1月至1945年12月,璧山实验地方法院院令文件传览簿,四川省银行关于璧山实验地方法院的往来款项对账单,四川高等法院第一分院关于核算璧山实验地方法院九月份结存数与银行往来账事宜的笺。

529. 璧山实验地方法院办案进行簿　12－1－718

　　1944年4月至1945年12月,璧山实验地方法院刑庭勤股办案进行簿,包含原告姓名、被告姓名、案由、进行情形、终结情形等栏。刑庭平股办案进行簿,包含字号、卷号、案由、终结月日、宣判月日、实用实验法规、送达裁判月日、终结情形、附记等栏。

530. 璧山县政府及实验地方法院日常行政工作杂卷等　12－1－719

　　1945年1月至1945年12月,璧山实验地方法院及其检查处、检察官、看守所关于证明职员在职服务、服务时间、离职,违反战时军律之罪管辖权归属,购置检验应用器材,置办药物箱,医药费垫付及提供证明,补找售货通知,奖励司法助理员,查照职员办案数俾便办理政绩,监犯服刑,拟订生体尸体检查报告书格式,参加座谈会,修改验断书式样,呈送施政计划及分理进度表等相关事宜的公函、代电、呈文、证明书、通告、签呈等;附相关说明、会议记录、施政计划、进度表、报告表、比较表。

　　四川高等法院监察处、璧山实验地方法院检察官关于领发密码电本及呈缴工本费相关事宜的训令、指令、公函、呈文。

　　永荣师管区司令部关于征兵,重庆卫戍区第四分区司令部关于格毙匪徒,国民政府军事委员会军训部会计处关于木轮大车案,遂宁地方法院关于呈送办案一览表的公函;附一览表。四川高等法院关于妨害兵役及贪污案,调度司法警察,内江地方法院被捣毁等事宜的训令、代电。璧山县政府关于劳军及慰问征属等,招标斗秤行息,审定屠宰税经收员等事宜的通知、公函。卫生署战时医疗药品经理委员会关于补发售货单的文书。

　　司法行政部及其会计处关于死刑案件执行、检察官违法佥案、改进会计制度、颁发会计人员保证办法及保证书式、呈照会计统计人员卅三年度考绩考成表册、颁发聘用派用人员管理条例实施办法、检查公务员任用情形、公务员退休金抚恤金计算、解释非常时期公务员医药补助办法,遵办关于公文程式的决议,实行政令贯彻到基层能确实执行办法,限期完成决算,填报岁入及经费类现金出纳表,抄发国家岁入岁出总决算审查报告建议改进事项,筹募杨泽章子女教育基金,派任雇员等相关事宜的训令、文书、指令;附保证书、格式、实施办法、送审书、说明、执行案、注意事项、改进事项、清单、启事等。

531. 璧山实验地方法院办案进行簿、统计单　12－1－720

1944年6月至1945年12月,璧山实验地方法院办案进行簿,十二月份旧管、新收、已结、未结案件统计单。

532. 璧山县各保校名单清册,璧山县政府及参议会行政工作、法院司法案件杂卷等　12－1－721

1945年2月至1946年5月,璧山县政府、临江乡乡公所、乡中心国民学校关于保校校长、教员人事问题,筹集国民教育基金,呈报国民教育研究会成立日期暨选举情形,保校合并,呈送保校概况表、毕业生名册证书、学生名册,呈报修葺校舍及添置设备支付费用,抄发政绩复核清单相关事宜的呈文、训令;附人事问题原案,履历表,委任状,教职员聘表,支付报销表,复核清单,交代清单。璧北初级中学关于经临各费及米贴等的签呈。璧山县政府关于人事工作、填具任审表证、嘉奖职员、证明职员服务时间、公粮借拨、征收田粮赋、订阅省府公报、公务员兼职等事宜的呈文、训令、文书、派令、签呈、公函、代电、证明、聘书等,附公务员调职资格寄查表、履历表,报名表,职员动态月报表。

四川省第三区行政督察专员兼保安司令公署关于公务员人事任免及审查、征收田赋、公务员请授胜利勋章、处理汉奸、惩戒案件、外国公民或公司不动产权利移转、调查美军失踪人员一案相关事宜的代电、训令、指令,附县政府汇案表。省政府关于台湾游历、任用会计及佐理人员、宪兵司令部返都、处理汉奸、转发县行政人员俸表修正后实施办法、缓征兵役及免赋减征、检送法令讲习大纲、颁发德侨处理办法并废止敌国人民处理条例实施细则、公务员考核及雇员考成、更正户政股职员调训旅费、职员请假、证明职务起讫时间等、统筹调整学校员工食米、征收田赋相关事宜的训令、指令、公函、电报,附设置各机关主计机构清单、任免人员清单、法令讲习大纲、支出预算书、德侨处理办法。

后方勤务总司令部川东供应局第四四粮秣供应库关于编成正式办公一事的代电,财政部川康区江津盐务分局、财政部川康区直接税局永川分局璧山查征所、合川县政府、军政部军需署第一被服厂关于人事任免的公函,第三农业推广辅导区关于呈送职员食米名册及生活辅助费暨工役领米名册及副食表、璧山县参议会关于县长指导大会一事的文书。

璧山县参议会,政府关于民教馆、图书馆、体育馆分别独立,澄清吏治,欠缴省府公报费的公函、呈文,附提案书、原案。各职员关于盗窃公物损毁成绩册案、请假、证明服务年资、逾假未归、运柩回梓事宜的呈文、报告、签呈,附记录、传票、证明书。璧山县政府、省政府关于公务员请授胜利勋章、搜索奸匪情报、养廉、规定战争结束日、查察第十八集团军、任审案、雇员考成、分送元旦献岁辞、友谊救护队救济居民、证明职务起讫时间等事宜的训令、密令、呈文、笺函、指令、代电、文书,附请授胜利勋章清单、原公函抄件、勋绩事实表、奸匪情报搜索要目、任用审查情形单、考成结果清册。璧山县政府、遂宁县政府、中央公务员惩戒委员会关于璧山县县长彭心明惩戒议决书的公函,附惩戒案议决书。附履历,代领文件证明,动支第二预备金申请书。

533. 璧山县正兴乡、大路乡乡公所户籍登记申请书　12－1－722

1945年11月至1945年12月,璧山县正兴乡乡公所户籍登记申请书、大路乡乡公所户籍登记申请书,包含家属称谓、姓名、性别、年龄、受教育程度、从业或服务处所、出生年月日、本籍、寄籍等栏。

534. 璧山实验地方法院看守所做工人犯名册、监狱日报表　12－1－723(1)

1945年4月至1945年9月,璧山实验地方法院看守所做工人犯名册,璧山实验地方法院看守所附设监狱在押与做工人数日报表。

535. 璧山实验地方法院看守所名册、日报表以及关于工程、接收监所等事宜的文书等　12－1－723(2)

1945年7月,璧山实验地方法院看守所做工人犯名册,看守所附设监狱在押与做工人数日报表。

1944年12月至1945年12月,璧山实验地方法院及看守所关于官地拨用及绘图、扩充监房及工场工程、包工头潜逃、特种刑事案件办理、军法监所接收等相关事宜的训令、指令、呈文、代电,附丈量平面图,房屋估价单,支出预算书,工程书修正各点,汽车轮胎收据,送交建筑材料的通知,工程座谈会记录,接收军法监所原则,寄押人犯、公物移交、文卷册簿移交、现有人犯清册,移交准备事项,实存员工食米及囚粮实物册。璧山县银行关于代收捐款通知单的文书,附各乡捐款通知。璧山县政府关于看守所移交法院准备事项的笺。蔡更生关于预借囚粮碛米的文书。

536. 璧山实验地方法院登记表　12－1－724

1945年2月至1946年1月,璧山实验地方法院已决未决人数登记表,包含年月日、四柱、已决人数、未决人数、合计、监房与人数等栏。

537. 璧山实验地方法院登记表　12－1－725

1945年6月至1945年12月，璧山实验地方法院已决未决人数登记表，包含年月日、四柱、已决人数、未决人数、监房与人数等栏。

538. 璧山县警察局来凤乡分驻所司法类案件文书等　12－1－726

1943年10月至1945年2月，璧山县警察局来凤乡分驻所关于赔偿损害、窃盗、借粮米不还、打人、家庭纠纷、典当、忤逆不孝、卸责赖骗、套赌逼款、恃恶毁衣、恶佃欺主、侵权撤卖、横恶拖骗、借物不还、占妻霸产、持刀谋杀、偷漏斗息、骗债凶伤、骗物不还、横行凶殴、债务纠纷、妻不还家、行凶不孝、买盐纠纷、交通线上摆摊、赌博、打架、撞伤、寄押戒烟、当押骗款、饮水地洗衣、攀诬、在外漂流、言语纠纷、暗宿妓女、吵闹、耕牛冻死出售等案件的呈文、报告、存查状、申请书、保状、悔过书、证明书、口供单及审讯单、被盗失单抄件、领状等。附警察局关于督察长兼训练员人事的通报。

539. 璧山实验地方法院归档簿　12－1－727

1944年4月至1947年3月，璧山实验地方法院民事诉讼案件归档簿，包含案由、当事人姓名、卷宗件数、附件、归档编号、备考等栏。

540. 璧山实验地方法院判决书卷　12－1－728

1945年5月至1945年7月，璧山实验地方法院关于返还粮食、损害赔偿、返还子女、黄谷纠纷、租佃纠纷、偿还纱款、确认佃约无效、回赎典产、确认所有权、返还价金、遗产纠纷、交还产业、交付分关及田产、确认买卖契约无效、交还房产及器具、偿还借款、确认利息、撤销买卖契约、先买权、给付煤炭及条纸、重婚遗弃、分割共有物、债务纠纷、确认经界、给付棉纱、确认耕作权、确认物权移转契约无效、贪污案、妨害婚姻、伤害身体、返还树木等案件的民事判决书、民事裁定书、刑事判决书、和解笔录、调解书、支付命令等。

541. 璧山县保甲会议记录，璧山实验地方法院司法案件文书等　12－1－729

1944年7月至1947年12月，璧山县大路乡乡公所关于捕捉蝗虫的公文，乡农会关于选举组长的公函。保甲会议记录，内容涉及户籍、嫖赌、立冬盘查哨、夜巡、征借、教师补助、收支、账簿、赊账、粮租、壮丁、学校、兵食米薪金、水灾募捐、警备班、清剿队、保安队、治安、督促入学、警察、安家费、征兵、豆料指标、粮谷、征属、捕捉蝗虫、自治定额捐、国大代表及公职候选人、农会代表、乡长就职、开会、禁烟、优待、选举、防役、民间武备、烟民、登记烙印、办证、完粮、回民身份证等事宜,附到会名单、第七保组员名单等。

1945年4月至1945年5月,璧山实验地方法院关于终止粮约、返还契据、给付租谷、搬迁交业、回赎典产、返还阴地回复原状、领押交业、撤销契约返还产业、返还棉纱、撤销终止诉讼程序、确认租约无效等案件的民事判决书、民事裁定书。

542. 璧山实验地方法院接见簿、关于在押人员日常事务的申请报告等　12－1－730

1945年5月至1945年9月,璧山实验地方法院接见簿,在押人员请求簿说明单,监所在押人员关于打草鞋、治疗并视察小儿疾苦、清理财物、保释、解除镣铐、解押返监、悔过、劳动、医治费、解除禁闭、提释服役、养病、保外医治、保外服役、解交四川高等法院第一分院、延误返回时间、伸冤、发还保证金、提讯面呈、诈骗、因酷热难眠等在他处歇宿、订阅报刊书籍、缉捕逃犯、核办案件、由家送饭菜、修养、施行中医诊治、监所转移、在工作地点歇宿、接见亲属及通信相关事宜的报告。

543. 璧山县警察局、来凤分所司法案件文书,四川省防空协导委员会关于疏散宣传的文书等　12－1－731

1945年2月至1945年12月,璧山县警察局、来凤分所关于造具人事公物清册备查、严禁捕食青蛙、裁撤军政机关、监视军人活动、尽职切实维持治安、整备地方队警、呈报到职日期、宣传公路行车改为靠右行、借支路费、请假、烟毒、饬缉烟犯病死、格毙盗匪、卷款潜逃、招摇敛财、抢劫、嫌疑犯、滋痞、窃盗、赌博、打架、旅店住宿、骗债凶伤、买煤、明殴伤害、男女杂处、暗宿娼妓、口角纠纷、耕牛病死宰杀、逆伦凶伤、侮辱长警、充任警士、限期付款、婚姻手续、同居者纠纷、套骗谷款、冒骗纱子、抗债反污、皮箱损坏、黄许氏的"其元会"等事宜或案件的呈文、指令、紧急命令、训令、报告、保状、悔过书、保证书、申请书、证明书、回报、审讯口供单、讯问笔录、审讯笔录、领状、医师处方、命令、开烟馆住址姓名表、保甲证明单、失物清单等文书,附看守所附设监狱财产减损表。

重庆汽车管理处驿运股服务处来凤驿站关于站长到站视事,璧山县来凤乡第五保办公处关于征属伤害案,中心国民学校关于盗窃案,教育部附设青木关国民教育实验区关于考核奖励,重庆公共汽车管理处驿运服务处青桦段关于呈报段长接任视事日期的公函。四川省防空协导委员会关于疏散宣传的训令,附为疏散告全川民众书、疏散宣传大纲、车辆改向靠右行驶注意事项等。

544. 璧山县警察局、来凤警察所司法案件文书等　12－1－732

1945年1月至1946年4月,璧山县警察局、来凤警察所关于调训警察、委任巡官、请假、人犯潜逃、诈骗、窃盗、债务纠纷、滥宰耕牛、盗匪、娼妓嫌疑、纠纷被扣、口角、偿还物品、伤害凶殴、婚姻纠纷、买黄牛手续、拖骗执照、账交所、伙友昧骗、耕牛病死出售、不履行票据、打架、设局欺骗、昧骗租金、吸烟纠纷、租约过期、诬控陷害、霸占产业、洋靛发票、捡到皮篓香烟、扰乱秩序、戒鸦片、不守交通规则、交通事故、捐医药费、灭火、拐逃嫌疑、有碍营业、买布盗卖、损坏家具、携带武器统众黑夜入室、租赁被盖、不契而去、未婚同居、赌博、逆伦凶伤、凭媒结婚、私宰耕牛、卖猪纠纷、卖鱼、不守妇道、卖死猪肉等事宜及案件的签呈、训令、布告、呈文、指令、申请书、保状、保条、报告、缴状、证明书、医师证明、存查状、具结、审讯笔录、口供单、记录单、领状、失物单、欠款收据、物品清单、自主结婚婚约抄件、凭票发国币的票据、受训警士年贯出身表。

545. 璧山实验地方法院及看守所等关于囚粮及副食等事宜的文书等　12－1－733

1945年1月至1945年9月，司法行政部、粮食部四川粮食储运局璧山粮食储运处、璧山实验地方法院及看守所关于拨领囚粮，呈送囚粮及副食费表册、各项监狱表册，发送囚粮表册格式，呈报囚粮溢支副食费及预算、溢支囚人用费，寄押军事行政各犯口粮支给，囚粮按日计、定量拨发，补造审核通知联，空地种菜相关事宜的训令、呈文、公函、指令、代电等，附囚粮名册、表、四柱清册，食粮一览表，油盐柴米费四柱清册、结算月报表，副食费数额表，溢支副食费实支数额月报表，编造经费计算书表、领拨用费注意事项，领粮收据存根、报告、审核通知存根、通知、回证联，口粮及用费支给办法，实支囚粮表。

546. 最高法院、司法行政部、璧山实验地方法院及看守所等关于监狱工场作业、产品购销等事宜的文书等　12－1－734

1945年1月至1945年12月，司法行政部、璧山实验地方法院及看守所关于与监狱工场作业相关的呈报盈余并请求提成奖励、抄送统计应用簿册目录及价格单、恢复制鞋作业及合并、印刷及制鞋的业务往来、购置器械、监所作业列为中心工作、呈报岁入概算数及余利、提存作业盈余、调整产品价格、查复应领未领基金、调整科目适合军需、作业基金不得挪用、呈报作业成绩表、核定及拨发扩充费、归还借款、人数扩充、填报产品数量及纯益金调查表、呈报预算决算书表，借提军法看守所人犯董树村、周华亮相关事宜的呈文、便函、公函、指令、训令、支付命令、文书、代电等。

永川地方法院会计科，最高法院，国立江苏医学院附属医院，资阳地方法院关于购买布鞋、印刷品的公函。附购置作业器械、实存材料、成品数量、实存成品、所用簿册清单，作业状况书，簿册价格表，成绩报告表，产品数量及纯益金调查表，购印裁判书。

另附人犯登记册。

547. 璧山地方法院关于分割遗产案的文书，四川省政府、璧南中学、重庆江北民生机械厂职工家属委员会关于毕业证、学籍等事宜的文书，财政部国库署关于员警薪额事宜的代电等　12－1－735

1941年9月至1942年3月，璧山地方法院关于刘兴发、刘树清与刘洪兴分割遗产案的民事诉讼状、民事案件审理单、民庭点名单、审判笔录、民事审理笔录、判决书、申请书、送达证书等。

1948年6月至1949年11月，四川省政府、璧南中学关于严代贵等的毕业证书钤印发还、核实学籍成绩等事宜的呈文、训令。璧南中学、重庆江北民生机械厂职工家属委员会关于毕业证遗失补发、任职经历的证明，李培德的信函。财政部国库署关于员警薪额调整增加数支付书并拨发情形的代电。

548. 璧山县政府、警察局司法案件文书等　12－1－736

1945年2月至1945年9月，璧山县政府、警察局、重庆公共汽车管理处驿运服务处丁家坳站、陆军第十四军第八五师二五五团、璧山县丹凤乡乡公所关于匪徒抢劫、公路治安、军车翻覆乡民勒索、转送人犯、冬防期满及维护治安、注意详查奸宄异党、转发匪情报告表式、格毙匪徒、教匪、窃盗、粮谷案、汉奸混入、抄送口令表、维护公路治安、侦缉逃犯、买衣物、串通嫌疑、主人失去衣物、催偿、犯过、逃犯等事宜或案件的指令、训令、密令、手令、声请书、保状、报告、呈文、悔过书、签呈、审讯笔录、讯问笔录、领状、公函、被劫被窃物清单、被盗棉纱标记、文书。

另附口令表、匪情月报表、管理员年貌表等。

549. 璧山县政府、璧山实验地方法院等关于案件的押票、提票、管收票、收票　12－1－737（1）

1945年2月至1945年12月，重庆卫戍区第三分区司令部、璧山县政府、璧山实验地方法院关于窃盗、妨害家庭、盗匪、窃占、妨害自由、妨害兵役、脱逃、贪污、伤害、侵入住宅、杀人、诱拐、抢夺、鸦片、转解、私盐欺诈、民事借提、毁损、窃枪、抢劫、贩卖烟土、拐带枪弹、递解等案的提票、收票、管收票、刑庭押票、检察官押票、检查处提票。

550. 璧山县政府、璧山实验地方法院等关于案件的押票、提票、管收票、收票等　12－1－737（2）

1945年2月至1945年12月，重庆卫戍区第三分区司令部、璧山县政府、璧山实验地方法院、青年远征军陆军第二〇一师关于妨害兵役、窃盗、盗匪、毁损、抢劫、抢夺、赌博、窃盗嫌疑、私盐、侵占、伪造文书、借提、鸦片、保释、开释、期满、还押、提讯、递解、渎职、贪污、脱逃、伤害、伪证、贩运烟毒、强盗杀人等案的提票、押票、收票、管收票、检察官押票、检查处提票、刑庭押票及回证,提讯人犯、羁押人犯通知。

551. 璧山县政府、璧山实验地方法院等关于案件的押票、提票、收票等,已决未决人犯登记表等　12－1－738

1945年5月至1948年10月,重庆卫戍区第三分区司令部、青年远征军陆军第二〇一师、璧山县政府、璧山实验地方法院关于盗匪、鸦片、抢劫、杀人、窃盗、妨害家庭、妨害兵役、敲诈、妨害权利、脱逃、烟案、贪污、侵占、伪造文书、危害公共安全、赃物、保释、开释、抢夺、妨害公务、无故离职等案的提票、收票、押票、刑庭押票、检查处提票、检察官押票及回证等,提讯、羁押人犯通知。

另附已决未决人犯登记表。璧山实验地方法院关于临时支出计算书的指令。

552. 璧山县政府关于农业事宜的文书,璧山实验地方法院及璧山县警察局、来凤分所、第二区警察所关于司法案件文书等　12－1－739

1945年3月至1946年7月,璧山实验地方法院,璧山县警察局、来凤分所、第二区警察所、青木关分驻所,国立交通大学贵州分校,军政部军需署第一织布厂关于请假、窃盗、盗卖毛巾、烟毒犯、注意地方治安、滥宰耕牛、烟案、售运吗啡、贩运毒品、打架、债务、凶殴伤害、家庭纠纷、贪污夹带、违禁物品及毒物、马路摆摊、逞凶杀人、妨害兵役、运军布车车祸、学生自杀等事宜或案件的指令、手令、训令、密令、签呈、保状、悔过书、公函、提票、讯问笔录、讯问口供单、处方笺、失物清单。

璧山县政府关于抄发兽疫防疫工作五项原则、抄发畜疫防治队门诊部实施简则、购运晚稻良种、转发利用义务劳动兴办水利实施办法、增产部队所需农产品、抄发防治螟害实施办法、转饬改善农贷办法各点、农会贷款加收月息、申请组织养猪副业贷款、组织农民拔除大小麦黑穗病株事宜的训令。附相关实施简则、办法,地方治安督导项目,兽疫发生情况报告表。

553. 璧山县政府、警察局及来凤分所司法案件文书等　12－1－740

1945年3月至1946年11月,璧山县政府,警察局、来凤分所,田赋粮食管理处丁家征收处关于抄转菜市场管理规则及饮水管理规则及乡村污水排泄及污物处理办法、抗赋不缴、通缉逃犯、承领特种营业申请登记表、整顿警政、醉汉酒疯、暗杀案、赃物损失、窃盗、逆伦伤害、债务纠纷、押洋纠纷、明殴伤害、诬良为贼、打架、街上逗留、乘车纠纷、吃烟、房租纠纷、借谷纠纷、卖洋纱钱、牛的下落、禁毙狱中、不履行租约、生活无着、买货物、预谋杀害抢劫财物、男女同宿、买布、赌博、漏登旅客姓名、牛价纠纷、私宰耕牛、损毁禾苗、结婚不明、口角纠纷、触犯违禁等事宜或案件的训令、指令、手令、呈文、签呈、公函、报告、呈请、申请、保状、悔过书、证明书、审讯笔录单、来凤分所供单、讯问口供单、失物单、领条。附相关规则、处理办法，逃犯貌表，通缉表，实押军事犯报告表。

554. 璧山实验地方法院、看守所关于监狱工场经费事宜等的各类文书等　12－1－741

1944年12月至1945年11月，璧山实验地方法院、看守所关于编送、更正各监所工场作业基金、扩充工场费的各类书表，抄发修订战时营业预算编审办法等事宜的训令、指令、呈文。另有作业类收支计算决算结算书表、盈亏试算表、损益表、盈亏拨补表、各科目汇总表、现金出纳表、收支款项四柱清册、成品四柱清册、各科作业人数细表、收支对照表、资力负担平衡表、财产目录、财产增加表、制销成本表，扩充工场费预算书、计划一览表，修订战时营业预算编审办法。

555. 璧山实验地方法院登记表　12－1－742

1945年10月至1946年1月，璧山实验地方法院已决未决人数登记表，包含年月日、四柱、已决人数、未决人数、监房与人数等栏。

556. 璧山县警察局、第二区警察所等的司法案件文书，四川高等法院、璧山实验地方法院、看守所、农业推广所关于监所工程事宜的文书等　12－1－743

1945年4月至1945年9月，璧山县警察局、第二区警察所、丁家乡乡公所关于赌博、醉酒、妖言惑众、窃盗、行为不检、奸宿、妨害秩序、与警士纠纷、买衣物不明嫌疑、偷猪卖猪、辱骂难堪、宿娼、打架殴伤、持刀杀夫、妨害营业交通、砍伐行道树等案件的保状、证明书、悔过书、申请、报告、呈文、讯问笔录、指令、公函、讯问口供单、领条等。

1943年11月至1945年2月，四川高等法院、璧山实验地方法院、看守所、农业推广所关于填报、呈送修缮、修建监所费用预算图表等，购种花木，抄发法院监所战时办公曾否迁移调查表，共有建筑送内政部审查或备案事宜的训令、指令、呈文等，附施工说明书、工程结果表、迁移调查表、全面略图、工程报告暨计划表、修建及动支修建费办法、平面图等。

557. 璧山县警察局、第二区警察所、丁家乡分驻所等的司法案件文书等　12－1－744

1945年2月至1945年5月，璧山县警察局、第二区警察所、丁家乡分驻所、丁家乡乡公所关于妨害交通、宿娼、招留娼妓、妨害风俗、赌博、打伤医调、侮辱公务员、摘取植物、充任警士、充当夫役、打牌打架、买短裤、辱骂警士、窃盗、打架、私宰耕牛、牛死卖皮、伤害、辱骂殴伤、损坏柱子、欠医药费、男女同房、有害卫生等案件的保状、悔过书、证明书、报告、呈文、呈状、裁决、讯问笔录、审讯笔录、讯问口供单、指令、文书、领状、医生证明等。

558. 璧山实验地方法院、来凤分驻所等的司法案件文书等　12－1－745

1945年4月至1945年12月，璧山实验地方法院、璧山县警察局、来凤乡分驻所关于请假、抄发国民参政会关于警察病态的讯问案、应对美军士兵不正当行为、查缉抱孩潜逃案、严缉匪首事宜的训令、密令；关于欠款纠葛、殴打、口角、随传随到、家庭纠纷、私买雕板、窃盗、赌博、烟案、栈商登号未明不合、妨害卫生、宿娼妓、打架、用小秤、打伤、打警士、骗买白布、拐带款项潜逃、昧骗赔偿、凭媒婚娶、夜匿奸细、制止营业、凶殴、盗卖耕牛、水牛擅食禾稼、寄押等案件的保状、保证书、悔过书、报告、存查状、申请书、证明书、伤单、呈文、讯问笔录、讯问口供单、口供笔录、押票、审讯笔录、供单、领状等。附自主自嫁文约、璧山县略图、各项营业调查表。

1945年3月至1946年4月，璧山实验地方法院看守所关于建筑监房工程收支计算书表册的呈文、公函。璧山县政府关于转发防旱办法、转发律师法施行细则的训令。永荣师管区司令部第三团第二营第八连部、公安局、军政部学兵总队炮兵第三团第二营关于军士潜逃案的公函、文书。郭树荣关于军队人事任免的命令。

559. 璧山县政府、来凤乡分驻所、第二区警察所等的司法案件文书等　12－1－746

1945年3月至1946年11月，璧山县政府、警察局、来凤乡分驻所、第二区警察所关于保人赔偿、奖励挡获扒手、窃盗案事宜的呈文、指令、签呈，关于打架、种菜纠纷、打牌、窃盗、妻子私逃、家庭暴力、与人同宿、赎当纠纷、士兵打人、口角、卷财物逃、店内玩耍发生争执、打人、卖线子、贩运白糖、霸吞家具、明殴伤害、风水纠纷、负债不偿、歇宿、霸占基址、杀人未遂、卖壮丁款、递解等案件的保状、报告、证明书、申请、悔过书、具结、呈文、收票、讯问笔录、审讯笔录单、口供笔录单、供单、领状、医院证明等，附家具清单、捐款单、工人名册。另有第二区警察所关于丁家乡分驻所改组的公函。

560. 璧山（实验）地方法院司法案件杂卷等　12－1－747

1944年12月至1948年5月，璧山（实验）地方法院关于鸦片、诱拐、通奸、妨害家庭、窃盗、侵入住宅、脱逃、重婚、赃物、窃占、抢劫、吸食吗啡、公共危险、盗匪、烟毒、共同抢劫、放火案件的刑事判决书，看守所附设监狱身份簿、人犯身份簿、书信表、形状录、人相表、指纹纸、身历表、赏誉表、人相指纹表，检察官执行徒刑拘役指挥书，璧山县政府指挥执行书、军法人犯执行表，重庆卫戍区第一分区司令部执行书、第四分区司令部执行徒刑拘役指挥书，编订目录，等。璧山县政府关于转监执行的公函。

561. 司法案件文书、清共事务相关文书、义声报社股份有限公司相关文书等　12－1－748

　　1932年2月至1937年4月,璧山县政府、教育局关于慎重师资防范共产党、不取消党义课程及延聘教师、学生不得涉及外务、办理汇报学生之思想言论调查报告、学校工厂民团清共事务、指导学生爱国运动、检发铲共歌集、整顿教育纪律和学校风潮、查禁反动刊物、共青团在学工军扩大工作、教师请假等事宜的训令。附教育会议记录、议案,学校清除共产党办法,清共讲演轮流□,反动书籍目录。

　　实业部中央农业实验所关于按月报告及成绩优良奖励的文书。四川高等法院第一分院关于求付会银的民事判决书。璧山县国务委员会都练部关于恢复县团的文书。璧山县立中学职业校聘书。

　　1945年2月至1945年12月,重庆卫戍区第四分区司令部、璧山县政府关于斗殴、寄押、违犯军纪、烟案、翻车伤人、解案、兵役、鸦片、窃盗、转解、匪犯等案件的收票、押票;璧山县警察局关于严加看管、巡查、开会、警察抽税、改善交通秩序及清洁卫生等事宜的命令。义声报社股份有限公司股金临时收据、存根,公司章程。

562. 璧山（实验）地方法院司法档案判决书卷等　12－1－749

　　1945年11月至1946年5月,璧山(实验)地方法院关于窃盗、妨害选举、赃物、妨害自由、杀人、重婚、侵害坟墓、贪污、伤害、妨害农工商、窃占、妨害婚姻及名誉、伪造文书、抢夺、诈欺、妨害家庭、妨害权利、毁损、诬告等案件的刑事判决书;关于领押交业,租佃纠纷,给付欠款、欠纱、生活费、公费、存盐差价、债务纠纷,返还罗盘及书籍、黄谷等,撤销当选县议员资格、收约、婚姻,分割遗产,增加给付,确认阴地所有权,确认买卖契约无效及优先承买,亏欠底纱,赔偿损害,回赎典产,搬迁交房等案件的民事判决书、裁定书;附璧山实验地方法院提票、管收票、回证、押票等。

563. 璧山县政府、璧山实验地方法院等司法案件文书等,义声报社股份有限公司收据等　12－1－750

　　1944年5月至1945年12月,重庆卫戍区第三分区司令部,璧山县政府,璧山实验地方法院,警察局、第二区警察所、来凤乡分驻所、丁家乡分驻所、中兴乡乡公所、正兴乡乡公所、丁家乡乡公所、私立璧南初级中学,宪兵学校,巴县青木乡第一保办公处,国立社会教育学院附属中学关于整编保甲、制定员警奖惩办法、公路治安、协缉凶犯、警察奖惩、调升、尽职尽责、监视军人活动、整备警队、裁撤军政机关、卫生检查事宜的密令、训令、公函、通报、指令、签呈,关于侵占、烟毒、畏罪潜逃、意图行凶、揩骗工资、明殴伤害、打人、婚姻关系、横恶阻耕、打架、诬良为盗、逆伦凶伤、债务纠纷、伤害、胁迫娶亲、性情凶恶、口角、拐逃、出售瘟牛肉、未婚同宿、损坏保条、有违卫生、发还耕牛、宿娼妓、金钱纠纷、窃盗、酒醉打骂、买卖不明、保人逃脱、菜刀尖刀、赌博、凶伤倒骗、诱唆脱离、借谷不偿、充任警士、割青□秧、乘醉套赌、盗匪、私逃、擅入失火、鸦片、伤害致死、逃亡、妨害家庭、妨害兵役、杀人未遂、请假等案件或事宜的报告、悔过书、保状、声明、申请书、存查状、证明书、保证书、伤单、讯问口供单、审讯笔录、讯问笔录、公函、呈文、领状、失单、押票、提票、管收票，附履历表、面貌表、奖惩表。

1943年9月至1945年11月，四川高等法院、璧山实验地方法院看守所关于呈报未支煤水补助费、呈送军事人犯副食费追加预算书、调职交接事宜的训令、签呈、函、呈文。军政部军需署第一织布厂关于人事调任的公函。附有加支预算书，所得税缴款书，未支余款数目清册，承织蚊帐布合约，义声报社股份有限公司股金临时收据、存根。

564. 璧山县政府及实验地方法院、丁家乡分驻所等的司法案件文书，关于看守所监狱修建事宜的文书等　12－1－751

1944年11月至1945年9月，四川高等法院第一分院关于盗匪案的刑事判决书。璧山实验地方法院、梓潼乡乡公所关于方忠臣、方治荣杀人案的应讯人到场报告单、讯问笔录、检察官押票、检查处提票、刑事告诉状、履勘笔录、领尸体结文、验断书、刑事申请、诉讼证据物品袋、伤单、呈文。丁家乡分驻所、四川公路局丁家乡车站关于窃盗、打架、当兵、赌博、买卖无据、保释、租佃纠纷、借誉招摇、殴打、口角、与不正之人同宿、侮辱、凶殴伤害、骗租、损毁建筑、逆伦伤害、收买破坏物品、殴辱职员等案件的申请书、保状、报告、伤单、证明书、悔过书、口供单、公函、领状、失物单。璧山县政府、重庆卫戍区第四分区司令部、璧山实验地方法院关于妨害兵役、斗殴、抢劫、鸦片、劫杀、逃兵、违犯军纪等案件的押票、提票。另附人犯登记册、城南乡乡公所关于劝募乡镇公益储蓄的训令。

1947年11月至1947年12月，璧山地方法院看守所附设监狱修建费追加预算书、囚柜设备费预算书、工材估价单、募款收支概算书。

565. 璧山县警察局、第二区警察所、丁家乡分驻所关于烟毒案的文书等，汽车电学讲义　12－1－752

1944年10月至1945年10月，璧山县警察局、第二区警察所、丁家乡分驻所关于拘票密拿、违禁物品、烟毒案、缉捕烟犯、教唆妇女潜逃、拘捕戒烟案件的手令、指令、训令、签呈、证明书、呈文、密报、切结书、报告、保状、申请书、讯问笔录、讯问口供单、领状、收据等。

另附汽车电学讲义。

566. 璧山县政府及军法室、璧山实验地方法院看守所关于人犯等事宜的文书等 12－1－753

1945年5月至1945年10月,璧山县政府及军法室、璧山实验地方法院看守所关于人犯病死、病情、副食费追加预算书呈报,呈报监所会计报告、地方追加追减岁入岁出预算、囚粮名册、人犯名册、军法监狱概算、所长信息,人犯刑期调整、期满释放、保释、调服劳役、副食费增加、加脚镣、借保潜逃,整修监房、催缴省府公报费、借拨囚粮、代理职务、按期领取应领公粮、注意防范重案人犯等事宜的公函、报告、签呈、训令、指令、代电、咨文等,附地方追加追减预算核定谷款清单,合于调服劳役人犯清册,囚粮暨灯油柴炭费清册,副食费追加预算书,囚粮折合、折购黄谷报告,经费编制标准,往常费支出概算表,副食黄不敷数,款项收据,等。

567. 青年远征军第二○一师、璧山县政府、璧山实验地方法院关于司法案件的收票、提票、押票、通知等 12－1－754

1945年7月至1945年11月,青年远征军第二○一师、璧山县政府、璧山实验地方法院关于发还碛米、窃盗、妨害兵役、杀人、诈欺、脱逃、盗匪、重婚、侵占、借提、妨害婚姻、妨害自由、妨害公务、赃物、通奸、诬告、诱拐、毁损、损坏公物、伤害致死、劫杀、贪污、诈财、鸦片、刑满提释、抢劫、吗啡等案件的押票、管收票及回证、提票等,提讯、羁押人犯通知。

568. 青年远征军第二○一师、璧山县政府、璧山实验地方法院等的司法案件文书等 12－1－755

1943年12月至1945年11月,璧山县政府、警察局、第二区警察所、田赋粮食管理处丁家乡征收处、二五五团关于保人重盖私章、密捕朱尚恒、巴县樵坪乡乡长逃卸、严禁捕食青蛙、缉捕逃犯烟犯、招摇撞骗、抢劫案、私宰耕牛、递解人犯、鸦片、请假医调、服役不逃跑、着军服招摇、舞弊嫌疑等事宜或案件的指令、训令、密令、手令、证明、悔过书、领状、讯问笔录、公函、年籍表、通缉书等。青年远征军第二○一师、璧山县政府、璧山实验地方法院关于鸦片、盗卖公粮、伤害致死、盗匪嫌疑案件的指挥执行书、提票、收票等,提讯、羁押人犯通知等。

璧山县警察局关于公路行车改为靠右行的文书,丁家乡乡公所关于造报党政军各机关部队学校调查表、组织夜间巡梭队事宜的公函。附车辆靠右行注意事项。

569. 司法行政部、四川高等法院、璧山实验地方法院等关于经费事宜的文书等 12－1－757

1945年1月至1945年12月,司法行政部、会计处,财政部国库署、审计部四川省审计处、财政部东川税务管理局璧山直接税分局、四川高等法院、璧山实验地方法院、看守所关于呈报法院各类决算书表、经费类书表、财产目录、工役膳宿补助费预算分配表、所得税缴款收据及表单、支出凭证簿及有关各表、经费保留数、岁出决算表、实支经费状况调查表、囚床设备费开支及囚床设置情形、办公费书表、实收财政部经费数额、司法人员补助俸累计表及报销，拨发勘验拘提费，核准司法人员补助俸，颁发公务员薪给报酬所得税简化稽征办法，抄发员工复员各项经费支给办法，购买看守所作业器械，推事检察官及荐任待遇、司法人员支给特别办公费，处理欠拨经费一案，抄发看守所岁出预算，借支法院存款，发送代垫购汽油单据及前后借款项余款，呈送及更正员役人数统计表，办理经费领解，补发晋级人员俸薪，更正接办特种刑事案件经费临时费计算标准，拨发特别办公费，拨发经费保留数，办理代领转拨经临各费等事宜的训令、代电、呈函、呈文、公函、指令、通知书等。附有现金出纳表、财产目录、累计表、平衡表、支给办法、调查表、所得税稽征办法、缴款单、购置器械清单等。

570. 璧山实验地方法院等关于各项经费的文书，璧山县政府等关于征购粮谷等事宜的文书 12－1－758

1945年2月至1945年12月，司法行政部、璧山实验地方法院关于抄发分配预算编制办法及分配预算表式，编造、呈送岁出岁入预算概算书表、经临各费书表、员役人数统计表、司法人员补助俸预算分配表、追加工役膳宿补助费预算分配表、溢支囚粮副食费及囚人费月报表，核定追加特别办公费及检发分配表，核定工役膳宿补助费，补发、垫拨、续拨溢支囚粮副食费，更改司法人犯副食费相关事宜的训令、代电、指令、呈文等；附编制经常费分配预算注意事项、编审国家总预算建议事项指示各点、改进预算之建议、俸给二饷与特别办公费标准及人数表、分配预算表、统计表、比较表、结算表、清单、月报表、编制办法等。

1944年7月至1945年2月，璧山县政府、田赋管理处丁家乡征收处、八塘乡征购粮食办事处关于征购粮谷的指令、呈文、拨交表等；关于追收程为良欠粮谷案的申请、呈文、保状、报告、训令、提票、押票、收票回证、拘提票、传票、存根、笔录、讯问单等。

571. 四川省政府、璧山县政府、璧山粮食储运处等关于赋粮加工事宜的文书等 12－1－759

1945年10月至1946年3月，四川省政府、粮食部四川粮食储运局、璧山县政府、璧山粮食储运处、广谱乡乡公所关于加工溢额米、追收加工包商欠米、包商办理加工、赋粮碾米合同盖章、赋粮加工集运、招商标包赋粮黄谷等事宜的公函、训令、代电、指令等，附储运局原呈文、赋粮加工溢额数量及处理情形、征谷加工办法、征收征借稻谷加工溢额处理办法、加工概况表等。

572. 四川高等法院检查处、璧山实验地方法院关于缓刑案件等的文书　12－1－760

1945年2月至1945年11月,四川高等法院检查处、璧山实验地方法院检察官关于呈送、核示缓刑案件月报表,检察官指挥司法警察证的延用、填发、缴还、领发、替代缴销、使用日期呈报等事宜的呈文、指令、训令、公函等。司法行政部关于发动大户献金献粮,抄发改善士兵待遇、献金献粮办法的训令。附宣告缓刑月报表、请领指挥证名单、献金献粮办法。

1939年7月至1939年8月,司法机关收支计算书、收支对照表、支出凭证簿、岁入类收支对照表、司法印纸四柱表造报办法。

573. 司法行政部、四川高等法院、璧山县政府军事人犯看守所、璧山实验地方法院等关于军法监所、看守所工程、会计报告、案件统计等事宜的文书等　12－1－761

1942年5月至1945年9月,司法行政部、璧山县政府军事人犯看守所、璧山实验地方法院及看守所、璧山县卫生院关于军法监所交接、检发看守所接见规则、看守所工程、整顿人犯纪律、减少在押人犯、特种刑事案件办理、借办公房屋等事宜的呈文、代电、公函、笺函、指令、聘书;附收押寄押人及收提犯办法、会议记录、接见规则、平面图、公物移交清册、文卷册簿移交清册、现有人犯清册、估价单、建筑费预算书、工程座谈会记录等、(民国)三十四年一月四川省政府公报。

1939年7月至1939年8月,四川高等法院关于发送会计报告实例及造报办法的训令。附贴用司法印纸、司法收入收支一览表、司法印纸、状纸四柱表,诉讼存款月报表,相关造报办法,领用办法及说明。

1947年11月至1948年9月,四川高等法院、统计室关于呈送统计表报,呈报收结、已结、未结民刑事案件的统计年、月表报资料,减少在押人犯,造报犯罪人数月报表,颁发修正公务统计方案,外侨涉送案件填报,呈报监所作业表报,通知监所作业管理人员奖惩办法的具体实施方式,迅速办理未结案件,转呈、更正任审表,检发编造年度统计表注意事项,禁戒毒品,民事应行履勘案件限期缴费,统计人员支俸标准,汇编检方统计表报,更正统计年表,主计部改组,统计员调任,统计室移交接收事宜的训令、指令、代电、呈文,附应报各种表册清单、年报表清单、造报年表注意事项、人员送审书等。

574. 国民政府军事委员会军训部总务厅、璧山实验地方法院及警察局等关于调查敌人在华罪行、视察监所报告单等事宜的文书　12－1－762

1945年1月至1945年11月,司法行政部、璧山实验地方法院检察处及检察官、国民政府军事委员会军训部总务厅、青年远征军第二〇一师司令部、陆军第十四军第八十五师司令部、重庆卫戍区第三分区司令部、璧山县警察局关于调查敌人在华罪行一案的训令、公函、呈文、布告、代电等。璧山实验地方法院检察官关于视察监所报告单的呈文。附敌人罪行调查办法、种类表、调查表、具结须知、结文，视察监所情形报告单。

575. 璧山实验地方法院不起诉处分书等　12－1－763

　　1945年4月至1945年5月，军政部，财政部四川省璧山县田赋管理处，四川省临时参议会，璧山县政府、临时参议会，井研县临时参议会，璧山县、城北乡、马坊乡、八塘乡、正兴乡、丁家乡民众及保甲，城中镇中心国民学校关于壮丁安家费被保甲长收用，公职候选人查核，实施协助来川义民办法，乡长镇长保长选举，修建营房划拨居民房屋良田及补偿，预借粮谷息谷，教师食米补助，小学教师停课、要求改善待遇，议员及职雇员配售平价布，发给中央收购库券本息谷，征收类似或变相之税，县长方靖四等贪污，田赋管理处人事、更名事宜的报告、公函、签呈、代电等。财政部川康区江津盐务管理分局关于调整仓价的文书。璧山县农业推广所关于生产贷款，军政部军需署第一织布厂关于主任到职，国民党璧山县第二区分部关于毁损名誉事件的公函。行政院秘书处关于璧山土布同业公会请求发还货物，璧山县织机织布业产业工会关于承织军布遭受损害，后方勤务总司令部驻川粮秣处第二十五仓库关于改变隶属单位和名称的代电。璧泉建设委员会关于风景区定名划界及隶属、管理委员会组建事宜的通报。璧山县国民义务劳动服务团关于指导员的聘函。璧山县国民教师请愿团关于改善教师待遇的文书。璧山实验地方法院关于脱逃案的检察官不起诉处分书。峨眉县临时参议会第六次大会宣言。

576. 璧山实验地方法院司法案件文书　12－1－764

　　1944年8月至1945年5月，璧山实验地方法院关于妨害兵役、侵占、窃盗、诬告、贪污、伪证、杀人未遂、盗匪、抢劫、伤害、妨害自由、脱逃、便利脱逃等案件的检察官起诉书、不起诉处分书、申请复判书等，关于赃物案件的刑事判决书。

577. 司法行政部、璧山实验地方法院等关于司法官、检察官、提审法案等事宜的文书等　12－1－765

　　1942年1月至1947年5月，司法行政部、璧山实验地方法院检察官关于抄发已违命令退休公务人员延长服务期间清册，司法官带俸受训、充任律师，抄发司法官退养金条例，给予请求在学历经历证明保结上盖印的人员便利，抄发应考人体格检验规则，提高高等司法官考试及格人员津贴，抄发高等暨普通考试初试及格人员延期受训办法，呈送民刑事案件统计月报表，颁发改订民刑事案件统计月报表格式相关事宜的训令、呈文等。四川高等法院检查处、璧山实验地方法院关于呈报检察官人员事务分配表、厉行提审法案的呈文、指令、训令等，附检验规则、受训办法、月报表、办案人员办理案件调查表、一览表、国府原训令、中央秘书处原函等。

578. 璧山（实验）地方法院司法档案判决书卷　12－1－766

1943年12月至1946年1月，璧山实验地方法院关于妨害自由、贪污、伤害及抢夺、伤害案件的刑事判决书，关于交还产业及给付租谷案件的民事判决书。

1949年11月，璧山地方法院关于交业给租案件的民事判决书。

579. 司法行政部、四川高等法院、璧山实验地方法院、看守所关于看守所附设监狱事宜的文书等　12－1－767

1945年1月至1945年4月，司法行政部、四川高等法院、璧山实验地方法院、看守所关于呈报看守所囚粮册表、监所状况调查表、监所月报表、监所平面图及工作计划、看守所工作报告及作业收入及利息支出情形、施行改订监所月报表式及填载说明，补发、呈送统计年表事宜的指令、训令、呈文等，附有监所状况调查表、看守所工作计划、平面图、收支对照表、员役与其家属实领平价米代金清册、实领平价米代金现金出纳表、看守所附设监狱月报表。

580. 璧山实验地方法院看守所附设监狱人数日报表、看守所做工人犯名册　12－1－768（1）

1945年6月至1945年12月，璧山实验地方法院看守所附设监狱在押与做工人数日报表，包含在押人数、做工人数、新收人数、开除人数、实在人数等栏；看守所做工人犯名册。

581. 璧山实验地方法院看守所附设监狱人数日报表、看守所做工人犯名册　12－1－768（2）

1945年1月至1945年6月，璧山实验地方法院看守所附设监狱在押与做工人数日报表，包含在押人数、做工人数、新收人数、开除人数、实在人数等栏；看守所做工人犯名册。

582. 璧山县政府、璧山实验地方法院等关于兵役、抚恤优待、司法案件等的文书等　12－1－769

1944年8月至1945年10月，国民政府军事委员会军训部总务厅，陆军第八军司令部，永荣师管区司令部第二补充团，璧山县政府，璧山实验地方法院，璧山县国民兵团部，璧山县丹凤乡队部、公所关于兵役纠纷及舞弊案，壮丁自缢、逃亡、患病，拉壮丁纠纷,呈报壮丁配额已完成,壮丁安家费,检发、呈送服务、服役证明书,士兵、征属抚恤优待,造具团民兵名册,造报征属登记册,呈报办理兵役情形,更名卖兵,妨害自由等事宜的代电、指令、训令、公函、呈文、通报、命令、通知书、申请书、保状、讯问庭谕、讯问笔录、刑事判决书、检察官起诉书等。附出征军人家属调查册、请恤调查表。

1942年至1945年10月,最高法院、兵役部、四川高等法院第一分院、璧山实验地方法院、璧山县国民兵团部、丹凤乡乡公所关于回赎典产、假借军人身份蒙取优待、诬告的代电、训令、呈文、刑事判决书、民事判决书、申请书。

国民政府军事委员会军训部国民军事教育处、璧山县警察局关于璧山联益信托商行经理舒镛拐物潜逃案、伙友窃逃的申请、公函、审讯笔录、被窃物品清单、保状。

583. 最高法院检察署、司法行政部、璧山实验地方法院、璧山县警察局关于代理首席检察官事宜的文书等,看守所附设监狱人数日报表　12－1－770

1945年1月至1946年3月,最高法院检察署、司法行政部、璧山实验地方法院检察官、璧山县警察局关于程元藩代理璧山实验地方法院首席检察官,移交印信卷宗簿册等,告知及呈报接印视事日期、接收交代情形、履历,就职祝贺,呈送施政方案工作计划及其执行情形报告书事宜的训令、指令、公函、签呈、呈文、代电等。附行政卷宗簿册、铜质大印及小官章、密码移交清册,职员公丁、智勇仁股卷宗移交册,报告书。

另附看守所附设监狱一月份在押与做工人数日报表。

584. 国民政府军事委员会军训部总务厅、璧山县政府等关于司法案件的文书,璧山实验地方法院关于民刑诉讼补充办法的文书,等　12－1－771

1944年7月至1946年3月,璧山县政府军事人犯看守所、国民兵团部、八塘乡乡公所关于张全山等因征丁挟忿仇劫损毁案的报告、签呈、保状、悔过书、呈文、收票回证、派令、公函等。国民政府军事委员会军训部总务厅、重庆卫戍区第三分区司令部关于刘爱初死亡案的呈文、侦讯笔录、代电、报告、验断书、仰面图、合面图、勘验笔录、领尸体结文。璧山县政府、西充县政府关于孙绍武贪污案解回执行的公函、代电、收票回证、军法人犯执行表、呈文等。

璧山实验地方法院检察官、司法行政部关于解释办理民刑诉讼补充办法疑义的代电、公函、指令等。

另附请缉劫匪姓名。

585. 璧山实验地方法院业务检讨会议记录等　12－1－772

1945年2月至1945年7月,璧山实验地方法院业务检讨会议记录。司法行政部关于抄发中央党政军提高行政效能三联制总检讨会议决议案、举办工作竞赛应列入年度政绩比较表事宜的训令,附决议案。财政部川康区重庆盐务管理分局关于抄发中央公务人员食盐溢领短领处理办法的代电,四川高等法院第一分院关于呈送工作报告表的指令。

另附请假书。

586. 璧山实验地方法院看守所等关于作业经费、扩充工场费等事宜的书表　12－1－773

1945年1月至1945年12月,司法行政部、璧山实验地方法院看守所关于呈送及更正看守所作业、作业基金、经费收支的计算结算决算书表,作业盈余还足资本提存,呈送扩充工场费预算书类及费用拨发,呈送作业会计报告,更正月报表,归还借垫的员工生活补助费,免造移交施政方案各报告,查报应领未领作业基金等事宜的指令、呈文、训令、公函等。附资金收支表、资力负担平衡表、损益表、制销成本表、结算表、决算表、盈亏拨补表、财产目录、扩充工场计划一览表、现金出纳表、收支计算书、各科目汇总表。

587. 璧山实验地方法院、看守所等关于监狱作业、法院人事交接等事宜的文书等　12－1－774

1939年1月至1946年7月,璧山律师公会关于补行职员宣誓典礼、县参议员选举的呈文。璧山实验地方法院看守所关于抄发扩充监狱工场基金预算一览表、呈报烧窑等科困难情形及请拨资金的训令、呈文,附一览表。司法行政部、四川高等法院、璧山实验地方法院检察官关于院长人事任免、交卸监盘事宜的训令、公函、呈文。县立健龙小学关于预算书的呈文。

璧山县警察局关于借公诈搪、殴打小孩、拐钱潜逃、窃盗、私放扒手、违犯警章、行迹不检案件的报告、保状、签呈、裁决、审讯笔录、领状、赃物清单等。

四川高等法院、会计室关于各项会计簿册,解释所得税条款疑义,协助办理征收遗产税案件,抄发糖类统税稽征规则,修正契税条例的训令、公函,附税率表、稽征规则、修正条文。

588. 司法行政部、四川高等法院检查处、璧山实验地方法院关于各种法律法规的文书等　12－1－775

1944年12月至1945年12月,司法行政部、四川高等法院检查处、璧山实验地方法院检察官关于遵照刑事勘验事项办理,自行派用介绍看守,抄发及实施减刑月报表及裁定填载事项、特种刑事案件移送书式、查报拘捕人犯案件办法及表式及注意事项、战时罚金罚锾提高标准条例、监察军警走私经商吃空实施办法、司法官荐署荐补审查成绩办法、璧山实验地方法院检察官自动检举案件考核办法、修正民事刑事诉讼法、应考人呈缴伪造或变造证件处理办法、律师检核办法、引水法、律师法施行细则、高考司法官考试初试及格人员学习成绩审查规则及记分表、抗战守土伤亡文职人员从优发给退休金条例、收复区域各省县市整理契税办法、收复区敌钞登记办法、修正印花税法、中央及各省机关员工复员各项经费支给办法、修正公务员交代条例、国产烟酒类税条例、法令讲习大纲、禁烟罚金充奖规则、豁免田赋省市中央及各省公粮及专案粮处理办法、战时停止使用之商标保护办法继续使用意见,检察官加强侦查犯罪职权,聘用派用雇用人员铨叙送审,解释减刑办法、办理特种刑事案件指示、兵役事件适用法律、妨害兵役治罪条例与惩治贪污条例的疑义,迅速侦查办案,检验尸伤,办理贪污案件,购置检验器材,检察官依法呈请荐署,检察官兼职、专责,废止战时消费税暂行条例等,执行死刑用枪决,人事异动呈报,保障人民身体自由,处理伪法院律师,高考司法官及格人员呈送审查之裁判书,司法人员互调考绩,刷新政治,战区各县府组织规程等法规废止,税务机关移送追赔公粮之附带民事诉讼案,面粉出口解禁,取缔公务员兼职,补助雇佣人员特别护士费,伪中央储备银行钞票收换规则,预算应切实际,释放反奸人员,敌伪报纸财产没收,废止战区律师迁移后方执行职务法,公务员请授胜利勋章,接收财物,需粮急迫、对粮证涉讼特加注意,前往收复区人员严饬所属谨守法令,德侨处理办法及敌国人民处理条例实施细则废止事宜的训令、公函,附相关原呈文、训令、指令、建议案及决议、办法、表册等。

589. 监察院、璧山县八塘乡关于璧山县长方靖四违法渎职、张全山等与保甲长的兵役及壮丁安家费纠纷案的文书等　12—1—776

1944年7月至1945年8月,监察院、璧山县八塘乡关于璧山县长方靖四违法渎职滥权羁押抗属张全山致死,张全山等与保甲长的兵役及壮丁安家费纠纷两案的移付书、拟弹劾案、拟审查报告、报告二、签呈抄件、呈文、失物清单、悔过书、保状,八塘乡人民快邮代电,附(民国)三十四年四月十三日《渝北日报》。

590. 璧山县政府、璧山地方法院、璧山县农业推广所等关于公有建筑、乡民大会、司法案件等的文书等　12—1—777

1940年7月至1948年5月,四川省政府、四川省农业改进所、璧山县政府、璧山县农业推广所关于公有建筑限制暂行办法废止,抄发公私建筑标准制式调查表,工程工款补助,呈报建筑计划工程图样及说明,拨借建筑国防工事材料,呈送农业推广所中心工作项目表、工作月报各表,废止农业推广所主任任用资格补充标准,推行稻棉良种,指导员人事任免等事宜的训令、呈文、公函等,附工料调查表、拨借暂行办法、委任状存根、工作人员分配表、履历表、工作月报表。

璧山县参议会关于违建不当,街房测勘规划事宜的呈文、公函。第七保关于技术工人缓役的呈文。三教乡乡民代表大会记录。璧山(实验)地方法院关于侵占、禁毒、唱戏纠纷、毁损卷宗案的刑事判决、审理笔录、呈文等。

591. 四川高等法院、璧山(实验)地方法院、璧山律师公会等关于平民法律扶助、公会事务等事宜的文书等 12—1—778

1932年9月至1948年4月,四川高等法院、璧山实验地方法院、璧山律师公会、狮子乡第八保、大兴乡第四保关于退回要求赔偿的案件,呈报及印刷公会规则,会费增加,通知平民请求法律扶助手续,抄发、通知、呈报、拟定平民法律扶助实施办法细则,成立平民法律扶助事务所,经济及审查,租佃纠纷,义务办理抗属法律事务,人事安排,抗不交业案件,诉讼救助事宜的通知、指令、文书、训令、委托书、证明书、民事诉状;附实施办法细则、大纲,理事会应提议事项,值日簿。

整理财政补充办法的总统令,附办法及税率表。璧山县政府关于第十七区立小学教务兼教员的关约,正兴中心学校关于民教部主任的聘约。璧山地方法院看守所关于呈报候补看守到职日期的呈文。璧山地方法院书记室关于送达给付欠租案相关文书的公函。附民事诉讼费用法修正条文,检察官推事指挥司法警察证细则,司法机关处理公务员被控案件注意事项。

592. 璧山实验地方法院司法案件文书,司法行政部、璧山实验地方法院等关于改叙级俸、人事审查等事宜的文书等 12—1—779

1945年6月至1945年7月,璧山实验地方法院关于盗匪、杀人、违反盐专条例、诈欺、贪污、妨害兵役、遗弃、诬告、妨害婚姻、赃物、伪造文书、窃盗、妨害家庭、伪证、毁弃、妨害自由、伤害、重婚、损坏、妨害投票、侵占等案件的刑事判决书、裁定书。

1942年5月至1943年10月,四川高等法院检查处、司法行政部、璧山实验地方法院检察官、检查处关于呈送履历表、改叙级俸员名表、服务证明、任用审查表,改叙俸级,呈报检察官任事日期,派员代理书记官,战区检察官依法送审事宜的呈文、训令、指令;附履历表、服务证件、委任状、任审表件、人员一览表、员名表。

593. 司法行政部、四川高等法院、璧山地方法院关于收复区法律法规等事宜的公文等 12—1—780

1944年9月至1946年8月,司法行政部、四川高等法院、璧山地方法院关于抄发及实施收复区土地权利清理办法、敌产处理条例、收复区处理敌产应行注意事项、收复区敌钞登记办法、收复区域各省市整理契税办法、抗战损失调查办法及查报须知、收复区内政府机关应完全使用法币，德侨处理办法及敌国人民处理条例实施细则废止，战区各县府组织规程等法规废止，前往收复区人员严饬所属谨守法令，废止游击区域及接近战区地方各机关收支处理暂行办法，填报抗战损失调查表，调查敌人在华罪行等事宜的训令、代电；附相关办法、条例、注意事项、调查表，国民党入党申请书，国民义务劳动举办工事计划表，国民大会四川省璧山县代表选举票。

1945年9月至1947年3月，璧山县政府、璧山地方法院关于妨害自由、窃盗、伤害、诈欺、伪造文书、妨害权利、租谷、选举乡长保长争执报复等案件及附带民事诉讼的刑事判决书、传票、票据、送达回证等。

594. 司法行政部、四川高等法院第一分院、璧山实验地方法院等关于看守所、司法助理员、人犯作业等事宜的文书等　12—1—781

1942年6月至1945年12月，司法行政部，璧山实验地方法院，检察官关于房门欠牢，视察看守所成绩优良嘉奖，盗盖印信，司法助理员处罚、奖励事宜的报告、训令、公函等。四川高等法院第一分院，璧山实验地方法院、看守所关于提移人犯教习鞋工，人犯减少影响各科工作拟具救济办法，商提、借提、借拨人犯以利作业，人犯解回原籍执行，刑事上诉被告仍解分院验收，交还办公处所事宜的呈文、公函、指令、训令等。职员关于未遵命令的悔过书。附公粮费报核清册、借提人犯名册。

595. 司法行政部、会计处、国民政府主计处、璧山实验地方法院会计室关于主办会计及佐理人员任免事宜的文书等　12—1—782

1945年1月至1945年11月，司法行政部、会计处，国民政府主计处、璧山实验地方法院会计室关于设置并任免湖北均县、四川潼南地方法院、武昌地方法院等主办会计及佐理人员，填报各会计室主办会计及佐理人员履历及工作状况调查表，查报会计人员缺额，呈送任用审查表、学历资历证照等文件，书记官请假支薪及递补事宜的呈文、训令、报告、指令、签呈等。附任免人员清单。

596. 四川高等法院、全川司法经费整理委员会关于法律法规、司法人员事宜的文书，璧山（实验）地方法院司法案件文书等　12—1—783

1939年5月至1949年3月，四川高等法院、全川司法经费整理委员会关于征收送达费，拖延不缴回送证，抄发及实施民事裁判书格式定例、整顿缮状办法、公私生活行为辅导办法、所得税暂行条例实施细则、惩治盗匪暂行办法、缮状处办事细则、惩治偷漏关税暂行条例、考核各县征解法收及工本并造送报告办法，整顿法收得力嘉奖,办理上诉第二审案件,尊重民命、慎用民力、慎取民财,处理积压案件,造报各种统计书表判决,战区警务人员擅离职守,司法统计行政部分之初编,违反兵役案,执达员法警不得擅用私亲,员警渎职及私盐及妨害公务等案件,监犯调服军役,司法行政部门及人员战时损失,停止截留法收或拨款补助司法各费事宜的训令、通令。附相关办法、报告表、一览表、条文、调查表等。

璧山(实验)地方法院关于祭田事件、请求交业、杀人嫌疑、妨害家庭、解除租约案件的民事裁定书、判决书,检察官不起诉处分书,刑事判决书,诉状。

597. 四川高等法院第一分院、璧山(实验)地方法院等关于司法案件的文书等 12－1－784

1945年9月至1946年1月,四川高等法院第一分院民事第三庭、璧山(实验)地方法院书记室关于送达给付租谷、给付黄谷、交业、欠租、租赁消灭、赎产、分割遗产、回赎典物、给付食谷、交付分关、诉讼救助、确认无家属关系及酌给财产、确认所有权、领押交业案件的上诉状、裁定、传票、证书、通知书等文书的公函,关于确认无家属关系及酌给财产、搬迁交业案的申请、和解笔录、民事上诉书等。杂有1937年4月璧山县政府关于拍卖房产的牌告一份。

598. 璧山县政府军法监狱实押人犯、军事犯报告表,璧山实验地方法院看守所附设监狱人数日报表 12－1－785

1945年1月至1945年12月,璧山县政府军法监狱实押人犯、军事犯报告表,璧山实验地方法院看守所附设监狱在押与做工人数日报表。

599. 四川高等法院第一分院、璧山实验地方法院及看守所关于人犯经费事宜的文书 12－1－786

1944年1月至1945年12月,四川高等法院第一分院、璧山实验地方法院及看守所关于发送膳食补助费缴款书收据、经费及临时支出计算决算书类、岁出决算书表、煤水膳食补助费收支对照表、垫款购置囚人草垫及药品相关事宜的呈文、指令、训令。附(民国)三十一、三十三、三十四年度看守所附设监狱支出计算书、收支对照表、财产增加表、财产减损表、财产目录、临时费支出计算书、临时费收支对照表、岁出决算表、缴款书、决算书。

另附璧山县政府关于嫌疑犯的临时收票。

600. 司法行政部、四川高等法院、璧山实验地方法院关于司法印状纸、经费等事宜的文书等 12－1－787

1943年4月至1944年2月,司法行政部、四川高等法院、璧山实验地方法院关于呈报司法印状纸各表、封存印纸表、请领司法印纸表清单、法收收支一览表、司法收入报表，废止封存印纸及其数目表呈报，解释请领特制印纸办法，呈报法院支出经费计算书类，抄发预算保留经费处理办法、司法机关单位普通岁出预算分配表及注意事项、编制决算办法及格式及说明，呈报溢支经费情形事宜的呈文、公函、指令、代电、训令等，附司法收入收支一览表，司法印纸，废止封存数目表，请领清单，司法状花、印纸四柱表，支出经费开列单，支出计算书，收支对照表，编制说明书，岁出预算分配表。

另附璧山实验地方法院关于终止租约及迁让的民事判决书，璧山县政府审理烟毒案的军法案判决书。民庭推事结案月报表，录事执达员法警庭丁公丁薪饷等级表，司法助理员服务注意事项。

601. 璧山实验地方法院案件稽考簿、已决未决人数表，璧山县政府关于地方事务的通知　12－1－788

1944年1月至1944年12月，璧山实验地方法院办理民刑诉讼案件补充办法、办结案件稽考簿、已决未决人数表。

璧山县政府关于召开乡镇公益储蓄会议，召开乡镇公益储蓄金审查各乡镇绅商地主及普通农工商组织团体应劝募额会议，开会讨论澄江口划出后呈请补助、地方税征收办法、澄江镇公产移交、地方财政指示、同盟胜利公债等事宜的通知。附各商业公会常务理事欠款名单。

602. 璧山县广谱乡、定林乡等烟民姓名清册，保务会议记录，特种刑事已结未结案件表等　12－1－789

1944年2月至1948年5月，璧山县广普乡造报(民国)三十六年烟民姓名清册，定林乡第一保关于壮丁征送、窃盗、临时费及警备丁食米的(民国)三十三年度保务会议记录，璧山地方法院检察官关于特种刑事已结未结案件月报表的呈文，附(民国)三十七年三至七月特种刑事已结未结案件表。

603. 永荣师管区司令部关于服役、军训等事宜的训令等，璧山实验地方法院检查处送达文件簿，缮状登记簿等　12－1－790

1936年1月至1949年3月，永荣师管区司令部关于规定志愿服役者安家费及优待金各物品等项，遇见上官敬礼及让座，嘉奖亲送子弟参加远征军，宣传动员学生志愿服役，检阅壮丁，保甲训练增设兵役课程，发动学生从军运动，公教人员用布配给，军训部督导某团经费无着停办，严禁部队私立组织，军校短期毕业生停止补训，各级兵役机关成绩竞赛考核办法，地方行政干部训练事宜的训令等，附中训委会代电抄件。

璧山县中兴乡经济、户籍干事关于参加旧政权的坦白书,璧山县政府关于会项纠纷案的民事判决书、关于中兴乡补发第二批国民身份证的训令。农林部四川东西山屯垦实验区管理局、璧山县国民兵团部关于寄送士兵读本的公函。四川省棉纺织推广委员会璧山推广区关于代理主任职务的公函。璧山实验地方法院检查处送达文件簿,缮状登记簿,中兴乡补发第二批国民身份证清单。

604. 最高法院、四川高等法院第一分院、璧山实验地方法院等的司法案件杂卷　12－1－791

1944年1月至1945年10月,璧山实验地方法院关于窃占不动产、抢夺、诬告及猥亵、伤害、伤害致死、侵占、妨害兵役、脱逃、略幼、变造私文书及诬告、盗匪案件的刑事判决书、刑事裁定书、检察官起诉书,关于终止租约迁让交业、返还产业、给付租谷案的民事判决书。

最高法院书记厅、四川高等法院第一分院书记室、璧山实验地方法院及书记室关于送达窃盗、杀人减刑、伤害致死、抢夺、所有权、租谷假扣押、确认租约、领押交业、返还租赁物、损害赔偿、确认继承权、给付黄谷、交付出卖物、给付毛铁、交还产业等案的裁定书、上诉理由书、传票、判决书、报告等。璧山实验地方法院及首席检察官关于撤回诈欺、妨害权利、妨害自由、伪造私文书、遗弃、抢夺、窃盗、妨害兵役、侵占、诬告等案的送达文书、函片等。

璧山实验地方法院、检察官,璧山县马坊乡乡公所关于凯徐氏亲属会议笔录、决议违法,盗用私章案件的指令、呈文,附关于遗弃案的亲属会议笔录。龙凤乡第一保关于公务羁身不暇赴案的呈文。

605. 璧山实验地方法院司法案件文书等　12－1－792

1944年2月至1944年12月,璧山实验地方法院关于窃盗、侵占、妨害自由、伤害、诬告、诈欺、伪造私文书、公共危险、渎职、侵入住宅、违反食盐专卖条例、杀人、高抬盐价、脱逃、妨害家庭、妨害公务、伪造印章、变造文书、罚金、妨害兵役、申请减刑、作伪证、诽谤、延长羁押、窃占、毁损、朋殴致死、抢夺、妨害权利、缓刑、违反营业税、重婚等确定在案、检送文书的函片。

财政部川康区盐务管理局大足场公署,璧山实验地方法院、检察官,璧山县鹿鸣乡乡公所关于缓刑、无辜受累、抬高盐价、舞弊、人犯执行移送、抢夺等案的呈文、公函。

606. 璧山实验地方法院及看守所关于人犯副食费、囚粮等事宜的文书　12－1－793

1944年5月至1944年12月,璧山实验地方法院、看守所关于司法人犯副食费及囚粮的增加、溢支、拨发、变更定量，以及发送相关数目表、册表、运费报告表、日记簿、支给办法、人犯概数及需粮数量表，油盐柴菜不满足营养需要等事宜的训令、指令、呈文。附实支人犯油盐柴菜费用一览表，稽核监所囚粮办法及囚粮表册格式，囚粮名册，食粮一览表，食粮、囚粮副食费用、油盐柴菜费用四柱清册，费用结算月报表，变更囚粮定量实行日期表，囚粮主食报告表，看守所领粮收据存根、领粮报告。

607. 璧山实验地方法院自诉案件登记簿册，璧山地方法院收状簿等　12－1－794

1944年7月至1944年12月，璧山实验地方法院自诉案件登记簿册。某年七月至十一月的璧山实验地方法院收状簿。某年十二月璧山实验地方法院首席检察官关于伤害案件检齐文书送庭依自诉程序办理事宜的公文。

608. 璧山实验地方法院案件归档簿　12－1－795

1944年5月至1945年5月，璧山实验地方法院案件归档簿，包含归档月日、原卷号数、当事人姓名、卷宗件数、附件、归档编号、保管员章、备考各栏。

609. 璧山县城北乡（镇）户口调查表　12－1－796

1944年5月至1944年7月，璧山县城北乡（镇）户口调查表，包含户别、名称、住址、居住年月、户长、姓名、性别、年龄、本籍、婚姻状况、受教育程度、从业及服务处所、废疾等栏。

610. 璧山实验地方法院检查处书记官办案进行归档簿　12－1－797

1944年1月至1944年12月，璧山实验地方法院检查处书记官办案进行归档簿，包含案由、收案月日、卷宗号数、处分结果、经过日数、已否逾限、归档月日、卷宗数目、收卷处所、备考等栏，附粘案件收结表。

611. 四川省政府、璧山县政府等关于各项经费等事宜的公文　12－1－798（1）

1943年12月至1944年7月，四川省政府、四川省地方行政干部训练团、四川省警察训练所川东分所、国民党四川省璧山县执行委员会、璧山县政府、璧山县地方行政干部训练所、璧山县立图书馆、璧山县立初级中学璧北分校、滑翔机司令台修建委员会关于增加班级费暨员工食米及津贴、物价评议委员会成立经费、修建经费暨图表、训练所教育长赴任旅费、编查保甲户口经费、增设员工经费、修整馆舍预算书及工人估价单、印制施政计划、干事调训旅费、训练所设备费、调训长警及旅费、县级公粮保管费及相关支出或追加预算书、动支第二预备金事宜的呈文、指令、公函、代电、训令、电报等；附有预算书，动支第二预备金数目表，累计数说明附表，核准动支第二预备金通知书，物价评议委员会名册，正视图，工程材料估价单，调训警长士名额分配表。

612. 四川省政府、璧山县政府等关于各项经费等事宜的公文　12－1－798（2）

1944年2月至1944年12月，四川省政府、四川省璧山县地方行政干部训练所、国民党四川省璧山县执行委员会、璧山县政府、军事人犯看守所关于公粮保管费，县检定员调任旅费，修整砖墙经费预算表及估价单，军事人犯看守所监房修整经费，出席省行政会议人员所需旅食费会议准备，秋季扩大县政会议经费，县民训会议专任干事经费，增设清道夫经费，分配调用特警及清道夫，地方财务人员讲习会，教育人员调训费，县政府及会计室增加办公费，长警调训费，县党部社会事业费、党务基层干部训练费，县长及随行人员赴任旅杂费，巡回辅导团经费，会计室主任出差旅费及相关支出或追加预算书，动支预备金事宜的呈文、公函、训令、电报、指令、核准动支第二预备金通知书，动支第二预备金申请书等，附第二预备金动支数目表，动支第二预备金累计数说明附表，预算书，估价单，省行政会议准备事项，党务基层干部训练经费预算等级表。

613. 璧山实验地方法院司法档案判决书卷　12－1－799

1944年8月至1944年12月，璧山实验地方法院关于窃盗、重婚、妨害权利、伪造公私文书、伤害、伤害致死、诬告、毁损、妨害自由、妨害家庭、贪污、违反营业税法、妨害兵役、妨害丧葬、抢夺、渎职、侵占、妨害水利、赃物、无故侵入住宅、妨害公务、诈欺、缓刑期内犯罪、作伪证、诽谤、违反营业法、伪造度量衡等案件的刑事判决书、刑事裁定书，关于终止租约领押交业、确认亲属会议无效、终止租约、分管产业案件的民事判决书。

614. 重庆卫戍区第四分区司令部、璧山县政府关于司法案件的提票等　12－1－800

1944年6月至1944年10月，重庆卫戍区第四分区司令部、璧山县政府关于鸦片、便利逃脱、继子逃役、押解四川高等法院第一分院审讯、抢劫、抗令、欠谷、寄押、盗谷、窃盗、抗不出丁、妨害兵役、扰乱治安、解案、逃兵、诱奸征属、串卖壮丁、拖欠公租、送服劳役、凶犯、诬告、送壮丁疏懈逃跑、盗窃电线、行凶劫丁、拐逃公款、壮丁自伤身体、抗役、擅挪公粮、擅提公款、匪嫌、贪污、包庇盗匪、匪犯、赌犯等案件的提票、提票回证。璧山实验地方法院看守所关于提审人犯的文书。军政部第九补充兵训练处副官处关于领回寄押人犯、痢疾疗养、释放人犯事宜的公函。内附开除、提交、开释、移送人犯票据，开除人犯名单。

615. 璧山（实验）地方法院传票挂号簿　12－1－801

1945年9月至1946年10月，璧山（实验）地方法院传票挂号簿，包含发票月日、件数、被传人姓名、案由、指定到庭日期、送达处所等栏。

616. 璧山实验地方法院印纸登记簿、司法印纸存售簿　12－1－802

1944年2月至1944年12月，璧山实验地方法院印纸登记簿，包含印纸类别、新收、售出、实存、附记各栏。璧山实验地方法院司法印纸存售簿，包含类别、旧管、新收、售出、实存、金额、合计、附记等栏。

617. 四川省政府、璧山县政府等关于各项经费、追加预算、动支预备金事宜的文书等　12－1－803（1）

1944年1月至1944年12月，四川省政府，四川省第三区行政督察专员兼保安司令公署，财政部璧山县田赋管理处，璧山县政府、临时参议会、防护团、县立初级中学，城南乡、城西乡、城中镇中心国民学校，城东乡、正兴乡中心学校关于县政府会计主任晋省往返旅费，监委会交通费，县市暨乡镇征购实物监委会追加经费、经费预算书表，临时参议会会议记录印刷费临时支出，预备金动支殆尽自筹财源，县训所修整砖墙，县佐治人员、社会工作人员调训旅费，防护团副团长受训旅食费，田赋管理处派员催征、督征、协征旅费，追加焚献费，公职候选人表册邮电费，汇转检复案件费用，巡回督导团旅费，秋季扩大县政会议不敷经费，成立警察局，参加省行政会旅食费，农业推广所指导员赴省训团受训，临时参议会大会办公不敷，县行政干部训练所教材印刷费，防空监视队整修哨所电话线，公务员生活补助费，渝北日报社公股款，购置活页法规，女教员生产代课费，助产费，科学仪器运费，军事人犯看守所购置整修费及相关支出或追加预算书事宜的核准动支第二预备金通知书、动支申请书、动支数目表、指令、代电、训令、公函、呈文。附支出经临费、预算书表、分配表、分配数，动支第二预备金累计数说明附表，旅费摊款表，增加生活补助费职员名额表，公务员生活补助费数目表，产证。

618. 四川省政府、璧山县政府等关于各项经费、追加预算、动支预备金等事宜的文书等　12－1－803（2）

1944年6月至1945年1月，四川省政府，三民主义青年团重庆支团璧山分团部，璧山县政府、经收处、军事人犯看守所、国民兵团部、警察局、警察所川东分所、丁家乡中心学校，渝北日报社关于看守所购置整修费，民族复兴节点阅用费，警察局生活补助费，结余经费及追加预备金，追加不敷经费改在地方预备金下动支并自筹合法财源，垫付款暨不可靠收入清单，长警副食费，县国民兵团部办公费不敷，奉派警官到局及薪金,中央警官学校毕业生实习,地方总概算书印制邮寄费,县立初中扩招费,女教员分娩及代课,长警、经收处主任、佐治人员调训旅费,督学赴任旅费,私立学校及文化团体补助费,区国民教育师资训练班、县府统计室办公费,调入省训团团务干训班社会工作人员、国民兵团部督练员调训费,秋季扩大县政会议不敷经费,防空监视队整修哨所电话线,经收处印制公粮收支对照表及相关支出或追加预算书事宜的指令、训令、呈文、代电、笺,附预算书表,动支第二预备金申请书,核准动支第二预备金通知书,不可靠收入清单,垫付款清单,中央警校毕业生分发实习清单,第一预备金动支数目表,动支预备金累计数说明附表,应解师资训练班追加培修购置款,临时借款收据存根联。

619. 璧山实验地方法院司法档案判决书卷　12－1－804

　　1944年6月,璧山实验地方法院关于追还产业、给付松料、返还石坝及修复流水沟、给付欠租、迁让交业、给付黄谷、债务执行异议、租佃纠纷、赔偿所有权、终止收养关系并赔偿抚养费、撤销买卖契约及留买产业、订立租佃契约、确认经界及返还熟土、求偿借款、确认优先承买权、返还熟土、终止租约、给付债款、给付抚养费、离婚、返还熟土及小麦、返还财礼等案件的民事裁定书、民事判决书。

620. 璧山实验地方法院办案进行簿　12－1－805（1）

　　1944年1月至1944年12月,璧山实验地方法院办案进行簿,包含原告姓名、被告姓名、案由、进行情形、终结情形、收受时间、卷宗号字、判宣时间、判决送达时间等栏。

621. 璧山实验地方法院办案进行簿　12－1－805（2）

　　1944年1月至1944年12月,璧山实验地方法院办案进行簿,包含原告姓名、被告姓名、案由、进行情形、终结情形、收受时间、卷宗号字、判宣时间、判决送达时间等栏。

622. 璧山县政府、璧山实验地方法院司法案件文书、法院看守所作业相关书表等　12－1－806

　　1935年2月至1944年11月,璧山县管狱署关于发下人犯的收条。璧山县政府关于唐何氏控唐张氏以买作分案的传票、政警报告、呈文、和解书、领状、具结书。璧山实验地方法院关于妨害兵役、债务支付命令案件的检察官不起诉处分书、民事裁定书。璧山县来凤乡乡公所、陪都辅助抗战军人家属委员会关于抗属赎取遗产、遗产被人贱价诓典套哄的呈文、公函。刘赵氏关于被诱归案的口供。关于口角纠纷和解案的保状。

1940年9月至1949年3月,璧山县政府关于修正国民月会办法大纲的公函;警察局南门直辖分驻所关于三圣宫古庙砖墙破坏拆卸补修的签呈、呈文;城东乡第六保办公处关于组织机织合作社派员监选的文书;城北乡三个滩机织生产合作社关于申述无户籍社员情形,派员调查的呈文;油商业同业公会关于油商业供销合作社召开创立会与年终会员代表大会合并举行,派员指导的呈文。附国民月会办法大纲、仪式,机织合作社选举职员日期表。

另附法院看守所业纯益金收支一览表,附设监狱财产目录、作业盈亏试算表、收支对照表、支出计算书、收入计算书。

623. 璧山县政府军事人犯看守所有关囚粮等的表册、报告,璧山县政府关于生活补助费的训令等 12-1-807

1944年10月至1945年3月,璧山县政府军事人犯看守所囚粮副食费清册、囚粮折借黄谷报告、囚粮计算表、给粮人犯花名清册、移交人犯花名清册。璧山县政府关于县市各机关职雇员具领生活补助费名册格式的训令,军事人犯看守所关于经收处拨到人犯囚粮黄谷的收据。

624. 四川高等法院第一分院判决书卷 12-1-808

1944年2月至1944年8月,四川高等法院第一分院关于妨害秩序、侵占、窃盗、诈欺、妨害自由、窃占、伪造文书、诬告、妨害兵役、囤积居奇、过失致人死亡、赃物、毁损、行贿、妨害家庭、伤害、重婚、妨害婚姻、返还租谷、返还财物、赔偿损害、杀人、伤害致人死、申请减刑等案的民事判决书、刑事判决书、刑事附带民事讼诉判决书、刑事裁定书,关于损害赔偿案件的民事判决书。

625. 四川省政府及教育厅、璧山县政府等关于璧北初级中学事宜的文书 12-1-809

1944年10月至1946年4月,四川省政府及教育厅、璧山县政府、璧山县立初级中学璧北分校及建校委员会、璧北初级中学、北区各乡乡公所乡民代表会、璧北中学学生家属及士绅代表关于增设男女生班追加预算,筹募璧北分校建校捐款及册据,璧北分校火警案、被盗失物案,校舍落成典礼,改名为璧北中学,学生成绩表,颁发印信及工本费,招生广告暨试题,成立志愿从军员生优待基金募集委员会及劝募,女教员产假及代理人薪俸津贴,学生制服费不敷,补报各种表册暨说明,校务会议决议案,办理从军员生优待募捐情形,校长病假、辞职、推荐、代理、委任、到职日期、交接情形,派督学监督校长交接,仪器费、文卷图书校具会计清册等移交,举报校长周壁光违法、失职、贪污等事宜的呈文、指令、训令、代电、签呈。附失物清单,招生简章、招生广告,会议记录,毕业学生统计,中等学校概况调查表,资历表,交代清结证明书,移交清册,收款收据。

626. 四川省政府、璧山县政府等关于警察调训及经费等事宜的文书　12－1－810

1944年6月至1945年2月,四川省政府、璧山县政府、警察训练所、警察局关于代理警察局巡官、受训警察旅费及预算表、警察所应报未报及发还更正会计报告、支出各种凭证、警察到职旅费会计报告、生活补助费、破获汉奸、县地方追加追减预算核定各款清单、长警副食费增加及追加预算、缴清省府公报费、警察局经费从县库借支、警察局设备修建费会计报告及凭证事宜的呈文、指令、训令、公函、签呈等,附追加预算书表,出差旅费报告表,核定各款清单。

627. 璧山实验地方法院传票挂号簿　12－1－811

1944年9月至1945年6月,璧山实验地方法院传票挂号簿,包含发票月日、件数、被传人姓名、案由、指定到庭时间、送达处所等栏。

628. 四川高等法院第一分院、璧山实验地方法院司法案件文书,司法行政部、四川高等法院、璧山实验地方法院关于司法机关及人员事宜的文书等　12－1－812

1944年1月至1944年12月,四川高等法院第一分院书记室、璧山实验地方法院书记室关于妨害自由、确认所有权、作伪证、窃盗、妨害婚姻、侵占、诬告、赃物、脱逃、抢夺、贪污、通奸、伤害、掠诱、毁损、侵入住宅、减刑、盗用院印、伪造公私印文书、妨害公务、妨害兵役、重婚、妨害权利、盗匪、窃占、诈欺案等的送达证书、裁定、判决书等。

1943年10月至1944年2月,司法行政部、四川高等法院、璧山实验地方法院关于解释国内出差旅费疑问案、改进国库款项支拨办法案、经收年度款项日报、各级主计人员印信刊发办法、经临收支计算书类核销、缴款审报核联免除、改善各机关领款办法、司法机关经常经费项目流用表实例、零星收入放宽定额、膳宿杂费日支数额、司法员工食米拨发熟米、各机关拨汇公库存款须知、国库收支结算办法、公有营业及公有事业机关审计条例、司法行政部会计处成立会计长任事、执达员食宿舟车费补交、支薪办法、抄录费加征、筹设消费合作社、会计及佐理人员填具履历等事宜的训令、指令、代电、布告、呈文、公函等,附相关须知、办法、条例。

另附增设购用公地办法,司法助理员服务注意事项,看守所暨附设监狱概况,看守所收支款项、作业材料、作业成品四柱清册,国民党四川省执行委员会组训处组织科党籍室关于入党合格寄发党证的文书。

629. 璧山实验地方法院俸薪表、工饷表,看守所及附设监狱作业相关表册　12－1－813

1944年1月至1944年12月,璧山实验地方法院俸薪表、工饷表、主计人员俸薪表、职员俸薪表，看守所作业纯益金收支一览表，看守所各科作业人数细表，看守所附设监狱收支对照表、财产目录、作业盈亏试算表。

630. 璧山实验地方法院经费类传票登记表、司法收入传票登记簿、办案进行簿　12—1—814

1944年3月至1944年12月，璧山实验地方法院经费类传票登记表；司法收入传票登记簿，包含会计科目、摘要、金额、传票种类、号数、附据等栏；办案进行簿，包含原告姓名、被告姓名、案由、进行情形、终结情形、收受年月日、宣判年月日等栏。

631. 璧山县广谱乡户口调查表　12—1—815

1944年5月，璧山县广谱乡户口调查表，包含户别、住址、称谓、户长、姓名、别号、性别、年龄、出生年月日、本籍、寄籍、暂居、婚姻状况、受教育程度、从业及服务处所、废疾、编查标准日是否在本户过夜等栏。

632. 璧山实验地方法院收状簿、诉讼案件归档簿　12—1—816

1945年1月至1945年12月，璧山实验地方法院收状簿，包含进行号数、月日、类别、件数、原告自诉人姓名、被告姓名、案由、诉讼费用等栏。璧山实验地方法院诉讼案件归档簿，包含归档月日、原卷号数、案由、当事人姓名、卷宗件数、归档编号、保管员章、备考等栏。

633. 璧山县各保人口报告表、户口调查表等　12—1—817

1944年5月，璧山县马嘶乡各保户六岁以上常住人口受教育程度报告表、籍贯分类表、十三岁以上常住人口职业分配报告表、常住人口年龄分配报告表、常住人口婚姻状况报告表、保甲户口数目报告表，各保主要职业人员数目表，户口总数报告表。

另附马坊乡人口残废状况报告表，八塘乡户口调查表。

634. 璧山实验地方法院各类簿、表　12—1—818

1943年10月至1944年12月，璧山实验地方法院缮状稽核簿、办案进行簿、民事案件收结表、执行刑罚稽考簿、辅助事件稽核簿。

635. 璧山实验地方法院案件稽考簿，职员考绩招录事宜的文书等　12—1—819

1944年1月至1944年12月，璧山实验地方法院检察官缓起诉案件稽考簿、检查处自动检举案件稽考簿。

1943年10月至1944年7月，璧山实验地方法院关于录事执达员及法警考绩、招考录事执达员及法警录取事宜的布告,附招考简章;关于债务纠纷、赌博、引诱妇女、言语纠纷案件的文书、审讯单、口供单、悔过书。

另附不动产登记须知。

636. 四川高等法院第一分院、璧山地方法院关于职员名册等事宜的文书,户口异动迁出报告表　12－1－820

1942年3月至1942年10月,四川高等法院第一分院、璧山地方法院关于名簿更正及补造诉讼月报表、执达员任事日期、职员名册、囚粮领报办法,诬告案卷宗,检查处职雇员及法警年龄清册的公函、指令等;附职员名册、职员警役年龄表。四川高等法院检查处关于司法官考试及格人员巴天铎任用资格一案的训令。

1944年5月至1944年10月,璧山县河边乡各保抽签壮丁名册、及龄壮丁名册,大兴乡志愿入营申请书,八塘乡、丁家乡户口异动迁出报告表,璧山县银行股份有限公司创立会选举票。

637. 璧山实验地方法院检查处民事执字分案簿、民事执行收结案件进行簿、民刑各庭分案总簿　12－1－821

1944年1月至1944年12月,璧山实验地方法院检查处民事执字分案簿;民事执行收结案件进行簿,附执行案件收结表;民刑各庭分案总簿。

638. 璧山实验地方法院办案进行簿　12－1－822

1944年1月至1944年12月,璧山实验地方法院办案进行簿,包含原告姓名、被告姓名、案由、进行情形、终结情形等栏,附民事案件收结表、民庭推事结案月报表。

639. 璧山实验地方法院及看守所等关于人犯疾病、病死等事宜的文书等　12－1－823

1943年12月至1945年10月,璧山实验地方法院、检察官、看守所,璧山县丁家乡乡公所关于押犯病状、病死、分娩、保释以免传播疾病、死亡证书汇报,调查人犯死亡情形及是否有病,派员检验病死人犯尸体,保外医治死亡,人犯病死证明及销案,出狱治病等事宜的呈文、报告、签呈、训令、指令、公函、声明书、保状,附领尸体结文。另附璧山实验地方法院收状簿。

640. 璧山实验地方法院民事、刑事案件各表　12－1－824

1943年4月至1944年12月,璧山实验地方法院民庭推事结案月报表、推事办案月报表、民事案件月报表、刑事案件月报表、民事案件收结表、案件及法收调查表、刑事已结未结案件表、刑事被告羁押一览表。

641. 璧山实验地方法院缮状登记簿、收状证、收状簿　12－1－825

1944年10月至1945年1月,璧山实验地方法院缮状登记簿,包含申请缮撰状人姓名、案由、缮状或撰状、字数、征收数目等栏;收状证,包含号数、具状人姓名、附件等栏;收状簿,包含进行号数、月日、类别、件数、原告自诉人姓名、被告姓名、案由、诉讼费用等栏。

642. 司法行政部、璧山实验地方法院等关于电报密码、民刑案件、法院工作、各类法规政策等的文书等　12－1－826

1943年9月至1945年12月,司法行政部、四川高等法院、统计室、璧山实验地方法院、看守所关于发往国外密码本表审查办法,电报依电文性质使用不同密码,机关电报密码防止泄漏办法,奸伪捣乱往来公文,学历及学历证明保结格式,铨叙案件同姓名处理规则,杜绝滥用额外人员办法,荐委人员填报动态登记,疏通监狱,肃清积案,军政部征用法律系毕业生规程,延安奸伪农工运动,荷兰更改译名,加强推行储蓄办法,宪政实施首重法纪及以身作则,总裁言论选集出版配售,修正中央派赴新疆党政工作人员待遇办法,陈竹修交业给付案传票涂改,蒋主席就职典礼,闽侯县改名林森县,三民主义青年团简称,定购最高法院判例要旨,司法例规销售,元旦书告宣读讨论,颁行法令执送党部,"七七"纪念改称,统计图表检送,购买公用物品,误发文件寄还,非常时期公务员资历证件补充办法,严禁滥糜公币,倭寇暴行资料搜集呈报,各级党政机关督导人民团体之联系办法,解释适用实验地方法院办理民刑诉讼补充办法及设置司法助理员办法疑义,加强设计考核与统计之工作联系案,民事延迟未结案件月报表及民事案件收结表,特种刑事月报表册报告,刑事已结未结案件表及刑事被告羁押一览表,简化统一统计表册实施办法及总检讨会决议案,员役薪饷暨眷属人数查报表,年报赶造,查报拘捕人犯案件办法及表式,特种刑事案件宣告死刑及无期徒刑案件审判查考,触犯出征抗敌军人婚姻保障条例案件,法院工作报告,出优待征军人或其家属案件,造送民事表册,诉讼因先决问题或犯罪嫌疑款牵涉其裁判,受理特刑案件填造办法,不动产暨法人登记事项季报表,监所月报表,统计年报,编造刑事第二审年表疑义暨每月受理特种刑事案件填报,办案人员及案件法收调查等表,各机关各部分组织员役薪饷表,民刑案件统计月报表等事宜的代电、训令、报告、指令、呈文、笺、便函。附相关办法、格式、规则、规程、加强联系案、原训令、代电、呈文抄件。1944年2月,三民主义青年团重庆支团璧山分团部关于如何尊称总裁的公函。

大东书局、重庆分局关于中华法学杂志的订阅通知单、文书,附购书通知单。重庆卫戍区第四分区司令部关于外来人士游历演讲通知保护;防治疾病传染,注重饮水清洁;公宴新旧璧山县长费用摊派的公函、代电。财政部花纱布管制局璧山办事处关于新办公地址的文书。赈济委员会关于第四儿童教养院无法增收儿童的快邮代电。国民政府军事委员会军训部国民兵教育处关于科长被窃案,璧山县银行筹备委员会关于选定董监事及经副理,私立江苏正则艺术专利学校关于改办专科学校,辛亥首义伤军实业工厂关于购用牙刷,财政部川康缉私处重庆查缉所关于缉私处改组,璧山县卫生院关于举办卫生展览,国民党四川省璧山县执行委员会关于总裁言论选集销售,四川高等法院第一分院关于送达堕胎案上诉状等事宜的公函,附被窃物品清单。璧山县政府关于"七七"抗战七周年纪念及劳军献金运动,植树节植树仪式,壮丁调查大纲、调查经费表的代电、公函、训令。璧山县临时参议会关于出席全体议员大会的代电。璧山实验地方法院关于呈送渎职案文书的呈文。另附璧山县一九五一年农业税存根、收据、通知,四川高等法院统计室查询表,工役眷属表单,璧山县新改街名表。

643. 四川高等法院第一分院、重庆(实验)地方法院司法档案判决书卷　12－1－827

　　1943年10月至1944年11月,四川高等法院第一分院、重庆(实验)地方法院关于行贿、公共危险、妨害风化、妨害家庭、妨害自由、伤害、杀人、伤害致人死、业务过失致人死、伪造有价证券、伪造公私文书、窃盗、窃占、诬告、抢夺、诈欺、侵占、赃物、毁损、脱逃、妨害农工商、违反票据法、赔偿损害、强奸、伪造发票、通奸、失火、帮助重婚、妨害兵役、抢夺稻谷、无故侵入住宅等案的刑事判决书、刑事裁定书、刑事附带民事判决书、民事判决书。

644. 行政院改善公务员生活委员会、四川粮食储运局、四川高等法院、璧山(实验)地方法院等关于员役食米、公务员救济等事宜的文书等　12－1－828

　　1943年1月至1945年3月,行政院改善公务员生活委员会,司法行政部,粮食部、四川粮食储运局、璧山县仓库、渝夔区办事处,四川高等法院,璧山实验地方法院关于员工食米拨发、补领、退还、补发、短拨、改发代金、缴还节余、节余扣抵及审核通知单、补领清单、收支对照表,未领公粮人数清单,食米清册审核,拨粮通知,退还垫拨员役食米差额,实领食米或代金收支对照表,收据册表,清结司法员工食米尾欠等事宜的代电、训令、指令、公函等,附粮食部原函抄件、公粮代金收据、食米代金标准表、清单、收支对照表、数目表、生活补助费实领清册、审核通知单。
　　1940年8月至1944年5月,司法行政部、四川高等法院、璧山地方法院关于修正公务员雇员公役遭受空袭损害暂行救济办法,中央各机关服务人员因公损失财物补偿暂行办法,各省司法机关核转服务人员因公损失财物请求补偿各案应注意事项,颁发战时雇员公役给恤办法并废止战时雇员公役因公伤亡给恤暂行标准,社会救济法,因公损失财物补偿金等事宜的训令。附相关办法、注意事项、因公损失财物清单、战时雇员公役给恤办法、社会救济法。

645. 司法行政部、四川高等法院、璧山实验地方法院等关于胜利勋章、司法人员人事及薪俸、知识青年军务、邮电保密与密码及相关法令事宜的文书等 12－1－829

  1945年10月至1945年12月,司法行政部关于修正勋章条例及施行细则,公务员请授胜利勋章及颁给胜利勋章条例的训令,附条例、施行细则,办理请授胜利勋章注意事项,国府文官处原公函抄件,人员勋绩事实表,公务员请授胜利勋章清单。

  1944年7月至1945年11月,司法行政部、璧山实验地方法院关于人事主管人员平时成绩考核记录表,司法官黜陟迁调,机关及人员研究考核工作以及各单位间联络辅导等项,修正公务员任用法施行细则,各法院候补书记官、试署试用人员铨叙审查,修正推事检察官任用资格审查规则,候补检察官限期赴任,修正县司法处书记官任用规则,拟任人员最高年龄限制,修正准予试用任用派用及见习人员成绩考核办法,各级荐任职司法人员及县司法处审判官任用审查,人事管理人员级俸,调任赴任人员请支舟车费,战区检察官转任刑庭推事,军法人员转任司法官及条例等事宜的训令,附相关规则、考核记录表、条例。

  1942年12月至1945年11月,司法行政部、四川高等法院、璧山实验地方法院、璧山县知识青年志愿从军征集委员会等关于从军青年潜逃及裁汰处理办法,青年志愿从军工作发生困难时补救办法,欢迎入营知识青年,工厂工人及商店店员志愿从军后薪给保留办法,办理知识青年从军,各机关举办知识青年志愿从军之登记及征集步骤,入营及缓征,知识青年志愿从军征集委员会成立及启用关防,从军知识青年退伍后参加考试优待办法,知识青年从军机关学校自订优待办法,组织从军服务会,保育士兵注意壮丁生活及推行军民合作等三义一案,各机关职员志愿从军后其缺额概不另补,知识青年从军征集步骤案,知识青年志愿从军优待办法及实施细则,全国知识青年从军征集及优待办法,青年远征军政治工作人员实施优待处理办法,管理政务电讯办法暨审核密码规则,各机关领用空白自用密本规则,发往东南各省普通军政邮寄文件内容字句务求妥慎以免泄露机密一案,调整政务机关电务人员编制表及调整原则,节约发电字数,与东南往来电报用密码及节发电报,加码表及横直角码表密本通用表,拍发电报注意事项,邮寄密电限制办法,电呈事件一律遵用挂号办法,修正邮政法,视察政务电讯及密码使用情形,全国行政机关译电工作机构、人员调查表,拍发政务无线电报限制办法,译发无线电报施行二重作业,铁路公路线内查获窃盗案件,战时交通器材防护条例,汽车肇事案件妥速处理,船户中途盗卖纱布迅追严办事宜的训令、通知、公函、通告、代电等,附相关办法、成立大会记录、规则、实施细则、编制表、调查表、条例,审查密码申请书、邮政法条文。

  1939年12月至1941年1月,四川高等法院关于非常时期保护国有电报电话杆线及惩治盗犯规则、报销平价米代金办法、党政训练班目的的训令,附规则。四川高等法院检查处、璧山地方法院检察官关于检察官持用指挥司法警察证、汪汉清等盗匪案执行死刑的训令、指令、呈文、函,附请领员名册、领取数目单。四川省政府关于采掘长寿县但渡乡煤矿一案的通知。重庆警备司令部关于招收匪区流亡及各地失学失业青年的代电。司法行政部关于工役膳宿补助费的指令。永荣师管区司令部、璧山县国民兵团部关于城北乡第十保保长王裕昌等借征兵勒派巨款一案的代电、训令,附原呈文抄件。璧山县政府关于党政机关派代表出席人民团体集会时致词次序的训令。四川高等法院第一分院关于检送毁损案卷宗,陆军第十四军九十四师司令部关于部队改编,璧山地方法院、青年远征军陆军第二〇一师关于庆祝抗战胜利代售剧券、借用法官的公函。

另附璧山实验地方法院职员名册、刑庭推事结案月报表,市防护团组织规程、组织系统表,省辖市防护团编制表。

646. 璧山实验地方法院办案进行簿、民事诉讼人姓名索引簿　12—1—830

1944年至1945年1月,璧山实验地方法院办案进行簿,包含原告姓名、被告姓名、案由、进行情形、终结情形等栏。(民国)三十三年度民事诉讼人姓名索引簿,包含诉讼人姓名、案由、承办推事、案卷、年度、字号数各栏。

647. 四川高等法院第一分院司法案件文书,璧山实验地方法院刑事被告羁押一览表、民刑案件报表等　12—1—831

1943年1月至1943年2月,四川高等法院第一分院、书记室关于司法案件(抢夺、上诉伤害、上诉杀人未遂、抗告申请诉讼救助、给付欠租、妨害自由、给付租谷及交业、赎业等)的训令、公函、送达证书、传票,附被窃平股各件清单。

1944年11月至1945年1月,璧山实验地方法院刑事被告羁押一览表,刑事已结未结案件表,民庭推事结案月报表,推事办案月报表,公证处登记处收结案件月报总表,刑庭推事结案月报表,民事案件收结表,案件及法收调查表。璧山实验地方法院关于呈送各种统计月报表的呈文。

648. 司法行政部、四川高等法院、璧山实验地方法院等有关办案书表、人事管理、薪俸等事宜的文书　12—1—832

1941年12月至1943年11月,四川高等法院、璧山实验地方法院关于有犯罪嫌疑之命案勘验及报告,填写验断书伤痕,呈送执行刑罚判决书,检举办理囤积居奇案件,承办过失致人死案注意,检察官移送特种刑事案件、检举违反限制物价案,检察官办理触犯特种刑事法规之罪疑义,检察官收受案件及通缉办法,检验员调查表,检察官自动检举之案件,严办收买利用邮袋案件,呈报的表报、命案初报书、缴回处分书、送达证书除有错外不再给予指令,勘验案件经费,统计事务建议事项,无罪季报表附送书状,抄发清单编写各项年表,羁押被告依法办理,改叙级俸,调派检察官代理推事职务,司法机关推行国家总动员法办法,公役管理规则暨公役服务规则,党政机关报送各项书表应注意事项及抄送各机关原有工作表调整,修正党政军机关人员小组会议与公私生活行为辅导办法,公务员考绩考成及表册,填写任用情形报告表,司法员工食米垫拨、食米代金,追加办公杂费预算,监所释放人犯应提验庭释,人员增设,严禁监所官吏擅许人犯外出及星期例假等事宜的训令、代电、公函、呈文等,附月报表式、填写须知、办法草案、清单、员名表、俸给暂行规则、建议原案、调查表、送审须知、公役服务规则、保证书、公役登记表、公函等。

司法行政部、总务司关于实验地方法院职员值日办法、司法员工食米借拨、司法机关办公杂费事宜的训令,附办法。

649. 四川高等法院、璧山实验地方法院等关于璧山律师公会的成立、服务事宜文书　12－1－833

1942年5月至1943年12月,司法行政部、四川高等法院、璧山实验地方法院、璧山律师公会、筹备会关于成立璧山律师公会筹备会及筹备员略历并启用木质图记,璧山律师公会会员大会、成立情形及章程表册,审查律师加入会员,理监事会议情形,解释刑事自诉法律疑义,公会规则及修正,拟订平民法律扶助实施办法细则,整饬律师风纪,章程改名为规则,上报现有会员人数等事宜的呈文、训令、指令、公函等,附筹备员略历、职员表、基本会员名册、章程、规则、永嘉、璧山律师公会平民法律扶助实施办法细则、已拟订律师公会清单。

650. 司法行政部、四川高等法院关于强制执行法事宜的文书　12－1－834

1943年7月至1944年12月,司法行政部关于民事案件执行、送达裁判节本手续、分设民刑事庭及民事执行处及事务重新分配及缮具分配表、解释强制执行程序疑义、办理强制执行案件注意相关事宜的训令、指令,附加强司法权之运用以增进人民信仰厚植法治根基案、国民参政会决议、本部原呈文。四川高等法院第一分院关于假扣假押处分、裁判送达正本与强制执行的训令。

1940年3月至1940年4月,四川高等法院关于强制执行法,修正补订民事执行办法的训令,附修正补订条文清单。

651. 璧山实验地方法院等司法案件杂卷　12－1－835

1944年4月至1944年12月,璧山实验地方法院关于领押交业、迁让房屋、侵占、伤害致死、租谷纠纷、请求离婚案件的民事判决书、民事裁定书、检察官不起诉处分书、检察官起诉书。璧山实验地方法院书记室关于检送扣押司法文书的公函。

另有四川高等法院第一分院书记室关于送达租谷假扣押案件裁定书的公函,债务案撤销执行的民事申请书,刑事被告羁押一览表。

1944年4月至1944年5月,璧山县政府、军事案件审讯庭,河边乡乡公所关于周绍轩纵子逃役案的文书、讯问笔录、保状、临时收票回证、提票回证。

1943年11月,璧山县政府军事人犯看守所、璧山县卫生院关于烟犯刘方谷病重保释就医的呈文、审讯笔录、保状、疾病证明书。

1944年8月,璧山实验地方法院、璧山县七塘乡乡公所关于李云臣、伍炳林、董文敏止约交业给付欠租、侵占黄谷案的民事申请书、辩诉书、送达证书、保甲等证明书、公证状、训令、呈文、受传唤人或通知人名单、民事言词辩论笔录、民事委任书、民事案件审理单、和解笔录。

652. 璧山实验地方法院各类年报表、归档簿等　12－1－836

1940年3月至1940年4月,四川高等法院首席检察官、璧山实验地方法院检查处关于呈送(民国)二十八至三十年度各项年报的呈文、指令;附璧山实验地方法院检查处侦查案件年表,死刑徒刑拘役执行年表,罚金执行年表,执行刑罚一览表,宣告无罪年报表。

1943年7月至1944年9月,璧山实验地方法院工作报告书,办案进行期间表,适用实验法规结案月报表,事务分配表,书记室庶务股办事细则,助理员征收舟车食宿费及交销办法,司法助理员办理民事案件征收旅费计算标准表、征收旅费报告表、支出计算书,学术研究会议记录。璧山实验地方法院检查处书记官办案进行归档簿,附案件收结表。

653. 璧山实验地方法院等关于检察官请假及代行职务、党部会议等事宜的公文　12－1－837

1942年11月至1943年11月,司法行政部、璧山实验地方法院检察官关于首席检察官参加中央训练团党政训练班等原因请假、销假及派检察官代行职务事宜的代电、呈文、指令。

1944年4月至1944年11月,璧山县党部关于召开东区分部党员大会的通知。国民党四川省璧山县执行委员会、璧山县党部第二十区分部关于党员大会、欢送欢迎茶会、买发零食、六全大会代表选举事宜的通知、通报,附执监联系会议等会议记录、党员缴纳党费一览表、党捐缴纳表。

璧山实验地方法院关于廉股民事已结未结案件、平股刑事已结未结案件的推事办案月报表。

654. 铨叙部、璧山实验地方法院等关于公务人员家庭情况的公文　12－1－838

　　1944年3月至1944年10月,司法行政部,铨叙部,璧山实验地方法院、看守所关于法院及看守所公务员及其眷属人数调查表、公务人员家庭状况登记表事宜的指令、呈文、训令、公函、代电;附公务员及其眷属人数调查表、举例,公务人员家庭状况登记表及填送办法、填表说明。

655. 司法行政部会计处、四川高等法院等关于工作考绩等事宜的公文等　12－1－839

　　1940年至1944年1月,四川高等法院会计室关于会计室现有人员履历、文书不得越级上传、主计人员辞职调用、中央及各省市县政府会计统计人员保证办法及保证书汇报表、中央各会计处室试办自行交代办法及应行注意事项暨清册一览表格式、修正各级政府机关主办会计人员办理交代细则、修正中央党政军机关工作进度检讨报告办法及表式及疑义、各会计统计处室人员平时成绩考核记录补充办法、各机关主办会计人员考核表、核定主办会计人员之考核记录、各会计统计处室办理所属人员年度考绩应行注意事项暨表式、各会计统计处室办理年度考绩补充说明、佐理人员考绩办理鉴核、各机关主办会计统计人员考核表、修正各省高等法院暨各省地方法院会计室组织及办事通则、修正司法院所所属各级机关办理会计人员暂行规程、各会计人员应遵照会计法令切实办理、国府主计处会计局副局长辞职及代理事宜的公函、训令,附相关书表、办法、注意事项、格式、细则、说明、通则、规程。司法行政部会计处、璧山实验地方法院会计室关于会计室编制表的呈文、笺,附编制表。

　　1943年7月至1944年2月,司法行政部会计处,四川高等法院、会计室关于国府主计处会计局副局长辞职及代理,公务员登记规则,雇员考成表册格式,废止非常时期公务员考绩暂行条例补充办法及公务员考绩晋级限制变通办法,评定公务员考绩等级分数参考表,非常时期公务员考绩条例施行细则及修正各会计统计处室办理考绩应行注意事项暨各表式,各级主办会计统计人员考核表、考绩案,公务员动态月报表疑义,会计室员额,处理人事表式及说明,告全体司法会计人员书,办理公务员年终考绩时应行注意事项,生活补助费及公粮会计科目及说明,非常时期公务员资历证件补充办法,三联式递报单及递送薪俸半年报表,各业会计科目印刷本出版发售,所属机关应送会计报表类别名称份数,初任会计人员请委程序,各会计处室编制年度施政计划要点,修正各级政府机关主办会计人员办理交代细则疑义,办理各级主计人员年度考绩案,准予试用任用派用及见习人员考绩考核办法及表式,中央党政军各机关考绩结果呈阅办法,委任职公务员改叙级俸办法,修正主计人员任用条例,公务员登记规则相关事宜的公函、训令、指令、笺;附相关书表、规则、细则、注意事项、说明、办法、表式、要点、条例,考成考绩表册、奖状、任存记状、合格证明书、奖章证书、存根,公务员任用审查表。

656. 司法行政部关于抄发法令讲习大纲、公务员规则等的公文　12－1－840

1944年2月至1945年10月,司法行政部关于抄发学习中宣部、党政军学小组会议及国民月会应用之法令讲习大纲、公务员进修规则、公务员学术文考课规则事宜的训令;附第十三、十四、二十二至三十五号法令讲习大纲,公务员规则。

657. 璧山实验地方法院检查处检验实录等　12－1－841

1944年2月至1945年11月,璧山实验地方法院检查处检验实录,包含时间、地点、检验官、检验员、受伤人、受伤部分、头面部、颈项部、胸腹部、肢指部、背臀部、阴阳部、致伤之理由及重伤或轻伤之断定等栏。附璧山县政府关于匪犯的收票。

658. 璧山实验地方法院办案进行簿等　12－1－842

1943年12月至1944年12月,璧山实验地方法院办案进行簿,包含原告姓名、被告姓名、案由、进行情形、终结情形等栏,附旧收、新收、已结、未结案件数目单。

659. 司法行政部、璧山实验地方法院关于公务员福利补助等事宜的文书　12－1－843

1944年3月至1945年10月,司法行政部、璧山实验地方法院关于转发荐委任待遇人员及其他司法人员抚恤办法,简荐待遇人员、公务员支给丧葬补助费报销,防疫人员染疫死亡特给补助金办法,抗战守土伤亡文职人员从优给与退休抚恤金条例,丧葬补助费请领办法,公务员及其亲属医药生育补助费增加、请领、审核、预借、垫拨、疑义解释、单据清册等式样,卫生支出及特种救济费审查意见,中央公务员医药生育补助办法补充规定及疑义解释,战时公务员因公伤病核给医药办法,已指定及增加指定公务员就诊之医院表,未住院公务员诊疗费支报,调整中央机关公务员生活补助费分区标准数目表,追加工役膳宿补助费情形,战时公教人员子女就学补助费申请,公教人员子女就学中等学校补助办法疑义,收据免贴印花,普通考试及格分发实习之会计审计统计人员发给公粮事宜的训令、指令、呈文、签呈。附铨叙部咨文、原审查意见、本部原呈文、公函抄件,相关数目表、办法、指定医院表、单据清册式样、规定、呈报表、生育证明书、条例。

660. 司法行政部、璧山实验地方法院等关于公务员食米代金事宜的公文　12－1－844

1944年3月至1944年10月,司法行政部、会计处关于公务员食米代金标准加减表,公务员亲属列报配发食米,公粮补发事宜的训令。四川高等法院、璧山实验地方法院关于米金名册审核,补领、垫发米代金及申复案件,米金报销册表及缴还节余,员役请领平价米核定米数及实收代金表暨注意事项,警丁未支领补报家属米金缘由事宜的公函、训令、指令,附加减表,璧山实验地方法院(民国)三十、三十一年实领平价米代金清册、食米不敷分配改领代金人员银数单、核定米数及实收代金表,注意事项,食米代金类现金出纳表,中国农民银行汇款回条。

661. 璧山实验地方法院办案进行簿　12－1－845(1)

1944年1月至1944年12月,璧山实验地方法院办案进行簿,包含原告姓名、被告姓名、案由、进行情形、终结情形等栏。

662. 璧山实验地方法院办案进行簿等　12－1－845(2)

1943年12月至1944年9月,璧山实验地方法院办案进行簿,包含原告姓名、被告姓名、案由、进行情形、终结情形等栏,附旧收、新收、已结、未结案件数目单。

663. 璧山实验地方法院稿件送阅簿、接收判决送阅簿、办结案件稽考簿　12－1－846

1943年12月至1944年12月,璧山实验地方法院检查处检察官稿件送阅簿,检查处检察官接收判决送阅簿,办理民刑诉讼补充办法办结案件稽考簿。

664. 璧山县政府账单清册、璧山实验地方法院公粮和监所作业的书表等　12－1－847

1944年1月至1944年12月,璧山县政府账项核定凭单,(民国)三十三年年度工作计划。璧山实验地方法院公粮费报核清册;看守所各科作业人数细表、收支款项、作业材料、作业成品四柱清册;附设监狱收入计算书、支出计算书、收支对照表、财产目录、作业盈亏试算表、作业纯益金收支一览表。

璧山县政府、建设科,璧山县水利委员会,璧山县营房建筑委员会工程股关于水利委员会常年大会、状元桥两端拆迁补助费会议、物价评议会经常会议、公路建设委员会成立大会、印度农业考察团欢迎大会、补充兵营房建筑地址查勘、璧合璧津公路建筑会议及踏勘事宜的通报。

1934年8月,璧山县政府关于债务案件的民事判决书。

665. 司法行政部、四川高等法院、璧山实验地方法院关于公证事宜的文书等　12－1－848

1943年1月至1944年9月,司法行政部、四川高等法院、璧山实验地方法院关于公证暂行规则,宣传推行公证,办理宣传公证办法,公证事件季报表造报,公证须知及解释,璧山实验地方法院公证处印文刊用周转,聘请当地士绅担任登记公证劝导员,查报历年办理公证情形,公证法及施行细则,修正公证事件季报表格式及说明,办理公证事件暨检查公证说明书,公证费用法,公证法条文删除,区乡镇坊公所实行调解与宣传公证说明及公证暂行规则,抄发广西邕宁地方法院公证处工作报告表,公证簿册书表格式修正表及各类表簿格式等,抄录费加征,颁行法令抄送同级党部,抄送公证须知及登记须知,未税白契先补税,公证事务推事书记官委派,璧山实验地方法院成立公证处,公证人应回避案件办理,公证劝导员出具证明书,登记劝导费报销,办理公证事务应行注意各点事宜的训令、呈文、公函、布告、快邮代电,附相关公证须知、说明、法律、调查表、报告表、修正表、格式、施行细则等。

1941年1月至1942年5月,四川高等法院关于公证暂行规则修正、试办时间延长、变通办法,参酌劝导宣传公证方法办理事宜的训令;附湖北、福建高等法院呈文、司法行政部指令、训令抄件、修正条文。

666. 璧山实验地方法院分案簿、收状簿、征收呈报表、结存数分配表等　12－1－849

1943年3月至1944年12月,璧山实验地方法院收状簿、检查处分案簿,司法助理员征收舟车食宿费呈报表、结存数分配表。

另附黄树云所存器具清单,关于存条遗失注销的呈文。

667. 璧山实验地方法院办理案件稽考簿、办案进行簿等　12－1－850

1943年9月至1945年10月,璧山实验地方法院办理民刑诉讼补充办法,办理案件稽考簿,办案进行簿;附民庭清股月报表。

668. 璧山实验地方法院办结案件稽考簿、办案进行簿等　12－1－851

1943年9月至1945年10月,璧山实验地方法院办理民刑诉讼补充办法,办结案件稽考簿,办案进行簿;附民庭清股月报表。

669. 璧山县警察局关于司法案件等的文书,璧山实验地方法院等关于因犯费用、看守所经费、公务员补助事宜的文书等　12－1－852

1945年10月至1945年12月,璧山县警察局关于执行违警罚法,友军误伤之伤亡平民处置办法及补充办法,防范失业军人、解散工人及难民等之行动,严禁烟毒,警察奖惩,行车宣传标语,调职补缺,收复地区恢复治安,实地查考报告,密捕朱尚恒,通缉逃犯,部队侮辱殴打监军事宜的训令,关于娶妻案、拐逃嫌疑、逃媳、斗殴人犯、拖骗借款、窃物拐逃、不履行执照、戒烟毒、诈蒙案件的保状、领状、证明书、报告、呈文,附办法、通缉书、人犯刑期清册。另有四川省政府关于改善士兵待遇献金的批示。

1943年1月至1944年2月,司法行政部,四川高等法院,璧山实验地方法院、看守所关于囚粮拨发及表册发送,呈报溢支囚人费用及填报实支经费数目表,人犯油盐柴菜费超支、垫发及表册呈送,垫发看守所公务员生活补助费及呈送清单,员工食米拨发,补发食米办法,离职人员未领食米缴送,公务员战时生活补助办法,煤水补助费及膳食补助费报销办法,发送米代金结算表、审核通知单,食米折合率,看守所膳食费表及节余款,领米清单,领发生活补助费清册,监所作业报销,支款情形,呈报不敷经费弥补,辅币缺乏改以一角为单位,看守所支出计算书表,决算表及说明,解释出差旅运规则,国库款项支拨办法,呈送修建监所预算图说及估价单,经临各费注意事项,看守所实支经费数目表事宜的训令、代电、指令、呈文;附囚粮册表填载说明,补助费清单,公函抄件,补助办法,请领食米清单,囚粮名册、四柱清册,请领看守生活补助费及俸薪加成数名单,看守所附设监狱月报表。

1938年7月,最高法院关于杀人未遂案件的刑事判决书。

670. 司法行政部、璧山实验地方法院等关于政府法令、经费等事宜的文书等　　12－1－853

1944年1月至1945年11月,司法行政部,四川高等法院,璧山实验地方法院、看守所关于战时房屋租赁条例,专利法,保障人民身体自由办法及其实施事项的施行、宣传、疑义解释及相关案件的指示,国民政府令调度司法警察条例,查报拘捕人犯案件应行注意事项,法令讲习大纲第二十号,预算分配表及汇发追加数,各机关普通预算、营业预算及决算,经临各费注意事项,经费核减员额,生活补助费及公粮代金预算分配表,经费预算分配表,溢支囚人用费,紧急命令拨款限制办法,看守所经费计算决算各表、岁出预算数事宜的训令、公函、指令、呈文,附相关条例、内政部原呈文、实施事项、宣传要点、注意事项、法令讲习大纲、预算分配表、经费分配表、分配预算、预算清单。

璧山县国民兵团部关于保障军人家属的代电。璧山县遗产评价委员会关于遗产评价委员会评价会议的文书,附遗产继承表、会议记录、议决各单位清单。璧山县银行股份有限公司创立会决议录,所选检查人调查报告书。璧山县□□筹备抗战建国七周年纪念会议记录。定林乡第八保保务会议记录。

1938年11月至1939年5月,无限责任璧山县万寿桥信用合作社关于呈送图模印鉴、创立及相关书表的呈文,附社员名册、调查表、创立会决议录、第一年年度业务计划、社员借款表、合作社借款申请书、登记事项。1940年7月,《司法评论》创刊号。1946年5月,重庆地方法院关于送达诈欺案文书的公函。

671. 璧山实验地方法院诉讼案件归档簿等　12－1－854

　　1944年5月至1945年6月,璧山实验地方法院诉讼案件归档簿,包含案由、当事人姓名、卷宗件数、附件、归档编号、备考等栏。

　　另附关于毁损案件的送达证书。

672. 璧山县政府、璧山实验地方法院等关于人犯、交业案件、火灾及救济等的文书等　12－1－855

　　1943年7月至1944年12月,璧山县政府、军事人犯看守所,县立民众教育馆关于特种刑事案件改由法院办理、军法看守所交接清册、人犯精神教育、聚餐会、收提票回证、在押人犯批示转送、人犯医病、监房修整预算、囚粮不敷、借支事宜的训令、指令、公函、通知、呈文、签呈;附人员职务分配表、临时购置费预算书、预算囚粮请借支黄谷报告、公粮借条。

　　司法行政部关于各地方法院办理公证事务竞赛办法,公证事件季报表格式,司法机关登记簿册及证明遗失补发,改订提存书类、公证书类、不动产登记书类及图式用纸等工本暨登记绘图等费用,追加办公什费等事宜的训令,附办法、季报表、公证法。璧山县政府直辖来凤乡警察分驻所关于分驻所接收情形的呈文,附各项公物移交接收清册、长警夫役移交接收花名清册。璧山县警察局关于借钢盔的公函。四川高等法院第一分院驻渝临时庭、璧山实验地方法院及看守所、附设监狱关于送还人犯以工作,法令转送,看守所月报表,各项统计月报表,监所改造,补助俸清册事宜的呈文、公函。

　　四川省政府、璧山县政府关于抽调保务会议记录的训令、代电,四川高等法院第一分院书记室、璧山实验地方法院关于送达妨害人行使权利案件相关传票、证书的公函,国立教育学院关于运动大会的笺,璧山县知识青年志愿从军征集委员会关于改正关防及文函的公函,合作社新社员入社及认股的通知,璧山实验地方法院关于交业案件的民事裁定书,内江军法监狱囚犯志愿请缨团关于请缨杀敌的快邮代电、呈文。

　　另附璧山实验地方法院看守所及附设监狱人数月报一览表、看守所人数月报表,民事未结案件月报表,案件卷宗收发清册。

　　1949年6月至1949年9月,璧山县政府关于通行证,县参议会议长不能出席上级机关召集会议时的相关问题,警察机关不得任意裁减及不受县参议会拘束,戒严法所列罪案审判,配售枪弹充实地方武力事宜的公函。璧山田赋粮食管理处关于处长到职,璧山县立第二初级中学关于校长到职的公函。重庆市政府、璧山县参议会关于重庆火灾及救济的公函、代电,附会议通知、会议记录。附璧山县财政整理委员会经费收支报告清册,员工薪津领支名册,经费收支报销清册,杂项收据。

673. 四川高等法院、璧山县政府、璧山实验地方法院等关于办公费、公粮收支等事宜的文书等　12－1－856

某年10月至下年9月,璧山实验地方法院司法印纸费收款日记簿。

1943年12月至1944年5月,司法行政部、人事处、四川高等法院,璧山实验地方法院关于首席检察官特别办公费,司法人员支给特别办公费办法,各机关长官调训期间支给特别办公费,非常时期特别办公费支给原则等事宜的呈文、公函、指令、训令。附特别办公费支给细则、支给原则,本部原呈文。

1944年12月至1945年8月,璧山县政府经收处公粮收支对照表,璧山实验地方法院关于脱逃案件的检察官不起诉处分书。

674. 璧山县政府账项核定凭单　12－1－857（1）

1944年1月至1944年5月,璧山县政府账项核定凭单,包含借、贷、事由、机关长官、会计人员、有关经办人员等栏。

675. 璧山县政府账项核定凭单　12－1－857（2）

1944年6月至1944年9月,璧山县政府账项核定凭单,包含借、贷、事由、机关长官、会计人员、有关经办人员等栏。

676. 璧山实验地方法院司法印纸表存售簿　12－1－858

1944年1月至1944年9月,璧山实验地方法院司法印纸表存售簿,包含类别、金额、印纸、旧管、新收、售出、合计等栏。

677. 璧山实验地方法院羁押被告一览簿表、录事服务簿、移交清册等　12－1－859

1943年10月至1945年4月,璧山实验地方法院羁押被告一览簿,刑事被告羁押一览表;某年10至12月的检查处录事服务簿,某年的检查处分案簿;刑事进行案件、刑事已结案件、民事进行案件、民事尾卷、刑事尾卷、各项簿册移交清册;检察官关于呈送刑事被告羁押一览表的呈文。

1949年1月至1949年11月,前四川璧山地方法院统计室、庶务室财产移交清册。

678. 乡长移交清册,县政会议簿册,法院补助金清册、做工人犯名册等　12－1－860

1944年2月至1944年12月,璧山县梓潼乡卸任乡长蔡承禹任内移交清册,璧山县政府(民国)三十三年度春季扩大县政会议出席签到簿、指导长官暨来宾签到簿;璧山实验地方法院员工菜蔬补助金清册,看守所做工人犯名册,附设监狱在押与做工人数日报表。

另附大足县司法处关于抄寄璧山律师公会章程的公函,璧山县卫生院关于实习医师参观请派员指导、看守所人犯药费的笺;公款收据,关于认购战时公债救国通知,不动产、动产登记表。

679. 璧山县政府支出凭证簿,璧山实验地方法院杂项收据等　12－1－861

某年8至9月的璧山县政府支出凭证簿。

1944年12－1945年1月,璧山实验地方法院关于缸炭、工资、皮鞋带、笔墨费、扫把、灯芯、修锁配钥匙费用、修理藤椅费用、刻木戳费用等的收据,附璧山实验地方法院购买邮票凭据、大东书局重庆分局发票、璧山四宝阁文具纸庄印刷社发票。

680. 璧山实验地方法院做工人犯名册、在押与做工人数日报表,县政会议相关表册等　12－1－862

1944年4月至1944年12月,璧山县国民兵团龙凤乡队国民兵名册。璧山实验地方法院看守所做工人犯名册,附设监狱在押与做工人数日报表。

四川省第三行政督察区璧山县扩大县政会议汇报表,璧山县政府(民国)三十三年度春季扩大县政会议本府各科室提示时间分配表、须知、出席划到簿、指导长官暨特约来宾签到簿。

681. 璧山实验地方法院及看守所等关于公务员义务劳动及考成考绩、人犯囚粮副食表册、看守所工作报表等事宜的文书等　12－1－863

1944年6月至1945年6月,四川高等法院第一分院、璧山实验地方法院关于刘志荣窃盗案的提票回证、呈文、公函、训令。璧山县警察所、国立社会教育学院关于学生储藏室被窃案的公函,附失物清单。璧山实验地方法院关于给付租谷案的训令、通知、民事执行命令,关于窃盗案赃款没收、杀人案的检察官公函,关于诬告案件的检察官起诉书。关于蓄意诱拐的报告。

1944年8－1945年11月,司法行政部,璧山实验地方法院、检察官、看守所关于公务员义务劳动实施办法及疑义,检察官考绩结果,人事主管人员平时成绩考核记录表,监所人员名册及动态月报表,监所状况调查表,看守所附设监狱普通司法人犯囚粮月报表,囚粮副食费及册表,寄押人犯口粮名册,收容普通司法人犯概数及所需囚粮数量表等事宜的训令、快邮代电、指令、呈文、公函,附相关实施办法、队部编制表,考绩考成表册。另附璧山实验地方法院公粮费报核清册、刑庭推事结案月报表。

1943年2月至1945年1月,璧山实验地方法院、看守所关于看守所月报表、各项统计月报表、名册、工作报告、工作计划、各项监狱册表的呈文、指令,附看守所禁押人犯简明表、日报表、人数月报表、人数月报一览表、改建炊场工程结算表、看守名册、工作报告、工作计划、处理营业会计办法、人数季报表、人犯教育实施程序、第二工场注意事项、做工人犯名册。

682. 璧山县政府、璧山实验地方法院等司法案件杂卷　12－1－864

1944年8月至1944年12月,璧山实验地方法院关于诈欺、背信、伤害、变造及伪造私文书、诬告、侵占、窃占、窃盗、侵入住宅、妨害权利、妨害农业、抢夺、妨害自由、毁损、脱逃、妨害兵役、重婚、赃物、违反出征抗敌军人婚姻保障条例、通奸、妨害婚姻案件的刑事判决书、刑事裁定书,关于返还借谷、给付债款案件的民事判决书。

1944年11月至1945年7月,璧山县政府关于龚四文杀人案函送璧山实验地方法院处理的呈文、公函。璧山县政府关于龙学海等窃盗案的刑事案件移送书,军法案件审讯笔录,提票回证。永荣师管区司令部、璧山县政府关于贪污案的快邮代电、刑事案件移送书、呈文、公函、指令、报告。陆军第三十二军司令部、璧山县政府关于与军人之妻结婚案的公函、代电。青年远征军第二〇一师、璧山县政府关于冒充军队调查员企图诈财行劫案的公函。璧山县政府、璧山实验地方法院检查处关于估拉顶替没收财物案卷宗的公函。关于拦路劫杀案的呈文。

1945年5月至1945年10月,璧山县政府关于妨害兵役、诬告、舞弊、赃物、毁损、抢劫、杀人、凶殴、携带弹药物款潜逃、窃盗、贪污等案件的刑事案件移送书、提票回证、收票回证、军法处传票回证,关于服役潜逃案保证书、妨害公务案的公函。另附璧山县丁家乡乡民代表大会关于无理滋闹案的呈文。璧山县城西乡十一保第八甲关于赴院候案的证明书等。

683. 璧山实验地方法院检查处检验实录　12－1－865

1944年2月至1944年7月,璧山实验地方法院检查处检验实录,包含时间、地点、检验官、检验员、受伤人、受伤部分、头面部、颈项部、胸腹部、肢指部、背臀部、阴阳部、致伤之理由及重伤或轻伤之断定等栏。

684. 司法行政部行政法规、璧山县户口统计表、璧山实验地方法院民刑诉讼比较表等　12－1－866

1940年2月至1945年5月,司法行政部、四川高等法院、璧山实验地方法院关于凡属调任法院组织法部分条文之职务均为转任,修正司法行政部组织法,司法行政部改隶行政院,最高法院设置分庭条例,高等法院及分院处务规程暨地方法院及分院处务规程各修正全文的训令,附组织法、条文、条例、规程。

1935年1月,典狱员关于人犯病危的签呈。1944年7月,璧山县大兴乡镇户口统计表。1944年3月,璧山实验地方法院看守所暨附设监狱概况。1946年7月,璧山县大兴乡人事登记申请书。另附制作民事判决原本注意事项,璧山地方法院办理民刑诉讼补充办法与民刑事诉讼法比较表。

685. 璧山地方法院执行已决人犯名册、档案文书移交清册等　12－1－867

1948年7月,璧山地方法院看守所执行已决人犯名册。璧山地方法院检察官交接未结刑事案件、已结刑事未归档案件、行政卷宗未归档、图书公报、各庭科室应用簿籍清册,检查处移交纸张数量清册、出纳室移交清册、移交经费类总平衡表,药品清册。

686. 璧山地方法院刑事收状簿　12－1－868

某年11月至下年1月,璧山地方法院刑事收状簿,包含进行号数、月日、类别、件数、案由、原告自诉人姓名、被告姓名、收受处印章、备考等栏。

687. 璧山实验地方法院、看守所等关于监所作业及经费等事宜的文书　12－1－869

1943年11月至1944年12月,司法行政部,财政部川康直接税局璧山分局,璧山实验地方法院、看守所关于添设织布科,成立印刷科及合约修正,撤销缝纫科,购买机纸、代树胶、白布、石印机及附件,作业成品免税,承印民刑状心涨价,承办物件品名价格呈报,鞋工科产销及扩充,承办机关印刷业务,作业基金书表,工场修建及购置各费情形、临时费支出计算书表,月报表及作业收支计算书,纯益金下支给特别办公费、购置器械费,监所作业基金不敷周转暂定补救办法,主管营业投资及其他非消耗性质款项数目表及说明,经营监所作业免征营业税,监所作业管理人员奖惩办法,各省新监所办理作业状况,各监所作业人数推进,办理作业进度抽查呈报,整顿秩序及监督人犯作业,作业器械检查收藏,作业纯益金收入减少,人犯减少影响作业及拟具救济办法,借提、送还人犯做工,移提人犯教习鞋工,囚粮副食费承担,石匠、水泥匠、木匠人犯,拟订监所作业斟酌成品原价、人工及偿典金或工资等数额标准,拖欠工资案,债务案件的呈文、训令、指令、公函、通知、笺、支付命令,附相关物品清单,看守所作业科目表、预算书、扩充工场计划一览表、估单、计算书、收支对照表、借提人犯名册,石印机发票,债务案件的收发证、收状证,四川高等法院原呈文,合同文约,奖惩办法,数目表及说明。

淀粉及酿造示范实验工厂关于寄送样品的信函。另附各县司法人员庭讯时关于仪式之整饬办法。

688. 丁家乡军警团联合督察处等关于违反军纪案等的文书，通行证登记簿，党员名册，统计表   12－1－870

　　1943年7月至1944年4月，重庆卫戍区第四分区司令部、璧山县丁家乡军警团联合督察处关于张俊阻挡士兵及劫商、违反军纪、保释服务案的报告、指令、审讯笔录、报告、签呈、保状、批文。

　　1942年发各机关法团通行证登记簿。1939年12月璧山县执行委员会党员名册。1945年6月至1945年10月，国民党四川省璧山县执行委员会新征党员统计表，国民党四川省征求新党员名册。

689. 司法行政部、四川高等法院、璧山实验地方法院关于法人登记、水利法、囚粮等事宜的文书等   12－1－871

　　1943年9月至1944年8月，司法行政部、四川高等法院、璧山实验地方法院关于设立法人登记处及登记情形，抄发法人登记规则及簿册格式，检发法人登记申请书等格式及记载例，改变法人登记申请书等售价，法人登记规则及非诉讼事件征收费用暂行规则修正全文，高等法院以下各级法院缮状处规则修正条文相关事宜的训令、呈文，附法人登记规则及簿册格式（民国十八年十二月），相关申请书格式、记载例、规则、修正条文，不动产暨法人登记事项季报。

　　1942年10月至1944年1月，司法行政部、四川高等法院关于水利法、非常时期强制修筑塘坝水井暂行办法、水利法施行伊始亟应普遍宣传并谋彻底执行案事宜的训令，附水利法、办法、提案抄件。

　　1943年3月至1945年1月，四川高等法院，璧山实验地方法院、看守所关于呈报看守所自备饭食者，囚粮折价、拨借、册表、分量改变、定量、超溢、负担，重订稽核监所囚粮办法及囚粮报告表册格式及填载说明，寄押寄禁军事人犯口粮及用费支给办法修改，办理囚粮表册人员，油盐柴菜册表，筹设公共食堂购置费，设立员工福利等事宜的训令、呈文、指令、代电，附囚粮分量分配表，囚粮概数表。

690. 璧山实验地方法院关于职员补助费事宜的文书等   12－1－872

　　1941年2月至1944年1月，财政部、中央银行、四川高等法院、璧山实验地方法院关于公务员、警丁役守的两种生活补助费、临时生活补助费、临时膳房补助费、工役膳食费、煤水补助费、食米代金的各种表册簿据、节余款解缴及不敷支拨、会计报告、拨发、增加、标准、停发、抵解法收及垫款数目、报销、溢支、确认领取人在职、预算核示、收款证，两种生活补助费报销及结束办法，生活补助费分表，生活补助费造报办法，调任人员在程期之生活补助费及平价米或代金支给，改善中央机关工役生活办法，煤水补助费未支转作公共食堂费用，非常时期改善各省司法机关警丁看守生活办法,增加薪津,购买员役食米,设法维持员役食米及囚粮,检察官行踪事宜的公函、呈文、训令、快邮代电、指令、笺,附相关收支对照表、收支比较表、名册、办法、须知、分表、收据、清册,审计部四川审计处核准通知,中央银行国库局岁入科发送表单目录、总库收入日报,城西乡中心学校承领本校及所属各保国民学校食谷盖章册,大路乡中心学校现有员工领谷名册,六塘乡发给抗敌征属年节优待金征属领款人姓名册。

691. 璧山实验地方法院日常行政工作事宜的文书等　12－1－873

1942年5月至1945年,璧山实验地方法院关于人事管理、员警训练、年终考绩、业务检讨与学术会议、合作社与公共仓堂办理、办理缮状情形、改善诉讼进行方法等事宜的文书。另有办理民刑诉讼补充办法各条之意见,民事适用实验法规统计,赃物处分情形一览表,公证登记统计表,收入比较表,事务分配表,书记室庶务股办事细则,请领物品簿,财产登记簿,助理员征收舟车食宿费及支销办法,助理员征收旅费报告、支出计算书、计算标准及说明,适用实验法规结案月报表,办案进行期间表,办理民刑诉讼补充办法,报告,工作报告书,民刑诉讼及侦查案件收结一览表,依财务法规办理罚锾案件统计表。

1945年5月,司法行政部、璧山实验地方法院关于如何使政令贯彻到基层而能确实执行案、业务检讨会议与工作进度考核办法的训令、提案。1938年10月至1942年9月,李炳良告张述云、钟汉云案的报告,接龙乡中心学校公债基金报告单。1948年1月至1948年7月,璧山地方法院检察官关于特种刑事已结未结案件月报表的呈文,附刑事已结未结案件表。1949年11月,璧山专署杨家祠农业生产社关于办公费、种猪饲料费预算的文书。

692. 司法行政部、四川高等法院第一分院、璧山实验地方法院关于司法机关工作相关法令的文书等　12－1－874

1943年9月至1944年12月,司法行政部、四川高等法院第一分院、璧山实验地方法院关于敌国人民处理条例、敌产处理条例及施行细则,出征抗敌军人家属诉讼案件办理,法院裁判书类送达正本,有关财产权之民事诉讼案件之诉讼价额,盐务机关解办人犯判决书免缴抄录费,川省防区时代提卖之庙产会产纠纷事件解决办法,窃盗赋谷案处理,检察官要准时开庭、态度平和、详阅案卷,战区战地警政,川康特设烟毒军法机关,司法机关没收物品,业佃纠纷,法院违法执行毁损逼迁,第一审管辖区域诉讼当事人在途期间表填载例及说明,财产权使用姓名,寄送卷宗证物,县参议员与县政府职员发生诉讼的处理办法,送卷宗及办事程序,法院嘱托调查案件办理,封锁线输出输入实物结算办法,第三审案件裁判费,刑事案件迅速结案节省囚粮,窃盗美军军用品及财物案件,役政人员被控案件,优待出征抗敌军人家属条例疑义,民事上诉利益最高额数,兵役诉讼案件处理,民刑案件迅速结清,改订民事诉讼法,修正房捐条例,惩治偷漏关税暂行条例,军机防护法,更正遗产税暂行条例,不得擅用私刑滥施体罚,公务员亲属配发食米,房租收入不敷缴纳土地税及房捐等补救原则,粮食舞弊案,保障人民身体自由办法及实施事项,修正县司法处办理诉讼补充条例,没收花纱布匹拍卖,著作权法施行细则,法院工作注意法定程序,货物统税条例,无期徒刑人犯减刑后办理假释移垦调服军役计算执行刑期疑义,减刑办法疑义,处分没收物品,司法院法令解释案,命案勘验,刑事案件被告羁押,未规定有权逮捕人民之机关应修改法令,土地所有权登记开始,停止办理不动产登记事宜的训令、呈文、布告,附司法行政部、四川省政府、零道师管区、綦江县临时参议会原签呈、报告、训令、代电、公函、议案、建议书、呈文抄件,相关条例、施行细则、在途期间表及说明、结算办法、结算比例价值表、申请书。

1944年7月,川康区合川盐务支局关于私盐案件罚锾提成及没收物充公事宜的代电,附重庆分局训令抄件。

693. 璧山实验地方法院司法档案判决书卷 12-1-875

1944年1月至1944年2月,璧山实验地方法院关于租佃纠纷、确认买卖契约无效、给付租谷、偿还借款、确认合法占有、赔偿损害、给付黄谷、确认典约无效、终止租约、确认大佃契约无效、分割遗产、缔结租约、迁让房屋、给付毛铁、执行异议、掉换菜饼、确认共有物、排除侵害迁让交业、返还产业、返还绝产、给付欠款、回赎典产、给付菜刀、债务事件、给付公费、兑付票据、增加租谷、租佃纠纷等案件的民事判决书、民事裁定书、和解笔录、民事调解笔录、支付命令等;关于诬告案件的刑事判决书。

694. 璧山实验地方法院司法档案判决书卷 12-1-876

1944年9月至1944年12月,璧山实验地方法院关于给付价金、给付债款、领押交业、确认契约无效、返还产业、给付租谷、搬迁交业、返还耕牛及赔偿损失、请求交业、另订买卖契约、返还田土及房屋、给付欠租、返还租谷、确认租谷额数、终止租约、确认租赁关系消灭、承租耕地、返还分关、赔偿医药费、继续承租、分割遗产、迁让房屋、返还垫款、确认分关无效、偿还借款、交付耕地、优先承买、执行异议、确认所有权、确认业权、确认大佃契约无效、回赎典产、返还租赁物、解除契约暨增加给付、返还锄头、返还衣物、确定讼费、租佃纠纷等案的民事判决书、民事裁定书等,关于毁损窃盗案件的刑事判决书。

公文一

695. 四川高等法院第一分院、璧山县政府、璧山（实验）地方法院司法案件杂卷等　12－1－877

1941年7月至1942年3月，重庆卫戍区第一警备区司令部、璧山县政府、璧山县军法监狱、璧山地方法院检查处关于邱进修、汪维舟等鸦片案、脱逃案及其执行，上述人犯请求提释、报告患病等案的公函、判决书、咨文、呈文、保状、押票及提票回证、指挥执行书、案件点名单、审理笔录。1937年4月，重庆四川高等法院第一分院关于破产事件执行命令抗告案件的民事裁定书。1944年5月至1944年6月，四川高等法院第一分院、书记室，璧山实验地方法院书记室关于白世昌控妨害自由案的刑事附带民事判决书、公函、送达证书。

1940年11月至1942年1月，璧山地方法院办案进行归档簿，司法印纸存售日记簿。

696. 璧山县中心国民学校支出表簿、乡农会职员履历表、乡镇屠宰税猪羊只配额表、县政府工作计划等　12－1－878

1944年9月，璧山县城东乡中心国民学校支出凭证簿、生活补助费表、工役副食费表、工饷表、俸薪表、会计报告，附四宝阁文具纸庄印刷社发票。璧山实验地方法院执行命令格式。1944年1月，璧山县依凤乡乡农会职员履历表。

另附璧山县（民国）三十三年度各乡镇屠宰税各月份猪羊只配额表，（民国）三十二年度各乡镇屠宰税猪羊只最低比额表。璧山县政府关于民政、财政、教育、建设、保安、社会、地政、粮政、卫生、禁烟、会计、统计、组训民众、管制物价、总类、兵役、田赋的工作计划。

697. 璧山地方法院等关于伪造私文书案的文书，侦查案件终结登记簿　12－1－879

1946年3月至1947年4月，四川高等第一分院书记室，璧山地方法院、书记室关于汪心荣伪造私文书案的刑事上诉状、代用司法印纸联单、公函、刑事委状、讯问笔录、送达证书、传票、刑事公证状、呈文、刑事判决书。

1944年1月至1944年12月，璧山实验地方法院检查处侦查案件终结登记簿。

698. 璧山县狮子乡户口调查表　12－1－880

1944年5月，璧山县狮子乡户口调查表，包含户别、名称、住址、本籍、寄籍、暂居、婚姻状况、受教育程度、从业及职务处所、废疾等栏。

699. 璧山县乡保会议记录、法院工作报告、县政会议记录等　12－1－881

1944年1月至1944年10月，璧山县狮子乡、大兴乡、三教乡、广谱乡各保保民大会、保务会议的会议录,内容涉及教育、兵役、经费、治安、摊派、赋税、工程荒地、户口、保甲规约决议案、公民登记、开会、驻军砍摘竹木菜蔬、消费合作社、历书、冬防、清费合作社社员登记、国民兵受训点阅等事宜。

中兴乡乡公所乡务会议记录,内容涉及民众组训、备荒积谷。中兴乡乡民代表会第二届会议记录,内容涉及考核学校成绩、代购军训部稻草价款拟捐作修建大礼堂经费、积谷清理、警卫队丁副食费、购买公谷、被劫连坐、警卫队弹药、调解人民纠纷、国民兵检阅经费、公共卫生、壮丁安家费、肃清烟赌等事宜。

马坊乡乡民代表会第一次大会会议记录目次、主席及代表名单、审查委员及召集人名单、会议记录,内容涉及巡查队丁及食米、整饬市容、电话经费、公路植树、升斗大小、淡水养鱼、道路补修、追收积谷等事宜。

璧山实验地方法院关于工作报告书表的呈文,附(民国)三十二年十至十二月工作报告。璧山县政府关于春季扩大县政会议记录暨重要提案汇报表的呈文,附会议记录。

700. 璧山实验地方法院司法档案判决书卷、拍卖布告　12-1-882(1)

1944年8-1945年1月,璧山实验地方法院关于领押交业、给付欠租、给付面粉、清算账目、返还黄谷、返还农具、返还田业暨分关、租谷申请处分、确认婚约无效、搬迁交业、撤销无偿行为、返还房土、回赎典产、终止租约、给付食米、回复原状、赔偿衣物、返还田产收益、返还借谷、返还业价及赔偿损失增加给付、偿还借款、离婚、止约交业、给付租谷、交付契约、给付租金、损害赔偿、返还洋纱、返还押金等案件的民事判决书、民事裁定书。另附璧山实验地方法院关于不动产查封拍卖的布告的格式。1944年6月,关于呈报购运晚稻种子花费的签呈。

701. 璧山实验地方法院司法档案判决书卷　12-1-882(2)

1944年7月至1945年1月,璧山实验地方法院关于止约交业、搬迁交业、领押交业、给付租谷、执行异议、确认业价、给付债款、履行契约、回赎典产、终止租约、撤销买卖契约、求偿黄谷、移转佃权、返还产业暨文契租谷、返还田业、确认所有权暨返还产业、返还洋纱、返还黄谷、确认熟土所有权等案件的民事判决书、民事裁定书、和解笔录等。

702. 璧山县保校职雇员领米名册等,璧山实验地方法院等关于报告表册、经费等事宜的公文等　12-1-883

1944年2月至1944年12月,璧山县来凤乡各保校现有职雇员领米名册,城东乡中心国民学校工役副食费表。

1941年11月至1945年12月,四川高等法院检查处,璧山实验地方法院检查处、看守所关于各机关人事管理实施状况报告表、减少填送表册、各机关任用情形报告表式、司法警察身份书填报、司法警察裁撤、解释出差旅费规则、国内出差每日膳宿杂费分区支给数额表、中央及各省机关员工复员各项经费支给办法、调用赴任人员旅费事宜的呈文、指令、训令,关于送达文件服务簿,法警擅离职守、请假,充任法警的报告、请假书、保状,关于终止租约案的和解笔录;附相关概况表、报告表、任用审查表及说明、官俸表、身份书、指纹表格式、规则、数额表、支给办法、各年度岁出款缴款书。

1944年1月至1944年4月,璧山县农业推广所、江苏私立正则女子职业学校蜀校、私立淑德女子中学、璧山县卫生院关于参加公教消费合作社社员名册及股金收据、派员接洽社员入社登记事宜的公函等。

703. 璧山县政府及警察局等的司法案件杂卷,县政府工作计划、法院岁出预算分配表、抗战损失调查文书等　12－1－884

1944年7月至1944年12月,璧山县政府,国民兵团部,警察局,来凤分驻所,大兴乡乡公所关于战炮总队汽车压毙压伤行商挑足、和诱拐逃、背夫行淫、污辱征属、诱奸征属、私宰牛只、挑运牛肉、茶馆停业、妓女、阻扰兵役等案件的呈文、申请书、保状、审讯笔录、军法审讯庭单、公函、签呈、临时收票回证、文书。

1944年5月至1944年8月,璧山实验地方法院及看守所(民国)卅三年全年度岁出预算分配表,抗战损失调查委员会组织规程、抗战损失调查办法及查报须知,璧山县政府(民国)三十三年度工作计划目录。

1944年6月至1944年12月,璧山实验地方法院首席检察官关于检送伤害、毁损、诈欺、伪造私文书、窃盗、遗弃、诬告案卷宗并依自诉程序办理的文书,检察官关于送伤害案卷宗并案办理的公函,附关于伤害案的刑事申请。

1944年3月至1949年11月,公证书登记簿。

704. 璧山实验地方法院收状簿　12－1－885

某年1月至5月,璧山实验地方法院收状簿,包含进行号数、月日、类别、件数、告诉人姓名、被告人姓名、案由、备考等栏。

705. 璧山实验地方法院缮状登记簿　12－1－886

某年5月至9月,璧山实验地方法院缮状登记簿,包含月日、申请缮撰状人姓名、案由、缮状或撰状、字数、征收数目等栏。

706. 璧山县警察分所司法案杂卷、战时防护防奸等公文　12－1－887

1944年7月至1945年4月,璧山县政府关于贪污、鸦片、抢劫案件的指挥执行书、提票。丁家乡警察分所、私立璧南初级中学关于窃盗、未经许可私当平价布、替贼销赃、引诱妇女、私买窃物、工钱纠纷、打架、男女不当关系、女子装哑、窃盗案的呈文、报告、保状、申请、讯问口供单、领状、缴状、公函,附失物清单、服兵役志愿书。

1944年9月至1944年11月,璧山县警察局关于后方设防及扼要地带防护、严防奸细汉奸、重庆卫戍区总司令部取缔卫戍区内摄影写生办法、清剿公路附近土匪、勤务兵拐逃手枪、窃盗、缉捕匪犯事宜的训令、代电,附办法。

707. 璧山县警察局来凤分驻所司法案件杂卷,附实押军事犯报告表等　12－1－888

1944年2月至1944年10月,璧山县警察局来凤分驻所关于小车载客纠纷、打架、口角纠纷、损毁、横恶拖骗、妨害身体及财产、娼妓、窃盗、买卖赃物、妨害风俗、债务纠纷、殴打伤害、借制服、典当纠纷、夺取财物、卖黄鱼不守秩序、逆亲触母、购票纠纷、保外就医等案的审讯口供记录单、保状、领状、报告、医师处方、悔过书、呈文。附1944年7月璧山县政府军法监狱实押军事犯报告表。

708. 璧山县警察局司法案件文书,看守所人犯囚粮副食的表册等　12－1－889

1944年1月至1945年9月,璧山县警察局来凤乡分驻所、丁家乡分驻所、第二区警察所,巴县走马乡第十八保办公处,农林部派驻巴县农场经营指导员办事处,交通部驿运总管理处重庆驿运服务所渝桦段丁家坳站,交通部川陕线驿运管理分处丁家坳站、四川公路管理局丁家坳站,交通部交通技术人员训练所,璧山县丁家乡中心学校关于窃盗、买卖赃物、侵入住宅、毁损、买布登记、债务、报告吸烟不实、言语纠纷、妨害卫生、为小孩发生纠纷、凶殴伤害、隐匿公物军服、租佃纠纷、典当纠纷、烟毒、诬良为盗、酒后发狂、妨害秩序、旅店登记不明、冒犯警士、有伤风化、唆使奸宿、卖粮逃税、私买平价布、不履行执照、赌博、私带货物、违犯规章及破坏交通工具、妨害交通等案件的审讯口供记录单、领状、报告、保证书、悔过书、证明、申请书、公函等。

1943年10月至1944年10月,璧山县政府军事人犯看守所、司令部第九补训处寄押犯证明册、犯食证明册、囚犯主副食费证明册、囚粮结算底册、请借囚粮底册、寄押犯食米及副食费清册、寄押犯囚粮总结算单、人犯灯油柴炭费清册、囚犯主副食费证明册格式。

1943年2月至1944年12月,璧山县政府军事人犯看守所关于人犯患病、病死、去除镣铐、脱逃的呈文、报告、检验单,另附实押军事犯报告表。璧山县地方行政干部训练所关于派丁服务的笺。璧山县城南乡乡公所关于新兵营房修建费、志愿兵设备费、八十三师慰劳费分配的训令。私立璧南初级中学关于指导毕业仪式的文书。经济部商标局关于祝贺丁家乡警察分驻所成立的笺。丁家乡乡公所关于乡民代表会、乡务会议的通知。私立公正高级会计职业学校关于复校的公函。璧山县政府警佐室关于购发夏季长警汗衣平价布的通知。国民党四川省璧山县第三区党部关于元旦庆祝会筹备会的文书,附丁家乡各界筹备元旦庆祝会会议录。四川平民教育促进会、私立脩平中学、江津县立简易乡村师范学校关于聘用教员的聘书。交通部驿运总管理处重庆驿运服务处青桿段关于设置来凤驿站的公函。军政部军需署第一织布厂第二分厂关于维持治安的公函。宪兵学校第二十二期军士第二大队关于警岗迁移的公函。璧山县警察局关于警长开除及补缺的指令。重庆卫戍区第四分区司令部、璧山县政府关于匪徒抢劫、腾让学校为营房、抗战伤亡警长警士从优核恤办法的代电、训令、呈文,附办法。另附(民国)三十一年度各县旧监狱人犯出入人数单,看守所内部状况单,各机关经费状况单,赶办表册清单。

1948年8月,璧山县政府关于璧泉培修费预算书的公函。

709. 璧山实验地方法院关于人犯刑罚执行事宜的文书　　12－1－890

1943年11月至1945年12月,璧山实验地方法院检察官、看守所关于诬告、窃盗、伪造文书、妨害兵役、赃物、妨害家庭、诈欺、伪造货币、伪造印章、妨害自由、妨害行使权利、抬高盐价、脱逃、抢夺、吸食鸦片、杀人未遂、行使伪币、毁损、通奸、侵入住宅、重婚、诱拐、窃占、抢劫故意杀人、贪污等罪的人犯刑罚执行及执行书、期满出狱、缴纳罚金、患病就医、怀孕保释、转监、强制工作、移送民庭、减刑、执行死刑,执行期满出狱人犯名册,减刑案件办理,已决人犯名册,执行刑罚一览表等事宜的呈文、指令、训令。附执行期满出狱人犯名册、人犯名单、现有已决人犯名册、执行刑罚一览表。

710. 璧山实验地方法院发文件簿、考勤簿　　12－1－891

某年9月至下年5月,璧山实验地方法院发文件簿,包含发文月日、发文号数、去文机关、文别、去文号数、摘要、附件备注各栏。

某年2月至下年4月,考勤簿,包含月日、姓名、上午、下午、签到、签退各栏。

711. 璧山实验地方法院及看守所等关于供应医疗药品及器械、防疫等事宜的文书　12－1－892（1）

1944年1月至1945年12月,卫生署战时医疗药品经理委员会,璧山实验地方法院、看守所,璧山县卫生院关于卫生署供应中央各机关医疗药品办法,住院证明书、生产证明书、医院收费单据式样,购买医疗药品、设备、器械及其调查表、订购单、清册、价目表,办理人犯清结卫生情形、课目表,各监所施用部发囚人药品办法及表式,"阿的平"用法说明,办理卫生情形,人犯注射疫苗防疫及报告表,拨发疫苗,推进卫生医疗工作,防疫及情形报告表,首例回归热及防治,灭虱相关事宜的训令、公函、呈文、签呈、指令、笺、公告等。附相关办法，证明书、单据、调查表及式样，清结课目月表、日表、季表、清册，说明书，报告表等。

司法行政部、监狱司关于拨发红十字会药品、"阿的平"、奎宁的笺等。

712. 璧山实验地方法院等关于看守所人犯疾病、卫生医药处理事宜的文书　12－1－892（2）

1943年8月至1944年5月，财政部四川省璧山县田赋管理处，璧山县政府、军事人犯看守所，铜梁地方法院，璧山县城区警察所，来凤乡乡公所关于人犯患病、提验、医治、保外就医、病死及检验、临产提验，疾病及诊断证明书，人犯调服劳役、保释、减刑，人犯领寒衣被子名册，人犯脱逃事宜的呈文、检验单、指令、公函。附名册、发棉服单。

1943年10月至1944年4月，璧山实验地方法院、看守所关于人犯清结课目表，看守所医药卫生事务与卫生院所商办法、规定卫生事项，卫生署供应中央各机关医疗药品办法，住院证明书、生产证明书、医院收费单据式样，医药设备费预算书及估价单，卫生室药品器械用具清单，购办西药清单等事宜的训令、指令、呈文、签呈。附课目表、预算书、估价单、西药清单。

713. 璧山实验地方法院关于司法案件的提票、管收票、押票等　12－1－893

1944年4月至1944年12月，璧山实验地方法院关于伤害致死、窃盗、另案提解县府审讯、杀人、高抬盐价、使用伪币、依管收民事被告人规则管收、债务、诈欺、妨害兵役、伤害、妨害自由、抢夺、伪造文书、妨害公务、脱逃、重婚、侵占、贪污、赃物、离婚、妨害权利、公共危险、和奸、诬告、借提、遗弃等案件的提票及回证、管收票、刑庭押票及回证、检查处提票、检察官押票、关于羁押人犯的文书。另附各乡统计单一张。

714. 璧山实验地方法院关于司法案件的提票、管收票、押票等　12－1－894

1944年7月至1944年12月，璧山实验地方法院关于和奸、窃盗、贪污、重婚、伤害、妨害家庭、债务、依管收民事被告人规则管收、妨害兵役、抢夺、杀人、伪造、毁损、妨害公务、侵占、脱逃、伤害致死、诈欺、离婚、伪造署押、诬告、过失致人死、侵入住宅、另案在押、粮食执行、妨害自由、借提、妨害婚姻、妨害人行使权利、通奸等案件的提票、管收票回证、刑庭押票、提票、检察官押票、检查处提票；关于送来人犯强制工作的检察官文书。

另附璧山县政府关于县防护团改组及职员姓名表的指令。

715. 璧山实验地方法院关于监所月报表等事宜的文书等　12－1－895

1944年1月至1945年12月,璧山实验地方法院看守所关于监所月报表填载说明、呈报、更正监狱月报表事宜的训令、呈文、指令,附监所月报表填载说明、格式,四川省(民国)三十二年九、十两月份未遵监狱月报表各监所清单,看守所附设监狱(民国)三十二年九月至三十四年十二月报表,(民国)三十四年度看守所工场作业计划书。

716. 璧山实验地方法院及警察局等关于司法案件的文书,看守所各类名册报表等　12－1－896

1943年11月至1945年6月,重庆卫戍区第四分区司令部、璧山县政府关于鸦片、烟犯、逃兵、匪犯、欠税款、盗匪、贪污渎职、侵吞烟土、盗卖、兵役等案件的收票、临时收票、押票,附新收人犯票及姓名统计单。

四川高等法院第一分院、璧山县政府、璧山实验地方法院关于王大模、娄海云、熊伯坤、胡绍轩、吴清云、张萧氏窃盗,唐绪良抢夺等,雷显震贪污,王海云诈欺、窃盗、脱逃,刘永章使用伪币案的看守所附设监狱身份簿、行状录、人相表、指纹纸,检察官执行徒刑拘役指挥书,刑事判决书,刑事裁定书,县政府指挥执行书。璧山县警察局来凤分驻所关于妓女嫌疑、妨害风俗、不守规则、窃盗案件的保状、文书、审讯口供记录单、证明、供单。

璧山实验地方法院看守所工作人数名册,附设监狱在押与做工人数日报表,时间不详的看守所寄押人犯日报表。另附璧山县防护团关于改组及造具职员姓名表的呈文。1944年3月至1946年9月,人犯罪行刑期统计簿。

717. 璧山县政府、军事人犯看守所关于人犯、费用等事宜的文书,实押人犯日报表等　12－1－897

1944年6月至1945年2月,璧山县政府、军事人犯看守所关于人犯患病提验、病死检验、脱逃、服役、家属病危返家,囚粮借拨、戒烟丸、空袭疏散、建筑病室及预算书、图说相关事宜的呈文、报告、签呈、指令、便笺,附预算书、估价单、图说、支出汇总账单。

1944年7月至1944年10月,璧山县政府军事人犯看守所关于生活补助、副食、灯油柴炭、特别费的领款收据、请款书,实押人犯日报表。

718. 璧山县政府、军事人犯看守所关于设备、囚粮经费事宜的公文,璧山律师公会等关于工资设备等的收据等,警察分驻所薪俸的册表等　12－1－898

1942年1月至1945年5月,璧山县政府、军事人犯看守所关于修整监房、设置床铺及预算、费用,聘请监修委员,办公室及监房交还,造送各种会计表册,经临费困难,缉获逃犯,囚粮不敷,补领囚粮计算事宜的呈文、指令、聘函、训令、签呈。附估价单,预算书,监委会与工头合约,物料伙食费工资清单,所需囚粮数量表,工资、工料费收据,支出汇总账单。另附实押军事犯报告表。

1944年2月至1945年2月,璧山律师公会、张记同兴木场关于工资、薪津、课本、笔、木椅等的收据、文书、发条,附中华邮政挂号邮件凭单。四川省立川东师范学校附属小学教职员聘书。军政部第九补充兵训练处军需处关于囚粮册加盖关防私章的笺。

璧山县来凤警察分驻所(民国)三十三年五月份现有工役领米名册、工饷表、俸薪表。另附木匠关于警察所洗脸架的欠条。关于调查铁行价、妓女的问答笔记。人犯保释及患病统计单。关于病状证明的医师诊断书。

719. 璧山实验地方法院关于司法案件的提票、管收票、押票　12－1－899

1944年2月至1944年10月,璧山实验地方法院关于诱拐、侵入住宅、窃盗、贪污、行使伪造货币、妨害公务、妨害兵役、诈欺、伪造署押、债务、依管收民事被告人规则管收、侵占、另案在押、贿赂、重婚、还押、离婚、杀人、渎职、抢夺、漏税、伤害、强奸、伪造文书、妨害婚姻、伤害致死、脱逃、抬高盐价、诬告、妨害家庭、赃物、鸦片、另案提讯、借提、故意购买赃物、私卖食糖、妨害风化、妨害自由、侮辱、妨害人行使权利、伪造印章、公共危险等案件的提票、管收票,检查处提票,检察官押票,刑庭押票。

720. 璧山实验地方法院及看守所等关于人犯教育补习事宜的公文,军事在押人犯保状、保证书等　12－1－900

1944年3月至1945年6月,国立社会教育学院、璧山实验地方法院及看守所关于看守所羁押人犯教育补习班办法、补习教育情形、课程表、结束日期、教育计划、改进事宜、教师名单、教师派任、考试停课、课本、学生名册及监所训词等事宜的训令、呈文、指令、公函、笺,附办法、课程表、四川高等法院训词。

1944年6月至1945年7月,璧山县政府军事人犯看守所关于人犯等充当看守、服劳役、监房改造期间在监守法、服刑期间不得脱逃、在病室调养、因故外出事宜的保状、保证书。

721. 璧山县政府、璧山实验地方法院及军事人犯看守所关于囚粮等财务问题的公文、日常工作文件　12－1－901

1944年1月至1945年12月,璧山县政府及璧山实验地方法院、军事人犯看守所关于呈报表册、囚粮拨放情况及犯人逃狱、空袭疏散囚犯事宜的训令、呈文、公函;附人犯清册、囚房修建、囚粮副食费用的统计清册及报告,药品购买等经费支出记录。

722. 重庆实验地方法院刑事、民事判决书等   12－1－902

1944年1月至1945年12月,重庆实验地方法院关于伤害案、妨害自由案、窃盗案、贪污案、契约纠纷案、通奸案、婚姻纠纷案、妨碍工商案、欺诈案的刑事判决书、民事判决书、裁定书、刑事附带民事诉讼判决书、刑事附带民事诉讼裁定书。

723. 国库属支库关于拨款等的往来公文、财务报表、日常公文   12－1－903

1943年1月至1943年12月,国库属支库关于新旧印鉴替换、国库拨款事宜的训令、呈文等,附物资清查登记表、国有土地附着物调查表、国有土地调查表、国有营业资产调查表、特权基金调查表、拨款经费往来文件票据、公务员所得税扣缴清单、第二类公务员薪给报酬所得税缴税单、各乡乡长捐款单据等财务报表、物资清查办法、国有土地调查表填表须知。

724. 璧山县看守所、警察局等关于司法案件的悔过书、供单等   12－1－904（1）

1944年4月至1944年12月,重庆卫戍区第四分区司令部、璧山县看守所、璧山县丁家乡警察三分驻所、璧山警察局来凤分所及璧山县政府关于司法案件的犯人悔过书、审讯单、提票、收票、供单;附四川平民教育促进会江津实验区江津县立简易乡村师范学校、璧山县初级中学聘书。

725. 璧山县政府及重庆卫戍区第四分区司令部司法文件、人犯名单   12－1－904（2）

1944年11月至1945年1月,璧山县政府及重庆卫戍区第四分区司令部的收票、提票、押票、保状;取保人犯名单,新收犯人名单,提押犯人名单;璧山县城南乡关于公诉问题的训令。

726. 璧山实验地方法院判决书、保民会议记录等   12－1－905

1944年2月至1944年3月,璧山实验地方法院关于契约纠纷、还款纠纷、离婚等案件的民事判决书、法院支付命令;附1949年召开保民大会、保甲会议的签到及会议记录。

727. 璧山县政府判决书、保外就医的文件、警察局司法文件等   12－1－906

1944年5月至1944年11月,璧山县政府关于审理军法案件、烟毒案件等的判决书;监狱犯人因病保外就医的患病证明、申请、患病提验单、患病死亡囚犯的身份注销证明；璧山县警察局关于案件复查、狱中烟犯戒烟的训令、签呈；璧山县警察局来凤分局关于案件的供单、自愿书、案件调查报告、查抄脏污清单、保状、司法状纸；附四川省立清水关中学暑期学园学习委员会评核记分调查表、求精学校校友一览表、三合乡校友一览表、《璧南校刊》、学校董事长训词以及学校活动的相关记录，学生作文，璧山县七塘乡第二保运送粮谷花名册、征兵手令、新德旧刊申年古八月份第八期月报报纸，有涉及宗教、孔孟等内容的诗歌文章若干。

728. 璧山实验地方法院及看守所等日常工作公文、司法案件相关文书等　12－1－907

1943年1月至1944年11月，四川高等法院第一分院、璧山县政府及实验地方法院及看守所关于监狱月报表、监狱身份簿、行状录等日常工作的往来公文、训令、报表，以及重病囚犯保外就医、盗窃、烟毒等司法案件的裁定书、判决书、人犯指纹采集表、报告、人犯预审单、审讯单、口供单、悔过书、保状；附1936年5月湖北第三监狱暨宜昌县看守所切结，呈请户口备查的文件、交通部重庆驿重庆分处关于站长班日期等的公函、私立九江同文中学关于启用铃记执行职务的公函。

729. 璧山县政府及实验地方法院的出监狱人犯登记表、司法印纸存受情况等　12－1－908

1944年1月至1946年3月，璧山县政府及实验地方法院的出监狱人犯登记表；璧山实验地方法院司法印纸存售备查表及其空表若干、政府文卷编号表、收发室呈缴各种印纸一览表；璧山县政府关于文件移交的签呈两份。

730. 璧山县各警察局关于案件处理的司法文件等　12－1－909

1944年8月至1944年11月，璧山警察局来凤分所、鹿鸣乡乡公所的供单、保状、批准保释签呈、领条、领状，犯人悔过书，盗窃、斗殴、诬告等案件的案情说明、案件复核文件；附璧山警察局来凤分所发样物品清单、发还法币、遗失物品的记录文件，雷启辉私人信件若干封。

731. 璧山实验地方法院及看守所附设监所关于监狱人犯工作的文书　12－1－910

1944年7月至1945年8月，璧山实验地方法院及看守所附设监所关于人犯临时处置办法、人犯保外就医、保外就医犯人病情说明的训令、指令、呈文；璧山实验地方法院看守所附设监狱呈请假释人犯的文件、人犯病情报告、保人呈请保释犯人的相关文件。

732. 璧山县政府保民会、昆庐寺设坛建办金刚法会鉴□等事宜的记录等　12－1－911

1944年3月至1944年10月,璧山县政府保民大会到会人员名单及会议决议记录,昆庐寺设坛建办金刚法会鉴籓相关事宜的记录。

733. 璧山实验地方法院关于清册报表等事宜的文书等　12－1－912

1944年6月至1945年12月,四川高等法院关于查报各监所年度案件办理情况的训令;璧山实验地方法院关于造送各类清册报表的指令、呈文;看守所请领作业基金及购置器械预算报告、购置作业器械清册、造具收支款项四柱清册、作业纯益金收支一览表、各项作业人数表、作业品造具四柱清册、作业材料造具四柱清册、看守所附设监狱收入计算书、支出计算书、收支对照表、财产目录、财产增加表、作业盈亏试算表;监所编造作业类预算计算决算注意事项、监狱工厂作业基金损益表、盈亏补发表、作业类各科目汇总表、作业类现金出纳表、作业类收入计算表、报销成本表;璧山实验地方法院、璧山县大兴乡乡公所关于报告作业收入利息情况的呈文;璧山县大兴乡乡公所造具乡民自有枪支烙印号码姓名登记册。

734. 璧山实验地方法院案件判决书、看守所人犯信息簿、在押做工人员情况等　12－1－913

1944年3月至1944年9月,璧山实验地方法院关于脱逃、哄抬盐价、非法拘禁案件的刑事判决书;璧山实验地方法院看守所附设监狱身份簿,检察官执行徒刑拘役指挥书,人犯特征登记表,包括相貌、指纹等信息;璧山实验地方法院看守所附设监狱在押与做工人数日报表、做工人犯名册;璧山县政府指挥执行书;另有第九补充兵训练处军粮结账表。

735. 璧山实验地方法院及看守所相关公文、判决书及人犯信息　12－1－914

1940年11月至1945年11月,璧山实验地方法院关于核算计算书的指令、呈文;关于盗窃、欺诈案件的刑事判决书、检察官执行徒刑拘役指挥书、看守所的各月份判决人犯统计表、人犯罪名统计表;璧山地方法院检察处执行书。

736. 璧山实验地方法院刑事案件判决书、看守所人犯管理工作文件　12－1－915（1）

1944年9月至1945年8月,璧山实验地方法院关于盗窃、烟案等案件的刑事判决书、检察官执行徒刑拘役指挥书及存根;看守所附设监狱人像指纹表、行状录、人犯身份簿、作业表、赏誉表、惩罚表、书信表。

737. 璧山地方法院刑事案件判决书、看守所人犯管理工作报表等　12－1－915（2）

1945年9月至1948年8月,璧山地方法院看守所附设监狱身份簿、身历表、作业表、书信表、人像指纹表、行状表、赏誉表等日常工作报表,璧山县政府军法人犯执行表、执行书、检察官执行徒刑拘役指挥书;璧山实验地方法院关于盗窃、烟案等案件的刑事判决书。

738. 璧山实验地方法院公务员考核文件表、会计室有关人事法令等　12－1－916

1943年1月至1944年3月,璧山实验地方法院行政卷宗考绩表、会计室有关人事法令、卷宗目录;司法行政部及四川高等法院检察处关于公务员考绩注意事项的公文、呈文、训令,附会计室处理人事应送表或一览表、会计室资历表、司法行政部会计处会计室佐理人员清单、国民政府主计处试署期为人员送审书;四川高等法院检察处关于公务员年度考核等的训令、公务员考核相关表格文件,包括公务员应参加1943年政绩或政成考核名单、1943年度公务员考绩表、璧山实验地方法院公务员1943年年度考绩结果清册、公务员平时成绩记录表。

739. 璧山实验地方法院关于日常工作报表等的公文等　12－1－917

1944年3月至1944年7月,璧山实验地方法院关于收支对照表、国库动态表等日常工作报表,造具各项数目表的训令、呈文、布告、公函;司法行政部及四川高等法院关于修正审计机关稽查各机关工程、实施各项法令的训令、指令;收款证、军训部各月临时费支付预领书、第二类公务人员新给报酬所得税缴税单等财务文件;附审计部关于造送报表等的快邮代电、营绩工程表。

740. 璧山县政府关于密控雷松筠的公文等　12－1－918

1944年3月至1944年10月,璧山实验地方法院关于请相关人员代理职务的呈文、奉、签呈、代电;璧山县政府关于密控雷松筠的密函、公函、训令;司法行政部关于制定宣誓日期、案件备查的指令;四川高等法院关于检察官视察的公函。

741. 璧山实验地方法院等关于案件的刑事判决书等　12－1－919

1943年9月至1944年7月,四川高等法院第一分院、璧山实验地方法院关于盗窃、烟案案件的刑事判决书;检察官关于律师处理意见的呈文、训令、公函;司法行政部、璧山律师公会关于该会成立的呈文、奉、函、快邮代电;贫民法律扶助实施办法细则、律师法实施细则、受理特殊刑事案件案情调查表、抄送书、特种刑事案件诉讼条例;另有重庆律师公会关于公会情况的公函。

742. 璧山实验地方法院等关于收支表办法、会计报表情况的文书等　12－1－920

1943年9月至1944年9月,司法行政部会计处及四川高等法院及其会计室、璧山实验地方法院关于造送年度收支表办法、各类会计报表情况的训令、代电、公函、呈文。战时国家总预算编审办法及附件、说明,所属各级机关会计室组织及办事规则,所属司法机关报送会计报表竞赛办法及应送会计报表一览表,送达本部期限表,国库动态表,中心印书局账表价目单。国民政府主计处设置会计审计人员条例、各机关拨汇公库存款须知、国家总预算经费保留数动支办法、修改各机关组织法规内有关主计部分修文四项办法、主管机关收入旬报表、收入机关收入旬报表。

司法行政部、四川高等法院关于实施设置公库的训令、指令、公函;璧山实验地方法院检察处设置人事管理机构情形调查表、各种簿册尾令归档清册、各机关人事管理机构实施任用其他机关现职人员限制办法注意事项;司法检验员调训办法、璧山地方法院检察官自动检举案件考核办法、特种刑事案件报送办法,调训检验员往返旅费数目表、第二期调训现任各地方法院检验员清单、中央政治学校法官训谏班第二期调训人员应行携带物品清单、检察处保障人民身体自由办法、施行前逮捕人犯册;另有监誓训词。

743. 璧山实验地方法院主任书记官任期交代卷、孙瞿院长交代监盘的文书等　12－1－921

1944年3月,璧山实验地方法院关于行政主任书记官任期交代的公文,包括关于忠股大卷簿、行政卷宗册造具移交事宜呈两篇;璧山实验地方法院关于孙瞿院长交代监盘的文书;四川高等法院关于发还移交清册。

744. 璧山实验地方法院勤工伙食补助费清单等数据清册　12－1－922

1944年1月至1944年12月,璧山实验地方法院关于勤工伙食补助费的实领清单、勤工伙食补助费表,璧山实验地方法院及看守所各月工役膳宿补助费预算分配表。

745. 璧山实验地方法院防护团通报簿、行政令卷宗等,四川高等法院工作考核实施细则等　12－1－923

1944年5月至1945年6月,四川高等法院关于造送防护团通报簿的训令、指令、呈文,法院办理诉状情形一览表;璧山实验地方法院防护团通报簿,包括通报文件、通报抄录;璧山实验地方法院行政令卷宗,包括执行员、法警训练大纲;工作考核实施细则、检察处"党政"工作考核"办法"实施细则草案、工作考核实施细则草案;四川高等法院关于呈送卷宗的训令、指令,党政工作考核办法、党政工作考核办法实施细则,事业进度表及填表说明。

746. 司法行政部、璧山县警察局关于状纸工本费问题等的往来公文等　12－1－924

1936年2月至1949年11月,司法行政部、璧山县警察局关于状纸工本费问题及供给平价竹及稻草的指令、呈文;四川高等法院关于呈送计算书的指令;璧山县第三区区属关于遵令收取学生费用的指令;璧山律师公会关于宣誓日期及供货活动的呈文、公函;璧山县政府关于查封、禁止演出及协助追缴的令、呈文、公函;附璧山县第五区人民政府编余人员花名册、米代金册及办法、璧山县水炎筹贩会募捐情况记录。

747. 司法行政部及四川高等法院关于禁毒禁烟的文件等　12－1－925

1941年4月至1945年1月,司法行政部、四川高等法院关于禁烟禁毒及财产抵价问题的训令、呈文、指令;璧山实验地方法院关于减刑案件、检察处羁押人犯情况表;禁烟禁毒治罪条例。

748. 璧山县定林乡乡公所等关于非法酿酒的往来公文、璧山县政府司法文书等　12－1－926

1941年9月,璧山县定林乡乡公所、璧山县政府第二区区属关于依法办理粮食烤酒行为、违令酿酒等案件的往来公文;璧山县政府关于案件的拘提票、口供、询问笔录、审理笔录、审理案件点名单、保状、通知书。

749. 四川省政府关于造送政绩比较表的往来公文及日常公文、璧山实验地方法院财务报表　12－1－927（1）

1942年10月至1944年11月,四川省政府、四川省第三区行政督察专员兼保安司令公署关于编造年度政绩比较表的训令;璧山县政府年度政绩比较表、编制机关某种事业进度表、年度政绩比较表说明、编制机关某种事业进度表说明、临时借款收据存根、党政工作考核办法、省市以上党政机关造报各项书表应注意事项;司法行政部、璧山实验地方法院关于造送收支数据表的训令、指令、呈文;附岁入来源超收法收季报表、员工福利预算表、超收法收季报表、存垫款项四柱表、决算书、收支对照表、存款月报表、有各省司法行政部法收留用办法。

750. 璧山实验地方法院财务报表、四川高等法院民刑庭会议决议文件等　12－1－927（2）

1944年1月至1944年12月,璧山实验地方法院司法状花四柱表、岁入类现金出纳表、经费累计表、岁入类平衡表、各月囚粮比账表。四川高等法院关于司法考试等的训令、呈文等往来公文。司法考试登记表及说明；司法行政部、四川高等法院关于印发会议决议的训令，会议决议录、收款书。

751. 璧山实验地方法院行政卷宗、四川高等法院关于核查宣告缓刑的文件等　12－1－928

1944年1月至1944年12月，璧山实验地方法院关于造送文卷清册、璧山实验地方法院检察官及四川高等检察院关于造送缓刑减刑报表的呈文、公函、训令、指令；各月宣告缓刑月报表；四川高等法院关于核查宣告缓刑月报表的训令、呈文；司法机关办理减刑案件注意事项；四川江北地方法院、璧山实验地方法院看守所检察官执行书，现有已决人犯名册、璧山实验地方法院检察处办理申请裁定减刑案件一览表、执行刑罚一览表。

752. 四川省政府等关于处理原乡长的往来公文、璧山地方法院关于户籍清册的公文等　12－1－929

1935年5月至1944年2月，中国国民党四川省璧山执行委员、四川省政府、第三区行政督察专员兼保安司令公署关于处理梓潼乡长的指令、训令、呈文；清理公物数目单、具呈梓潼乡公民名单；璧山地方法院关于户籍清册核查移交的公函；看守所收支款项四柱清册及卷目表；检察官关于造送户籍清册的日常公文。

753. 璧山实验地方法院关于首席检查官就职令卷及检查官自动检举案件月报卷、密查渎职卷　12－1－930

1943年1月至1944年12月，璧山实验地方法院检察处及四川长寿地方法院关于首席检察官就职的公函、训令。司法行政部关于检查官自动检举案件的训令、呈文；各月检查官自动检举案件月报表、各月检查官自动检举案件考核表、检查官自动检举案件月报表填报注意事项。璧山县政府人犯看守所关于造送报表、密查渎职等的呈文、训令、签呈；案件侦查卷宗。璧山实验地方法院经费报告单、县土地调查表、健龙乡地租调查表、检查案件相关文书；附出差工作日记。

754. 司法行政部及璧山实验地方法院关于收支预算的往来公文、财务报表　12－1－931

1944年2月至1944年6月，司法行政部及璧山实验地方法院关于收支预算表的训令、呈文；岁入预算分配表、岁出预算分配表、年度各费清单、年度预算报表。

755. 司法行政部、国防最高委员会关于公务员考核的往来公文、办法条例、表格清册　12－1－932

1945年5月至1945年11月，司法行政部、国防最高委员会关于公务员考核的训令、代电；聘用派用人员管理条例实施办法、聘用派用人员遵用资格送审书说明等条例办法、聘用派用人员遵用资格送审书、聘用派用人员登记表；司法行政部训令关于公务员考叙级俸的公函；司法行政部关于雇员支薪改成法令的训令。

756. 璧山实验地方法院关于司法印纸使用的公文、报表数据、县长养廉金等事宜的公文 12－1－933

1944年2月至1947年3月，璧山实验地方法院贴用各月司法印纸一览表、请领信纸数目表、拨发印纸清单、四柱表；四川高等法院、璧山实验地方法院关于司法印纸使用情况的呈文、训令、代电，附收据；璧山实验地方法院各月底结存民事状花、刑事状花数目表，司法行政部司法状纸联单；璧山实验地方法院关于养廉金政策的训令，附土地权利核转登记表、土地推受申请书。

757. 四川省政府等关于禁烟的往来公文，璧山县政府司法文件及日常公文 12－1－934

1944年4月至1947年4月，四川省政府、军事委员会临时四川省川东区禁烟巡查执法监部关于禁烟的训令、指令、呈文；璧山县政府诉愿副状、行政诉讼状、提票回证、审训笔录，军事犯人调服劳役呈报表、保证书审核表、调服劳役清册。

758. 璧山实验地方法院报表清册 12－1－935

1943年10月，璧山实验地方法院司法状纸四柱表、刑事诉讼登记表、人犯信息登记表清册，民刑诉讼补充办法与民刑诉讼法比较表。

759. 璧山实验地方法院关于囚粮问题等的往来公文、财务报表等 12－1－936

1930年6月至1943年6月，璧山实验地方法院关于造具囚粮财务表册、拨发囚粮等事宜的训令、指令、呈文、报告；看守所年度公务员两种生活补助费收支表、调查粮食市价表、垫薪平价米补助清册、职员差役实支俸薪及生活费名册、囚粮清册及清算月报表、年度报表，附审计部四川省审计处审核通知。

760. 四川高等法院等关于公务员生活补助事宜的往来公文、报表清册等 12－1－937

1943年1月至1943年12月，司法行政部及四川高等法院关于各月公务员生活补助等的训令、指令；修正官军电报限制及收费划一办法、公务员战时生活补助办法及实施细则，粮食部报表清册，中央党政机关及其所属公务员役请领食米清单、名册、拨粮通知单。

761. 璧山县法院诉讼案件归档登记表　12－1－938

1934年3月至1934年7月,璧山县法院诉讼案件归档登记表,包括时间、告诉人姓名、案由、诉讼费用等栏目。

762. 璧山实验地方法院诉讼案件归档登记表　12－1－939

1943年1月至1943年12月,璧山实验地方法院诉讼案件归档登记表,包括时间、告诉人姓名、案由、诉讼费用等信息。

763. 璧山实验地方法院关于卷宗移交的往来公文、日常公文　12－1－940

1943年2月至1944年11月,璧山实验地方法院关于卷宗移交的报告、呈文、训令,各行政卷宗清册、民事进行列表。

764. 璧山实验地方法院等关于生活补助等事宜的日常公文　12－1－941

1943年12月至1945年11月,四川高等法院及璧山实验地方法院关于生活补助等事宜的训令、指令、呈文、公函;附生活补助费收支对照表及计算表、机关公粮费实物及代金收支对照表、战时生活补助费收支对照表、中央抗敌公务员生活补助费区分标准数目表、收款书,公务员战时生活补助办法,审计部四川省审计处核准通知。

765. 璧山县政府收入及支出传票　12－1－942

1943年1月至1943年12月,璧山县政府收入及支出传票。

766. 璧山地方法院传票挂号簿,四川省政府关于岁入地政规费的往来公文、财务报表等　12－1－943

1943年10月至1948年12月,璧山地方法院传票挂号簿,包括被传入人姓名、案由、指定到庭日期等信息;璧山县地籍整理办事处、四川省政府地政局关于递交岁入地政规费预算指令、训令;四川省政府地籍整理办事处年度岁入地政规费预算分配表;附土地法文件、岁入提费累计表。

767. 粮食部四川粮食储运局璧山县仓库关于造送亏欠粮食人员名单的往来公文,璧山县政府司法文件等　12－1－944

1941年1月至1944年12月,粮食部四川粮食储运局璧山县仓库关于造送亏欠粮食人员名单的公函、报告;四川省璧山县政府关于行政案件等的点名单、保状、传讯笔录、传票,附璧山县仓库亏欠粮食人员名单数量表。

768. 璧山实验地方法院刑事判决书、民事裁定书等司法文件　12－1－945

1943年3月至1943年11月，璧山实验地方法院关于盗窃、妨害权利等案件的刑事判决书、民事裁定书、法院案件备查单、刑庭押票、案件意见书。

769. 四川高等法院等关于退休问题的往来公文、数据清册　12－1－946（1）

1941年1月至1943年2月，四川高等法院及璧山实验地方法院、司法行政部关于退养金条例、退休办法的训令、指令；司法官退养金条例、公务员抚恤办法、公务员退休办法及细则、换发恤证限制办法，公务员退休事实表、退休金领票、领收票据、卷宗文书目录清册。

770. 四川高等法院及司法行政部关于国际法的往来公文，英大使照会等外交文件　12－1－946（2）

1943年8月至1945年1月，四川高等法院及司法行政部、四川重庆地方法院关于国际法的训令、通知、公函、刑事裁定、布告；战时国际捐赠财物接收处理办法、璧山实验地方法院征求对于实验法规的意见、工作报告；英大使致吴次长照会、吴次长复函穆大使照会的外交文件；璧山实验地方法院征求对于实验法规结案月报表、办案进行期间表、职员卸职清册。

771. 四川高等法院关于公费收支数据表等的往来公文、财务报表　12－1－947

1942年4月至1943年6月，四川高等法院关于公费收支数据表等财务数据的训令、代电、公函；年度税务公费收支数据表、机关司法收入收支一览表、长官特别办公费数额表、院会计室会计报告状况表、会计人员名单、会计报表、出差旅费报告表，修正审计机关稽查各机关营建工程及购置经费财务办法、各省司法院税财筹款公共食堂应注意事项；附建筑图纸一份及职员转正通知。

772. 璧山实验地方法院刑事已结未结案件表等司法文件　12－1－948

1943年1月至1943年12月，璧山实验地方法院刑事已结未结案件表等司法文件，检察处关于造具统计表格的呈。

773. 四川高等法院、璧山县律师公会等关于律师法等的往来公文，璧山律师公会规则等日常公文　12－1－949

1941年5月至1944年4月，司法行政部、四川高等法院、璧山县实验地法院及璧山县律师公会关于律师法问题等的训令、呈文、代电，附律师法实施细则、璧山律师公会规则、外国人在中国聘任律师办法、律师证考核办法、璧山律师公会规则等日常公文。

774. 璧山实验地方法院关于巡警法等的公文及收支平准表等财务报表　12－1－950

1943年1月至1943年12月,司法行政部及璧山实验地方法院关于巡警法的训令,巡警法等相关条例,本院城乡档卷清理统计一览表、通用实验法规结案月报表、工作报告、工作记录、会议记录等日常公文,会计构成图、收支平准表。

775. 璧山县计价委员会成立会暨首次评价会议记录的公函及日常公文　12－1－951

1943年1月至1943年12月,璧山县计价委员会成立会暨首次评价会议记录;司法行政部及璧山县政府关于评价会议的训令、指令,各月会议记录、契税条例施行细则、不动产评价委员会细则规程。

776. 璧山实验地方法院刑事判决书　12－1－952

1943年7月至1943年8月,璧山实验地方法院关于盗窃、诈欺、强奸、侵占案件的刑事判决书。

777. 璧山地方法院民事判决书、刑事诉讼程序审查表等司法文件　12－1－953（1）

1943年7月,璧山实验地方法院关于离婚、盗窃等案件的民事判决书;璧山实验地方法院情况说明、办理民刑诉讼应行注意办法、刑事判决注意事项、职员值日办法,民刑诉讼补充办法与民刑事诉讼法比较表、民事诉讼程序诉讼类无理由审查表、刑事诉讼程序审查表、结案速度表、受理案件四柱表,四川实验地方法院组织系统图。

778. 璧山实验地方法院民事判决书、民事调解笔录　12－1－953（2）

1943年7月,璧山实验地方法院关于损害赔偿、买卖纠纷、解除婚约、解除聘约案件的民事判决书、民事调解笔录。

779. 璧山实验地方法院及各乡关于土地情况的往来公文,地价调查表等表格清册　12－1－954

1943年1月至1943年7月,璧山实验地方法院、丹凤乡乡公所、梓潼乡乡公所、丁家乡乡公所关于土地情况及房租情况调查的呈文;璧山县城镇房租调查表及县农地价调查表、梓潼乡农地调查表、太和乡房租调查表及地价调查表、定林乡建地地价调查清册。

780. 璧山地方法院等关于人犯统计报告的公文、看守所人犯表、职员生活补助费表等　12－1－955

　　1943年2月至1947年7月，四川高等法院、璧山地方法院关于人犯统计报告的呈文、指令、训令、代电；案件数量统计表、看守所人犯表、在押与做工人数日报表，法院职员生活补助费表、缴款书、经费累计表、收支对照表、现金出纳表，四川省璧山县大兴乡第四保公民登记册。

781. 璧山实验地方法院等关于工作文件等的往来公文，国立社会教育学院民国教育实验区日常教学文件　12－1－956

　　1942年1月至1943年4月，璧山实验地方法院、四川省第三区行政督察专员兼保安司令公署、四川省政府民政厅、璧山县政府关于工作文件、表格清册等的令、指令、公函。国立社会教育学院民国教育实验区关于购买教具的公函，附物理及化学仪器类清单、生物标本采用用具清单、书本清单、各级活动工作轮流表及活动细则、璧山县乡土教材、常识课本、民众识字本、教学活动计划书等教学工作文件。

782. 璧山实验地方法院公文统计册及民事判决书等　12－1－957

　　1942年12月至1943年12月，璧山实验地方法院公文统计册。四川高等法院、璧山实验地方法院及重庆卫戍区总司令部关于造送法院公文统计册等的代电、呈文、指令、训令；关于盗窃、离婚等案件的民事裁定书、保状。附年度收支实数表、司法印纸清单等财务报表，璧山县政府彭县长信件及通知。

783. 四川高等法院等关于自行收入旬报表等的往来公文等　12－1－958

　　1941年7月至1943年12月，四川高等法院、璧山县政府军法监狱、璧山实验地方法院关于造具自行收入旬报表的呈文、训令、指令；自行收入旬报表填写实例说明等条例办法，各机关自行收入旬报表、璧山实验地方法院组织系统表、司法行政部直辖璧山实验地方法院职员名籍及事务分配表、案件审查表、办理民刑诉讼补充办法与民刑事诉讼法比较表、诉讼费用统计表、诉讼结果一览表，璧山实验地方法院工作实施状况目录、工作概况、审讯笔录。

784. 璧山实验地方法院及看守所等关于工作报告等的日常公文等　12－1－959

　　1943年9月至1945年7月，司法行政部直辖璧山实验地方法院关于保外服役人犯的布告、报告书；司法行政部、四川高等法院、璧山实验地方法院看守所关于呈送工作报告的令、指令、呈文，附会议记录、当事人支付诉讼费用计算书等财务数据。

785. 司法行政部、四川高等法院关于征费条例、造送各类表格及公证事件季报表等的表格清册等　12－1－960

1941年2月至1943年12月,四川各级法院民事调查征费条例、公证须知、填表须知、公证说明书等;司法行政部、四川高等法院关于造送各类表格的训令;拟具民事调查应行征费数量、民事调查应行诉费数目表、出征军人家属生产能力调查表、公证事件季报表、公证簿册表、格式修正表、公费领取名册等表格清册;璧山地方法院日常工作会议记录;关于盗窃、烟毒等案件的起诉书、刑事判决书。

786. 璧山地方法院关于抗战损失调查等事宜的公文等　12－1－961

1946年8月至1949年9月,璧山地方法院财产直接损失汇报表、财产损失报告单、伤亡调查表、合作社物品保销来凤办事处明细表、民刑事案件统计表、身份簿等统计调查表;璧山地方法院书记室关于抗战损失调查的公函;各级党政机关督导人民团体之联系办法、会议工作检讨会出席记录及训话记录、璧山地方法院工作概况的日常公文。

787. 司法行政部、四川高等法院关于公务员战时生活补助的往来公文等　12－1－162

1942年1月至1943年12月,司法行政部、四川高等法院关于公务员战时生活补助发放工作的训令、呈文;公务员战时生活补助办法及实施细则等办法条例,中央各机关战时公务员生活补助费数目表及计算表、收支对照表。

788. 司法行政部、四川高等法院关于公务员战时生活补助的公文等　12－1－963

1943年9月至1944年1月,司法行政部、四川高等法院关于公务员战时生活补助发放工作的训令、呈文;公务员战时生活补助办法及实施细则等办法条例,中央各机关战时公务员生活补助费数目表、年度战时生活补助费收支表、收支对照表、补助费数目表及计算表。

789. 璧山实验地方法院等关于公务员薪金及补助等的往来公文等　12－1－964（1）

1943年8月至1944年1月,司法行政部、璧山实验地方法院、行政院秘书处关于解释公务员薪金拨发的公函;财政部国库属答复事项通知书、公函;璧山实验地方法院司法补助俸员名表、请领生活补助费人数清单、重核补助俸员名表;各省司法人员支给补助俸规则、受理在华美军人员刑事案件条例。

790. 司法行政部、璧山实验地方法院等关于送与民刑事案件卷宗的往来公文，诉讼须知等日常公文 12－1－964（2）

1942年6月至1943年8月，司法行政部、四川高等法院及璧山实验地方法院关于送与民刑事案件卷宗的训令；诉讼须知、院会议记录，补充办法，法院通知书。

791. 司法行政部、璧山实验地方法院等关于移交案件、办理粮食普行办法等的公文 12－1－965

1942年12月至1943年2月，司法行政部、璧山实验地方法院书记办公室、四川高等法院及最高法院民事第五庭书记科关于移交案件的公函、训令、代电、令等；四川省县政府办理粮食普行办法、公务员任用审查表说明、修正审计机关稽查各机关工程及设置变卖财务办法、工作类别及工作项目办法一览表等日常公文，实物收支报表、实物收条、缴款书。

792. 璧山县工资调查表等数据清册，各市县关于工资计算、物价定价等的规章条例等 12－1－966

1942年12月至1943年1月，璧山县工资调查表、工资限制表、璧山县限制各业工资调查表、实施公会制工资月报表、四川省各业限制工资月报表，各市县工资计算通则、工资评定实施办法、定价注意事项、四川省加强管制物价方案工资部分实施办法暂行细则；璧山县政府关于限制物价、工资等的令、布告、公告、代电等。

793. 璧山实验地方法院警员服务日记簿 12－1－967

1943年4月至1944年1月，璧山实验地方法院警员服务日记簿，包括类别、递交处所或某人、日期、内容等信息。

794. 璧山实验地方法院押票信息登记表等表格清册、施政工作计划等 12－1－968

1943年1月至1943年12月，璧山实验地方法院押票信息登记表，1943年工作实施状况目录，包括文件编号、事由等信息的文件内容登记表等表格清册，1943年度施政方案、工作计划及实施概况的日常公文。

795. 璧山实验地方法院关于律师座谈会的通知，律师座谈会会议文件等 12－1－969

1943年6月，璧山实验地方法院书记室关于律师座谈会的通知；律师座谈会到会人员名单，个人对于工作会议的看法，璧山实验地方法院征求法规适用之意见座谈会会议记录，会议邀请函。

公文一

796. 璧山实验地方法院工作实施状况目录等日常公文　12－1－970

1943年1月至1943年12月,璧山实验地方法院工作实施状况目录、工作计划及实施概况、公文内容登记表。

797. 璧山实验地方法院、铜梁地方法院等关于律师信息登录等的往来公文等　12－1－971

1943年2月至1943年3月,四川高等法院、璧山实验地方法院检察处及铜梁地方法院关于律师信息登录事宜的指令、呈文、公函;证明书、律师履历、会计室呈请登记单及会计师登录事项表。

798. 璧山实验地方法院刑事办案进行表　12－1－972

1943年2月至1943年6月,璧山实验地方法院刑事办案进行表,包括原被告姓名、事由、进行情形等信息。

799. 璧山实验地方法院关于禁烟案件的司法文件等　12－1－973（1）

1942年9月至1943年11月,璧山县太和乡乡公所、大兴乡乡公所及福禄乡乡公所关于甲长设立的呈文、密告;璧山实验地方法院关于禁烟案件的点名单、审理笔录、刑事办案进行表,璧山县卫生院小便检验报告单。

800. 四川省政府等关于密告等事宜的司法文件等　12－1－973（2）

1942年9月至1943年10月,四川省政府、丹凤乡第十保办公处、璧山县丹凤乡乡公所关于密告事恳请究办的讯单、审讯笔录、案件说明、保状、行政案件点名单,附璧山县卫生院小便检验报告单。

801. 璧山实验地方法院公文内容登记表　12－1－974

1943年1月至1943年12月,璧山实验地方法院公文内容登记表,包括文件编号、事由等信息;嘱记送达收文簿,包括日期、文件类别、事由、递送地点等信息。

802. 四川高等法院、璧山地方法院有关刑事案件月报表的公文等　12－1－975

1942年4月至1944年3月,四川高等法院、璧山地方法院关于造送刑事案件月报表的指令、公函;各月份刑事案卷月报表。

803. 璧山实验地方法院刑事旧案收状簿　12－1－976

1943年1月至1943年12月,璧山实验地方法院刑事旧案收状簿,包括日期、案由、当事人、数量等信息。

804. 四川高等法院及璧山实验地方法院关于造具赃物清册等的公文　12－1－977

1943年7月，四川高等法院及璧山实验地方法院关于造具赃物清册的指令；关于盗窃、财务纠纷等案件的民事裁定书和解笔录；书记室办事细则、赃物保存簿清单、职员领取公用物品簿。

805. 璧山县政府关于工作报告等的日常公文　12－1－978

1942年5月至1943年12月，璧山县政府关于工作报告的签呈、指令、训令，工作报告、会计主任交接清单、职员公议名册、造具经管卷宗移交清册；璧山实验地方法院民刑诉讼及侦查案件收结一览表。

806. 璧山县政府等关于璧山县代理县长任命等的往来公文，各类表格清册　12－1－979

1943年1月至1945年3月，璧山县政府、璧山实验地方法院检察处关于璧山县代理县长任命的公函、指令、训令；四川合川地方法院、四川江北地方法院检察处关于购置物品等的公函、通知书、呈文、政府公告；璧山实验地方法院姓名表、原单火炬游行报名表、战员工友购布名单、中国航空建设会四川省分会璧山县会费数目表、签名簿；另有中国航空建设会四川省分会璧山县会费征募办法、璧山县临时议会成立大会宣言、国家总动员宣传周筹备会记录、重庆公共汽车管理处关于下期换发证件的公函。

807. 四川省政府及璧山县政府关于造具各类调查表的往来公文，工资物价调查表等　12－1－980

1943年11月至1945年5月，四川省政府及璧山县政府关于造具各类调查表格的指令、呈文；四川省各业限制工资报告表，施工会管制工作月报表，纺纱业、织布业、印刷业等等行业工资数据统计表、四川省管制给各县各业工人工资稽查比较表、永川县日用必需品价目表、物价调查表、简易工人生活费指数计算表；战时工资工作改进要点及补充意见、取缔违反限价议价条例、工人生活费指数编制方法。

808. 璧山县丁家乡保证书　12－1－981

1943年9月至1943年10月，璧山县丁家乡保证书，包括保证人的相关情况、保证原因、应付责任等信息。

809. 司法行政部直辖璧山实验地方法院检察官工作报告　12－1－982

1943年1月至1943年6月，司法行政部直辖璧山实验地方法院检察官工作报告。

810. 四川高等法院检察处等关于各月工作报告等的往来公文，各类表格清册、规章条例　12－1－983

1939年12月至1944年1月，四川高等法院检察处、璧山实验地方法院检察官关于呈送各月工作报告的呈文、公函、指令、训令；璧山县监所已决男女人犯表、法规结案月报表、办案进行时间表、璧山实验地方法院事务分配表，没收敌货及罚金分配办法、战时管理封锁区后方日用品办法、璧山地方法院书记室事务办理细则、法院助理员征收食宿费及支销办法；另有璧山实验地方法院检查处检查实录、院会议记录。

811. 四川高等法院关于会议邀请等的日常公文，璧山地方法院司法文件等　12－1－984

1943年7月至1944年6月，四川高等法院、璧山县政府、璧山实验地方法院关于第八次县政会议邀请的通报、公函、训令、呈文；璧山县城南乡乡公所造具同盟胜利公债派募清册，璧山县依凤乡农会各季度工作报告表，璧山县警察一分所工资表、各月收支平准表、财产目录、考绩表；另有璧山实验地方法院关于案件的提票回证、侦查笔录、诉状、保状；另有看守所基地草图。

812. 四川高等法院、璧山实验地方法院司法人员登记办法等法院规章文件、各类报表　12－1－985

1943年7月至1944年6月，四川高等法院、璧山实验地方法院关于工作报告问题的训令；法院助理员考试训练规则、服务规则、奖惩规则、检察处申告使用规则、密告箱使用办法、公务员登记规则、司法人员登记办法，法院年度法收数目比较表、民刑案件已结未结比较表、办理起诉统计表、法院人员进退表、薪金数目及结案件数统计表、各类案件统计表、公务员动态月报表。

813. 璧山实验地方法院关于各类经费支出的报表清册，计费报销办法等规章条例　12－1－986

1943年8月，璧山实验地方法院会计构成图、办案进行期间表、璧山实验地方法院事务分配表、司法助理人员征收旅费报告表、法院结案月报表、支出决算书；璧山实验地方法院助理员征收食宿费及支销办法、结案月报表、民刑诉讼办理办法、实验法规适用意见；另有院检联席会议记录、院会议记录、询问笔录、工作报告、请假书。

814. 璧山地方法院及转龙乡乡公所关于户口问题的往来公文，璧山地方法院日常财务报表   12－1－987

1940年10月至1944年4月，璧山地方法院、璧山县转龙乡乡公所关于造报户口统计表的呈文、签呈、训令；公所工饷费分配表、省重核补助俸员名表、看守所补助俸清册、司法人员补助俸请领清册、法院看守所附设监狱收支对照表、经费累计表等财务报表，行政院经济会议秘书处所属各级经济监察队组织规程；另有璧山县狮子乡乡公所证明书、璧山县户籍月报表。

815. 四川高等法院等关于战时司法考试的往来公文，普通高等考试信息清册，办法条例等   12－1－988

1941年12月至1943年10月，四川高等法院、璧山实验地方法院、司法行政部关于造送年度高考司法战时考试规则等的训令、签呈、代电；高考司法官未送学习成绩姓名简表、普通高等考试初试及格人员津贴数目表、及格人员调查总表、司法助理旅费报告表及标准表、结案月报表、办案进行表、事务分配表等表格清册，普通高等考试初试及格人员应行注意事项、延期受训办法、学习规则、璧山实验地方法院助理员征收食宿费及支销办法；另有学术研究会记录、四川重庆地方法院刑事裁定书。

816. 粮食部四川粮食储运局璧山县仓库、璧山实验地方法院关于囚粮等的往来公文及囚粮清册表等   12－1－989

1943年7月至1944年1月，粮食部四川粮食储运局璧山县仓库、璧山实验地方法院关于拨发囚粮的训令、呈文、代电；购用普通司法人犯囚粮名册、看守所附设监狱普通司法人犯食粮一览表、实支人犯所需油盐柴菜费用比较增减表、各监所实领代购囚粮清册；另有璧山实验地方法院职员名单、关于业务检讨的会议记录。

817. 四川省政府、璧山实验地方法院送请核查案件等公函   12－1－990

1943年4月至1943年11月，四川省政府、璧山实验地方法院、璧山县政府关于送请核查案件的训令；民刑案件对照表及具体说明、璧山县银行股份有限公司章程等。

818. 四川高等法院等关于启用印模日期等的往来公文，璧山地方法院看守所囚粮名册等数据清册等   12－1－991

1943年11月至1947年12月，赈济委员会重庆第四儿童教养院关于院长任免的公函；四川广汉地方法院关于达成立法院启用印信的公函；四川高等法院、璧山地方法院及看守所关于印模启用日期问题的公函、代电;璧山地方法院员役人数报告表、机关事业行政人数报告表、各月军事人犯报领囚粮名册、有关各级民意机关之法令解释表;另有璧山地方法院民事判决书、监所购粮情况卷宗,包括训令、购粮细则。

819. 璧山实验地方法院文件送阅簿表格　12－1－992

1943年1月至1943年12月,璧山实验地方法院文件送阅簿表格,包括登记日期、事由、附件等信息。

820. 璧山县政府工作报告,璧山实验地方法院办理民刑诉讼补充办法等条例　12－1－993

1943年1月至1943年12月,璧山县政府工作报告;璧山实验地方法院办理民刑诉讼补充办法、助理员考试训练规则、服务规则、密告箱使用规则,法院收入比较表、民刑诉讼侦查案件一览表、结案月报表。

821. 璧山实验地方法院办理民刑诉讼补充办法等日常公文,询问笔录等司法文件　12－1－994

1942年1月至1943年3月,璧山实验地方法院办理民刑诉讼补充办法、工作报告书、收入比较表;四川高等法院第一分院民事和解笔录、辩论记录、解票、收票回执。

822. 璧山实验地方法院关于呈送部署代电等的往来公文及司法文件　12－1－995

1942年6月至1943年3月,璧山实验地方法院书记室关于呈送部署代电的公函;诉讼案件情况文件、民事申请书;巴县政府、璧山实验地方法院、永川县政府关于呈送人犯、呈送羁押人犯文件的公函;四川高等法院第一分院关于案件的民事和解笔录、解票、收票回执;警察队第二分队警察局信件。

823. 璧山实验地方法院关于工作总结、案件审查等的司法文件　12－1－996

1943年1月至1943年12月,璧山实验地方法院工作情况,民事诉讼程序暨诉讼类无理由审查表、刑事诉讼程序审查表、办理民刑诉讼补充办法与民事诉讼法比较表、各月份罪名比较表、自动检举案件表;检察处申告使用规则、诉讼须知、民事判决注意事项、刑事判决原本注意事项。

824. 璧山地方法院及看守所关于造送囚犯清册的往来公文等　12－1－997(1)

1946年12月至1948年6月,璧山地方法院及看守所关于造送囚犯清册的呈文、指令;看守所囚犯名册、囚粮表。

825. 璧山地方法院及看守所关于造送囚犯清册的往来公文等　12－1－997（2）

1947年3月至1947年9月，璧山地方法院及看守所关于造送囚犯清册的呈文、指令；看守所囚犯名册、囚粮表等数据报表。

826. 璧山实验地方法院案件情况表　12－1－998

1943年1月至1943年12月，璧山实验地方法院案件情况表，包括案件类别、当事人、附件、案由等信息。

827. 璧山县救济院等关于财务问题的往来公文等　12－1－999

1943年4月至1944年12月，璧山县救济院、四川省政府关于造送救济院财务报表的审核饬知书、训令、指令；现金出纳表、岁入类分配表、年度造具工薪各费收支明细预算书等财务报表；另有救济院收条。

828. 璧山实验地方法院等关于案件审计等的文件等，青木乡服装业同业公会工作文件　12－1－1000

1943年3月至1946年5月，军政部兵公署第十厂、璧山县国民兵团、璧山实验地方法院等关于案件审计的文件；地方法院组织系统表、司法行政部、璧山实验地方法院职员事务分配表；璧山实验地方法院办理民刑诉讼补充办法与民事诉讼法比较表；璧山县青木乡服装业同业公会关于造送公会会议情况数据表的公函；附有西式成衣价目一览表、第一届补选职员名册、会员名册。

829. 璧山实验地方法院办案进行簿　12－1－1001

1943年6月至1943年12月，璧山实验地方法院办案进行簿，包括当事人姓名、事由、办案人、进行情形、终结情形等信息。

830. 璧山实验地方法院各类案件移交清册等　12－1－1002

1943年11月至1943年12月，璧山实验地方法院看守所关于造具收支款项四柱清册的呈文；刑事及民事进行案件移交清册、刑事已结案件移交清册、刑事尾卷移交清册、各项簿册移交清册；另有璧山县龙溪乡年度征属优待金发放清册、乡镇保行训续班学员清册。

831. 四川省璧山县户口登记簿等　12－1－1003

1943年4月，璧山实验地方法院关于造送户口登记簿的训令；四川省璧山县户口登记簿，包含姓名、年龄、受教育程度、身体状况等个人信息。

832. 四川高等法院等关于造送法院财务报表等的公文等   12－1－1004

1941年3月至1942年6月，四川高等法院、国库局、四川省政府关于造送法院财务报表的训令、报告、呈文；中央各机关服务人员因公需失财暂行办法、缴款书填写办法、中央银行附设票旅交换行装保证准备估价委员会办事规程、公库支票流动办法；法院司法各月收支一览表、缴款书，四川高等法院收款证、领款收据、请款书存根，四川省银行代理国库支库地点清单。

833. 司法行政部、璧山地方法院等关于人犯医治问题等的往来公文等   12－1－1005

1940年12月至1944年4月，司法行政部、四川高等法院、璧山实验地方法院关于人犯医治注意事项的训令、呈文、指令；监所人犯医治注意事项，监所死亡人犯增减比较表、人犯清洁课目表；另有法院文件递交书、应讯到场报告单、询问笔录。

834. 璧山县各乡名册等数据清册，各乡乡公所关于依法究办案件的往来公文等   12－1－1006

1942年12月至1944年3月，四川省政府、永川乡政府、璧山实验地方法院、璧山县政府、三合乡乡公所关于调送慈善团观音寺争执的公函、指令、训令、呈文；城南乡、城北乡名册，璧山县政府审理行政、建设科案件点名册；璧山县政府收票回证；四川高等法院第一分院、鹿鸣乡、青木乡等各乡乡公所关于依法究办案件等的文件、呈文、训令、签呈、报告、讯问记录、法院传票、民事判决书。

835. 璧山实验地方法院日开支统计表及案件裁判登记表   12－1－1007

1943年1月至1943年12月，璧山实验地方法院日开支统计表，包含本日小计、常费、垫费数据；案件裁判登记表，包含裁判种类、案由、时间等信息。

836. 璧山地方法院公务员役实领米代金报销名册   12－1－1008

1943年1月至1943年12月，璧山实验地方法院关于公务员役实领米代金的报销名册，包含职别、姓名、年龄、领取数量等信息。

837. 司法行政部关于案件稽考簿及移交等的训令等   12－1－1009

1942年12月至1943年10月，司法行政部关于案件稽考簿及移交等的训令；适用地方法院办理民刑诉讼补充办法办理案件稽政簿，包含时间、案由、检察官姓名、适用条款等信息；璧山实验地方法院垫支米代金及垫付数目表；另有进行案件移交说明文件。

838. 璧山实验地方法院定额薪资所得税应纳税额计算公式及大衍会会簿等　12－1－1010

1943年12月－1948年8月,璧山实验地方法院定额薪资所得税应纳税额计算公式、所得税扣缴清单;大衍会关于大会会规、会序、会员姓名的相关文件;璧山县政府、璧山实验地方法院关于军法案、盗窃、债务纠纷、离婚等的民事判决书;叙述研究会会规、制作民事判决原本注意事项;四川高等法院关于检验员训练办法的训令、呈文、公函、工作报告;司法行政部直辖璧山实验地方法院各科图标法条、监所月报表说明;另有看守所人数季报表、月报表、一览表、填报注意事项、民刑诉讼补充办法与民刑诉讼法比较表。

839. 司法行政部及四川高等法院关于法院邮务送遣费标准的往来公文等　12－1－1011

1943年6月至1944年4月,璧山实验地方法院邮务送还法令卷卷宗文书目录;司法行政部及四川高等法院关于法院邮务送遣费标准的训令;璧山实验地方法院关于寄交诉状的公函;东川邮区璧山邮局关于回复邮寄诉讼文件的公函;另有试办邮务送达注意事项、邮务部送达委托代收人申请书、诉讼文书封套。

840. 璧山实验地方法院看守所关于移交文卷的往来公文及各类财务报表　12－1－1012

1943年11月至1944年12月,璧山实验地方法院看守所关于移交人犯公物卷的咨、函;已决未决男女人犯名单、在任期间收支款项四柱总表、造具清册、在任期间保管财务清册、本任经管作业款项造具清册、各科收支财务表。

841. 璧山实验地方法院刑事案件收状簿　12－1－1013

1943年11月至1943年12月,璧山实验地方法院刑事案件收状簿,包括进行号数、日期、类别、件数、姓名、案由、诉讼费用等信息。

842. 璧山实验地方法院民事判决书　12－1－1014

1943年4月至1943年7月,璧山实验地方法院关于债务纠纷、典当纠纷、地产纠纷、离婚、买卖纠纷、损害赔偿案件的判决书。

843. 璧山实验地方法院看守所人犯所需费用报表及相关公函　12－1－1015

1943年5月至1943年11月,璧山实验地方法院看守所人犯所需油盐柴菜费用结算月报表、四柱清册、看守所各月份囚粮比较增减表;关于造送各类报表的训令;另有修正司法组织法。

844. 璧山实验地方法院助理员考试训练规则等规章条例等　12－1－1016

　　1942年6月至1943年1月,璧山实验地方法院助理员考试训练规则、服务规则、奖惩办法、检察处申告使用规则、密告筒使用办法;另有璧山实验地方法院年度法收数目比较表、收结案件统计表、工作报告。

845. 璧山实验地方法院裁判送阅簿　12－1－1017

　　1943年4月至1943年12月,璧山实验地方法院裁判送阅簿,包括裁判种类、案由、裁判日期、承办员等信息。

846. 璧山实验地方法院刑事分案簿　12－1－1018

　　1943年1月至1943年12月,璧山实验地方法院刑事分案簿,包括进行号数、收状日期、案由、承办者姓名、卷宗、政务等信息。

847. 璧山实验地方法院办案进行簿　12－1－1019

　　1943年10月至1943年12月,璧山实验地方法院办案进行簿,包含原被告人姓名、进行情形、终结情形等信息。

848. 璧山实验地方法院各月案件情况的表格清册　12－1－1020

　　1944年1月至1944年4月,璧山实验地方法院关于呈送各月税务统计月报表的呈,璧山实验地方法院各月民事案件月报表、刑事案件月报表、民事案件收结表、刑事已结案件表、被告羁押一览表、案件及法收调查表、结案月报表、刑庭勤服未结案件表。

849. 璧山县各乡公所关于房租、地价调查等的公文　12－1－1021

　　1943年7月至1945年1月,璧山县青木乡乡公所、璧山县第二区梓潼乡、来凤乡乡公所及龙凤乡乡公所关于报送各月房租地价调查表、填报地价调查表的呈文;璧山县政府收取龙凤乡、丁家乡、青木乡、梓潼乡房租地价调查表的存根;璧山县青木乡关于各月房租、地价的调查表;璧山县城镇各月地价调查表,璧山县龙凤乡农地地价、房租调查表。

850. 璧山实验地方法院民事收状登记簿　12－1－1022

　　1943年1月至1943年7月,璧山实验地方法院人犯看守所民事收状登记簿,包括进行号数、日期、类别、件数、当事人姓名、案由等信息。

851. 璧山实验地方法院传票补号簿、送达文件登记簿及收状登记簿等　12－1－1023

1943年1月至1943年11月,璧山实验地方法院传票补号簿及送达文件登记簿,包括进行号数、日期、类别、件数、当事人姓名、案由、指定到庭日期等信息;璧山实验地方法院收状登记簿,包括进行号数、日期、类别、件数、当事人姓名、案由等信息;另有中国国民党四川省征求新党员名册。

852. 四川高等法院关于各项统计月报表等的往来公文,璧山实验地方法院人犯看守所附设监狱人犯情况统计表等　12－1－1024

1943年2月至1943年6月,璧山实验地方法院附设监狱关于各项统计月报表、报表补充说明的训令;四川高等法院、璧山实验地方法院人犯看守所附设监狱人数月报表、人数月报一览表、季报表及填报事项、监狱人犯疾病死亡统计表、人犯调查表、在押人犯简明表;另有办理各项事务人员奖惩清单、各院监所应造报表格一览表及说明、财政部国库属各机关自行支出月报表及填表须知。

853. 璧山实验地方法院关于民刑案件报表等的往来公文等　12－1－1025(1)

1943年9月至1943年10月,璧山实验地方法院关于民刑案件报表、各种统计月报表的公函、呈文;民刑事案件月报表、民刑案件收结表、案件及法收调查表。

854. 璧山实验地方法院各类案件报表等　12－1－1025(2)

1943年10月至1944年5月,璧山实验地方法院民刑案件月报表、民刑案件收结表、案件及法收调查表、刑事案件已结未结表、刑事被告羁押一览表、各月办案人员调查表、各月民刑案件结案表;四川高等法院关于民刑事案件月报表的训令。

855. 四川高等法院、璧山实验地方法院关于囚粮清册的公文等　12－1－1026

1943年1月至1943年7月,四川高等法院、璧山实验地方法院关于重造囚粮册表、领用囚粮表册格式的训令、呈文;看守所购用司法人犯囚粮名册、普通人犯囚粮四柱表、人犯食粮一览表、人犯油粮柴菜册表及四柱清册、各月囚粮比较增减表、支用囚粮表;粮食部四川粮食储运局关于请查填发囚粮表格的代电。

856. 四川高等法院等关于涉外案件等的司法文件　12－1－1027

1942年11月至1943年7月,四川高等法院、国民政府及司法行政部关于询问涉外民刑案件、废除英美治外法权的代电、训令、令、呈文;取消英美在华治外法权及处理有关问题条约的相关文件、条款、注意事项,并附有英文文件。

857. 璧山实验地方法院工作实施情况文件　12－1－1028

1943年1月至1943年12月，璧山实验地方法院工作实施情况目录、实施方案、工作计划及实施概况、工作实施状况目录。

858. 璧山实验地方法院裁定书等　12－1－1029

1943年4月至1943年6月，璧山实验地方法院关于妨害自由、诈欺、妨害婚姻、盗窃、债务纠纷等的民事、刑事裁定书；另有单位不明的薪金转存记录单、保管单。

859. 璧山地方法院办案进行簿、刑事旧案收案簿　12－1－1030

1941年12月至1943年11月，璧山实验地方法院办案进行簿，包括事由、当事人信息、进行情形、终结情形等；刑事旧案收案簿，包含日期、当事人、案由等信息。

860. 璧山实验地方法院民事办案进行簿等　12－1－1031

1943年1月至1943年8月，璧山实验地方法院民事办案进行簿，包括事由、当事人信息、进行情形、终结情形等信息；办理案件清单。

861. 璧山实验地方法院民刑事办案表等　12－1－1032（1）

1943年1月至1943年5月，璧山实验地方法院关于统计书表等的呈文、训令、公函；民事案件表、刑事案件月报表、民事案件收结表、刑事案件已结案件表、刑事被告羁押一览表、各类案件及法权调查表。

862. 璧山实验地方法院关于民刑案件月报表等的往来公文、司法报表　12－1－1032（2）

1943年2月至1943年8月，璧山实验地方法院关于民刑案件月报表等的公函、呈文；民事案件收结表、民事案件清册、民事案件表、刑事案件月报表、刑事案件已结案件表、刑事被告羁押一览表、各类案件及法权调查表。

863. 璧山实验地方法院民刑执行收状簿、刑事自守分案簿　12－1－1033

1943年1月至1943年12月，璧山实验地方法院民刑执行收状簿，包括案由、办案姓名、日期等信息；璧山实验地方法院刑事自守分案簿，包括案件号数、日期、当事人、案由等信息。

864. 璧山地方法院公证须知　12－1－1034

1943年10月，璧山实验地方法院公证须知。

865. 璧山实验地方法院裁判送阅簿及执行命令簿、各日所办案件清单　12－1－1035

1943年5月至1944年12月，璧山实验地方法院各日所办案件清单、裁判送阅簿及执行命令簿，包括案件类型、事由、当事人、日期等信息。

866. 璧山实验地方法院裁定书，送达文件簿等司法文件等　12－1－1036

1943年8月至1948年8月，璧山实验地方法院关于租赁纠纷、私造文书、妨害权利等的民事裁定、刑事判决书；送达文件簿，包括文件类别、送达日期、案由等信息，民事案件收结表、案件法收调查表；巴县政府关于送押人犯的公函；璧山县政府关于送交统计表等的训令、呈文；永荣师管区司令部关于报请监狱人犯调查表的代电、现有监犯人数调查表；璧山县三合乡乡公所关于扭送警察局案件的公函；璧山地方法院看守所附设监狱财产增加表、执行刑罚一览表、询问笔录。

867. 璧山实验地方法院检察处侦查室检验实录　12－1－1037

1943年10月至1943年11月，璧山实验地方法院检察处侦查室关于当事人伤情等的检验实录。

868. 璧山县政府、璧山实验地方法院关于烟案、累害不休案件的诉状等的公文等　12－1－1038

1943年6月至1943年9月，璧山县政府、璧山实验地方法院关于烟案、累害不休案件的呈文、诉状、传票、讯问笔录、收票回证、判决书；军法案件点名单、检察处执行刑罚一览表、保状；关于造送工作报告的呈文；法收结案月报表、办案进行期间表、侦查案件报表、罚金执行表；璧山县政府军事人犯看守所关于呈报监犯患病情况的呈文、指令。

869. 璧山实验地方法院办案进行簿　12－1－1039

1943年4月至1943年7月，璧山实验地方法院办案进行簿，包括事由、当事人、进行情形、终结情形等信息。

870. 璧山县政府及璧山地方法院等的征解日记表、裁定书、案件登记簿等　12－1－1040

1939年8月至1943年7月,璧山县政府经收处征解日记表;四川高等法院第三分院关于请求给付会款案的民事裁定书。璧山地方法院关于受理诉讼流程的呈文;案件登记簿,包括案由、日期、附件等信息;另有"同盟胜利美金公基金确定保障稳固"字样纸条。

871. 璧山实验地方法院各月贴用司法印纸一览表、法收表　12－1－1041

1943年1月至1943年11月,璧山实验地方法院各月贴用司法印纸一览表,包括征收日期、数目、案由事由、合计等信息;法收表,包括当事人姓名、案由、类别、终结情况等信息。

872. 璧山实验地方法院民事判决书、民事案件文件收发簿等　12－1－1042

1943年9月至1943年12月,璧山实验地方法院关于租约纠纷、抵押纠纷、搬迁纠纷案件的民事判决书、民事裁定、训令、指令、呈文、报告;民事案件文件收发簿。

873. 四川邮政管理局、东川邮政管理局等相关文件　12－1－1043

1943年3月至1943年12月,四川邮政管理局、东川邮政管理局关于停止寄发沦陷区各地包裹、各局与外区各局互寄的通令;邮区国内包裹资费变更详情表、邮资修改清单表;东川部区重庆以下沿江各局揽收去河南各局大宗包裹"准减惯例"局名表;另有陕西省统计局生活必需品实施办法;安徽区各局互寄及去外区之包裹及小包邮件资费及加费表。

874. 璧山县国民兵团团部文卷移交清册,璧山实验地方法院财务报表等　12－1－1044

1942年10月至1942年12月,璧山县国民兵团团部文卷移交清册、移交代办公文一览表等表格清册;关于移交经管文卷的咨、呈文;璧山实验地方法院日结库存账单、每日支存清单等财务报表。

875. 璧山实验地方法院、璧山律师会关于严禁包揽诉讼等的往来公文、璧山县政府保甲会议记录等　12－1－1045

1942年7月至1947年3月,璧山实验地方法院、璧山律师会关于派遣司法助理、严禁包揽诉讼的令、布告、呈文;公证事件登记表;四川省璧山县各保保甲规约;

璧山县政府保民大会会议记录、保住户户口登记簿；四川高等法院关于公证事件的训令；另有财产亲属会议记录、璧山县河边乡国民中心学校各月员工领资名册。

876. 璧山实验地方法院刑事案件月报表等　12－1－1046

1943年1月至1943年12月，四川高等法院第一分区检察处关于呈报各月刑事案件月报表的呈文、训令、指令、公函；另有璧山实验地方法院检察处刑事案件月报表。

877. 璧山实验地方法院及附设监狱的财务报表及案件文件、四川高等法院的各类文书等　12－1－1047

1943年6月至1943年12月，璧山实验地方法院各月主计人员俸薪表、饷项工资表、勤工副食补助费表；关于受理案件的通知书；关于伪造文书等案件的起诉书、刑事裁定、询问笔录、民刑诉讼案件登记簿；附设监狱支出计算表、作业统计金收支一览表；另有，四川高等法院关于呈送财务计算书的指令、训令及相关会议记录。

878. 璧山实验地方法院看守所关于囚粮等的往来公文等　12－1－1061

1943年12月至1944年12月，璧山实验地方法院看守所早餐共领囚粮米、午餐共领囚粮精米及其他食品、燃料等数量表，看守所人员受教育程度及在职年限；法院看守所关于营造囚粮报表、看守所内部状况的呈文；机关行政人员情况报告表；四川高等法院关于送交财务清单的训令、公函、会计室查询表，四川各司法机关年度人员考核清册、应报年报表清单。

879. 璧山（实验）地方法院关于羁押人犯交接等的往来公文等　12－1－1062

1930年12月至1943年5月，璧山地方法院关于羁押人犯交接等的训令、呈文、报告；县监所关于人员设置等信息的概况纪要、稽核公务员惩戒处分执行办法；璧山实验地方法院关于请修办公室的指令、训令；各月医支经费数表，中央设计局组织大纲。

880. 璧山实验地方法院关于战时管理制工资办法等的往来公文等　12－1－1063

1943年5月至1943年6月，璧山实验地方法院关于战时管理制工资办法、战时财产损失表格的训令；战时工资管理办法；关于拟制限制公务员自由等的训令、指令、呈文，附公务员动态月报表填表实例；四川高等法院关于为谋现任公务员安心服务的训令；四川省璧山县政府关于移交服役人犯的训令。

881. 璧山县政府军法监狱实押军法人犯报告表，实验地方法院看守所财务报表等　12－1－1064

1943年1月至1943年12月，璧山县政府军法监狱实押军法人犯报告表；璧山实验地方法院看守所人犯所需油盐柴菜费用四柱清册、费用月报表等财务报表，看守所附设监狱身份簿；各类司法案件保状；璧山县来凤乡警察分所各月份现有工人表。

882. 璧山实验地方法院民事判决书等　12－1－1065

1943年6月至1943年11月，璧山实验地方法院关于婚姻纠纷、财产分割及租约纠纷案件的民事判决书、和解协议；各机关来文登记簿。

883. 璧山县政府军事人犯看守所每日实押军法人犯报告表　12－1－1066

1943年4月至1943年12月，璧山县政府军事人犯看守所每日实押军法人犯报告表，包含人犯性别、关押日期等信息。

884. 璧山实验地方法院民事索引簿等　12－1－1067

1943年1月至1943年12月，璧山实验地方法院民事索引簿，包括诉讼人姓名、案由、档卷等信息；接见谈话记录表，包含日期、姓名、谈话内容等信息。

885. 国际私法问题解释、璧山实验地方法院及各乡机关相关文件、公文等　12－1－1068

1943年7月至1946年5月，璧山实验地方法院看守所关于案件的询问笔录、传单、报告、公物损坏清册、监狱身份簿；璧山实验地方法院检察官执行徒刑拘役指挥书；璧山县大路乡第七保办公处已交清册；璧山县来凤乡警察分驻所造具各项公物移交接收清册、到庭通知；四川省防控协导委员会关于改组事宜的训令、公函；璧山县丁家乡中心学校关于添置课桌椅等的公函；璧山县农会关于办理货款等的令；另有用陕西省立黄陵师范学校用笺所写信件、财政部领款收据；有关国际私法中，外国法人认识、婚姻问题、离婚问题等的文章。

886. 璧山县政府军法监狱每日实押军法人犯报告表及璧山地方法院看守所、城中镇财务清册　12－1－1069

1943年6月至1947年12月，璧山县政府军法监狱每日实押军法人犯报告表；璧山县城中镇征收上浮房捐清册；璧山地方法院看守所各月守员生活补助费实领清册。

887. 璧山实验地方法院民事判决书　12－1－1070

1943年8月,璧山实验地方法院关于欠租、所有权纠纷及搬迁纠纷案件的民事判决书,附带和解笔录。

888. 璧山实验地方法院关于监所报销办法等的往来公文,看守所财务报表等　12－1－1071

1943年2月至1943年12月,璧山实验地方法院关于监所报销办法的训令、呈文;附设看守所监狱工场作业调查表、作业统益金收支一览表、各月作业成品造具清册、收入计算书、收支对照表、财产日报表、支出计算表、各科作业人数细表;四川高等法院关于看守所监狱工场报销须知的训令;考核各监所年度办理作业成绩报表。

889. 璧山实验地方法院民事判决书等往来公文等　12－1－1072

1942年8月至1943年12月,璧山县青木关警察分驻所关于统计造送关押人及悔过人情况的公函、呈文、通知、令;璧山实验地方法院关于契约纠纷的民事判决书、保状;璧山县救济院关于就职日期的公函;中国国民党四川省璧山县执行委员会关于书记任职事宜的公函;璧山县卫生院关于职务任职安排事宜的公函;璧山县临江乡乡公所关于毕业证件发放的证明书。

890. 璧山实验地方法院关于人事任免的公文等　12－1－1073

1942年5月至1943年9月,璧山实验地方法院关于人事任免事的指令、呈文、训令;检察官简历、公务员动态月报表,璧山实验地方法院职员履历表。

891. 璧山实验地方法院等关于监所修建的往来公文及财务报表等　12－1－1074

1943年9月至1944年11月,司法行政部、四川高等法院、璧山实验地方法院、看守所关于监所修建费的训令、呈文、指令;补修监所房屋概算书、估价单、修建图纸及说明、收支对照表;修建法院监所及动支修建费办法;动支修建办法;军政部第九补充兵训练处关于捐送衣物的公函、呈文。

892. 璧山县城南乡农会等关于组织筹备会等的文书　12－1－1075

1941年12月至1942年12月,中国国民党四川省璧山县执行委员会、四川省政府、城南乡农会及筹备处关于组织筹备会、创立大会相关事宜的呈文、公函、指令、工作报告;农会会员名单、大会简章、业务状况各类清册、委任书。

893. 璧山县实验地主法院检察处关于人事任用的公文等　12－1－1076

　　1939年9月至1944年1月,四川高等法院关于审理案件报告书及造报规则的训令;民刑事涉外案件报告书,民刑事案件报告书造报规则;全川司法经费整理委员会、四川高等法院及政府关于经费支出借用、造具财务报表、收存款月报表的指令、训令;司法行政部、璧山实验地方法院检察处关于人事任免的指令、训令、呈文、工作报告;任命送审办法、拟用人员审查表、结案月报表等。

894. 璧山县政府关于囚犯习艺的公函等,璧山地方法院检察官等关于禁烟工作等的文书等　12－1－1077

　　1938年4月至1949年3月,四川省政府、水利局及农会关于发展川西各县小型农田水利的生产的训令、呈文;小型农田水利贷款借约、核准房贷书及财务清册;璧山县政府关于游民习艺所合同挑选轻微囚犯习艺的公函;习艺囚犯姓名表;璧山县动员委员会及璧山地方法院检察官关于具报月会情形、修正月会考核标准、检举鸦片烟犯及年度禁烟事项的通知、公函;禁烟大会小会烟毒及烟具数量清册。

895. 璧山县实验地主法院看守所等关于修建监所的公文等　12－1－1078

　　1940年3月至1942年5月,四川高等法院、司法行政部及璧山实验地方法院看守所关于招工估价改建监所、修建草图、改良计划的呈文、指令;修整预算书、决算书、材料工资详细估价单、改良修建办法、修建图纸等财务报表。

896. 国民政府司法部及璧山地方法院等关于修正看守所规则的往来公文等　12－1－1079

　　1930年7月至1945年5月,国民政府司法部、司法行政部及璧山地方法院关于修正看守所暂行规则的训令、呈文、报告、布告;另有损失单。

897. 四川高等法院、璧山实验地方法院关于寄押一览表等的往来公文等　12－1－1080

　　1942年3月至1942年8月,四川高等法院、璧山地方法院关于呈送寄押一览表的呈文、训令;刑事被告羁押一览表、职员名单、各分院监督管辖区域内司法行政实施细则。

898. 璧山实验地方法院及看守所等关于垫发囚粮及补助发放等事宜的往来公文、报表清册　12－1－1081

　　1942年4月至1943年7月,四川高等法院、璧山实验地方法院及看守所关于呈请垫发囚粮、补助发放、造送财物清单的呈文、训令、指令、报告、代电；请领补助费概数名册、公务员请领粮补清单、请领补助费名册、领米清单、生活补助计算表。

899. 东川邮政管理局关于战时寄件问题的通令、邮局异动表等事宜的日常公文　12－1－1082

1942年8月至1943年8月，东川邮政管理局关于军政邮件寄发、官兵家书寄发的通令；邮件情况统计表、各区军邮局所异动详情表、信箱号码详情。

900. 四川高等法院、重庆律师公会等关于律师登录等事宜的往来公文，律师简历等日常公文　12－1－1083

1942年1月至1942年4月，四川高等法院、重庆律师公会、重庆地方法院关于律师代呈执行职务申请及登录的呈文、指令、公函；律师简历、律师登录事项表。

901. 璧山地方法院看守所等关于囚粮的往来公文，囚粮报表数据　12－1－1084

1942年1月至1942年12月，粮食部四川省粮食储运局璧山县仓库及璧山地方法院看守所附设监狱关于造送囚粮清册、拨发囚粮的呈文、公函、训令；璧山地方法院看守所附设监狱各月囚粮四柱清册、费用统计表、中秋粮增减表、囚粮结算日报表等。

902. 璧山地方法院工作报告及案件比较表等　12－1－1085

1941年5月至1942年5月，璧山地方法院工作情况报告、助理员考试训练规则、检察处密告筒使用方法、检察官不起诉处分书，办理起诉案件比较表、法收案件数目比较表、收结案件比较表；四川高等法院关于登录会计师的训令；璧山县政府经收处关于征收屠宰税的训令等。

903. 璧山地方法院民事案件进行簿　12－1－1086

1942年1月至1942年12月，璧山地方法院民事案件进行簿，包括当事人姓名、案由、日期、进行程序等信息。

904. 四川省政府、璧山县临时参议会关于财务预算的往来公文及相关财务报表　12－1－1087

1942年8月至1943年6月，四川省政府、璧山县临时参议会关于呈送会议办公费用预算书、财务报表的公函、呈文、指令、通知书；年度办公费用预算书、预备金数目表、现金出纳表；另有验收物品证明书、支出收回书。

905. 璧山实验地方法院工作报告及审理笔录等司法文件等　12－1－1088

1938年9月至1945年9月,璧山县政府经收处出席本县临时参议会第四届大会业务报告书;璧山实验地方法院受理民事诉讼补充办法,工作报告等日常工作文件,司法案件审理笔录等,收入比较表,看守所附设监狱在押与工作人员数日报表;另有璧山县立正心镇松鼠桥初级小学教职工一览表、学生名册。

906. 璧山县政府关于公学产业问题的公文及璧山地方法院须知等　12－1－1089

1941年1月至1942年12月,璧山县政府及财务委员会关于公学产业问题的布告、公函、通知;璧山地方法院诉讼须知、检察处密告箱使用办法、规则及视察报告填表须知;璧山县锦壁公路食米移交清册、购用工具材料付款移交清册等数据清册。

907. 璧山实验地方法院案件移交登记簿、申请登记簿及案件进行簿　12－1－1090

1942年12月至1943年1月,璧山实验地方法院案件移交登记簿,包含卷宗号数、日期、罪名、姓名、起诉情况等信息;申请登记簿,包含登记时间、申请类别、申请人等信息;案件进行簿,包括当事人姓名、案由、日期、进行程序等信息。

908. 璧山实验地方法院案件情况统计清册等　12－1－1091

1943年4月至1943年12月,四川省各市县推行度政工作进度概况,璧山实验地方法院检察处关于案件的不起诉处分申请再议结果表、自动检举案件表、结案速度表、终结民刑案件比较表。

909. 璧山实验地方法院裁判送阅簿等　12－1－1092

1942年5月至1942年12月,璧山实验地方法院裁判送阅簿,包含裁判种类、案由、日期、长官印鉴等信息;检察处关于代表派遣等的处令。

910. 司法行政部、司法院及四川高等法院关于司法解释的往来公文　12－1－1093（1）

1944年1月至1944年12月,司法行政部、司法院及四川高等法院关于解释强制执行法的指令、训令、咨。

911. 司法行政部、司法院及四川高等法院关于法令解释的往来公文　12－1－1093（2）

1942年7月至1945年12月,司法行政部、司法院及四川高等法院关于法令解释的指令、训令、代电。

912. 璧山县政府关于妇婴保健所造具材料工程估价预算单等事宜的往来公文　12－1－1094

1934年6月至1935年5月,璧山县政府关于清共问题、妇婴保健所造具材料工程估价预算单的训令、指令、公函;附妇婴保健所造具材料工程估价预算表。

913. 四川省政府、璧山县政府关于核定地方总预算等的公文及各类预算报表　12－1－1095

1942年1月至1942年12月,四川省政府、璧山县政府关于核定县地方总预算、追加预算的训令、呈文、指令;璧山县地方总预算书、各级警察人员待遇支给标准表、岁出民政部分预算核定数目表、岁出预算分配表等财务预算报表。

914. 璧山实验地方法院刑事分案簿、财务报表等　12－1－1096

1943年1月至1943年8月,四川高等法院、璧山实验地方法院检察处关于财务报表、旅费报表的指令、公函、呈文;年度经费数目表、动支增减表等财务清册,另有填表说明、领款收据;璧山实验地方法院刑事分案簿;中国农民银行往来款项对账单,国库拨款通知单、支付书。

915. 璧山地方法院分案簿、收状簿　12－1－1097

1942年1月至1942年12月,璧山地方法院分案簿,包含日期、附件、原被告姓名、案由等信息;收状簿,包含当事人姓名、时间、案由等信息。

916. 璧山实验地方法院刑事判决书等　12－1－1098

1942年4月至1942年12月,璧山实验地方法院关于伪造公文、非法入侵、妨害权利、盗窃等案件的刑事判决书;刑事已结未结案件表。

917. 璧山实验地方法院民事旧案收状簿、检察处收案登记簿、案件进行簿　12－1－1099

1942年1月至1942年12月,璧山实验地方法院民事旧案收状簿,包括日期、案由等信息;检察处收案登记簿,包括日期、案由、当事人情况等信息;案件进行簿,包括姓名、案由、进行情况等信息。

918. 中国国民党四川省璧山县执行委员会及四川省政府关于公务员家属平价米补助等的公文及数据报表等　12－1－1100

　　1941年12月至1942年10月,中国国民党四川省璧山县执行委员会及四川省政府关于公务员家属平价米补助的公函、呈文;平价米款各县市机关内一览表;璧山县七塘乡乡公所关于造送年度积谷月报表的呈文;七塘乡年度积谷月报表、粮谷收支报告表、收支报告书;另有四川省电话管理处关于请发给机线的公函。

919. 璧山地方法院案件稽考册、民事案件进行簿　12－1－1101

　　1942年2月至1942年12月,璧山地方法院案件稽考册,包含当事人姓名、案由、类别等信息;民事案件进行簿,包括当事人姓名、案由、日期、进行程序等信息。

920. 四川省政府、璧山县政府经收处关于财务报表等的往来公文及相关报表　12－1－1102

　　1943年2月至1943年12月,四川省政府、璧山县政府经收处关于造报公粮及公种四柱清册、审核财务报表的呈文、训令;各月现金出纳表、预算书等财务报表。

921. 四川高等法院第一分院等司法文件,民事案件进行簿、户口登记簿等　12－1－1103

　　1942年4月至1942年12月,四川高等法院第一分院及四川重庆地方法院关于回赎典产的民事裁定、案件委托人情况表、阅卷申请书、询问笔录;民事案件进行簿,包括当事人姓名、案由、日期、进行程序等信息;乡镇户口异动登记簿、寺庙户口登记表;另有文件送达情况表、四川重庆地方法院拍卖布告。

922. 四川省璧山县临江乡户口调查表　12－1－1104

　　1944年5月,四川省璧山县临江乡户口调查表,包含户别、姓名、性别、出生日期、文化程度等信息。

923. 四川省政府会计处、璧山县政府等关于年度预算等的公文,各单位年度预算书等　12－1－1105

　　1940年1月至1940年10月,四川省政府会计处、璧山县立初级职业学校、璧山县政府关于审核年度预算、附设师训班的指令、呈文;四川省卫生实验处关于中央补助费等经费数目的训令;璧山县农业推广所开办费支出预算书及俸给费附属表、璧山县政府年度测候经费支出概算书、璧山县民众教育馆年度支出预算书等各类预算报表。

924. 璧山地方法院民事案件收费登记表、民事案件登记表　12－1－1106

1942年1月至1942年12月,璧山地方法院民事案件收费登记表,包括姓名、案号、案由、征收数目等信息;璧山地方法院民事案件登记表,包括姓名、案由、时间等信息。

925. 璧山地方法院案件进行簿,璧山县来凤乡公民登记册　12－1－1107

1942年1月至1942年12月,璧山地方法院案件进行簿,包括当事人姓名、案由、日期、进行程序等信息;璧山县来凤乡公民登记册,包含姓名、性别、年龄等信息。

926. 四川高等法院及璧山实验地方法院关于平价米代金预算表等的日常公文等　12－1－1108

1943年2月至1943年9月,四川高等法院及璧山实验地方法院关于平价米代金预算表应注意事项的训令、呈文;造具代金预算表应注意事项、璧山地方法院看守所公务员领取食米清单、平价米代金预算表。

927. 璧山县政府关于应征壮丁的训令等　12－1－1109

1942年8月至1943年4月,璧山县庆普乡、七塘乡、龙凤乡造具应征壮丁暨免缓禁停各级统计表,接龙乡国民兵年次统计表;璧山县政府关于编造应征壮丁表册的训令。

928. 四川高等法院会计室关于雇员情况等的公文等　12－1－1110

1942年2月至1942年10月,四川高等法院会计室关于呈送调用雇员列单、人员任用条例、佐理会计人员的公函、呈文;附人员任用条例、年度国库收支结算办法、职员履历表。

929. 璧山地方法院收案簿　12－1－1111

1942年1月至1942年12月,璧山地方法院收案簿,包含原被告姓名、案由、案件类别、事件等信息。

930. 四川高等法院、璧山实验地方法院关于囚粮清册的公文及囚粮情况表册等　12－1－1112

1942年8月至1942年12月,四川高等法院、璧山实验地方法院关于造送囚粮清册的训令、呈文;看守所各月份囚粮清单、囚粮增减比较表等表格清册、购领普通人犯囚粮四柱表。

931. 璧山实验地方法院送达文件证明簿及案件登记簿等　12－1－1113

　　1944年1月至1944年12月,璧山实验地方法院送达文件证明簿,包含时间、当事人姓名、送达地点等信息;案件登记簿,包含案由、卷宗数量、保存始终期等信息;璧山县政府提票存根。

932. 四川高等法院、璧山地方法院等关于囚粮拨发等事宜的公文等　12－1－1114

　　1940年11月至1940年12月,四川高等法院、四川省粮食储运局璧山县仓库及璧山地方法院等关于增加囚粮核定数目、仓库拨发囚粮事宜的指令、训令、代电;璧山县第三区转龙乡食米联合购销处造具股东姓名及股额表、购销处章程、全国粮食管理局召开粮食会议记录。

933. 四川重庆地方法院刑事判决书及裁定书等　12－1－1115

　　1942年5月至1943年8月,四川重庆地方法院关于侵占、盗窃、诬告等案件的刑事判决书及裁定书等。

934. 璧山县七塘乡乡公所关于调整保长兼校长的呈文等,国民学校学生名册等　12－1－1116

　　1942年11月至1943年4月,璧山县七塘乡乡公所关于调整保长兼校长的呈文;璧山县政府委任令存根、各保保长登记表,璧山县七塘乡国民学校成人班概况表、注名册;璧山县七塘乡中心学校关于造具毕业学生名册的呈文。

935. 四川省教育厅、璧山县各校及璧山县政府等关于学生考试等的教务文件　12－1－1117

　　1942年7月至1942年8月,四川省教育厅、国立中央大学师范学院附属中学、私立朝阳中学、璧山县政府关于毕业生成绩表、补试生成绩核验、会考等的公函、训令;四川省第十七届中学生毕业会考科目时间表、各区免于抽考之初中及班次表、考生须知、试卷清单、会考学生成绩表;另有南京中南中学关于会考的公函。

936. 四川高等法院、璧山地方法院关于会计报告等的往来公文等　12－1－1118

　　1941年12月至1949年4月,四川高等法院、璧山地方法院关于送达案件通知、会计室造报会计报告状况表、预算表的呈文、指令;文件送达表;另有璧山县政府施政计划表、璧山县童军分会年度实有员役俸给领取清册。

937. 璧山县政府、璧山县军法监狱关于监狱人犯情况等的往来公文等　12－1－1119

1941年8月至1942年1月,璧山县政府、璧山县军法监狱关于造具人犯名册、接收总结、请求派遣替补职员、移交文卷的公函、呈文、指令;人犯罪名登记簿、在外人犯保人清册。

938. 璧山实验地方法院等关于案件等的司法文件等　12－1－1120

1942年2月至1942年11月,四川高等法院第一分院检察官关于盗窃案复议的批文;璧山实验地方法院检察官关于盗窃等案件的不起诉处分书、法院传票、民事判决书;另有挂号信回单。

939. 四川高等法院、璧山实验地方法院关于案件情况等的往来公文及法院日常工作条例、办法等　12－1－1121

1942年12月至1943年1月,四川高等法院、璧山实验地方法院关于呈送案件情况、判决通知书等的公函、训令;各次工作报告、民事诉讼补充办法、司法助理员服务规则,各月民刑诉讼及侦查案件收结簿、民刑案件已结未结比较表。

940. 璧山地方法院发收案件登记簿　12－1－1122

1942年1月至1942年12月,璧山地方法院发收案件登记簿,包含当事人姓名、案由、日期等信息。

941. 璧山实验地方法院刑事判决书等　12－1－1123

1942年6月至1942年12月,璧山实验地方法院关于盗窃、妨害权利、毁损等案件的刑事判决书;关于案件备查的呈文。

942. 璧山实验地方法院报考员警报名单　12－1－1124

1942年1月至1942年12月,璧山实验地方法院报考员警报名单,包括姓名、年龄、籍贯、经历等信息。

943. 璧山县大兴乡乡公所警词　12－1－1125

1942年12月,璧山县大兴乡乡公所警词。

944. 璧山地方法院办案进行簿　12－1－1126

1942年1月至1942年12月,璧山地方法院办案进行簿,包括当事人姓名、案由、日期、进行程序等信息。

945. 璧山实验地方法院各次工作报告等日常公文及司法报表等　12－1－1127

1942年5月至1942年9月，璧山实验地方法院各次工作报告、办理民刑诉讼办法等日常公文，年度民刑诉讼及侦查案件状结一览表、收入比较表、执行刑罚一览表；关于年度各项报表的呈文。

946. 四川省政府、璧山县百货商业同业公会关于公会事务的往来公文等　12－1－1128

1942年8月至1946年1月，四川省政府、璧山县百货商业同业公会关于呈送当选职员证书、监制名册表的呈文、指令、训令；公会第三届理监事名册、当选代表名册、会员代表计算表，百货商业同业公会章程。

947. 璧山实验地方法院刑事旧案收状簿　12－1－1129

1942年1月至1942年12月，璧山实验地方法院刑事旧案收状簿，包含时间、当事人姓名、案由等信息。

948. 四川省政府、璧山县政府关于屠宰业公会等事务的往来公文等　12－1－1130

1936年10月至1937年7月，四川省政府、璧山县政府关于屠宰业公会筹备选举、公会主席任免、屠宰商违法行为处理、严令制止活动另行筹备等事务的呈文、公函、训令；屠宰业公会章程、公会会员及职员名册、会费计算表；另有璧山县司法处诉讼书。

949. 璧山实验地方法院归档簿　12－1－1131

1942年1月至1942年12月，璧山实验地方法院归档簿，包含案件卷号数、申请人及案由、有无在押被告等信息。

950. 各县临时参议会关于参议会的往来公文等　12－1－1132

1942年7月至1942年9月，犍为县临时参议院、大邑县临时参议会、秀山县临时参议会关于参议会成立日期、首届大会筹备等的公函、快邮代电；南部县历史参议会第六次大会宣言；江北县关于临时参议会的相关文件等；另有金堂县烈士家珍专祠落成征集礼品启示。

951. 璧山实验地方法院办案进行簿　12－1－1133

1942年1月至1942年12月，璧山实验地方法院办案进行簿，包含案由、进行程序、书记官、日期等信息。

952. 四川高等法院、璧山县政府及看守所关于拨发囚米等的公文及刑事判决书等 12－1－1134

1942年3月至1943年2月,四川高等法院、璧山县政府、璧山县看守所关于人犯备查名册、拨借田米情形、拨发囚米等的训令、呈文、公函;关于侵占、盗窃等案件的刑事判决书、押票回证、解票;铜梁县政府关于犯人转解等的公函。

953. 璧山地方法院案件送达簿 12－1－1135

1942年1月至1942年12月,璧山地方法院案件送达簿,包含附件、文件类别、时间、送交地点及人名等信息。

954. 璧山实验地方法院关于领取平价米清册等的财务文件等,审判笔录等司法文件 12－1－1136

1942年7月至1943年10月,璧山实验地方法院开办费交出计算书、收支表、检察处家属领取平价米清册等的财务文件、修理费单、修建房屋中作验收证明;关于民事案件的答辩文件、案件说明、询问笔录、审判笔录。

955. 璧山实验地方法院案件进行簿等 12－1－1137

1941年1月至1945年5月,四川省粮食增产总督导团、四川省政府关于行政人员办理粮食增产奖惩办法的训令、呈文;附行政人员办理粮食增产奖惩办法;四川省第三区行政督察专员公署关于年度工作推动的代电、呈文;璧山实验地方法院案件进行簿;璧山县转龙乡第五保国民学校年度各月现有员工名册。

956. 璧山实验地方法院员工及其家属实领平价米代金清册等 12－1－1138

1941年1月至1943年6月,四川省粮食增产委员会、四川省第三区行政督察专员兼保安司令公署、璧山县农业推广所关于增产工作的代电、呈文;璧山县农业推广所粮食增产月报表;四川省农业改进所稻麦改良场分厂组织规程;璧山实验地方法院员工及其家属实领平价米代金清册及收条,另有诉讼案件归档簿、璧山县转龙乡第五保国民学校年度各月现有员工领谷子名册。

957. 璧山地方法院文件送达簿、案件形状簿、收款登记表等 12－1－1139

1941年12月,璧山地方法院各科所文件送达簿、案件形状簿等司法文件,收款登记表及收款存根;璧山县第三区福禄乡乡公所关于呈请粮食同业公会请予赐发图记的呈文,附会员名册。

公文一

958. 璧山县保甲户籍工作的法规、条例、文件及各类户籍信息清册空表等 12—1—1140

1942年1月至1942年12月,璧山县保甲户籍法规目录,户籍法及实施细则、户口普查条例、户长切结、保甲户牌管理办法、填表方法等户籍工作的文件,普通户口、工业出所户口调查表、户牌登记表、户口异动出生报告表等户籍信息清册空表;另有干支年龄对照表、保甲宣传大纲。

959. 四川省政府、各学校关于毕业会考的往来公文、考试名册、考试规章等 12—1—1141

1942年1月至1942年7月,四川省政府、南京钟南中学、璧山县初级中学、私立淑德女子学校关于第十六届中学生毕业会考举行、参加、经费问题的训令、指令、呈文、电报;第十六届中学生毕业会考委员会璧山区经费支出计算表、现金出纳表等财务报表,部颁中学学生毕业会考委员会规程,四川省第十六届中学生毕业会考各区办理注意事项、办事细则,私立九江同问中学参加第十六届会考补试生科目成绩表,各校参加会考学生名册、免于抽考名册。

960. 璧山实验地方法院分案簿 12—1—1142

1942年1月至1942年12月,璧山实验地方法院分案簿,包含时间、案由、办者姓名、卷案等信息。

961. 四川高等法院、璧山实验地方法院关于案件复核的往来公文,羁押被告一览表等 12—1—1143

1942年7月至1943年5月,四川高等法院、璧山实验地方法院关于案件复核的执行命令、呈文;羁押被告一览表、诉讼情况登记表、案件说明、保状、民事执行出拘票、询问笔录。

962. 东川邮政管理局内地业务通信及各级邮局发放津贴的表格清册等 12—1—1144

1942年3月至1942年9月,东川邮政管理局内地业务通信,各级邮局核发津贴月报表、核发各代办所文具津贴标准表、公开检查沦陷区往来邮件日期调查表。

963. 璧山县政府军法监狱各月实押人犯报告表、璧山实验地方法院看守所监狱身份簿等 12—1—1145

1942年1月至1942年12月,璧山县政府军法监狱各月实押人犯报告表,包括实押人数、男女人犯数量等信息；璧山实验地方法院看守所监狱身份簿、消耗物品清单；另有川康绥靖主任公署关于办理自诉案件注意事项的训令，另有自新证存根。

964. 四川重庆地方法院刑事判决书、人犯处决情况表等　12－1－1146

1942年10月至1948年10月，四川重庆地方法院关于人身伤害、窃盗、背信、行贿等案件的刑事判决书；人犯处决情况表，包括已未决人数、姓名等信息；另有公文清单。

965. 璧山县政府军法监狱实押犯人报告表　12－1－1147

1941年12月至1942年3月，璧山县政府军法监狱实押犯人报告表，包括性别、新收人犯数量、本日实押人数等信息。

966. 璧山县政府军法监狱实押犯人报告表等　12－1－1148

1942年1月至1942年12月，璧山县政府军法监狱实押犯人报告表，包括性别、新收人犯数量、本日实押人数等信息；关于呈报因病死亡人犯等的呈文。

967. 璧山县政府、璧山实验地方法院看守所等关于人犯患病及身故等情况的往来公文等　12－1－1149

1943年1月至1943年9月，璧山县政府、璧山实验地方法院看守所、军法监狱关于呈报看守所人犯患病或身故情况的呈文、指令；领身故人犯尸体的相关文件。

968. 璧山实验地方法院工作报告、办理刑诉补充办法等日常公文　12－1－1150

1942年9月，璧山实验地方法院第一次报告，实验地方法院办理刑诉补充办法、民刑诉讼侦查案件收结一览表；四川高等法院关于党政机关人员小组会议与公私生活行为辅导办法的训令。

969. 璧山（实验）地方法院看守所报告单，宣告缓刑月报表，等　12－1－1151

1942年1月至1942年12月，璧山地方法院看守所附设监狱报告单；四川高等法院检察处及璧山地方法院检察处关于视察璧山地方法院看守所附设监狱情况的报告单、呈文、指令；执行刑罚一览表；璧山实验地方法院宣告缓刑月报表；呈报宣告缓刑月报表的呈文。

970. 四川高等法院、璧山实验地方法院关于司法人员补助文件的往来公文等　12－1－1152

　　1942年10月至1942年12月，四川高等法院、璧山实验地方法院关于各省司法人员交支给补助表、发放补助人员名册的训令、指令、呈文、代电；各省司法人员交支给补助标准、填表须知、请领补助办法；监狱发补助俸人员名册、各月领发补助清册等财务报表。

971. 四川高等法院、璧山地方法院关于年度预算工作的往来公文及各类预算报表　12－1－1153

　　1941年1月至1941年2月，四川高等法院、璧山地方法院关于年度预算书等、编审年度预算变通办法的训令、呈文；璧山地方法院及看守所附设监狱年度国家普通岁出概算书、预算分配表、预备超支俸薪款预算附属表。

972. 国民政府军事委员会委员长成都行辕、璧山实验地方法院关于鸦片案件等的司法文件等　12－1－1154

　　1941年6月至1943年10月，国民政府军事委员会委员长成都行辕、璧山实验地方法院关于重核鸦片烟案、买卖纠纷案等的指令、函片、案件通知单、送达文件登记簿、询问笔录、民庭点名单、保甲证明书、刑事附带民事判决书；另有三教乡乡公所薪俸收据、四川重庆地方法院刑事判决书空白范本。

973. 璧山地方法院检察处侦查事件终结登记表等　12－1－1155

　　1941年1月至1944年12月，璧山地方法院检察处侦查事件终结登记表，包含日期、当事人姓名、承办检察官等信息；璧山县广普乡乡公所关于呈送各月人口动态表、申请书的往来公文及户籍统计日报表。

974. 四川高等法院检察处、璧山实验地方法院等关于刑事被告及各机关概况调查办法等事宜的公文等　12－1－1156

　　1939年9月至1945年12月，四川高等法院检察处、璧山实验地方法院关于呈报各月刑事被告羁押一览表的指令、呈文；各月刑事被告羁押一览表；四川高等法院关于各机关概况调查办法及表格式样的训令；各机关概况调查办法及表格式样、空表示例、本机关内部名单清册；另有战时天府征收实物条例、璧山县广普乡农会纺织业务计算书。

975. 璧山地方法院刑事判决书　12－1－1157

　　1941年6月至1942年3月，璧山地方法院关于人身伤害、抢夺、窃盗、毁损等案件的刑事判决书。

976. 璧山地方法院等关于律师资格登录的相关文件等　12－1－1158

1941年1月至1942年5月,四川高等法院关于修正法院组织法草案等的训令;四川高等法院、璧山地方法院、四川铜梁地方法院、四川重庆律师公会为呈请律师登录、律师资格复核、查明律师违规情况事宜的呈文、批示、指令、训令;附有律师简历。

977. 璧山实验地方法院关于查收案件等日常工作的公文及财务报表等　12－1－1159

1941年1月至1941年12月,璧山实验地方法院检察官关于查收案件、造送看守所年度生活补助费清册、已用印纸情况、检讨工作的函、训令、指令;各月司法印纸联单登记表、各月点灯费支出预算书、差旅费报告表、缴款书;另有工作日记。

978. 四川高等法院、璧山实验地方法院关于改善公务员生活办法、平价米领取等工作的公文等　12－1－1160

1941年7月至1942年10月,四川高等法院、璧山实验地方法院关于非常时期改善公务员生活办法、造送年度米代金结算表、平价米领取工作的训令、公函、呈文;非常时期公务员生活办法及细则等事宜的条例办法,中央各机关及其附属机关公务员及其亲属请领平价米清册。

979. 四川高等法院、璧山地方法院关于民事案件月报表等的公文等　12－1－1161

1941年2月至1942年2月,四川高等法院、璧山地方法院关于呈报民事案件月报表、机关人员调任、发放补助、造送会计报表等的指令、呈;各省司法机关调任人员加给旅费标准、修正支出凭证单据证明规则、璧山地方法院各月实支旅费及生活补助费数目表、各月凭证粘存簿、检察官与家属请领平价米清册等事宜的日常公文、财务报表;另有刑事被告羁押一览表,包含姓名、性别、年龄、案由等信息。

980. 司法行政部、璧山地方法院关于呈送民刑月报表等的呈文等　12－1－1162(1)

1941年1月至1941年2月,司法行政部、璧山地方法院关于呈送各月民刑月报表等的呈文;民事案件月报表、刑事案件月报表、民事案件收结表、刑事已结未结案件表、刑事羁押一览表。四川高等法院关于填造管收民事被告报告书的训令、呈文,并附管收民事被告报告书示例及填表规则。

公文一

981. 璧山地方法院民、刑事案件月报表等　12－1－1162（2）

1941年7月至1941年12月,璧山地方法院关于造送各月份统计数表的呈文;刑事羁押一览表,包括被告姓名、年龄、性别、职业、羁押理由等信息;民事案件月报表、刑事案件月报表、民事案件收结表、刑事已结未结案件表等司法文件表格清册。

982. 璧山地方法院检察官文件送阅簿、璧山县政府军法处关于烟毒案件的判决书等司法文件　12－1－1163

1941年1月至1941年12月,璧山地方法院检察官文件送阅簿,包含文件类别、案由、送到日期、承办员等信息。四川高等法院关于公务员生育医药补助费及役勤工伙食费的代电、训令、呈文。重庆卫戍区第四分区司令部军法庭单。璧山县政府军法处关于烟毒案件的判决书、案件情况说明、询问笔录、调解笔录、传票。

983. 璧山地方法院民事办案进行簿　12－1－1164

1941年1月至1941年12月,璧山地方法院民事办案进行簿,包含姓名、案由、日期、进行情况等信息。

984. 四川省政府、璧山县食盐商业同业公会等关于成立大会筹备等的往来公文等　12－1－1165

1941年1月至1942年10月,中国国民党四川省璧山县执行委员会、四川省政府、璧山县食盐商业同业公会筹备会关于成立大会筹备情况、公会会务等的呈文、训令、指令;食盐商业同业公会第一届当选委员名册、会员名册,同业公会章程;贡井盐场公属、射洪盐场公属关于呈送各月盐价及与盐业公会往来业务的公函,另有璧山县政府经收处征解日对表。

985. 四川高等法院关于财产数目报表及填报办法等的往来公文等　12－1－1166

1941年1月至1941年12月,四川高等法院关于造送财产数目报表及填报办法、决算方法等的训令、呈文;财产损失价值计算表、战入减少额估计表、财产损失计算标准、审计部审计处管辖区域表、修订暂行预算实例、编审预算办法及实施细则。

986. 璧山地方法院民事旧案收状簿　12－1－1167

1941年1月至1941年12月,璧山地方法院民事旧案收状簿,包含进行号数、原被告姓名、案由、时间、日期等信息。

987. 璧山地方法院检察官不起诉处分书、起诉书　12—1—1168

1941年3月至1941年5月,璧山地方法院关于兵役法、毁损、伤害等案件的检察官不起诉处分书、起诉书。

988. 四川高等法院、璧山县政府关于建国储蓄相关工作的往来公文及日常公文等　12—1—1169

1941年1月至1945年12月,四川高等法院、璧山县政府关于划出一部分诉讼款购买设备、造送购建国储蓄券姓名册事宜的训令、指令;司法行政部建国储蓄团各分团注意事项、建国储备运动的意义、协助推行部内建国储蓄办法;另有中国航空建设协会四川省分会为完成航空建设、充实国防力量、征求会员的告民众书,璧山县各乡通知造具人口异动表的公函。

989. 璧山地方法院来文登记簿、收案进行簿　12—1—1170

1941年1月至1941年12月,璧山地方法院来文登记簿,包含收办时间、来文机关、文别、事由等信息;璧山地方法院收案进行簿,包含姓名案由、日期、进行情况、当事人等信息。

990. 璧山地方法院裁判费登记簿　12—1—1171

1941年1月至1941年12月,璧山地方法院裁判费登记簿,包含日期、当事人姓名、案由、计算标准、费用等信息。

991. 四川高等法院、璧山地方法院看守所关于囚粮、平价米审核等的公文　12—1—1172

1941年9月至1941年10月,四川高等法院、璧山地方法院看守所关于囚粮册表、平价米的通知、训令、指令、呈文;缴款书、看守所囚粮增减表、囚粮清册。

992. 璧山地方法院刑事归档收状簿　12—1—1173

1941年1月至1941年12月,璧山地方法院刑事归档收状簿,包含进行号数、原被告姓名、案由、时间日期等信息。

993. 四川高等法院、璧山地方法院关于缮状费用、司法印纸等的往来公文及日常公文等　12—1—1174

1941年5月至1941年12月,四川高等法院、璧山地方法院关于司法机关缮状费用规则、缮状费预算、司法印纸使用情况的训令、呈文、布告;司法机关缮状费用规则,缮状处办事规则诉状费收支表册格式说明等规则条款,缮状登记簿空表,璧山地方法院请领印纸清单空表;璧山地方法院关于撤销扣押的训令;大兴乡、龙凤乡户口异动登记簿;璧山地方法院关于伤害等案件的刑事附带民事判决书。

994. 璧山地方法院办案进行簿、执行分案簿　12－1－1175

1941年1月至1941年12月,璧山地方法院办案进行簿,包含姓名、案由、日期、经办人、进行程序等信息;执行分案簿,包含日期、案由、办者姓名等信息。

995. 璧山县产田土清文图　12－1－1176

1941年1月至1941年12月,璧山县产田土清文图,包含地图及相关数据。

996. 璧山地方法院、璧山县管狱属等关于人犯情况的往来公文及日常公文　12－1－1177

1939年11月至1941年2月,璧山地方法院、璧山县管狱属、巴县政府关于人犯就医及病故问题、人犯收押的公函、呈文、咨文;巴县政府执行书、人犯病故说明、押票回证;璧山县广晋乡各保重要行业人员数目表、普通保甲户口数报告表。

997. 璧山地方法院刑民归档簿　12－1－1178

1941年1月至1941年12月,璧山地方法院刑民归档簿,包含日期、案由、姓名、办案情形等信息。

998. 陆军整编第29师司令部等关于杀人嫌疑案的公文等　12－1－1179

1941年8月至1942年2月,陆军整编第29师司令部、中国国民党璧山县执行委员会、璧山地方法院关于严办杀人案件的公函、密函、询问笔录;另有大路乡关于征购军谷事宜等的报告、死亡证书。

999. 璧山县狮子乡乡公所、璧山县狮子乡中心校关于学生名册、建校等事务的往来公文等　12－1－1180

1942年5月至1943年8月,璧山县狮子乡公所、璧山县狮子乡乡中心校关于呈报移交接收清册、学生名册核发、任命校长、募捐建校的呈文。校长移交接收清册、学校图纸、学生名册、代理校长资历表等日常公文。另有病故证明书。

1000. 璧山地方法院文件送达登记簿等　12－1－1181

1941年10月至1941年12月,璧山地方法院文件送达登记簿,包含文邮日期、发文情况、件数、送达人姓名、送达地点、邮费等信息;另有每日送达文件记录、璧山县产业投标清册。

1001. 璧山地方法院及书记室等关于案件受理等的司法文件 12-1-1182

1947年9月至1948年8月,璧山县政府、璧山地方法院及书记室关于函送司法文件、受理案件等的公函、呈文、询问笔录、刑事诉讼审报表;璧山地方法院代用司法印纸联单、民事诉讼费用法修正条文。

1002. 四川高等法院等关于提高民刑诉状工本费等的往来公文等 12-1-1183

1947年3月至1947年5月,四川高等法院、璧山地方法院及看守所关于民刑诉状工本费、工作人员奖惩办法、填报年度作业成绩表等事宜的训令、呈文、代电;监所作业管理人员奖惩办法、受刑人监外作业实施办法等办法条例,年度办理作业成绩一览表、已办作业监所调查表、监狱看守所作业管理人员提成奖惩分配清册、工作人犯名单。

1003. 璧山地方法院关于房产纠纷等的民事裁定书等 12-1-1184

1946年2月至1946年10月,璧山地方法院书记处关于受理案件、呈送案件证明等的公函;璧山地方法院关于房产纠纷上诉案的民事裁定、询问笔录、司法案件情况通知书。代用司法状纸联单。另有璧山县丁家乡石河初级小学学生名册。

1004. 四川高等法院关于党政工作考核等的往来公文等 12-1-1185

1941年1月至1943年8月,四川高等法院关于党政工作考核、换发军事委员会官章的训令;四川永川地方法院检察处关于抗战时期任职日期安排的公函;赈济委员会重启第四儿童教养院关于院长派任的公函;璧山县立初级中学校长等相关负责人任职的公函;璧山县总工会关于公会成立的公函,职员姓名表、璧山地方法院信函。

1005. 璧山地方法院关于案件的起诉书及不处分起诉书等司法文件 12-1-1186

1941年4月至1942年1月,璧山地方法院关于伪造文书案件等的起诉书、不处分起诉书及刑事判决书、答辩状。

1006. 璧山地方法院各月司法印纸四柱表、贴用司法印纸一览表 12-1-1187

1941年1月至1941年12月,璧山地方法院各月司法印纸四柱表、贴用司法印纸一览表。

1007. 重庆卫戍区总动员委员会、璧山县动员委员会等关于军民合作站的文书
12－1－1188

1941年6月至1942年1月,重庆卫戍区总动员委员会关于各县军民合作组织办法的训令;各县军民合作组织办法、军民工作注意事项等条例办法,各县动员委员会军民合作站各月经费报告表;璧山县动员委员会、陆军新编第二十九师特别党部关于呈送会议记录、协助建立军民合作站等的指令、通知、呈文等往来公文,并附会议记录、军民合作站人员名单。

1008. 璧山地方法院各类公函文件 12－1－1189

1941年3月至1942年9月,成都地方法院书记官无辜被侮辱殴骂的公文;重庆卫戍区第四分区司令部、璧山地方法院关于人事任免的代电、公函;四川高等法院第一分院关于重核案件的公函;富荣西厂公署关于璧山城区食盐公费店整零售价格的公函;食盐公费店整零售价目表等表格清册;璧山县新生活运动促进会关于人事任免的公函、代表大会召开通知;四川长寿地方法院关于实验地方法院正式成立的公函;经济部物资局驻璧山专员办公处关于派员办公的公函,另有文书清册、革命先烈纪念宣传要点。

1009. 璧山地方法院财产目录,七塘乡户口异动报告表及不动产登记证明书等
12－1－1190

1941年1月至1941年4月,璧山地方法院财产目录;璧山县七塘乡户口异动报告表、户口登记申请表;不动产登记证明书存根。

1010. 璧山地方法院关于贪污案件办理的往来公文,六塘乡乡公所关于军米事务的文件等 12－1－1191

1940年12月至1941年12月,璧山地方法院关于追加举证依法究办贪污案件的公函;案件进行簿;璧山县六塘乡乡公所关于清查全乡田谷的呈文;五保领取军米钱款名册、军粮收入册、军粮订购单;璧山县政府传票,审理粮管会案件点名册、询问笔录。

1011. 璧山县政府司法文件及四川粮食购运处等关于粮食拨发的文件等 12－1－1192

1941年1月至1941年12月,璧山县政府传票存根、询问笔录。四川粮食购运处、陆军第十八师野战补充团、璧山县政府关于粮食调度、军粮拨发问题的代电、通知书、公函;璧山县各机关领米名册、军粮分配表、陆军第十八师年度各月现有人数驻地表。另有卷宗案由一览表。

1012. 东川邮政管理局关于密件编列等各类事项的通令等　12－1－1193

1941年6月至1942年2月,东川邮政管理局关于密件编列、密查员工生活补助费等补贴办法的通令;修正军事委员会战地党政委员会分会组织刚要,修正军事委员会战地党政委员会编制表,另有东三省各局所变动清册。

1013. 璧山地方法院公务员家属状况登记表等日常公文,修正各级中学物理、化学课程标准等　12－1－1194

1941年4月至1941年12月,璧山地方法院公务员家属状况登记表,刑事终结案件被告家庭状况及受教育程度报告表,修正各级中学物理、化学课程标准,另有璧山县卫生机关检验证明及标书模板。

1014. 璧山实验地方法院关于监犯调服军役等的往来公文及办法条例等　12－1－1195

1943年7月至1943年12月,璧山实验地方法院关于修正非正常时期监犯调服军役等的训令;修正非正常时期监犯调服军役调拨管训办法、书记办公室办事细则,保证书模板、工作报告等日常公文,法院事务分配表、旅费征收标准表。

1015. 璧山地方法院看守所、璧山县政府关于修缮监狱的往来公文及预算报表等　12－1－1196

1940年1月至1940年8月,璧山地方法院看守所、璧山县政府关于修整监狱及休整期间人犯安排、先期垫付款项等事宜的呈文、指令,并附预算书;璧山县管狱属造具修缮临时预算书、修缮预算书等财务报表,另有修缮图纸、出征抗敌军人家属证明。

1016. 璧山地方法院关于拨发生活费、囚粮拨发等事务的训令等　12－1－1197

1941年9月至1943年10月,璧山地方法院关于造报年度国家普通岁出概算书、拨发生活费、囚粮拨发办法等的训令、呈文,附设看守所年度国家普通岁出概算书、各月临时生活补助清册、各机关自行支出月报表,另有四川重庆地方法院关于伪造文书、解除婚约等案件的民事判决书;四川省银行璧山办事处及各商会关于呈送各商会排名的公函、呈文。

1017. 璧山地方法院看守所人犯报告表及食品支出表册等日常公文等　12－1－1198

1941年4月至1941年11月,璧山地方法院看守所每日人犯报告表,包含人数、性别、人数变化等信息;监狱食品支出表、移交人犯累进办法、雇佣人员工资证明等日常公文;看守所关于呈请回顾印刷册表的公函;璧山县政府关于造送人犯报告表的指令、训令、通知;璧山地方法院检察官起诉书模板、提票等司法文件;另有悠游禅院办事处关于建院的公函。

1018. 璧山实验地方法院材料增减簿及人犯入所登记表　12－1－1199

1943年1月至1943年12月,璧山实验地方法院材料增减簿,包含品名及单间,数量,支用及日期等信息;人犯入所登记表,包含入所日期、姓名、案由等信息,另有值日记录。

1019. 璧山(实验)地方法院被告登记册、监所作业基金决算表运用余出表等　12－1－1200

1941年5月至1941年12月,璧山地方法院看守所监所作业基金决算表运用余出表;璧山地方法院被告登记册,包括姓名、案由、年龄、性别、职业、籍贯等信息;璧山县政府征收自卫收据。

1020. 璧山县政府司法案件及璧山(实验)地方法院等关于生活费、监所财务等事宜的文书　12－1－1201

1941年1月至1946年6月,璧山县政府关于鸦片、逃亡、抢劫、盗匪、寄监、劫杀等案、罪犯收监的指挥执行书、军法判决书、训令等;财政部、交通部电报局、璧山地方法院关于赶造生活费名册、看守膳食补助清册、公务员特别生活费、补助费及生活补助费分表,收支对照表,看守所生活费,领发垫付及表格样式修改等事宜的训令、送达证书、呈、指令、快邮代电、报告、电报、信件等;监所作业基金预算表、决算表,监所作业记录注意事项、结账记录注意事项。

四川高等法院关于抄送监所作业基金预算注意事项说明的训令;司法行政部(民国)三十五年新颁作业格式算例等。

1021. 璧山县政府信号表、口号表相关事宜的文书　12－1－1202

1931年8月至1943年8月,璧山县政府关于使用信号(公文格式)表的摘由单、密函、领条、训令;璧山县政府关于使用口号(法律专用术语)表的密函、领条、训令等。

1022. 璧山地方法院看守所人犯报告表　12－1－1203

1941年7月至1941年12月,璧山地方法院看守所实押司法未决犯报告表、人犯报告表,包括人犯性别、人数等项。

1023. 四川高等法院、璧山地方法院等关于战时疏通人犯的文书　12-1-1204

　　1948年11月至1949年3月,四川高等法院、璧山地方法院关于领取、转发《戡乱时期监犯临时疏通办法》,电示、转发上海高等法院所拟《未决犯疏通办法》,奉令造送戡乱时期监犯临时疏通人犯清册及人数、抄发《戡乱时期监犯临时疏通办法》保释人犯清册格式、报送监所协进委员会会议记录、抄发上海高等法院所拟《未决犯疏通办法》参照、注意《戡乱时期监犯临时疏通办法》执行实效、命令军事犯办理保释等事宜的训令、指令、代电、公函、呈。

　　四川高等法院、璧山地方法院关于《戡乱时期监犯临时疏通办法》、《未决犯疏通办法》领取、转发、抄发、报送,造送保释人犯清册格式,执行实效等事宜的训令、指令、代电、公函、呈文等;附监所协进委员会会议记录。

1024. 璧山地方法院关于工作成绩总报告表事宜的文书等　12-1-1205

　　1941年1月至1941年12月,四川高等法院令报送工作及公务员成绩总检阅报告表等的指令、公函、训令;璧山地方法院总检阅报告表、案件审理目录、司法统计年报表、法院管辖及组织状况表、法院人员基本情况表(年龄及在职年限表、籍贯表、受教育程度表、考试及党籍表、薪津级别及经过期间表、进退表、薪津数目及结案件数表)、(民事第一审、婚姻关系、民事调解、民事强制执行、伤害、刑事自诉、刑事缓刑、死刑缓刑拘役执行、罚金执行、附带民事诉讼、民事再审)案件表、民国三十年各机关收入与经费等状况表、(民事强制执行、民事诉讼)案件征收执行费件数及金额表、民事案件准予诉讼救助件数表、公证事件表、刑事第一审表、不动产暨法人登记表。

1025. 四川高等法院、璧山地方法院日常工作及各项法规等文书　12-1-1206

　　1940年4月至1942年5月,四川高等法院、璧山地方法院关于刑事判决书格式及裁判例稿办案及呈报收到日期,检察官办案出庭法律程序、审判笔录载检察官姓名及辩论情形,处理典约、民事强制执行、指定辩护人、侨民被告、窃盗兵工厂物品案件注意事项、海陆空军审判简易程序,司法机关须谨慎管收债务人、转发司法行政部有关司法考试、饬令司法机关安心服务、通知限制公务员自由办法、通知限制官僚资本发展以免影响民生主义推行、转发司法行政部关于因战事影响司法案件减少停发少发薪津、防止证人隐瞒实情、转发四川省现行法规、发遭空袭损失救济报告表格式、粮食管理、种粮表册重新划分四季、处理量器纠纷案件、处分导致人犯脱逃督导员、军事犯调服劳役、公布姓名使用限制、惩治哥老会、战区工作人员擅离职守惩处办法、严禁包庇兵役、抄录刑庭会议录、宪兵职权与地位、调查意大利侨民被杀、国民党八届八中全会规定行政方面注意事项、审判军官、军人待遇提案,惩罚偷漏关税、禁烟、参议员选举、警察领薪期限,抄发公务员动态月报、"忠孝仁爱,信义和平"匾额、会计师登录表,禁止滥施体刑、分发高考合格人员薪俸、违反国际劳工公约事项,各机关人事管理状况、通知冬季办公时间、扣缴党费,抄发、呈报、请领司法书状纸及联单数目、样式等事宜的训令、呈、表、函、代电;

四川高等法院关于抄发、修正、废止、更改、节录、摘抄《非常时期违反粮食管理治罪暂行条例》《专科以上毕业生服役调查表》《度量衡法》《姓名使用限制条例》《十三区各县惩治哥老会实施规程》《四川省惩治哥老会结盟结社暂行条例》《越南、缅甸、香港等地出差旅费暂行规则》(考试院、检察院、立法院)《组织法》《民、刑事诉讼补充条例》《差旅费暂行规则》《修正法院组织法》《地方政府与政工人员办理民众组训事项调整办法纲要》《非常时期治安紧急办法》《国民参政会联会委员会规则》《妨害国币惩治暂行条例》《修正禁烟罚金充奖规则》《肃清烟毒调验规则》《公务员、军警调验规则》《烟犯服役赎罪规程》《房捐征收通则》《县参议会组织暂行条例》《县参议员选举条例》《乡镇民代表选举条例》《乡镇组织暂行条例》《禁酿区内糟坊制造酒精原来粮食管理办法》《律师检覆办法》《粮食部组织法》《四川省垦区土地清理实施办法》《四川省垦区土地清理实施规则》《解决四川省防区时代没收匪产纠纷办法》《党政工作考核办法》《四川高等法院党政工作考核办法实施细则草案》《工业工作儿童之雇用最低年龄之公约》《律师惩戒规则》《田赋征收实物滞纳处分办法》《司法院组织法》《民国三十年粮食库券条例》《禁烟禁毒治罪暂行条例》《营业税法》《查禁敌货条例》《禁运资敌物品条例》《战时社会服务奖章颁给办法》《银行收益税法》《收复地区善后办法》《县参议员及乡镇民代表候选人考试暂行办法》《战时陆海空军审判简易规程》《修正田赋催收通则》《司法印纸发售细则》《修正司法印纸规则》的训令;

土地申报与土地调查等表,民事强制执行、民事诉讼、民事准予诉讼案件数及金额表,我国已批准之国际劳工公约名称表,十三年历次民庭总会决议。

1026. 璧山地方法院等关于囚粮、监狱工作转接、人犯管理等事宜的文书　12－1－1207

1940年12月至1942年2月,四川高等法院、璧山县政府、璧山县管狱署、璧山地方法院看守所关于囚粮的预算、支付、救助申请、补救等,撤销旧管狱署、职员及军法行政人犯清册造送、人犯接管及管理、军法犯管理人员薪资议决办法、军法监狱办理及接收、选派典狱员、调拨管训办法、监狱卫生医疗、监犯调服军役、启用军法监狱典狱及钤记等事宜的训令、公函、呈、指令;附寄监人犯名单、新二十九师寄押犯人名单、《监所卫生注意事项》《监所人犯医治注意事项》。

1027. 四川高等法院、璧山地方法院关于公文报表格式、使用、填法等事宜的文书　12—1—1208

1940年1月至1940年12月,四川高等法院、璧山地方法院关于呈报状纸及各表、办理诉讼收入的使用、填印纸一览表说明、呈复印纸一览表错误的公函、指令、呈文等;司法印纸四柱(旧管、新收、售出、实存)表、贴用司法印纸一览表等。

1028. 璧山(实验)地方法院等关于诉讼费等事宜的法规及公文等　12—1—1209

1940年1月至1945年11月,司法行政部、司法院、四川高等法院、璧山县政府、璧山实验地方法院关于抄发《管收条例》、解释《诉讼费用暂行规则》疑义、修正《民事诉讼费用法》;抄发债务人或担保人报告书式样、通知各省第三审上诉涉案数额、解释请求返还租赁物诉讼标的价额、通知诉讼当事人支出费用手册及计算书、征收裁判费注意事项、民事执行案件注意事项、征收上诉诉讼费规定、征收书状抄录费标准、增加三成裁判费的公函、训令、布告等。

附案件卷宗目录表、管收债务人或担保人报告书式样表、璧山实验地方法院征收诉讼费用一览表、璧山刑事案卷清册等。

1029. 璧山地方法院等关于管理监狱的各项规章制度、保甲会议记录等的文书　12—1—1210

1939年9月至1941年1月,璧山地方法院看守所人犯接管及管理,军法监狱办理及接收、选派典狱员、调拨管训办法,监狱卫生医疗,监犯调服军役,启用军法监狱典狱及钤记等事宜的训令、公函、呈、指令;寄监人犯名单、新二十九师寄押犯人名单;军法犯管理人员薪资议决办法、《监所卫生注意事项》、《监所人犯医治注意事项》。附璧山县保甲会议、乡务会议记录,包括会议签到单、提议事项、议决事项等。

1030. 璧山地方法院办案进行簿　12—1—1211

1940年9月至1940年12月,璧山地方法院办案进行簿,包括案件名称、受理时间、涉案人、卷宗号数、进行程序、归档日期等项。

1031. 璧山地方法院等关于经费、薪俸开支及呈报公务员名册等事宜的文书　12—1—1212

1940年1月至1943年3月,财政部、四川高等法院、璧山地方法院关于抄发在职人员名册样式及填表注意事项、不合规范重新填具在职人员名册、呈文改正名册、在职人员变动请示,呈报薪俸及工饷名册、发放非常时期在职人员生活补助、发生活补助事项、呈送漏报公务人员员额俸薪半年报表、转抄司法行政部增加薪俸概算、通知补助费标准、学习人员领津贴标准、呈报津贴分发状况、请拨生活补助、增加补助预算、抄发公务员临时补助办法及表册格式、补助费填表说明、预算经费开支、派员取补助费、司法费由财政委员会拨发、处理年末剩余经费、检查会计事务、防空袭租赁房屋存放重要文件及租金开支、法院所存现金超过规定及院长房租是否报销、临时费用结算办法、呈送请款书等事宜的训令、公函、指令、代电、呈；

　　机关在职公务员名册（样表）、璧山地方法院职员基本信息（在职公务员名册、在职公务员饷项工资名册、职雇员进退名册、增减人员名册、公务人员员额俸薪年报表、存垫款项一览表、收支对照表、临时生活补助费名册、应领膳食及房租补助费名册）、四川各级法院应造会计部分书表种类及期限一览表、司法行政部薪俸收据、《公务员临时生活补助办法》、各机关核编公务员临时生活补助费清册应行注意事项。

1032. 璧山地方法院等关于经费、薪俸及抄发法律法规事宜的文书　　12－1－1213

　　1940年1月至1945年6月，四川高等法院、璧山地方法院关于国家岁入预算分配表和概算分配、依法按照预算列表征收款项、收支计算书表格式办法、移交看守所收支计算书、呈送请款书，抄发《司法人犯移解办法》、案件移送注意事项等事宜的训令、呈；通知《公设辩护人条例》实施日期、区域、服务规则等事宜的训令；《收入计算书类补充办法》、《司法人犯移解办法》，卷宗目录表、璧山地方法院（民国）二十九年度国家岁入预算分配表、请款书，各机关职员薪俸及印鉴调查表及填表说明、收支对照表及造报办法、收支计算书及造报办法等。

1033. 璧山县政府、璧山地方法院等关于人事任免、地方行政干部训练、组织各类活动、防空防毒等事宜的文书等　　12－1－1214

　　1939年12月至1941年4月，国民党四川璧山执行委员会、陆军新编第二十九师司令部、全国征募寒衣运动委员会四川省璧山县支会、璧山县（政府、动员委员会、土地陈报办事处、行政干部训练所、收容所、卫生院、救济院、国民兵团团部、璧山地方法院看守所）关于暂缓移兵驻守陈家院，县长兼任土地陈报办事处副处长等职、督导专员兼任行政干部训练所所长等职、救济院选任院长、选任职员，呈文组训学校员生情形、召开临时防护会议、用干酒代替煤油制造油墨，动员委员会训练地选址、调整地方行政机构、成立看守所、法院启用新印章、租赁房屋存放重要文件、成立政训室，空袭时党旗升降办法、抄发油印晴雨表、战时工作委员会组织规程、实施兵役，抗战三周年纪念会议、举行开学典礼、元旦庆祝大会、宣传兵役大会、禁烟纪念月、公务员春季健身运动、实施精神总动员、预防疾病、编制《防毒歌》，准备防空设备基金、征求航空协会会员，改编各县业务册、呈报账目收支等事宜的公函、通知、代令、指令、代电等；

《璧山县防空最低设备基金保管委员会成立大会会议记录》、职员简历表、干部统计卡、《璧山县教育用品供给合作社章程》、教育用品供给合作社、借约建国会储业支团成立的通知、邀请函、公函等；重庆卫戍区总动员委员会第二次全体会议开会式程序、座位表、提案类别表。

1034. 璧山县政府等有关地方行政干部训练、经费收支、与中共关系、处理烟犯等事宜的文书　12—1—1215

1940年12月至1941年9月，四川省第三区行政督察专员兼保安司令公署、四川省地方行政干部训练委员会、璧山县政府、璧山县地方行政干部训练所、璧山大兴乡第二保士绅及保甲人士关于造报经费预算概算书表、现金出纳表、抄发《支出凭证登明规则》、《决算法实施细则》、支出凭证应行注意之点、呈报食米津贴及经费预算书、催发薪俸，呈报毕业证书、规定毕业证填写时间、毕业证免盖章，通知行政干部训练内容和训练纲领、修正保甲训练大纲、调整训练委员会组织规程、防止顶替训练、派视导员监督训练、规定教育长薪俸旅费、呈报教员简历及毕业学员分发工作情形、呈报受训学员诈欺、补发学员通讯录、呈报计划训练课程、学员实习情形及名册、改进督导员报告书、呈报学员职务调查表、保送学员受训、举办第二期训练、处理代替考试、借校舍训练、视察学员实习工作、呈报开学典礼情形及开课日期、开除学员、通知训练应办事项，抄发《四川省县市行政干部任用及自治保甲人员训练计划大纲》、抄发《教务会议规程》及作息时间，通知企业不得收军事通信学生、取消八路军名义、拍发电报注意事项、密报中共党员及抄发《中共最近对于该党党员之指示》，申请委任保长等职、章证遗失申请重发、清查户口、严密保甲工作、派员查验烟民，抄发《四川省各县市（民国）二十九年办理烟民抽查复验实施细则》等事宜的呈、指令、代电、训令、公函、密令、报告、手令等。

附璧山县训练所学员各项表册催询表、训练办理情况报告表、训练情形调查表、经费来源表。

1035. 国民党四川省璧山县执行委员会等关于地方行政干部训练、经费收支、人事任免、通知注意事项及处理刑事案件事宜的文书　12—1—1216（1）

1940年9月至1941年2月，国民党四川省璧山县执行委员会、四川省第三区行政督察专员兼保安司令公署、璧山县卫生院、军民合作站、行政干部训练所、大路镇公所关于制作粘贴标语、薪俸旅费、经费预算、补充县训经费办法、出差办事不得逗留，任免璧山训练所教育长、破格录取政务人员、委任干部训令所主任，预防天花、拨犯人挑煤炭、公文中地名不得简称、召开会议、适龄儿童上学，抄发元旦各界庆祝大会筹备会记录、抄发《行政干部训令团督导员服务规则》、修正《训练大纲》，

· 220 ·

督导员参加开学典礼及开办情形、取消学员学籍、受训保长请假、呈报受训成绩及人员名册、训练保长等事宜的训令、电报、代电、公函、指令、通知、通令等。

另有璧山地方法院董必有窃物潜逃案、蒋海云焚毁森林案的公函、报告。

1036. 四川省第三区行政督察专员兼保安司令公署关于地方行政干部训练的文书 12－1－1216（2）

1940年9月至1940年11月，四川省第三区行政督察专员兼保安司令公署、地方行政干部训练委员会、训练团、训练所关于造报相关训练人员表格，筹备成立训练所，刻制关防尺度、模具、印模，学员实习期回所在地实习，呈报通讯录、教员到职日期、收到公文日期、委任状，制作毕业证书，经费收支，规定事项呈报程序、人员编制问题等事宜的训令、通令、呈、电、代电等；

四川省地方行政干部训练委员会、训练团、训练所职教员简历册及填报说明、人事编册表、课程一览表、作息时间表、训练计划、学员实习计划、训导实施计划、教务实施计划、训练实施办法、训导会议规程、小组讨论会规则、组织规程等。

1037. 璧山县政府等关于人犯判刑及管理事宜的文书 12－1－1217

1939年12月至1940年11月，国民党军事委员会军训部、陆军新编二十九师司令部、陆军第十八军第十八师司令部、陆军战车防御炮教导总队、四川省保安司令、重庆警备司令部、渝北警备区司令部、璧山县政府、巴县政府、璧山县管狱署、永川县政府、璧山第三区七塘镇联保办公处关于人犯判刑、寄监犯判刑、解送人犯、人犯保释就医、人犯申请释放、人犯刑满申请释放、人犯收监执行、监犯身死、人犯脱逃、解送逃兵羁押，登记押送国境人犯信息、驻军寄押人犯注意事项等事宜的公函、押票回证、指挥执行书、呈、咨、快邮代电、训令、代电、密令、签呈、讯问笔录等。

附陆军第十八军司令部查获各部逃兵姓名表，重庆警备司令部、陆军新编第二十八师司令部关于烟毒、抢夺等案的判决书。

1038. 璧山县政府等国民兵建设事宜的文书 12－1－1218

1940年1月至1941年11月，四川省军管区司令部、永川团管区司令部、璧山国民兵团团部、璧山县政府关于国民兵地区编组、相关表格的式样、办法、须知，限期编造国民兵名册、壮丁名册、人数统计，成立民兵保卫队，征兵及抽签实施办法，清查户口、国民兵建设，维护学校及教育机关等事宜的训令、代电、指令、呈文等；

各县（市）、区、乡（镇）、保名称、番号、地址报告表，国民兵团部造呈国民兵役实施情况报告表，璧山县国民兵团地区编组表、各县国民兵团各年次人数统计表、国民兵年次编组须知，国民兵役及龄呈报书，阴阳历对照表、国民兵年次转移计算年等。

1039. 四川省政府、璧山县政府等关于总概算事宜的文书　12－1－1219

1940年8月至1940年11月,中国国民党四川省执行委员会、四川省政府、四川省第三区行政督察专员兼保安司令公署、璧山县政府、璧山财务委员会、璧山农业推广所、璧山县立初级中学职业学校关于寄发各党部经费支付书、学校经费收支、经费支付报销、追加经费、经费标准、呈报军法室经费预决算及使用状况、预支经费、冬季官警服制预算等事宜的代电、指令、签、呈文等;

附璧山县初级中学附设小学师资训练班(民国)二十九年度预算分配表,璧山县政府(民国)二十九年度兼理军法经费支出预算书,璧山县(民国)二十九年七至十二月半年度县地方总预算书,四川省民国二十九年度省地方总概算书、岁入岁出对照表、岁入部分说明书、岁出部分说明书等。

1040. 四川高等法院、璧山地方法院关于经费收支事宜的文书　12－1－1220

1940年1月至1942年8月,四川高等法院、璧山地方法院关于拨款、追加经费、呈报及补送支出计算书、决算书表、超支经费转移、拨付等事宜的指令、呈、训令等;

璧山地方法院(民国)二十九年度支出计算书、岁出概算书、收支对照表、财产目录,摘录《法院文卷保存期限规程》,经费支付书,等。

1041. 四川高等法院、璧山地方法院有关案件审理统计、抄发法律法规事宜的文书　12－1－1221

1940年1月至1940年12月,四川高等法院、璧山地方法院关于抄发各法院监所统计室组织与办事通则,呈报、更改、补报、民事刑事月报表、注意事项及限期,注意刑事案件编号统计规程及推检结案计数标准、汇编案件统计资料、统一呈送月报规定办法、统计人员注意事项、呈报清理案件情形等事宜的训令、指令、呈文等;

《司法行政部所属各法院监所统计室组织与办事通则》,各省高等法院应由办理统计人员最低数额表及统计人员注意事项,《实行统计分级制度办法》,璧山地方法院民刑案件月报表、民刑案件收结表、刑事被告羁押一览表、管收民事被告报告书、刑事已结未结案件表、拟任主会计人员资历审查表等。

1042. 璧山地方法院等关于经费收支的各类报表及公文　12－1－1222

1940年1月至1941年1月,四川高等法院、璧山地方法院关于要求呈报实收实解库司法收入,呈报一至六月收入计算书类、收入会计报告书类等事宜的训令、指令、呈文等;

璧山地方法院二十九年收入计算书、收支对照表、预算以外收入表、决算书等。

1043. 璧山地方法院等关于国民精神动员、人犯管理、民刑案件等事宜的文书　12—1—1223

　　1940年1月至1943年2月,审计部、四川省政府、四川高等法院、璧山地方法院关于通知《国民精神总动员会组织大纲及实施办法》修正条文,通知派员视察时须察精神动员情形,《国民精神总动员会视察员服务规则》、动员视察报告表,人犯申请释放、呈报人犯保外服役情形、解送烟犯,呈报岁入决算书表等事宜的训令、呈、核准书等。

　　璧山地方法院关于返还织机及欠款、请求撤销一部分登记事项、侵占熟土、坟界纠葛、家产纠葛、伤害、诈欺、窃盗、作伪证、诬告、遗弃、侵占、毁损、租佃纠葛、伪造文书、渎职、妨害自由、返还耕牛等案的送达证书、通知、诉讼驳回文书、民事判决书、分析财产契约、民事诉状、民事宣判笔录、审判笔录、民事声明状、训令、刑事判决书、不起诉处分书、报告、口供笔录等。

1044. 璧山地方法院等关于司法经费收支的文书　12—1—1224

　　1940年2月至1941年2月,司法行政部、四川高等法院、璧山地方法院关于呈报司法收支书、月报表、印刷状心单、工本费收入、会计报告,请领修建法院新址经费、司法收入拨作建筑法、收入汇总以节约汇费、请求经费就近解库、催促收入解库等事项的呈、指令、折呈、公函、代电等。四川高等法院拨发经费明细表、璧山地方法院司法收入收支一览表、领款书等。

1045. 璧山地方法院等关于司法人员考试、录用及任免事宜的文书　12—1—1225

　　1940年1月至1940年12月,四川高等法院、璧山地方法院、璧山县管狱署关于人事任免、申请辞职、规定职员薪俸级别、呈报到职日期及职员履历表,司法考试卷,通知司法考试合格者交纳印花税、考试合格者分发学习及分派学习情形报告表,填报管狱员任用审查表、呈送《司法官呈荐时呈送成绩审查办法》、呈送现任公务员试署期审查表、公务员信息变更登记等事宜的公函、呈、训令、指令、快邮代电等。附璧山地方法院检察处职员统计表,包括职务、姓名年龄、籍贯、到职日期等。

1046. 璧山地方法院司法状纸及案件统计文书　12—1—1226

　　璧山地方法院七月至次年五月(年份不详)状纸售出统计表,包括日期、状别、售出、数量、价格等项;三至十月案件统计表,包括问价种类、原告名、日期等项。

1047. 四川省政府、璧山县政府、璧山救济院等关于经费收支事宜的文书　12－1－1227

1940年8月至1943年4月,四川省政府、璧山县政府、璧山县赈济委员会、璧山救济院、璧山警察所关于核销璧山救济经费计算书、核对救济院经费、呈报支出预算书及会计报告、修缮房屋费计算书、核发经费及生活补助、动支他用救灾准备金、发放伙食费、请拨儿童伙食费、开办缝纫科修整房屋费、经费分配、职雇员领平价米、勘灾旅费支出、催发服装经费等事宜的训令、饬知书、呈文、指令、公函等;

璧山县救济院造具民国二十九、三十年全年支出预算书,璧山县赈济会俸给费表,璧山县救济院造具修整院址房屋费计算书、决算书、修整房屋费支出凭证簿,璧山县救济院(民国)三十年度十月份员役表及补助名册、办公室需用购置物品费计算书、炊具籔器具决算书,救济院儿童教养所拟呈藤工、草工两科材料费预备半年预算书,缝纫科机器配零件费预算书、岁出预算分配表、现金出纳表及支出凭证、预备金数目表及累计金计数说明表、领谷表册派送单、单位决算表等。

1048. 璧山地方法院案件统计单　12－1－1228

1940年2月至1941月,璧山地方法院案件统计单,包括诉讼人姓名、时间、案由、档号等项;案件进行单,包括进行号数、类别、件数、诉讼人姓名、案由等项;上诉案件统计单,包括进行号数、收受时间、案由等项。

1049. 经济部、四川省政府等关于金属管制等事宜的文书等　12－1－1229

1942年1月至1945年10月,经济部、国家动员委员会重庆经济检查队、四川省政府、经济部工矿调整处土铁管理处、璧山县商会、璧山大路乡乡公所、璧山来凤乡乡公所、四川矿业公司璧山钢铁厂、第九区金属品冶制工业同业公会、交通部钢铁配件厂关于请求押解逃工以便惩治、收购永和铁厂以便重新生产、检验永和铁厂毛铁品质、毛铁用于制造农器饭锅、毛铁免运出境、补办申请执照手续,通知调查冶制工业、稽查囤积毛铁情形、呈报彻查囤铁情形、购买囤铁、查明购买手续是否合法、送奖金收据、发还查封毛铁、勒令中兴铁厂交货、擅售钢铁违法物资管制命令、抄发废金属使用规则、修正钢铁材料登记办法、钢铁收购范围、六合铁厂囤铁处理办法、取缔《囤积及奖励出售钢铁材料暂行办法》、查办违法囤铁者、变卖囤铁,呈报永和冶铁厂股东名册、存铁数量、免税以裕商艰、存铁并非囤积、遣散工厂等事宜的快邮代电、公函、训令、报告、呈、批等。

另有准公文函件挂号簿(即文书统计簿)、资和铜铁冶炼公司及所属厂矿办事处驻地表、逃工籍贯住址表、第九区金属品冶制工业同业公会所辖境内钢铁工厂调查表,《经济部钢铁管理委员会管理废金属规则实施办法》、《经济部工矿调整处奖助钢铁材料内运暂行办法》《经济部工矿调整处发给钢铁材料运输执照办法》《经济部管理废金属规则》。

1050. 璧山县司法处、璧山地方法院等关于民刑案件的判决书　12－1－1230（1）

1937年4月至1940年3月,江北县、璧山县司法处关于违反兵役法、妨害秩序、窃盗及收受赃物、诈欺、收集伪币、妨害婚姻及家庭、窃取他人动产等案的刑事判决书;璧山县政府关于结伙抢劫、吸食鸦片等案的军法判决书;重庆、璧山地方法院关于入室窃盗、妨害公务及伤害、妨害婚姻及家庭、妨害自由、行使伪造货币、诈欺、妨害公务及侵占、伤害、妨害秩序及诈财未遂、脱逃等案的刑事判决书;最高法院、四川高等法院第一分院关于妨害秩序、抢夺、杀人未遂、收集伪币、渎职、杀人、妨害风化及家庭等案的刑事判决书、保状。

1051. 璧山（实验）地方法院等关于人犯管理、民刑案件等的文书　12－1－1230（2）

1939年8月至1943年5月,军政部、四川高等法院第一分院、璧山地方法院、璧山地方法院看守所附设监狱关于呈送转移人犯执行书、催发执行书、人犯保外服役、人犯调服军役,呈报人犯刑期满、罪犯犯罪及执行经过、人犯病重等事宜的训令、指令、代电、签呈、呈文等。

四川高等法院第一分院、璧山地方法院、璧山实验地方法院关于脱逃、赃物、侵占、窃盗、抢夺及反诉诬告、妨害兵役、诬告、侵入住宅、妨害人行使权利、妨害自由、伤害等案的刑事判决书;四川高等法院第一分院、璧山县司法处、璧山地方法院关于诈欺、抢夺、共同杀人、杀人、杀人未遂、侵占、重婚、诱拐、过失杀人等案的执行书存根、执行书、公函,被告、在押被告通知函片,等。附璧山实验地方法院看守所附设监狱造具调服军役人犯名册。

1052. 璧山地方法院等关于职工福利、民刑案件、押解提审人犯、判决一览表的文书　12－1－1231

1940年2月至1944年12月,璧山地方法院关于发放职员医药费及工伤补助事宜的训令;最高法院、璧山地方法院关于妨害公务及侮辱、妨害自由、诬告、遗弃、伤害、窃盗、侵占、赔偿损害、撤销买卖契约、妨害家庭、给付租谷上诉、伪造账簿单据等案的刑事判决书、民事判决书、不起诉处分书、起诉书;提审人犯的提票回证、押票回证、传票回证、被传唤者姓名列表,聚赌案的审讯口供录单及保状,伪造账簿单据案的案件审理单、法院通知书、点名单、审判笔录、报告书等。附璧山地方法院检察处判决一览表。

1053. 璧山地方法院财产目录表、案件归档表　12－1－1232

1940年1月至1940年12月,璧山地方法院财产目录表,包括种类名称、编号、数量、单价、价值、购置年月等项;案件归档表,包括归档时间、案由、卷宗数量、办结情形等项。

1054. 璧山地方法院等关于经费收支等事宜的文书　12－1－1233

1940年2月至1941年12月,中央银行、四川高等法院、璧山地方法院关于一至十二月拨款、函送领款收据、发还收支一览表更正、请求收据存转、呈报已收到经费请备案、送请款书,法院院长工作报告、通知填报公务员动态月报表、续订《司法公报》等事宜的公函、报告、训令等。另有中央银行国库局岁入科发送表单目录、缴款书、总库收入日报表等。

1055. 璧山县管狱署、璧山（实验）地方法院与经费收支、职员薪俸相关的文书　12－1－1234

1940年10月至1944年2月,璧山县管狱署(民国)二十九年五至七月支出计算书、收支对照表,璧山实验地方法院(民国)三十三年一月份职员生活补助费表、薪俸加成数表、主计人员生活补助表、厅丁生活补助表、主计人员薪俸加成数表、生活补助费存根,璧山实验地方法院书记室公函、通知书范本等。

1056. 四川省政府、璧山县政府等有关防空、消防、民众教育、合作社及法规等事宜的文书　12－1－1235

1937年8月至1943年5月,四川省政府、四川省防空司令部、四川省农村合作委员会、璧山县政府、璧山防护团、璧山第一区城南乡乡公所、璧山马嘶乡乡公所、璧山县商会关于通知分配购买手摇警报器经费、准予免购警报器、消防设备最低标准、缴纳购置警报器经费,呈报购置手摇警报器以省经费、分配铜铃防空、移用庙内铜钟防空、消防设备准备情形、修理消防器材、设立民众教育馆、拨款添置设备以倡风化、刘冰若接任图书馆馆长、规定合作社社员与非社员交易规定、工业合作社会员资格、合作社税收范围、合作社经营矿业范围、抗敌军人优惠办法、合作社自治机关行文规范、产品质量、推广苎子及废料、拟定业务计划、办理稻谷储押业务须知、注意合作社因年龄缺乏生气、办理消费业务保障民生、经营业务注意事项、部分合作社免税、增加食盐供应以免恐慌、征收盐税、贴用印花等事宜的代电、训令、呈、快邮代电、指令、电报等。

另有《璧山县马嘶实验乡民众教育馆组织规程》、教员资历表、(民国)二十九年经常费支出预算书,城南乡收入支出表,《合作社供销粮食办法》、《合作社经营粮食业务登记办法》、《四川省农村合作委员会、四川省稻麦改进所协同促进农村合作及粮食生产实施办法大纲》、《四川省稻麦改进所推广茗子作绿肥实施办法》、《推广速成堆肥实施办法》、《四川省土茧土线受理办法大纲草案》。

1057. 四川省政府、璧山县政府等关于璧山县民兵团自卫中队等事宜的文书　12－1－1236

1937年2月至1941年12月,四川省政府、璧山县政府、永川团管区司令部、璧山县民兵团自卫中队关于呈送自卫中队官兵花名册、兵力防区任务调查表、第一期训练学科基准表、第一期学术预定进度表、作息时间表、民兵趁空袭窃盗,抄送兵役及保安系统会议议决、禁止县政府人员兼任团长调自卫队服私人杂务、确定民兵团自卫队之调遣及管教权责、保安兵团与民兵自卫队职权划分、民兵做好冬防,通知自卫队出队情形、出队名册、出队证明书样式、自卫队《建议法》等事宜的呈、训令、签呈、公函等。

附有四川重庆地方法院关于蔡清周等债务纠葛一案的文书,包括卷宗目录、民事判决书、民事执行状、民事诉状、送达证明书、点名单、讯问笔录、报告、民事拘票、训令、法院布告、查封不动产笔录、鉴定人鉴定书、结文。

1058. 璧山县政府等有关地方民兵吸食鸦片、革职候命等事宜的文书　12－1－1237

1940年至1945年,璧山县政府、璧山接龙乡乡公所、璧山县政府第三区署、璧山民兵团团部、璧山民兵团第三区队、璧山县大路乡队部、保长刘泽高关于咨询有关征兵问题、吸食鸦片及赌博被撤职、革职候命、请求收回命令、擅离职守要求严办、回任原职、因病请假补选乡民兵队长,呈报到职日期及接收情形、乡公所拟设文书军事一人及其简历表、人事调整一览表和经过、核定委任各乡保队长、队长患病请给长假、抽调壮丁入营训练、办理队长移交手续、放弃职责及擅挪食米免职等事宜的训令、证明书、签呈、呈、公函、指令、任职令、收文单、报告等。

附有璧山地方法院不动产登记案件统计单(包括卷号、案由、卷宗数、办结情形等项)。

1059. 璧山地方法院案件审理归档簿　12－1－1238

1940年3月至1940年6月,璧山地方法院案件审理统计表(即归档簿),包括归档月日、档卷号数、案由、卷宗数量、附件数量、办结情形等项。

1060. 璧山地方法院等关于敌机轰炸处置办法、人犯管理、物资管理、民刑案件的文书　12－1－1239

1940年5月至1944年3月,司法行政部、四川高等法院、铜梁县政府、巴县政府、璧山地方法院关于呈报转押囚犯回原籍、查收转押的人犯、敌机轰炸璧山司法文书遗失情形及遗失列表、点收民刑案件卷宗情形，通知解释登记不动产效力、补办登记证明书办法、改订不动产登记各项收费、停止办理不动产登记、战时紧急处理公有物资奖惩条例、土地登记区域、抄送最高法院判例、上报经费数字等事宜的公函、咨、训令、布告、报告解票、押票回证、提票回证等。

另有《战时紧急处理公有物资奖惩条例施行细则》、四川已办土地登记区域一览表、《战时保险业受理办法》、《战时债务财产调查登记规则》、《四川省各县县政府组织规程》、报考法院执达员及录事试题；附璧山地方法院、江北地方法院关于返还棉货、租佃纠葛、伤害、典产、回赎典权、公共危险、脱逃、会款纠葛、返还股本、买卖纠葛等案的呈、咨、公函、伤单、报告、起诉书、不起诉书、讯问笔录。

1061. 璧山地方法院案件审理进行统计表　12－1－1240

1940年9月至1941年12月，璧山地方法院案件审理进行统计表，包括进行号数、收受时间、案由、承办者姓名、卷宗数量、证物等项。

1062. 璧山县政府、璧山地方法院等关于民刑案件杂卷　12－1－1241

1933年6月至1946年12月，四川高等法院第一分院、璧山县政府关于偿还垫款、会款纠葛、借款利息纠葛、债务纠纷、租佃纠葛、押银纠葛、争夺家产、布款纠葛、赔偿损害等案的民事判决书、裁定书；四川高等法院第一分院、璧山地方法院关于妨害人行使权利、侵占田业、妨害他人名誉、伪造文书、窃盗、脱逃、诈欺、藏匿犯人、伤害、妨害婚姻及家庭、窃盗及窝赃、盗匪等案的刑事判决书、裁定书、检察官处分书、呈文、刑事审判笔录、押票回证、刑事宣判笔录、送达证书、报告、讯问笔录、申请书、点名单、公函。

1063. 四川省政府、璧山县政府等关于军事动员及劳军、合作社活动等事宜的文书等　12－1－1242

1940年3月至1943年6月，四川省政府、四川省第三区督察专员兼保安司令公署、四川省合作事业管理处、四川省节约建国储蓄团璧山分团、璧山县参议会、璧山县政府关于抄发川动委会派驻各市督导员名册、令各市呈报出春节钱劳军款额清册、催报会计报告，通知合作社还款、上缴单据以报销旅费、丝业公司分红、填报合作贷款统计表、改善地方公教人员生活、补缴薪俸所得税、补发差旅费、节约竞赛、聚餐及集会、办理会计事务、参加临时参议会会议，呈报尽快颁发《承织军布办法》、经费分配完毕、合作社成立报单错误点、合作社成立登记注意事项、合作社异地成立分销处注意事项等事宜的训令、代电、指令、报告、签呈、通知、公函等。

四川省动员委员会派驻各市督导员名册、《(民国)二十八年度蚕农红息处理办法》、璧山县(民国)二十九年十一月合作贷款统计表、四川省消费合作社调查表、璧山县合作社经营放款存款报告表、璧山县农村合作事业管理处工作人员薪旅发放清单、《四川省节约建国储蓄团分/支团组织及服务通则》、璧山县政府城内星期日值班表、璧山县临时参议会成立大会宣言、《各地合作社在上海市设立办事处办法》。

1064. 四川省政府等关于经费、修志等事宜的文书等　12－1－1243

1940年1月至1946年3月，四川省政府、四川省第三区行政督察专员公署、国民党璧山执行委员会、璧山县政府修志委员会、璧山县财务委员会、璧山县参议会、璧山临时参议会、青木乡乡民代表会、福禄乡乡民代表会、梓潼乡乡民代表会关于请求加拨经费、拟定经费预算呈报核发、借用经费、转呈经费预算书、推举修志委员，通知呈报修志书情形、改组修志委员会续修县志、过去修志委员继续修志工作，抄发璧山县修志委员会组织章程、组织规程及修志委员名单等事宜的公函、指令、训令、通知、签呈、呈文等。

璧山县修志委员会各月支出预算书、璧山县志书调查要项、各机关法团保存修志委员名单、修志委员会候选人名单、《璧山修志委员会组织章程(草案)》。

附司法案件文书归档簿。

1065. 璧山地方法院等关于人事任免、地方及监犯管理、民刑案件等事宜的文书　12－1－1244

1940年3月至1945年6月，四川高等法院、重庆卫戍区第四分区司令部、璧山县政府、巴县政府、璧山地方法院、璧山县第九补训处、璧山定林乡乡公所、璧山大兴乡乡公所关于呈报伤兵之友社捐款存根簿、任命队长等职务、捐款，选举乡民代表大会主席结果，通知选派士兵驰援地方、申请补发押金，押解人犯请查收、押解庇匪及吸食鸦片疑犯，核准学校教员人选等事宜的呈、公函、收条、申请书、押票回证、解票等。

重庆卫戍区总动员委员会第二十四、二十七、二十八次常会记录，定林乡乡民代表大会选举主席会议记录，《新生活运动六周纪念、"伤兵之友"扩大征求社友政务队征求社友办法》璧山地方法院检察处伤兵之友捐款名册、璧山县新生活运动促进会员工食米及生活补助费预算表，璧山青木乡乡公所生活补助费表、公役副食费表、各保承领办公费表、薪俸表、资产负债平衡表等。附璧山地方法院、璧山第二区镇公所关于买卖田业纠葛、契约遗失另立、伪造典当契约等案的复讯供单、勘验笔录、委任状、口供单、保状、报告、呈。

1066. 璧山县政府等关于征收军谷、押解人犯的文书　　12－1－1245

　　1940年8月至1941年3月,璧山县政府、璧山县政府军法监狱、璧山河边乡公所、接龙乡乡公所关于征购军粮、派缴军谷、抗缴军谷、军谷摊派不公请求重新摊派、查明有无侵吞军粮、要求上报抵制征购军粮者名单,呈报人犯患病、押解人犯的旅费、押解的烟犯脱逃等事宜的指令、报告、训令、呈文等。璧山地方法院、璧山县政府第三区署、马嘶乡乡公所等关于订购军粮、擅捕刑逼、勒索克扣军饷、渎职克扣赎金、征粮舞弊等案的呈、报告、诉状、公函、训令。

　　另有第三保各花户蒂欠(民国)二十九年度军谷列表、第十八保抗纳军谷姓名表,巴县戒烟交警局提勒戒调验姓名清册、回呈单存根、璧山县政府劳动服役人犯清册、未判案件统计单等。

1067. 璧山地方法院等关于禁烟、审理民刑案件等事宜的文书　　12－1－1246

　　1939年12月至1945年9月,四川高等法院、璧山地方法院、璧山县政府、璧山临时参议会关于通知党政军服务人员禁止吸烟毒、军法监狱仍由地方法院管理、各机关及工作人员成绩总检阅报告表注意事项,抄发禁烟禁毒法令及互保连坐办法、雷松柏验断书等事宜的训令、指令、公函等。

　　璧山地方法院所属职员不吸鸦片烟及毒品切结总表、出具恪遵禁烟禁毒法令互保切结总表,切结书、互保连坐切结式样,《璧山东城乡织布生产合作社章程》、合作社社员名册,陆军第十八军第十八师团司令部在营服役证明书,司法院所属各机关公务人员成绩总检阅报告表、各机关工作检阅报告表。

　　附四川高等法院第一分院、重庆地方法院关于抚养费纠葛、返还驼牛、违反禁烟条例等案的公函、保状。

1068. 璧山县政府等关于乡镇架设防空电话线等事宜的文书　　12－1－1247

　　1942年3月至1949年11月,交通部电报局、四川省政府、璧山县政府、璧山城西乡乡公所关于呈报购木困难、派员验收杆木、赶办征购杆木情形、盗匪窃盗电线、声明职责、遗失电杆,通知架设电话线、架设电线寄放材料、雇工及住宿、征购电线杆、赶办电杆、存放铅线、寄存杆木交运等事宜的电报、训令、指令、手令、签呈、呈文等。

　　璧山县人民政府收税单,璧山县河边、福禄、城北等乡奉令协架渝简、渝大、渝遂专线赔垫经费调查表(包括电杆价值之赔垫、工程协助之赔垫等)、架设渝大防空电话线各乡征购杆木数量分配表、重大防空专线璧山大区购木地点分屯表。

1069. 璧山实验地方法院案件审理进行表　12－1－1248（1）

1943年7月至1943年12月，璧山实验地方法院案件审理进行表，包括原告姓名、被告姓名、进行情形、终结情形等项。

1070. 东川邮政管理局等关于业务办理等事宜的文书等　12－1－1248（2）

1940年3月至1949年11月，航空委员会中央防空情报所、璧山县政府、东川邮政管理局内地业务股关于收到汇借款并寄还借据、邮寄注意事项、收送教育图书小包、即将加收附加费、沿江各局互收包裹、防止邮差延误办法、整顿就地投放事务、稽查邮差投递是否迅速、改售邮路、沦陷区邮袋备用、退还旧币、按季造送员工工作详情表、包裹业务状况表、查获邮件装货币注意事项、内地各邮局表、开展包裹业务、邮政家属禁止在邮局居住、撤销邮电局收发处、造报业务报告表、防止包裹舞弊窃盗、排查进出违禁物品、修订运邮合同、增订运率详情表、避免邮件延迟、特种邮件信袋及信箱、开展储蓄及保险业务、发放员工薪饷、民生重要物品价格表等事宜的公函、通信等。

内地股通信收费清单、新闻纸类之杂志刊物名称表、贵州邮政管理局登调给照之第一类新闻纸类详情表、增订运率详情表、运价及期限表、邮局专用信袋及特种信箱报告表、璧山县人民政府收税单、交通部立重庆扶轮中学第一届招生简章、肄业学生调查表、下学期人数调查表、地方（民国）三十一年十一月三十日民生重要必需品表。

1071. 东川邮政管理局与业务办理相关的文书　12－1－1249（1）

1943年7月至1943年8月，东川邮政管理局内地业务股关于邮寄注意事项、收取费用、员工职权薪饷、禁运违禁物品、处理无法投递邮件办法、邮电局收发处的设置与撤销、专用信袋租赁、开展储金保险业务、邮件管理等事宜的通信等。附有邮递代办业务登记表，包括代办名册、姓名、籍贯等。

1072. 璧山地方法院等关于监犯保外服役、监犯管理、审理民刑案件等的文书　12－1－1249（2）

1936年12月至1949年11月，司法行政部、四川高等法院、璧山地方法院、璧山地方法院检察官、璧山地方法院附设监狱关于抄发修正《监犯保外服役暂行办法》、轻微刑事犯品行良好者保外服役办法、延长保外服役时间、保释优先适用非常时期处置办法、申请保释服役、申请旅馆复业、审核保外服役是否合乎军法，呈报管制大会情形、监犯保外服役书、监犯申请保外服役诉状、监犯患病医生证明书、监犯夜晚骂人妨害他人安眠等事宜的公函、代电、训令、报告、签呈、指令、呈文等。另有修正《监犯保外服役暂行办法》、审核保外服役人犯报告书。

附有妨害风化、伤害、窃盗、行使伪币、帮助杀人、妨害婚姻及家庭、诈欺、行使伪券嫌疑、杀人未遂、妨害秩序、逼死母亲嫌疑等人犯申请保外服役的执行拘役指挥书、刑事诉状、执行书、报告、保状。

1073. 璧山（实验）地方法院关于司法经费收支等事宜的文书　12－1－1250（1）

1943年1月至1949年8月，璧山地方法院、璧山实验地方法院看守所关于呈报预算书请核定拨款、送加编财产目录事宜的训令、呈文等。璧山实验地方法院看守所附设监狱民国三十二年一至十二月支出计算书（包括款项目、科目、本月支出预算、比较、备注等）、财产目录、岁出决算表，璧山县私立璧南初级中学一九四九年上学期毕业学生成绩表。

1074.《强制执行法》　12－1－1250（2）

1940年1月19日公布的《强制执行法》（节选），包括第一章总则，第六章关于行为及不行为请求权之执行，第七章假扣押假处分之执行。

1075. 璧山县政府等关于审理私造枪支案、抄发法令及各表格等事宜的文书　12－1－1251（1）

1938年10月至1943年12月，璧山县政府、璧山县鹿鸣乡第八保办公处关于李汉江等私造枪支案的询问口供记录、制造工具列单、侦讯笔录等，案件文书不甚齐全。

附有《不动产登记条例》全文，璧山实验地方法院职员名籍及事务分配表、办理民刑诉讼补充办法与民刑事诉讼法比较表、案件审查表、审理民刑诉讼应行注意事项。

1076. 璧山县政府及璧山地方法院等关于人犯管理、审理民刑案件等的文书　12－1－1251（2）

1937年8月至1940年8月，四川高等法院检察官、璧山县政府、璧山地方法院、璧山县管狱署、璧山地方法院看守所、璧山地方法院检察官关于呈送申请假释监犯文件核办、诉状依法办理、监犯身份簿申请假释、刑期满或假释窃盗犯名册；申请假释、保外服役，询问是否该保外等事宜的指令、诉状、训令、呈文等。

另有璧山县监狱监犯身份簿，包括入狱年月、判决罪名、法院、刑期终结月日、前科等项。四川高等法院第一分院关于收集伪币、帮助杀人、杀人等案的刑事判决书、检察官执行书、刑事诉状。

1077. 璧山实验地方法院等关于看守所经费收支等的文书　12－1－1252（1）

　　1943年11月至1945年11月，审计部四川省审计处、四川高等法院、璧山实验地方法院、璧山实验地方法院看守所关于呈报经费收支计算书、经费数目表、办公杂费情形及办公必需品一览表、经费救济办公杂费、催发经费流用表、抄发经费调查表、经费决算书及审计、抄发《决算表编制说明》、经费审核、抄发会计报表一览表及期限表、呈报生活补助费计算书、通知按期报送财产登记表、呈报监狱财产月录表，呈报人犯日报表、接办特种刑事案件，嘉奖报送各种书表迅速的机关、抄发司法机关编送会计报表竞赛办法、限期报送报表、通知各司法机关编制决算书注意事项等事宜的咨、呈、指令、公函、训令、代电、审核通知、准核通知等。

1078. 璧山地方法院等关于办案的法律法规、司法人员任免等事宜的文书　12－1－1252（2）

　　1939年12月至1940年12月，四川高等法院、璧山地方法院关于抄发防止敌特破获电码、新生活运动六周年纪念演讲词、公文程式，通知呈报收到密码表日期、出版报刊交中国文化社推销、切实保障人民权利、宣告汉奸订立文件无效、兵役事项、办理案件勿拖延、加强防范员工窃盗兵工厂物品、遵照五届六中全会指示办案、收集各机关长官抗敌言论、办理民事案件注意事项、法官必读书、保全人民生命财产安全、维护征属生命财产安全、司法人员有不良嗜好者撤职、防止盐场工人暴动、上诉文书需附缮本、限定涉案者选举资格、通知对先行法规的提议时间、寄居司法行政眷属不得放纵、登记暂未分发的战区司法人员志愿、空袭损失补偿、公祭罹难将士人民、停止"杀汪除奸"活动、审理案件注意事项、准备博物陈列展、宽限缴纳诉讼费日期、处理违法《印花税法》注意事项、整饬仪式及司法人员精神、文件收发时间规定、派员参加战区法院停办讨论会、统计疏散人员费用事项、防范贪污、公职尽量任用妇女、查封谋党煽动书刊、收发电报保密、征收遗产税、禁止公务员兼营商业、越南封闭铁路致使机要邮件受威胁、侦查顶替兵役、司法人员应严守办事时间、处理征兵诉讼、苏联大使馆关于立陶宛等加入苏联、保持后方物价平稳，呈报嘱托送达文件情形、办理不动产登记及公证事务情形等事宜的训令、指令、布告、呈；

　　四川高等法院、璧山地方法院、璧山县政府关于抄呈收押之理由、看守所生活费名册，通知考取抵补法警、申请补缺额、丁役生活补助费等事宜的报告、呈文、训令、指令、公函等。璧山地方法院密电加码表、加码表使用法说明、第二表（加码表）、第三表，等待传达事项清单、璧山地方法院经津薪工附属表、璧山县管狱署（民国）二十九年七至九月份发给职员差役实支俸薪及生活费名册、璧山地方法院调查粮食市价日计报告表、垫发平价米补助金数目清册、《取缔收售金类办法》、《中央警官学校警察博物陈列室征集陈列物品分类》、《各县司法人员养成革命精神及厉行现代生活应行注意事项》、《四川各级法院预防及查察贪污办法》、《邮政储金汇业局承汇公私机关服务人员家属赡养费国币汇款暂行办法》、《司法文卷保存期限规程》，"请政府严禁各下级军事及行政机关滥施非法手段侵害人民生命财产以巩固全体国民之团结同心力"提案、四川省临时参议会第二次大会提案（保障妇女权益以利抗战）、黄炎培关于取缔不良现象以加强抗战建国的提案，任职领证章法、缴还旧有证章列表。

1079. 司法行政部、四川高等法院、璧山实验地方法院等关于司法经费、职员薪俸、监狱及人犯管理等事宜的文书　12－1－1253（1）

　　1938年10月至1943年10月，司法行政部、四川高等法院、财政部花纱布管制局璧山办事处、璧山实验地方法院关于通知羁押被告注意事项、军事犯保外就医、为犯人购买平价布、禁止军政官员眷属经商、共库支票背面应盖章、非常时期监所文件检发注意事项、敌机轰炸监所时人犯救济、清理过多寄押军事犯及特别犯、公务人员遭空袭损失救济办法、更正囚粮表、注意人犯清洁卫生、改善监狱卫生计划、经费统计、呈报职员及人犯名册、催购平价布、遭空袭人犯脱逃及损失情形、请发人犯伙食超支垫付款项、囚粮表、囚粮折价表、更正副食册表、人犯卫生及健康情形、人犯清洁课目表、请发设立工人福利拨款、请发煤水费、办理公共食堂情形等事宜的训令、公函等。

　　璧山实验地方法院看守所购买平价布人犯名册、职员名册、看守所请款员工煤水补助名册、四川省银行汇款便条，《取缔军人赌博暂行办法》、《中央各机关服务人员因公损失财物补偿暂行办法》、《修正监所委任待遇职员津贴暂行规则》、《修正监所委任待遇职员俸给暂行规则》、《疏通军事犯办法》、《军事犯调服劳役暂行办法》，监所人犯医治注意事项、各省司法机关筹设公共食堂应注意事项等。

1080. 璧山县政府、璧山（实验）地方法院等关于旧监狱扩充、监犯管理等的文书等　12－1－1253（2）

　　1940年2月至1943年11月，四川高等法院、璧山县政府、璧山地方法院、璧山实验地方法院关于抄发《四川各县旧监所作业暂行办法》及补充填载注意事项、《看守所附设监狱作业暂行办法》、作业收支款项四柱清册实例造报说明、押解缝制布鞋草鞋之人犯以便生产、通知监犯工作程序、从速开展监所作业、呈报监所认真计划办理情形、工场计划一览表、通知更正估价单、募捐修造经费、抄发旧监所扩充注意事项及一览表、催促开工拨款、通知开工日期、核定及更正预算、高等法院院长视察成渝公路沿线监所作业成绩，会计师、律师申请登录璧山、废止《战区律师迁移后方执行职务办法》等事宜的训令、指令、布告、呈文等。

　　另有估价单、修理工场估单、璧山实验地方法院看守所附设监狱扩充工场费预算书,扩充之工场计划需要基金、购置器械及补修工场处所费用说明书,扩充工场计划说明书、附设监狱补修工场临时预算书,会计师登录事项表、变更登录事项表、成都正则会计事务所增添助理员登录名单等。

1081. 璧山县正兴乡中心校有关领米及生活补助的文书　12－1－1254（1）

1943年4月至1947年6月,璧山县正兴乡中心校现有职雇员、现有教职员、现有职员、现有工役领米名册,现有职雇员具领生活补助名册。

1082. 璧山县正兴乡各学校教职员工请领俸给的文书　12－1－1254（2）

1943年4月至1949年6月,璧山县正兴乡中心国民校、各保校现有职雇员、现有工役、现有职员、现有教职员、现有教员领米名册,现有职雇员具领生活补助名册,实有员役俸给费清册。

1083. 璧山地方法院等关于审理民刑案件、法院工作汇报、职员及案件统计表等的文书　12－1－1254（3）

1940年1月至1941年12月,璧山地方法院关于侵占、妨害风化、脱逃、窃盗、伤害、违反印花税法、侵占及侮辱、违反兵役、妨害家庭等案的刑事送执行函片,璧山地方法院审理案件的卷宗目录;四川高等法院、璧山地方法院关于通知呈报宣告无罪季报表、年报表、增补刑事宣告免罪人数表,呈报人犯申请假释及各项表格、抄发各项司法统计年报及抄发样式、行政年报注意事项、修正刑事赦免及减刑表式样、年报各项清单、统计注意事项等事宜的指令、呈文、训令等。

璧山地方法院人员籍贯及其年龄表、受教育程度及在职年限表、考试及党籍表、薪津数目及结案件数表、进退表、薪津级别及经过之期间、法院管辖及组织状况表、人员年龄及在职年限表、籍贯表、受教育程度表,民事第一审案件表、民事调解事件表、婚姻关系案件表、民事强制执行表、刑事第一审案件表、刑事自诉案件表、附带民事诉讼表、刑事缓刑表、死刑徒刑拘役执行表、罚金执行表、民事案件诉讼救助件数表、公证事件表、不动产暨法人登记表,各机关经费状况、收入状况,民事强制执行、民事诉讼案件征收执行费件数及金额。附璧山地方法院关于渎职及公共危险等案的刑事判决书。

1084. 璧山实验地方法院等关于经费等事宜的文书　12－1－1255（1）

1942年1月至1943年10月,四川高等法院、璧山实验地方法院关于人犯刑期满后仍照监狱规则办理、释放人犯须提验、交代案件注意事项、撤职或转任人员不付薪酬、状纸交代清册格式、提交经费表册样表及说明、经费注意事项、经费预算及解释分配范围、领膳食费补助清册、支款情形、发放煤水补助、防止经费超支,催报实支经费数目表、异项流动表、会计报表、拨付超支的人犯伙食费等事宜的训令、代电、呈文等。

四川高等法院拟定所属机关长官交代会计部分注意事项、移交总表格式、司法行政部颁发会计部分交代册举例、《公务员交代条例》、《各机关讲习法规办法》、《四川省捐款修建监狱奖励规则》、《四川各级法院司法处暨监所(民国)三十一年度支出计算书类造报办法》,璧山实验地方法院看守所最近各年欠额及俸给表、岁出经费分配表、直属机关概括表、员额与俸给表、法院及看守所工资等级表、预算分配表等。

1085. 璧山地方法院等有关人事任免、经费收支、成立军法监狱、审理民刑案件等事宜的文书　12－1－1255（2）

1940年1月至1941年6月,四川高等法院、璧山地方法院、璧山管狱署关于报告抓捕疑犯未果,法警不听指挥,通知、呈报雇员调查表及法警身份书,人事任免,通知呈报经费收支、报表及填表说明,转发预算分配表参考,特别公费规定,划拨监狱地址、筹设监狱、启用印章及成立日期、抄发监狱规则及看守所规则、监狱床铺式样等事宜的报告、指令、公函、呈文等。

地方法院检察处雇员调查表、检验员调查表,法警身份书;各级法院岁入来源别暂行预算科目实例、财政部专门委员会对于(民国)二十九年度总概算建议事项;四川高等法院预算分配表、璧山地方法院及看守所国家普通岁出概算书。

附有四川高等法院、璧山地方法院关于舞弊渎职、确认字约无效、侵占、租佃纠葛等案的指令、公函、训令、呈、传票、报告。

1086. 璧山实验地方法院等关于人犯管理、监所工作汇报、金融、审理民刑案件等的文书　12－1－1256（1）

1943年2月至1944年11月,财政部、璧山县商会、军政处第九补充兵训练处、璧山实验地方法院、璧山实验地方法院看守所、璧山县政府军事犯看守所关于呈送监狱日报表、通知无需造报日报表、呈送各类表格、移送人犯、寄押犯人、申请银行开业等事宜的呈、公函、训令、快邮代电等。看守所人数日报表、人犯调查表、监狱人犯月报一览表、寄押人犯调查表、人犯简明表,第九补充兵训练处军粮结账表,《重庆银、钱两公会全体会员行庄为废除比期制度宣言》。

另有妨害风化、买卖纠葛、娼妓、窃盗嫌疑、赌博、伤害、嫖娼、债务纠葛、买卖树木等案的保状、讯问供单、悔过书、报告、领状、缴状、收条、呈文等。

1087. 璧山地方法院等关于监狱工作报告、抄发法律法规、人犯管理等的文书　12－1－1256（2）

1940年3月至1941年3月,四川高等法院、璧山地方法院、璧山县管狱署、璧山地方法院看守所关于通知在编制中的人犯缓役、通知造报监狱人数报表即填报说明、隔离军事犯与普通犯、新兵逃脱处理办法、呈报人犯实在数及死亡数一览表、疏通人犯及监狱清洁卫生、敌机轰炸时人犯疏散、延展监犯保外服役期限、防范监犯脱逃、清理寄押军事犯、呈报人犯疾病死亡一览表、改善监狱给养及卫生，抄发《非常时期监犯调服军役调拨管训办法》、脱逃人犯归案办法、《四川各县旧监狱教诲及教育暂行办法》、《非常时期监犯调服军役条例》修正部分条文、《非常时期监犯临时处置办法》，通缉逃犯、璧山是否宣告戒严、填报监所作业办理情形调查表及特种财产处理情形调查表、更改监狱看守名称以符定章、呈报司法年报表（包括不动产及法人登记、民事、侦查、民事破产、法医、公证案件，非讼事件征收费用件数、刑事赦免及减刑人数表等）、呈报军事犯调查表及填载注意事项、呈报看守所人犯出入人数表等事宜的训令、代电、快邮代电等。

1088. 璧山地方法院等关于看守所监狱人犯管理、经费使用等事宜的文书等　12－1－1256（3）

1941年1月至1942年12月，四川高等法院、璧山地方法院、璧山地方法院看守所附设监狱关于呈报年报表及填报注意事项、旧监狱人犯出入年报表及填法、监狱人犯疾病及死亡统计表，呈报收入与经费状况、职员简历表、补呈监犯疏散简表、统计人员履历简表，抄发《四川高等法院各分院监督管辖区域内司法行政实施细则》、《各省高等法院分院监督管辖区域内司法行政通则》、监所人犯调查汇报说明等事宜的训令、代电、呈文等。

另有璧山地方法院看守所监狱人数月报表及一览表、各县旧监狱监狱人犯出入人数表，看守所附设监狱押禁人数暨疏散监犯数目月报表、禁押人犯简明表，各机构经费状况表。

1089. 璧山地方法院等关于民刑事案件的提票、押票等　12－1－1257（1）

1947年4月至1947年5月，璧山地方法院、检察处、刑庭、县政府关于窃盗、发掘坟墓、杀人、盗匪、吸食鸦片、伤害、便利脱逃、杀人未遂、妨害自由、抢夺、伪证嫌疑、妨害家庭、诬告、贪污、损毁、妨害公务、诱拐、妨害婚姻、诈欺、妨害秩序等案人犯的提票、押票等。杂有璧山县政府关于解送人犯的公函。

1090. 璧山县政府等关于兵役宣传、开展民众运动、职员薪俸、审理民刑案件、防空、合作社、送达文书里程表等事宜的文书　12－1－1257（2）

1940年1月至1941年1月，中国国民党四川省璧山执行委员会、四川省节约建国储蓄团璧山县支团、重庆地方法院检察处、璧山县政府、璧山县动员委员会、璧山县管狱署、璧山县国民兵团团部、璧山县禁烟宣传委员会、璧山县私立璧南初级中学、璧山正兴乡乡公所关于召开会议、抄送动员会议记录、抄送慰问抗敌家属会议记录、接待宣传兵役人员，种痘运动大会宣言、召开禁烟会议、召开卫戍会议、儿童教育演讲比赛、公务员春季健身运动、通知召开国耻纪念会及抄发标语、遵行国父遗嘱、禁烟、抄发《璧山县夏令卫生运动计划》、脚踏车表演办法、征集抗战慰劳品、增加储蓄建国及储蓄金券认购名册、张贴标语注意事项、私章遗失、呈送新刻印章备查、在职证明、抄送法院职员调查表、规定职员薪俸津贴事项、增加生活补助、提送保甲人员刑事判决、处理采硝、伤害、再嫁纠葛案、解送人犯、增加囚粮预算、请发囚粮垫款、因空袭重庆地方法院迁移至巴县等事宜的通知书、报告、证明书、公函、呈、快邮代电、训令、布告等。

附有璧山县防空最低设备基金保管委员会成立大会会议记录、空袭紧急救济联合办事处常务会议决议事项记录、防空救济会记录、防空节筹备会记录、防空纪念告民众书，璧山导报社社务委员会第一次会议记录，璧山县教育用品供给合作社章程、璧山县公教消费合作社入社须知、璧山县乡镇一览表，四川高等法院第一分院迁乡办公期间内暂定当事人上诉在途期间表、四川高等法院暨各分院受理民刑案件第二审案件管辖区域及上诉程限里数表、执达员送达文书程限表等。

1091. 璧山实验地方法院等关于人犯保外服役及刑事判决等事宜的文书　12－1－1258（1）

1942年3月至1948年5月，璧山实验地方法院、璧山实验地方法院检察官、璧山实验地方法院看守所附设监狱关于抄发《军事犯调服军役暂行办法》、人犯申请保外服役、延展保外服役期限、人犯刑满等事宜的训令、指令、呈、保状、领条，审核保外服役人犯报告表等。

四川高等法院第一分院、璧山实验地方法院关于窃盗、诈欺、妨害人行使权利及窃盗、伪造文书、渎职、侵占、抢夺、妨害水利等案的文书，包括刑事判决书、刑事附带民事判决书、执行书、指挥书、报告、公函、在押被告送审通知。

1092. 四川高等法院等有关璧山县管狱署经费收支、囚粮、职员薪俸、三峡试验区改县等事宜的文书　12－1－1258（2）

1940年4月至1942年11月，四川省第二区督导专员公署、四川高等法院、北碚管理局、璧山县管狱署、璧山县商会、璧山县第三区区署、璧山县护持县域公民代表会、嘉陵江三峡乡村建设试验区署关于呈报经费概算书及抄发《四川高等法院所属各管狱署支用经费暂行办法》、经费使用、经费不支申请救济、请示薪饷开支、呈送配发囚粮名额、通知领取经费及报送经费计算书、规定各机关职员薪俸支票签发日期、呈报修整监所预算书、转发经费数目、请求增加监狱自卫兵伙食、通知审核经费，抄发三峡试验区改为县的意见、划拨部分地区归山峡县、呈报部分地区不愿划归三峡县、请示若峡区率队侵占如何应对、辞退民众大会代表职务、清查户口、调整辖区界线、商会及民众反对划分、派员勘察界址、抄发《璧山县域公民代表会组织简章》等事宜的训令、呈、指令、快邮代电、公函、通知等。

附有璧山县管狱署岁出概算分配表、修缮临时预算书，璧山地方法院转发璧山县管狱署经费月报表，调整界址简图。

1093. 璧山实验地方法院各类统计表　12－1－1259（1）

1943年11月，璧山实验地方法院工作执行统计表、公文收发统计表、监犯人数日报表、被告拘禁执行统计簿、修建设备收支草账、各科作业考勤簿、公文往来登记表，璧山实验地方法院看守所概括书。

1094. 四川高等法院、璧山地方法院等有关敌机轰炸、管理监犯、宣传兵役、抄发法律法规、慰问抗敌军人等事宜的文书　12－1－1259（2）

1939年12月至1940年11月，四川高等法院、璧山地方法院、璧山动员委员会、璧山县管狱署、璧山地方法院看守所关于抄发各县监所卫生清洁及作业暂行办法、改善人犯身体条件、整饬监所作业、呈报作业购买物品及作业情形，管理宥释人员，呈报遭敌机轰炸后人犯全体逃脱、抢救司法文书、轰炸后自行返还人犯名册、轰炸情形、通缉在逃人犯、在逃已决未决刑事犯姓名清册、损毁公物清单、被炸次数及损害情形、扩大兵役宣传、春节劳军、募集寒衣、未轰炸前在监人犯清册等事宜的训令、指令、通知、布告、代电、公函、呈文等。

另有《四川各县旧监所作业暂行办法》、《四川各县旧监所卫生清洁暂行办法》、《法院文卷保存规程》、《兵役宣传实施纲要》五项、《重庆卫戍区春节兵役宣传暨劳军征献运动实施办法》、《全国慰劳抗战将士委员会总会举办春节劳军运动实施办法》、参加劳军须知，璧山县（民国）廿九年春节兵役宣传暨劳军征献运动筹备会议记录、奉令征募寒衣代金会议记录，陈石泉等提案（宥释人犯以重生命）、璧山县各界春节劳军征献金礼簿、璧山地方法院寒衣捐献单、全国征募寒衣运动动员委员会总（民国）二十九年度征募寒衣运动计划、征募代金数额一览表等。

1095. 璧山实验地方法院关于民刑案件的文书　12－1－1260（1）

1943年1月至1943年12月，璧山实验地方法院关于娼妓、拖欠棉絮、买卖鸭子纠葛、租佃纠葛、窃盗衣物、买卖石灰债务纠葛、借款纠葛、扒手嫌疑、吸食鸦片、窃盗水烟袋、返还押银、醉酒伤人、借款引起的伤害等案人犯的预审单、预审口供单、审讯单、录口供单等。

1096. 四川高等法院、璧山地方法院等关于通缉人犯、司法经费收支、职员薪俸、抄发法律法规条文等的文书　12－1－1260（2）

　　1934年8月至1940年12月，四川高等法院、璧山地方法院关于通缉逃犯唐光霖，呈报状纸工本费注意事项、按期填送现金及保管品报表、补发薪俸等款项、抄发修正《司法印纸规则》、缴纳税款及领取手续经费、经费使用、催发经费报表、拨发疏散搬运经费、非常时期出差人员差旅费，呈报监所囚粮报表，抄发支付书格式、《强制执行法》、《修正司法院所所属各机关办理会计人员暂行规程》、《民事调查征费暂行办法》、《本省各级法院执达员送边民事书类征收食宿、舟车费暂行规则》、《修国民政府主计处组织法》、《(民国)二十九年度国库收支结算办法》、各机关自行支出报表及填法等事宜的训令、代电等。

　　附有四川高等法院专案通缉逃亡人犯唐光霖姓名、年、籍贯、案由状况一览表，璧山县政府关于抢劫案的送达回证。

1097. 四川高等法院、璧山地方法院等关于人犯调服军役、抄发法律法规、审理民刑案件等事宜的文书等　12－1－1261

　　1939年8月至1940年8月，四川高等法院、璧山地方法院、璧山县政府关于监犯调服军役、保外服役、抄发人犯表册式样，呈报人员事务分配表，收到保证金等事宜的训令、指令、呈文、公函等。另有《非常时期调服军役条例》、璧山地方法院(民国)廿九年度会议记录、(民国)廿九年八月院务会议记录，税率表，《四川省契税章程》、《四川省契税章程施行细则》、《内地外国教会租用土地房屋暂行章程》。

　　附璧山地方法院关于窃盗、矿洞纠葛等案的刑事判决书、密函、报告，商号开业保证书等。

1098. 四川省政府等与航空队征求队员、呈报到职日期、抄发法律法规相关的文书　12－1－1262

　　1939年12月至1941年9月，四川省政府、四川省保安司令部、重庆卫戍区总司令部、璧山县政府(丰都、宜宾、大竹、广安、合川、阆中、重庆、江津、内江、成都、自贡)地方法院、璧山国民兵团团部、璧山卫生院、璧山县立初级园艺简易化学工业科置业学校、璧山县戒烟成药施戒所、南川县司法处、四川省金库璧山支库、四川银行璧山办事处、川东区禁烟巡察执法监部、璧山农业推广所关于征求航空会员、呈报就职日期、业务交接、废止《禁烟禁毒考成规则》、开会通知、呈报成立地址，抄发《非常时期违反粮食管理治罪暂行条例》及《四川省(民国)三十年度秋收前粮食管理紧急实施要项》、粮食征购与运输，抄发《肃清烟毒考成条例》、处理军法案件等事宜的公函、呈、通知、训令、密令、代电等。

另有《中国航空建设协会四川省分会(民国)二十九年设璧山县征求大队征求会员实施办法》、征求分队长名册、普通会员暨会费表、告民众书,旷维周在营服务证书等。

1099. 四川省政府、四川高等法院等关于监狱经费收支、职员薪俸、轰炸处置、优待抗敌家属、审理民刑案件等事宜的文书　12－1－1263

1937年7月至1947年9月,四川省政府、四川高等法院、陆军四四十五军司令部、璧山地方法院看守所、璧山县管狱署关于呈送印章及人员任免决定、造送在职人员名册、呈报组织章程预算书表及请增加囚粮、核定囚粮人数、申请购买囚犯衣被及伙食经费、拨修缮房屋经费、经费使用、申请拨款、请领职员津贴、规定职员薪俸补助及米津办法、请领膳食及房租补助费、呈报支出经费月报、呈报职员薪俸生活各费名册、通知呈送监所作业办理情形、敌机轰炸时监犯处置办法、璧山县参议会记录、申请优待出征抗敌军人家属等事宜的训令、呈、指令、代电、公函等。

附有璧山地方法院看守所国家普通概算书,四川高等法院、璧山地方法院、璧山县政府关于受贿、贪污、买卖田业纠葛、债务纠葛、会款纠葛、摊派军谷纠葛、租佃纠纷等案的文书,包括公函、指令、训令、诉状、民事判决书、报告、民事执行状、签呈、讯问笔录、保状等。

1100. 璧山县政府、璧山实验地方法院等关于处理案件指示、抄发法律法规条文、司法解释、卷宗文书目录等的文书　12－1－1264

1939年12月至1943年12月,司法行政部、司法院、四川高等法院、璧山实验地方法院、璧山县政府关于处理敌前逃亡人犯、恐吓罪、重庆公学校产纠葛、与军工相关纠葛、买卖青苗契约纠葛、申请假扣押假处分、窃盗罪、出征军人配偶改嫁、窃盗耕牛、司法人员被告、返还租赁物、被告公务员案件的训令;解释追缴税款、侵吞恤金论罪、刑法分则中"公然"二字、给付利谷、国民兵团犯罪管辖权、保甲人员与公务员区别、司法警察官与司法警察疑义;通知禁止假公掘墓、依据《民事诉讼法》办案、不承认上海法租界内的伪法院的判决、按规定送达文书、法院收取服务费、改善调查员作风、保障军人婚姻、抄发司法解释、公务员兼职不得兼薪、公务员不得经商、抄发《节约建国储蓄券条例》条文、指示论罪量刑、公布《调度司法警察条例》、抄发战时各种特殊商品专卖条例,呈报邮递司法文书情形、商量四季划分界限、购买战时公债、请示乡镇公所权限、申请解释"刑事自诉人"的法律解释等事宜的训令、呈、公函、指令、代电。附有卷宗文书目录,包括卷宗名称、页数、备考等项;《司法解释》。

1101. 重庆卫戍区动员委员会有关会议、经费等事宜的文书　12－1－1265

1939年,重庆卫戍区动员委员会军事动员工作报告,该会常会、会议重要决议、行文类别、职员、会员委员、指导员、机关、各县民教馆图书馆、秋收代收情形一览表,该会历月收文、讲材、民众团体统计表、编制表、经费概算书、概况、机关团体、生产及交通概况调查表,重庆卫戍区动员委员会组织规程、办事细则、整理各县民教馆图书及增设民众书报阅览处办法、民众团体总登记办法。

1102. 璧山地方法院循环号簿　12－1－1266

1939年6月至1940年1月,璧山地方法院循环号簿,包括姓名、籍贯、职业、人数等。

1103. 无限责任璧山明夷山等合作社有关借款申请等事宜的文书　12－1－1267

1938年4月至1938年10月,无限责任璧山明夷山、上蒲元场、齐团堡合作社借款申请书、变更登记表第四次社员大会决议录、章程、借款表、创立会决议录、调查表、呈送图模印鉴呈文、合作社及其职员印鉴。

1104. 璧山县政府、巴县政府等关于管理人犯、逃兵等事宜的文书　12－1－1268

1939年7月至1940年3月,陆军新编第十四旅司令部、璧山县政府、巴县政府、璧山县政府管狱署关于押解人犯、呈报监犯病危、寄押人犯、人犯刑期满申请释放、解送逃兵羁押等事宜的代电、呈、管收票回证、快邮代电、公函、咨;人犯病死的谕、相验笔录、验尸单、验尸切结、提票回证、报告等。

另有重庆警备司令部、陆军第十八军司令部、璧山县政府关于人犯申请释放、作伪证、叛卖毒品、逃亡等案的文书,包括谕、审理笔录、呈、公函、军法案件判决书。

1105. 璧山县上蒲元场信用合作社相关文书　12－1－1269

1938年10月至1939年3月,合作社借款申请书、呈请变更登记表,璧山县上蒲元场信用合作社第四次社员大会决议、章程,社员借款表,创立会决议录,调查表,信用社及其职员印鉴,社员名册,等。

附有璧山县上蒲元场信用合作社关于呈送图模印鉴、呈报规则细则的呈文。

1106. 璧山地方法院案件移交清册　12－1－1270

1939年8月,璧山县司法处移交给璧山地方法院案件清册,包括当事人姓名、案由、卷宗等项。

1107. 璧山县丁家乡出征军人家属调查表、户口异动登记表　12－1－1271

　　1939年,璧山县丁家乡出征军人家属调查表,包括保别、姓名、年龄、籍贯、服务队伍番号、入伍年月、家庭经济状况等项;璧山县丁家乡(镇)户口异动登记表,包括保甲户次、异动类别、姓名、异动原因等项。

1108. 璧山县司法处民事执行收结案件总簿、壮丁抽签表　12－1－1272

　　1939年7月至1940年12月,璧山县司法处民事执行收结案件总簿,包括当事人姓名、案由、终结情形等项;璧山县第二区丁家镇参加抽签甲级壮丁名册,包括保甲、姓名、出生日期、职业、详细住址等项。

1109. 璧山地方法院关于审理民刑案件、催发食米、军人户籍调查、小学募捐、保甲规约等事宜的文书等　12－1－1273

　　1941年8月至1947年9月,璧山地方法院关于诱拐人妻潜逃、盗卖租谷、定制私章纠葛、窃盗、拦路抢劫、借款纠葛、棉纱所有权纠葛、窃盗现金潜逃、拖欠买卖黄牛债务、买卖房屋纠纷、损坏租赁房屋、伤害、押银纠葛等案的文书,包括往来公函、复讯笔录、诉状、呈、讯问笔录、报告、领条、侦讯笔录、签呈、公函、申请书、契约、公益会会簿、不起诉处分书、执行笔录;

　　另有璧山县政府关于催发拖欠教师食米、抄送军人户籍调查表的公函、签呈、债务单,审理案件统计单(包括当事人、案由、日期等)。附有璧山县私立正义小学募捐启事、四川省璧山县大兴乡第一保保甲规约。

1110. 四川高等法院检查处、璧山地方法院刑事已结未结案件统计表　12－1－1274

　　1929年9月至1940年12月,四川高等法院检察处、璧山地方法院关于呈报刑事已结未结案件统计表事宜的呈、训令等。附有刑事已结未结案件统计表,包括受案日期、被告姓名及案由、承办人姓名等项。

1111. 中国航空建设协会、璧山县政府等关于与防空、征募寒衣慰问抗敌军人、人事任免、民众运动等事宜的文书等　12－1－1275

　　1939年5月至1943年12月,中国航空建设协会、重庆卫戍区总司令部、四川全省防空司令部四二独立监视哨、全国征募寒衣运动委员会璧山县支会、璧山县政府、璧山县土地陈报办事处、璧山县军民合作站、璧山县救济院、璧山县修志委员会、璧山县政府第一区区署关于呈报会议录、筹集防空捐款、呈报《四川省征募寒衣运动委员会璧山分会组织大纲》及《实施办法》、请求核减防空经费、请拨购买电池经费、呈报已用防空经费，成立璧山防护团、呈报防空募捐册、通报改组防护团会议记录、抄发《各县防空业务推进办法》、通知开会时间地点、发空袭警报、增设防毒掩体、防护团会员臂章样式、私建避难壕洞尽量容纳他人、呈报到职日期、人事任免、征集会员、转发《各地方国民月会辅导办法》、抄发英国情报等部门联合布告、抄发加强抗战建国议案、遵令禁烟禁毒、清查户口、招考镇长及其试题、抄发《抗战功勋子女免费就学条例》、《火炬游行办法》、通报德美承认汪伪政权、提倡英勇捐躯抗敌精神等事宜的公函、呈、签呈、训令、代电、通报、通知等。

附有《征募寒衣办法》、收据存根、各机构法团通行证姓名、璧山避难设备概括调查表、筹募防空费登记姓名册、《中国航空建设协会四川省分会(民国)二十九年度璧山县征求大队征求会员实施办法》、征集分队长名册、《征求会员告民众书》、《璧山县县政府暨县属机关职员、工役购置公谷暂行办法》、璧山县(民国)三十二年元旦标语、璧山国民运动大会《运动大会歌》。

1112. 四川高等法院、璧山县司法处关于职员薪俸及旅费、精神动员、会计等事宜的文书及法律法规　12-1-1276

1939年8月至1940年4月，四川高等法院、璧山县司法处关于规定司法机关会计办法、呈报文件注意事项、函知会计事务、通知职员薪俸、饬令司法机关会计人员不得有名无实、战区职员赴任期限、规定因公出差费用、填报经费预算书表、管理及转拨经费、呈报司法收入工本费，抄发、转知、摘录《中央各机关公务人员俸薪报告暂行办法》及表式，薪俸各表及填报须知、《修正司法官官俸发给细则》、《司法机关依〈印花税法〉科罚及执行规则》条文、《各省司法办理收入及支出各款应注意事项》、《督导国民月会须知》、《党政军机构小组会议开会程序》、《国民精神总动员工作分配计划》、《运用原有组织发动精神总动员办法》、《精神总动员之思想言论及行动》、旧监狱酌情实行精神动员、办理文件收发、呈报收款联单遗失等事宜的训令、公函、报告、签呈等。另有《各级法院会计暂行简章》；璧山县司法处出差旅费报告表(样表)、修正推检候补人员、书记官、候补及学习人员津贴表、修正暂行法官及其他司法人员官俸表、修正司法官由京赴任暨调任转任、由所在地方赴任程限表。

1113. 璧山县司法处等的人事安排、案件审理进行簿　12-1-1277

1939年6月至1943年12月，璧山县政府、璧山地方法院、璧山实验地方法院关于接收璧山县司法处事宜的人事任免，璧山地方法院人员职务委任事宜的委任令、院令；

璧山县司法处案件审理进行簿，包括姓名、案由、收受日期、归档日期等项。

1114. 璧山县司法处呈报经费收支计算书表的文书等　12—1—1278

1938年6月至1939年8月,璧山县司法处关于呈报支出经费计算书表事宜的呈文;璧山县司法处民国二十七年六月至二十八年八月各月收支对照表、经费支出计算书,附璧山县县立丹凤小学校毕业学生表。

1115. 四川高等法院、璧山地方法院等关于修缮房屋、经费收支、人事任免、空袭救济、办理案件等事宜的文书　12—1—1279

1939年8月至1939年11月,四川高等法院、璧山地方法院、璧山县政府管狱署关于修理倒塌的看守所工厂及房屋;拟定各机关编制年度决算书格式及送审期限表、指定法院开办经费、呈报经费及收支计算书表;委派书记员、呈报履历表及到职日期、人事调动;抄发《诉讼执行规则》、变通刑事杂件、处罚账簿未贴印花者、处理各类案件注意事项、延展《妨害国币惩治暂行条例》实施期限;转发《统一缴解捐款献金办法》、《公务员、雇员、公役遭受空袭损害暂行救济办法》;抄发《战时公务员因公受伤核给医药费暂行办法》,代为保护立陶宛在华侨民,不得缺席国民党纪念性质会议、禁止私运法币、防止壮丁大队壮丁结伙逃亡等事宜的训令、指令、呈文等;

璧山地方法院(民国)二十八年度岁出概算分配表、璧山地方法院工作人员履历表、四川名邛等八县上诉程限一览表,《私运法币及其他禁运物品出口检查办法》。

1116. 璧山地方法院案件审理进行簿　12—1—1280

1939年9月至1942年4月,璧山地方法院案件审理进行簿,包括进行号数、收受时间、案由、承办者、卷宗等项。

1117. 璧山地方法院等民刑案件的文书尾卷　12—1—1281

1939年3月至1939年12月,四川高等法院、璧山地方法院关于公布司法程序、抄发民刑状纸式样及注意事项的训令。四川高等法院第一分院、璧山地方法院、璧山县司法处关于债务纠葛、赔偿损害、交还房屋强制执行、确认大押契约无效、遗产继承纠纷、会款纠葛、分析家产、借款纠葛、伤害、窃盗等案的文书,包括传票、训令、公函、民事判决书、审理笔录、结文、处分书等。

1118. 璧山县司法处审理的民刑案件、璧山县司法处向璧山地方法院移交司法卷宗清册等　12—1—1282

1939年9月至1939年12月,璧山县司法处关于僧永康等租佃庙产诈欺侵占、周德普等会款纠葛两案的文书,包括刑事诉状、传票回证、侦讯笔录、刑事保状、证明书、民事判决书、检察官处分书、契约等。

璧山县司法处行政文件卷宗、司法印纸民刑诉状、收款联单、诉讼当事人案款、民事进行卷宗、刑事进行卷宗、民事已判执行卷宗、民事执行、刑事已判执行卷宗、民刑事申送续立卷宗、民事尾卷、刑事尾卷、刑事被告羁押人犯、刑事被告执行徒刑人犯、民事缴案执照移交清册。

1119. 四川高等法院、重庆地方法院等关于精神动员、人事任免、职员薪俸、代印办公簿册等事宜的文书　12-1-1283

1939年8月至1940年7月,四川高等法院、四川高等法院第一分院、重庆地方法院、司法院秘书处公报室、璧山地方法院、璧山财务委员会关于举行国民抗敌公约宣誓、呈报国民抗敌公约宣誓情形,呈报有关诉讼事宜的布告、人事互调及呈报履历表、布告就职日期、法院书记官渎职、订约《司法公报》,征收执达员保证金、增支生活费需换收据、呈报垫支分发推事等俸薪及战区人员生活费、垫发检察官津贴、取齐收据以报销账目等事宜的呈、训令、指令、公函、快邮代电等。

另有国民抗敌公约誓词、璧山地方法院关于树立司法威信的布告,四川第一监狱代印新成立各法院会计部分簿册用纸书表一览表。

1120. 四川高等法院、璧山县政府等关于民刑案件、监犯管理、司法助理、征募积谷、糖房合作社等事宜的文书　12-1-1284

1939年1月至1939年5月,四川高等法院、璧山县政府、璧山县司法处关于赔偿修建学校款项、典当田业纠葛案、窃盗、妨害婚姻、抢夺、会款纠葛等案的文书,包括签票、训令、刑事判决书、报告、检察官处分书、审理笔录、谕、民事判决书等。璧山地方法院、永川县政府、璧山县政府第一区署关于解送人犯、呈报看守所附设监狱月报表、补造本署职员简历表等事宜的公函、呈文等。

另有第三次全国教育会议提案分类、璧山实验地方法院司法助理员服务注意事项,璧山县第一区梓潼乡仓保管委员会造具(民国)二十八年度征募积谷数目花名册,无限责任璧山县糖房信用合作社社员名册、创立会决议录、调查表、社员借款表、借款申请书等。

1121. 四川高等法院、璧山地方法院关于审理民刑案件的文书及其统计表等　12-1-1285

1938年10月至1941年10月,四川高等法院、璧山地方法院呈报缓刑月报表、人犯宣告缓刑、孙自立等妨害家庭案漏引法条等事宜的训令、指令、呈文等。

另有宣告缓刑月报表,璧山地方法院案件统计表,包括当事人姓名、案由、终结情形等项;案件进行簿,包括进行号数、收受日期、案由、承办者姓名、卷宗等项。

1122. 璧山地方法院案件进行簿　12－1－1286

　　1939年9月至1941年9月,璧山地方法院案件进行簿,包括进行号数、收受日期、案由、承办者姓名、卷宗等项。

1123. 四川高等法院、璧山地方法院关于请领司法状纸及印纸表的文书　12－1－1287

　　1929年9月至1941年2月,四川高等法院、璧山地方法院关于请领各种司法印纸及联单、照发申请状纸、呈报各司法机关实存司法状纸数目等事宜的呈、指令、训令、代电等。四川高等法院司法印纸联单、(民国)二十九年底结存状纸数目表、司法印纸四柱表、贴用司法印纸一览表。

1124. 璧山县司法处、璧山地方法院等关于经费收支、职员俸薪等事宜的文书　12－1－1288

　　1939年9月至1940年5月,审计部四川审计处、四川高等法院、璧山县司法处、璧山地方法院关于呈报收入计算书及填报注意事项、呈报年终收支结存数额、呈报印状纸各表、呈报会计报告表、暂缓填报预算分配表、核准经费数额、催领经费、请领款单据、呈报司法收入及印状纸工本费数额、更正领款书、经费困难申请各项经费流用,抄发《修正各省司法机关支销留院法收暂行办法》及表式说明等事宜的训令、呈、指令、核准通知、收款证等。

　　另有璧山县司法处、璧山地方法院岁入预算书分配表、收入计算书、收支对照表、俸薪公费表、收入支出一览表、拨发经费明细表、俸薪因折扣变更应支补表、弥补俸薪款项附属表。

1125. 璧山县司法处、璧山地方法院等关于移交司法卷宗及物品等事宜的文书　12－1－1289

　　1939年11月至1940年8月,四川高等法院、璧山县司法处、璧山地方法院关于移交印章及司法印状纸联单款项、呈报接收民刑案件及羁押人犯档册、呈报接收完成及接收情形、函送交接清楚证明书、更正收支款项清册、呈报前任移交情形等事宜的咨、签、公函、训令等。

　　另有璧山地方法院移交清册、璧山地方法院行政文件卷宗簿籍(暨)移交清册(包括司法印纸、民刑状纸、收款联单、司法收支款项、会计科簿册、会计科文卷、公物、民事案件当事人缴案执照、收发处簿册戳记、分案簿暨戳记、民事案件、刑事案件、民事执行案件、民事案件尾卷、羁押人犯、现存簿册用纸书表)。

1126. 司法行政部、璧山县政府、四川高等法院有关公务员交代（交接）、修筑道路、司法卷宗目录、审理民事案件等事宜的文书　12－1－1290

1937年10月至1947年10月，司法行政部、璧山县政府、四川高等法院关于整理遂璧公路，抄发公务员交代条例部分条款、《修正公务员交代条例》、《司法行政部所属各机关公务员交代条例实施规则》等事宜的训令、令等，沙石数量计算表，错误及改正情形表，司法卷宗目录等。

另有璧山地方法院关于张笙谱申请登记田业所有权、给付油款等案的文书，包括不动产登记申请书、民事裁定书、批示。

1127. 四川高等法院、璧山县司法处关于呈报司法印状纸收入及工本费等事宜的文书　12－1－1291

1939年2月至1939年9月，四川高等法院、璧山县司法处关于呈报司法状纸收入及工本费，通知呈送印状纸司法收入月报、存款月报、印纸四柱表等事宜的呈、指令等。

另有璧山县司法处收入月计表、经售印纸四柱表、经售民刑印纸四柱表、贴用印纸一览表、诉讼存款月报表。

1128. 璧山地方法院判决书卷　12－1－1292

1939年11月至1940年8月，璧山地方法院关于遗弃、分析家产、杀人、典当田业纠葛、拐逃妇女、毁损、伤害、违反《印花税法》、窃盗、申请停止羁押、妨害婚姻及家庭、终止租约及迁让、侮辱公署、违反《兵役法》、妨害自由、窃占田业、妨害自由及诈欺、危害公共安全等案的刑事判决书、刑事裁定书、民事判决书、民事裁定书。

1129. 璧山县司法处、全川司法经费整理委员会等关于司法印状纸收入等的文书　12－1－1293

1939年2月至1939年8月，璧山县司法处、全川司法经费整理委员会关于呈报出售司法印状纸经费数目及各表册、司法状纸收入支配、呈报法收月报及状纸四柱表，呈报截留抄录费数目、截留罚锾补助办公经费等事宜的呈、领条、指令等。

附有璧山县司法处造呈（民国）二十八年经售民刑状纸四柱表、司法收入月计表、办理违反《印花税法》各商号罚锾执行一览表、办理税务督察函送违反《印花税法》各商号罚锾执行一览表。

1130. 四川高等法院、璧山地方法院审理滥用职权一案的文书　12－1－1294

1939年7月至1939年12月，四川高等法院、璧山地方法院关于谢德厚等滥用司法职权羁押妨害自由案一案的文书，包括呈文、训令、报告、传票、指令、诉状等。

公文一

1131. 璧山地方法院、璧山县政府等关于璧山防护团等的文书　12－1－1295

　　1939年12月至1944年5月,璧山地方法院、璧山县政府、永川师管区司令部、璧山县防护团关于抄发办理会计人员暂行规程、抽调防护团壮丁违反新《兵役法》、呈送空袭通行证及服务证、呈报防护团改组情形、防护团改隶国民兵团、呈报组织经费及设备等表册、击落敌机处理办法、空袭时防护团的职责,抄发《民事诉讼法》部分条款、缴纳上诉费规定、嘱托回执送达回证等事宜的训令、代电、呈、指令等。

　　另有《实验地方法院办理民刑案件诉讼补充办法》、《修正司法院所属各级机关办理会计人员暂行规程》、《各省县市防护团改隶国民兵团实施程序六项》,璧山县防护团组织系统表、经费表、设备一览表、职官员役表,璧山县防护团为组织成立防空基金保管委员会会议记录。

1132. 四川高等法院有关案件、公务员任用等事宜的训令等　12－1－1296

　　1939年9月至1939年12月,四川高等法院关于动员未入党的公务员入党、处理违反所得税法案件、重订战区司法人员生活费一览表、抄发《全国各地标准时间推行办法》、处理寄存后方函件、上海扣留驻秘鲁大使信件、登布告一律在成都《中央日报》、查禁私运钞票、中央政治学院变更学制、订定各种集会场所呼口号、取消"服从最高领袖"用法、抄发公务员任用审查表及试用期满审查署名办法、呈报监所职员缺额、战区司法人员登记办法、抄发法律事实日期达到表、禁止公务员发表评论国外事务的言论文字,处理买卖烟土案件、处理出征壮丁离婚案等事宜的训令。

　　另有中央政治学院《高等考试分为初试、再试并加以训练办法》、口号全条,各市县禁绝鸦片日期表。

1133. 四川高等法院、璧山县司法处等关于请领司法状纸及成立璧山地方法院等事宜的文书　12－1－1297

　　1939年8月至1943年12月,四川高等法院、璧山县司法处、铜梁地方法院关于处理案件,领司法状纸及联单、通知领司法状纸时间、颁发小型状面暨改正状心戳记式样、领印纸、呈报状纸及联单清单、民刑状纸涨价、核准律师在璧山开展业务、成立璧山地方法院、呈报成立及启用印信日期等事宜的指令、快邮代电、通令、公函、训令、布告等。

　　附有司法状纸工本费表、司法状纸四柱表,璧山地方法院截至(民国)三十年十月底止实存司法状纸数目表。

1134. 璧山县政府、璧山地方法院等关于商号违反印花税被罚款事宜的文书　12－1－1298

1939年9月至1942年4月,财政部川康区川东分区税务管理所、璧山县政府、璧山地方法院关于送大华饭店罚款单据、违反印花税罚款、呈送罚款办工费、退还重复罚款等事宜的公函、指令、训令等。

附有璧山县司法处关于大成银楼等商号少贴印花税案的刑事裁定书,违反印花税商号清单。

1135. 四川高等法院、璧山地方法院等有关监所管理及移交等事宜的文书　12－1－1299

1939年8月至1942年2月,四川高等法院、璧山地方法院、璧山县政府关于检察官侦查犯罪要点、战时损失调查、成立监所协进委员会,抄发视察监所报告单及填写注意事项、疏通人犯及设置浴室,呈报视察监所报告单、咨询实存司法印纸及收款联单、呈报诉讼人缴案存款、呈报购置公物清册及行政文件清册、呈报检验员及执达员名册,司法事务移交等事宜的训令、公函、呈、指令、报告、结清证明书等。

附有战时司法人员私有财产损失调查表、视察璧山地方法院监所报告单等。

1136. 四川高等法院等关于管理监犯事宜的训令等　12－1－1300

1938年5月至1939年6月,四川高等法院、璧山县司法处、璧山县政府管狱署关于抄发《民事被告人管收暂行规则》、延展《监犯保外服役暂行办法》实施期间,办理调服军役、调服军役监犯逃亡处理办法、异籍监犯觅保、非常时期移送监犯手续、疏散人犯注意事项,筹备防空设备、监所设立接见室、呈报各表册、呈报监犯申请保外服役、抄发各表样式等事宜的训令、指令等。

另有战时适用统计表式、各法院监所被炸数目及其损害情形表、各省监犯调服军役及疏通监犯人数表,《调服军役监犯调拨办法》。

1137. 璧山司法处等关于移交款项、状纸等事宜的文书　12－1－1301

1936年11月至1938年10月,璧山县司法处关于移交款项、状纸、会计事务,处理盗匪案件等事宜的咨、呈、公函;璧山县司法处造具诉讼当事人缴案存款移交清册、璧山县司法处未售民刑状纸及印纸移交清册。

四川高等法院第一分院、璧山县司法处、璧山县政府关于租佃纠葛、变造文书、分析家产、借款纠葛、买卖田土纠葛、确认抵押权、押金纠葛、伤害致死等案的民事裁定书、公函、送达回证、刑事判决书、民事判决书等。

1138. 四川省政府、四川高等法院等关于报考法院法警、来凤小学、征募壮丁、审理民刑案件、统购粮食、禁烟等事宜的文书　12－1－1302

　　1937年10月至1945年1月，四川省政府、四川高等法院、四川高等法院会计室、璧山县司法处、永川师管区司令部、璧山县第二区区署、璧山县马嘶乡、接龙乡联保办公处关于派员查案，牌告考取法警名单，添设执达员法警，布告《四川璧山县司法处考选执达员、法警委员会会章》、《四川璧山县司法处考选执达员、法警简章》，抄发报考收据及报名表式样，公布报考日期，人事任免，执达员法警支津办法，特殊任职薪津级别规定；呈送采用之音乐教材、处理鸡市嘴初小抗不移交案、呈报来凤小学公费生一览表及设备预算书、查收捐款、转交学生证书及学生教员一览表；分配壮丁名额、呈报征集壮丁情形、办理义勇壮丁常备队、补充壮丁欠额、验收壮丁等事宜的训令、呈、公函、牌告、代电、报告等。

　　四川高等法院第一分院、四川第三区行政督察专员公署、璧山县司法处关于窝赃、租佃纠葛、确认典权、请求交业、毁损、重婚等案的文书，包括公函、讯问笔录、保状、训令、民事判决书、民事领状、送达回证等。

　　璧山县统购粮食存根、烟毒检查座谈会记录、《烟毒检查实施办法》，璧山义勇壮丁常备队每月应征分配表、渝西师管区民兵义勇壮丁常备队大（中）（分）队编成一览表、璧山县征集国民兵验收报告表、征集国民兵交付报表、壮丁数目欠额表、壮丁验务费付款统计表，农情报告员履历表。

1139. 璧山县司法处民事终结卷统计单等　12－1－1303

　　1938年，璧山县司法处（民国）廿七年民事终结卷统计单、民事执行终结归档卷，包括案由、卷宗、附件等项。

1140. 四川高等法院、璧山县司法处等有关请领司法印状纸联单、呈报司法收入等事宜的文书　12－1－1304

　　1938年7月至1939年4月，全川司法经费整理委员会、四川高等法院、璧山县司法处关于核发司法印状纸、呈报收到状纸及联单日期、呈报状纸工本费及各报表、呈报应解库司法收入数目、司法处代征附加税、补发收款证、呈报司法经费计算书表、呈报补填收款联单情形、核发民刑诉状、呈报司法收入列账等事宜的指令、呈、训令等。

　　另有璧山县司法处请领司法印纸一览表、预领民刑状纸及联单、司法印纸需用联单表、民刑状纸四柱表等。

1141. 璧山县各县立学校师生情况登记表　12—1—1305

1938年9月至1939年10月,璧山县县立来凤小学学生名册、太和乡昆卢寺初级小学校学生名单、丁市学校高级班学生一览表、丁市学校幼稚班学生一览表、丁市学校初级班学生一览表、依凤乡观音口小学教职员一览表、丁市小学教职员一览表等。

1142. 璧山县司法处关于呈报司法印状纸收支报表等事宜的文书等　12—1—1306

1938年8月至1939年1月,璧山县司法处关于呈报司法印状纸收支数额、呈报司法印状纸工本费及各表事宜的呈文。另有璧山县司法收入月计表、民刑印纸四柱表、贴用司法印纸一览表、诉讼存款月报表等。

1143. 璧山县政府、璧山县司法处关于审理民刑事案件、小学办学、人事规定、抄发法律法规、防毒、人犯报表、审理案件统计表等事宜的文书　12—1—1307

1937年3月至1939年3月,四川高等法院第一分院、璧山县政府、璧山县司法处关于伤害、会款纠葛、债务纠葛、借款纠葛、生活费纠纷、租佃纠纷、押银纠葛、确认典当权、确认买卖无效、履行婚约、买产还债等案的文书,包括公函、训令、领状、民事判决书、呈、指令、民事裁定书、诉愿书、审理笔录等。

四川高等法院、璧山县政府、璧山县立普兴镇冯家祠初级小学关于呈报校训校歌、组织力量抗战、规定法院及监所长官请假、呈报职员及收结案件数额,抄发、转发、公布《四川各高等分院暨地方法院缮状处办事细则》、《军事委员会战地党政委员会分会组织纲要》、《军事委员会战地(即游击区)党政委员会组织纲要》、《四川高等法院第二分院及属县地方法院司法警察出差旅费暂行办法》、《取缔敌伪钞票办法》、《四川各级法院民事调查征收费暂行规则》、《建筑法》等事宜的呈、训令等。

重庆防空司令部第四处编印《防毒常识汇书之(六)——没有防毒器材的防毒方法》,四川省第五区立法委员选举票、审核保外服役人犯报告书表,璧山县司法处民刑案件收结案件数目表、民事案件审理统计表。

1144. 璧山县司法处经费关于收支的文书　12—1—1308

1939年7月至1939年11月,璧山县司法处关于呈送(民国)二十七至二十八年收支经费计算书表的公函,附璧山县财物委员会审核签单,璧山县司法处各月收支对照表、各月经费支出计算书。

1145. 司法行政部公报　12—1—1309

1938年,司法行政部公报第一卷第十期(特别刑事法令)专刊,包括《海上捕猎条例》《危害民国紧急治罪法》《惩治汉奸条例》《汉奸自首条例》《惩治贪污条例》《妨害兵役治罪条例》《妨害国家总动员惩罚暂行条例》《惩治偷税漏税暂行条例》《渔业法》《矿业法》《船舶法》《非常时期维持治安紧急办法》《战时陆海空军审判简易程序》《璧山律师公会规则》《优待出征抗敌军人家属条例》《实验地方法院办理民刑诉讼补充办法》《重庆市财政局土地登记须知》《重庆市财政局土地登记处复文规则》等，附录《重庆律师公会章程》《重庆新加入公会会员名录》。

1146. 璧山实验地方法院公函，学校聘请书　12－1－1310

1937年1月至1942年12月，璧山县政府关于委任校长的训令，璧山实验地方法院关于终止租约上诉、赎产、妨害公务等案的往来公函等。另有璧山县丁家乡民众教育馆、璧山县健龙乡乡立小学聘任教务主任、教员的聘书、关约，聘约条件等。

1147. 四川高等法院第一分院等关于寄监人犯等事宜的文书　12－1－1311

1938年3月至1938年8月，四川高等法院第一分院、全川司法经费整理委员会、巴县政府关于移解人犯、修订《军人监狱规则》、负担寄监人犯囚粮、拨囚粮、电知调服军役监犯调拨办法、抄发监犯感化队名册、成立被告人管收所等事宜的训令、咨、指令等。

附有四川重庆地方法院检察处应解璧山罪犯姓名籍贯清册、璧山县管狱署造具囚民姓名清册。

1148. 四川高等法院等关于司法处办案注意事项等的文书　12－1－1312

1938年7月至1938年12月，四川高等法院、璧山县司法处关于转发《诉讼费用暂行规则》《执达员送达民事书类征收食宿舟车费规则》《惩治贪污暂行条例》《革除公务员婚丧寿宴浪费暂行规程》《诉讼费用暂行规则推行应注意事项八则》《惩治汉奸条例》《四川省各县司法处交代办法》《优待出征抗敌军人家属实施细则》条文、《违法〈兵役法〉治罪条例》条文、《非常时期过分利得税条例》《发售状纸及收受诉讼代理人缮书状办法》《关于雇用妇女工作于一切矿场地下之公约》，通知征收诉讼费项目、增加非诉讼案件申请费、当事人须补缴上诉审判费、呈送司法处收入比较表、征收裁判费，改善诉讼程序、办理民刑案件、处理共同诉讼及人犯调服军役、解送人犯、防止不依法办案、规定商号贴用印花税、处理公务员因公涉讼案件、严惩违反《印花税法》者、处理违反国际劳动公约、人犯保外就医注意事项，呈递视察员公文、呈送及启用司法处印章、呈报审理民刑案件数目、呈送公文、呈报职员信息以汇编职员名录、征募前方将士寒衣款项、呈报司法处调查表及司法统计调查应用表格、呈报就职日期等事宜的训令、布告、牌告、快邮代电、公函、呈等。

1149. 四川省政府等审理联保主任李小鲁贩卖枪支一案文书　12—1—1313

1938年9月至1939年2月,川康绥靖主任公署、四川省政府、璧山县政府、璧山县第一/二区区署关于李小鲁等贩卖枪支案的文书,包括呈报购置枪支及散发情形、璧山县第二区丁家镇联保造报购发承领私有自卫枪炮姓名表,控告制票敛财、营私舞弊渎职、勒征贪捐,更换联保主任等事宜的训令、呈、公函、执票、诉愿书等。

1150. 璧山县司法处、璧山县政府等有关法院经费预算与核定的文书等　12—1—1314

1937年11月至1939年7月,四川省政府、璧山县司法处、璧山县政府关于呈报金福预算书注意事项、编制半年预算书、核定(民国)廿八年金福预算等事宜的指令、呈、公函等。

另有《璧山实验地方法院办理民刑诉讼补充办法》,璧山县司法处(民国)廿六年度经费支出预算书,编制(民国)二十七年七至十二月半年度县地方法院预算要点决议。

1151. 四川省政府、四川高等法院等关于监犯调服军役、司法处经费等事宜的文书　12—1—1315

1938年2月至1938年12月,国民政府军事委员会委员长行营、四川省政府、四川高等法院、四川省第三区行政督察专员公署、璧山县司法处、璧山县政府关于人犯调服军役、呈报调服军役人犯各种清册、查明新旧监狱人犯实施军训情形、通知修正《战时监犯调服军役办法》及《调服军役监犯调拨办法》条款、组织监犯感化队,编制(民国)二十八年预算、领取经费、呈报囚粮及各项经费、造报经费计算书等事宜的训令、呈、公函等。

1152. 四川高等法院检查处等关于呈报刑事案件月报表等事宜的文书　12—1—1316

1938年4月至1939年4月,四川高等法院检查处、四川高等法院检察官、璧山县司法处关于呈报刑事案件月报表、呈报刑事案件备核、填报刑事案件月报表注意事项等事宜的指令、训令、呈文等。

1153. 四川高等法院第一分院等审理租佃纠葛一案的文书　12—1—1317

1935年11月至1937年7月,四川高等法院第一分院、璧山县政府、永川县政府、巴县地方法院、永川县司法处、鹿鸣乡联保办公处关于龙桂廷等租佃纠葛及其上诉案的文书,包括朱谕、民事诉状、传票、提票、公函、谕、负责状(保状)、咨文、报告、训令、民事裁定书、民事执行状、民事申请状、民事保状、民事展限状、账单、审理笔录、诉愿书、民事抗告状等。内附璧山县户籍登记簿一页。

1154. 司法行政部、四川省政府等有关璧山县设立司法处及人事任免、非常时期人犯管理等事宜的文书　12－1－1318

1937年1月至1939年12月，司法行政部、四川省政府、四川高等法院、四川高等法院第一分院、璧山县政府、璧山县司法处关于呈报到职日期、职员简历、人事任免、设立司法处、增设审判官、战时监犯调服军役、非戒严地区发生危险处理办法、呈报因犯实施军训情形、感化队中队编制表、监犯申请调服军役抗敌、女犯不得调服军役，抄发、修正《战时调服军役感化队管理办法》《非常时期监所人犯临时处置办法》《监犯保外服役暂行办法》等事宜的呈、指令、训令、代电等；

该军另有囚民资源调赴前方服务抗敌姓名册（包括姓名、年龄、案由等）、审核保外服役人犯报告书。

1155. 四川省政府、四川高等法院等关于办理案件注意事项、抄发法律法规、审理民事案件等事宜的文书　12－1－1319

1937年1月至1937年10月，第三区行政督察专员公署、四川省政府、四川高等法院、永川县司法处、合川县政府及司法处、江北县司法处、璧山县政府、四川公路局遂璧整理工程段、四川公路局关于西班牙侨民受我国法律保护、处理民刑案件、通缉烟毒人犯、例行文件以公报为准、就地处置反抗押解人犯，成立司法处、抄发《司法处组织暂行条例》，送审理案件文书、咨询囚犯训练，增加道路维护经费、指导铺路等事宜的训令、呈、报告等。

四川高等法院第一分院、璧山县政府兼理司法事务处关于租佃纠葛、丧葬费纠葛、典当纠纷等案的公函、失物单、民事和解笔录、饬签、传票、训令、审讯笔录、裁定书等。

1156. 璧山县政府、璧山实验地方法院等有关审理民刑案件、呈报修理枪械预算等事宜的文书　12－1－1320

1934年6月至1945年7月，四川高等法院第一分院、璧山县政府、璧山县政府兼理司法事务处、璧山实验地方法院、巴县地方法院关于会款纠葛、买卖田业纠葛、强奸未遂、分析家产上诉、婚约纠葛、绸缎货款纠葛、诈欺、伪造证据、租佃纠葛、借款纠葛等案的文书，包括往来公函、谕、呈文、民事缴状、民事领状、民事诉状、讯问笔录、训令、民事裁定书、民事判决书、民事申请状、民事保状、民事辩诉状、指令等。内附璧山县警察局关于呈报修理枪械预算书的呈文。

1157. 司法行政部、璧山实验地方法院等关于考察司法事务、禁烟、户口调查、法院及监狱概况等事宜的文书　12－1－1321

　　1937年2月至1944年4月,司法行政部、国防最高委员会党政工作考核委员会、璧山实验地方法院、璧山县中兴乡乡公所、璧山大兴乡乡公所关于派员考察法院、推行实验地方法院、中央政务考察团考察各县、选举县参议员、办理烟毒案件、呈报户口异动报表等事宜的谕、训令、快邮代电、呈文等。

　　另有法院监所考察要点、审理案件一览表、办理烟毒检查出力人员表、璧山县烟毒检查队区域分配表；璧山实验地方法院审检两方全年收结案件、兵役案件统计表、公证登记统计表,赃物处分一览表；璧山地方法院概况、璧山实验地方法院看守所及附设监狱概况、璧山实验地方法院及检察处组织概况、关于地方法院办理民刑诉讼补充办法各条之意见、璧山实验地方法院另行考察事项。

1158. 璧山地方法院等有关防空及成立地方防护团等事宜的文书　12－1－1322

　　1936年11月至1944年12月,四川全省防空司令部、四川省防空协会、璧山实验地方法院、璧山县防护团关于转发《违反灯火管制处罚暂行办法》、防空防毒及救护、成立防护团、办理防空、抄发防护团旗帜式样、修改各种委员会主管名称、军委会呈文注意事项、呈报防空支会组织情形、敦促推销防空业务,抄发呈报《防护团训练实施细则》、《防护团训练大纲》、《各省防空业务实施规则》、防护团人员编制表、《防护团旗帜与规则》、《各省防空协会(县支会)基金保管委员会组织条例》、《各省全省防空司令部各种设计委员会组织规程》、《各省防空协会征求会员简章》、《四川省防空协会组织大纲》、《各省市防空协会组织大纲》第四条、《防空法》、《各省市防空协会会员奖励办法》、《xx省防空协会xx县防空支会组织规程》、《各省市(县)及各要地防护团训练办法》、《各省市(县)防护团团旗授与规则》、《各省市防空协会宣传工作大纲》、《各省防空协会组织条例》、《防护团各级人员奖惩办法》,法院呈报工作报告、璧山县政府(民国)二十八年度办理兵役概况年终报告书等事宜的公函、呈、训令、布告等。

　　附有璧山实验地方法院工作报告会计构成图、收支实况表、收支平准表、院务会议记录、院检联席会议记录、案件进行期间表(包括民事、刑事、检察、执行等案件)、适用实验法规结案月报表等。

1159. 四川高等法院、璧山县司法处等关于司法状纸印纸收支、报表等事宜的文书等　12－1－1323

　　1937年7月至1941年11月,四川高等法院、全川司法经费整理委员会、璧山县司法处关于发司法印纸及收款联单、填报司法状纸月报表、呈报司法状纸收入列账、转解司法状纸费、呈报司法印纸状纸工本费等事宜的指令、训令、呈、收款证等。

另有贴用司法印纸一览表,包括征收日期、款目、案由或事由等;司法状纸四柱表,包括民事状、刑事状等。附璧山县政府关于吸食鸦片案的军法判决书等。

1160. 最高法院、四川高等法院第一分院、璧山县政府等民刑事案件尾卷　12－1－1324

1933年11月至1938年3月,最高法院、四川高等法院第一分院、璧山县政府关于会款纠葛、窃盗、会项纠葛上诉、人犯病重申请释放、租佃纠纷、债务纠葛、伤害、押银纠葛、伤害上诉、终止租约、求偿借款、诈欺上诉、典当纠葛、撤销查封、返还押银、抵押权纠葛等案的文书,包括公函、谕、民事上诉状、审理笔录、收条、呈、诉愿书、病呈、裁定书、报告、送达回证、审讯笔录、宣告判决笔录、训令、刑事诉状、民事裁定书、民事领状、传票、民事和解笔录、抗告理由书、民事判决书、民事试行和解笔录、民事保状、朱谕等。

1161. 璧山县政府训令等　12－1－1325

1917年6月至1942年5月,璧山县政府关于取缔中国人在内地以外商身份在外地营业、注意华商代理外商保险事务、旱灾救济人民、停止阻碍政令推行工作人员、不得撕毁公文,抄发《公务员任用法条》、《各级公务员交代补充办法》、《运发金属许可证》、《废金属转运说明书》、《军政部发给转运废金属许可证》,通缉人犯、追缴劫匪、通缉扣留白俄罗斯人犯,知照美国教士关中避难、保护日本人游历中国及防范滋事等事宜的训令、密令、报告等。

另有璧山地方法院、璧山实验地方法院关于租佃纠葛、毁损、确认所有权等案的文书,包括看守所人犯收所证、点名单、审理笔录、租佃契约、租佃主客批簿、检察官不起诉处分书、民事判决书、传讯笔录。

1162. 璧山县政府等关于通缉盗匪、在逃被告及逃兵等事宜的文书　12－1－1326

1936年5月至1939年8月,国民政府军事委员长行营、川康绥靖主任公署、四川高等法院检察处、四川剿匪总司令部、四川省第三区行政督察专员公署、璧山县政府、铜梁县政府、江津县政府、合川县政府、璧山县第一区区署、璧山县会兴乡联保办公处、璧山县城南乡保长联合办公处关于通缉逃犯、捕获匪犯、呈报被匪抢劫、管狱员呈报囚仓被盗、通缉拦路抢劫匪徒、通缉逃兵、呈报逃亡人犯通缉表、呈报居民被抢情形等事宜的训令、抢劫损失清单、呈、咨、公函、刑事被告状、密令、证明书、刑事诉状等。

另有彭县著名逸匪姓名一览表、逃犯姓名表、通缉人犯一览表、通缉惯匪积匪简明表、通缉被告、在逃人犯姓名籍贯表、士兵逃亡表、通缉逃兵汇总表。

1163. 璧山县政府等关于清乡、清剿土匪等事宜的文书等　12－1－1327

1924月至1938年4月,川康绥靖主任公署、四川省政府、四川临时清乡委员会、四川省第三区行政督察专员办公署及保安司令部、璧山县政府关于抄发《清乡实施条例》、《四川省临时清乡实施条例》、《四川省临时清乡区内土匪自新暂行规程》、《四川省临时清乡委员会组织条例》、《匪徒投诚自新办法》、《四川省政府保安处各区保安经费稽征员服务规则》,抄发击毙土匪报告书格式及填表注意事项、搜索土匪、剿匪官兵伤亡奖惩、设八区绥靖司令以清剿土匪、办理土匪自新案件注意事项、准许土匪投诚,抚恤团保队等事宜的训令、命令等。

另有学生作文《我要跟她学》、家信、璧山县农民组训巡回辅导团教材之一,璧山县第二十六学区教育委员办事处、璧山县广兴乡乡立小学聘用校长、教员聘书等。

1164. 璧山县警察所处理微型民刑案件的文书　12－1－1328

1937年1月至1937年7月,璧山县警察所、璧山县警察分驻所、巴县地方法院关于窃盗、扒手、伤害、酒后闹事、与警察发生冲突、看八字蛊惑人民、为娼、劫匪嫌疑、聚赌、买卖石磨纠葛、买米纠纷、买卖耕牛等案的文书,包括临时审讯单、审讯单、诉状、保状、公函、领条、报告书、民事判决书。

另有璧山县警察所关于送科长灵柩次序单、通知送科长灵柩起运日期,通知禁烟纪念会开会、拟定召集城乡各保长开会议案等。

1165. 四川高等法院、璧山县知事公署等审理会款纠葛等案的文书　12－1－1329

1923年6月至1937年12月,四川高等法院、璧山县知事公署、璧山县政府关于会款纠葛、典当田业纠葛、分析家产、私造假茶诈欺、买卖田业纠葛、妨害秩序、口角争执、伤害、租佃纠葛、借款纠葛、通奸等案的文书,包括复讯单、保状、民事诉状、呈、牌示、民事和解状、民事上诉状、传票、委任令、民事辩诉状、公函。

附有四川高等法院关于各县附表应统一格式的训令、四川全省初级暨地方管辖事件上诉程限改正表。

1166. 璧山地方法院、璧山县警察所关于嫌疑案及轻微案件的文书　12－1－1330

1936年1月至1945年12月,璧山地方法院、璧山县警察所关于典当田业纠葛、入室窃盗、诬告盗窃、买卖黄牛债务纠葛、再嫁存查、打死他人鸭子等案的文书,包括申请书、报告、呈、损失清单、反诉状、保状、牛价欠额利益及往返用费单、悔过书、收条、审讯单、临时审讯单,警士杜绝拐逃公物、通奸嫌疑、窃盗嫌疑保证书、保状。附有使用口令(法律术语)登记表。

1167. 四川高等法院、璧山县政府等关于募捐、慰问军人、审理案件、缴税、购买救国公债、抄发法律法规等事宜的文书　12－1－1331

　　1937年10月至1939年4月，四川高等法院、国民政府军事委员会长行营、璧山县政府关于启用救国公债劝募委员会四川省分会图章、抄发劝募救国公债各项条例办法、催缴救国公债款项、公务员认购爱国公债事项，处理购买预谷纠纷、典卖不动产、代审军法案件注意事项、处理纳粮纠葛，防止奸商收买预谷、禁止奸商盘剥灾民，催缴税款、规定高利贷借贷利率、抄发非常时期征收印花税办法、高利贷及以谷折利，抄发官典契式样、优待出征抗敌军属、人民单据照章贴印花等事宜的训令、公函等。

　　另有《救国公债条例》、《四川劝募救国公债办法大纲》、《救国公债收据挂失补给办法》、《四川省各市县优待出征抗敌军人家属实施细则》、《非常时期征收印花税暂行办法》，公务员认购救国公债职名数额一览表、各机关所缴公务员认买救国公债表等。

1168. 璧山县政府等关于璧山救济院事宜的文书　12－1－1332

　　1937年6月至1943年7月，璧山县政府关于尽量扩充救济事业、呈送扩充办法、筹集扩充经费、颁发各地《救济院条例》、填报概况调查表、救济乞丐游民等事宜的训令、指令等。另有四川第三区各县救济院改进表、四川省各市县救济院概况调查表，璧山县救济院现有工役、职雇员领米名册、俸给费附属表、收条，璧山县救济院整理扩充及成立所会概算表、支出概算书、璧山县救济院养老所建筑费预算表，《璧山县救济院筹划各所整理扩充及成立所、会办法》、《璧山县救济院增设乞丐游民教养所推行办法》，请肃清乞丐游民、增强抗战力量的提案。

1169. 璧山县政府、巴县地方法院等民刑案件尾卷　12－1－1333

　　1932年6月至1937年10月，四川高等法院第一分院、璧山县政府、巴县地方法院关于窝赃、诈欺、会款纠葛、债务纠葛、伤害、强奸等案的文书，包括刑事诉状、被窃失物单、呈、谕、收条、审理笔录、民事执行状、民事诉状、抗告理由书、公函、签、报告、审判笔录、宣判笔录、结文、公开审理笔录、训令、审讯笔录、押票回证、民事裁定书等。

1170. 璧山地方法院、铜梁县政府等有关审理民刑案件、优待战俘、改良监所、经费收支等事宜的文书　12－1－1334

　　1936年1月至1941年4月，四川高等法院第一分院、璧山地方法院、铜梁县政府关于伤害、冒充公务员诈财、买卖房产及生活费纠葛、煤矿业权纠葛、债务纠葛、人犯申请释放、租佃纠葛、窃盗衣物、会款纠纷等案的不起诉处分书、民事答辩状、刑事诉状、往来公函、训令、民事裁定书、呈、供单。

另有四川剿匪总司令部、四川省政府、四川省第三区行政督察专员公署、四川第三区保安司令部、璧山县政府、全川司法经费整理委员会、私立正义小学校董会关于遣散投诚之匪、执行死刑须依法而非斩首、严禁损坏死囚尸体、禁止刑逼及肉刑、司法人事聘用、抄发《改良旧监所最低限度办法》、选改革监所视察员及提议事项、清乡、呈报成立区调解委员会时间、加选校董履历表、监所协进委员会第二次会议议决、监所困难情形、监所改良无虐待囚犯现象、呈送管狱署年度支付预算书表、增加看丁额、核销薪俸、增加煤炭补助经费等事宜的训令、指令、呈、报告等。附有宝兴煤矿股份有限公司铁板路基工程平面图。

1171. 铜梁县政府、合川县政府等向璧山县政府咨询涉案情况的文书　12－1－1335

1936年1月至1936年9月，铜梁县政府、江北县政府、合川县政府、江津县政府向璧山县政府咨询关于串蒙诱婚、拦路抢劫、拐逃妇女、伤害、通缉逃犯、窃盗窝赃、携款潜逃、租赁纠葛、入室抢劫妆奁等案，呈送盗匪疑犯、布庄是否雇有人挑布、疑犯平日行为的咨、报告、领条、谕、训令、公函等。

1172. 璧山县政府等关于民事案件、参议院开会、法院被炸事宜的文书　12－1－1336

1936年1月至1942年10月，四川高等法院第一分院、璧山县政府关于租佃、会款、婚约、买卖田业、借款纠葛、窃盗、买卖赃物等案的文书，包括民事判决书、民事裁定书、刑事判决书、审理笔录、刑事保状、民事诉状、证明书、供单、失物单等。

另有璧山县临时参议院关于召开全体大会的通知、大会注意事项；璧山实验地方法院被炸毁后鉴定的修筑房舍合同、修筑说明书、修筑房屋价格单等。

1173. 璧山县政府等有关扩充校址、鉴定银行券、人犯申请释放、审理民刑案件事宜的文书　12－1－1337

1936年4月至1943年7月，璧山县政府关于划拨公地扩充校址、鉴定交通银行券、人犯申请释放等事宜的呈文、公函等。

另有四川高等法院第一分院、璧山县政府关于入室窃盗、联保主任擅造票据敛财、违法收取保甲经费、人犯申请假释葬母、债务纠葛、典当田业纠葛等案的文书，包括训令、收条、谕、审理笔录、诉愿书、刑事保状、报告、传票、签、往来公函、裁定、民事裁定书。附有民国三十年案件审理进行单，包括时间、案由及附件等项。

1174. 璧山实验地方法院等有关法院申告铃使用及工作报告、审理民刑案件、呈报国库收支及人犯病重事宜的文书　12－1－1338

1929年9月至1936年5月,璧山县财物委员会通知范本。

另有璧山县政府关于债务纠葛,发妻潜逃、再嫁、拐逃人妻、婚约存查等案的文书,包括民事判决书、民事存查状、账单;璧山县法院看守所关于呈报国库支付书、人犯病重的呈文等。

1175. 司法行政部、四川高等法院等关于律师登记任用等规定、司法处办案相关法律法规事宜的文书　12－1－1339

1933年6月至1939年6月,司法行政部、四川高等法院、四川高等法院检察处关于设立律师席、抄发《县司法处律师之下职务办法》及附件清单、《四川省各县司法处律师阅卷规则》,律师申请在璧山县司法区域执行职务及律师申请兼区住址表、律师登录璧山县司法处、律师证书等征收印花税,准用、公布、修正、抄发《刑事案件复判暂行条例》、《县司法处书记官任用规则》、《推事、检察官、书记官、律师制服条例》、《县司法处刑事案件复判暂行条例》及《县司法处办理诉讼补充条例》、《刑事诉讼法》、《电气事业人处理窃电规则》、《非常时期处理刑事案件暂行办法》、《惩治汉奸条例》、《中央各机关公款存支办法》、《国民政府军事委员会军法执行总监部监察官指挥证使用规则》、《县长及地方行政长官建立军法暂行办法》、《社会军训法规》、《各省高级军事机关代核军法案件暂行办法》,司法职务担任规定、收取诉讼费规定、惩治汉奸、通缉逃犯、司法人员作风、文武官员不得随意辞职调职、视察监所、统一状纸副状、疏通人犯、公务员甄别登记,依法审理保甲长因征兵被告案件、破产案件收费、处理上诉案件、非常时期处理军事犯办法,催补统计书表、改订办公时间等事宜的指令、训令等。

附有买卖烟土而发生之诉讼应归何机构办理讨论会议记录。

1176. 璧山县司法处、璧山县政府等民事判决书卷　12－1－1340

1918年6月至1939年6月,四川高等法院第一分院、巴县地方审判厅、璧山县司法处、璧山县政府兼理司法事务处、璧山县政府关于借款纠葛、会款纠葛、会账纠纷、会田纠葛、抵押借款及合买阴地纠葛、履行卖阴地契约、买卖食谷纠葛、租佃纠葛、租佃押银纠纷、伙贸纠葛、买卖腊肉纠葛等案的文书,包括民事判决书、裁定书。

1177. 璧山县政府等有关司法日常行政事务的文书　12－1－1341

1936年3月至1936年12月,司法行政部、四川高等法院、全川司法经费整理委员会、璧山县政府、璧山县管狱署关于璧山管狱员免职、办理移交、呈报到职日期及履历表、要求管狱员勤谨供职,呈报前任移交员司丁役职务姓名清册、公物清册、监所人犯姓名清册、各项卷宗及收提签回条存根清册,填报旧监狱调查表、璧山县看守所羁押人犯一览表、未决羁押人犯姓名表、假释人犯姓名清册、合乎《假释条例》人犯清册,呈报雇工修建围墙仓库、经费收支书表、预支囚粮、女监经费、申请拨体恤金,抄发《已决人犯合于假释条例》、迅速结案民刑案件、惩办受贿私放人犯、修整监所以防人犯脱逃等事宜的训令、呈、公函、指令等。

1178. 璧山县政府有关璧山县管狱员工作移交等事宜的文书　12－1－1342

1936年1月至1937年5月,璧山县政府关于报告管狱员职位移交情形、募捐购置囚被收支情形,狱丁申请提验重病人犯等事宜的呈、管狱员总结等。移交管狱员魏接受监所人犯姓名清册、卸任管狱员王移交管狱署各项卷宗及收提签并收入人犯回条存根清册等。公益会序、会单、各会名单等。

另有璧山县政府关于人犯病重申请释放、虐妻案、会款纠葛等案件的文书,包括呈、诉愿书、审理笔录。

1179. 璧山县政府、巴县地方法院等关于案件的文书等　12－1－1343

1936年3月至1949年3月,璧山县政府、巴县地方法院关于借款纠葛、债务纠葛引起杀人嫌疑、缴纳屠宰税纠葛上诉案、租佃纠葛、通奸引发的伤害案、垫款纠葛、给付租谷、唆使离婚妨害家庭、返还押银、强迫征兵、诈欺、布款纠葛、会款纠葛、买卖纠葛等案的文书,包括往来公函、呈、解票、四川高等法院第一分院刑事判决书、账单、借约清单、报告、谕、审理笔录、民事诉状、四川高等法院第一分院民事试行和解笔录、证明书、签呈文、璧山县政府民事判决书等。

另有四川省政府、重庆卫戍区总司令部、璧山县政府、璧山县征收局关于转报私立正义小学十一班学生住校日期各表、解送军法犯、造送执行人犯名册、鉴定交通银券真伪等事宜的指令、公函、收条、提票回证等。四川省第三区璧山县地方行政干部训练所学员考核登记表,璧山中兴、太和、福禄、城西、正兴、蒲元、城中、丹凤、梓潼等乡(镇)征拨新兵名册。

1180. 璧山实验地方法院、璧山县政府等有关审理民刑案件、解送人犯、清剿匪谍、司法考试、清查户口等事宜的文书　12－1－1344

1933年4月至1947年3月,四川高等法院第一分院、璧山实验地方法院、璧山县政府关于返还田业、终止租约、返还租谷、欠款引起的伤害等案的往来公函、谕、报告、璧山县政府刑事处分书、刑事保状、审理笔录等。

璧山县政府、巴县政府关于解送人犯、清查匪谍等事宜的咨、收条等。璧山实验地方法院司法助理员考试试题、璧山县丁家镇户口调查表、甘肃临夏地方法院办理公证事务概况书等。

1181. 璧山县政府等有关审理民事案件、人事任免、禁毒、调查在乡军医等事宜的文书　12－1－1345

　　1935年4月至1936年10月，璧山县政府关于罗成章等借谷筑路纠葛、证章遗失申请备查、偿还垫付民兵受训费用、征收矿税纠葛等案的文书，包括训令、民事诉状、账单、呈、公函、指令、成渝路补修工程璧山县民工筑路调查表等。

　　璧山县政府、璧山县第三区区署关于选举校长保长、委任河边镇教育委员、联保队长辞职、委任联保队长、联保主任受训结束申请复职、委任调解员及保长，造报党政军不吸鸦片切结、戒毒、缴获烟土、呈报瘾民清册，抄发《清剿办法》、拨发保甲经费、征收保甲经费，呈报天主、耶稣、回教各教堂寺概况表，调查在乡军医等事宜的呈、公函、指令、报告、训令等。附有璧山县第三区河边镇营业医师、药剂师调查表。

1182. 璧山县政府等有关管理监犯、在乡军医及医疗机构调查、民事案件审理等事宜的文书　12－1－1346

　　1934年9月至1947年6月，四川省第三区行政督察专员公署、璧山县政府、巴县政府、永川县政府、璧山县税捐稽征处关于押解人犯、遣散俘虏、转解俘虏，拍卖稽征员产业以清偿欠税，通知中医登记事项、转发《中医条例》、填报在乡军医医师药剂师调查表、抄发《中医审查规则》、抄发《军医学校医科毕业学生入普通医院实习暂行办法》、通知修正《中医条例》及《中医审查规则》、抄发医师领证补充办法等事宜的咨、解票、公函、训令、呈文等。附有璧山县在乡军医司药调查表、营业医师药剂师调查表。

　　璧山地方法院关于确认田业所有权、给付黄谷等、领押交业等案的民事判决书数份。

1183. 璧山县政府、璧山县团务委员会审理吞没捐款案相关的文书　12－1－1347

　　1935年3月至1935年10月，璧山县政府、璧山县团务委员会关于乡长周克生等吞没捐款一案的文书，包括送达回证、行政诉讼判定书、审理笔录、诉愿书、公函、呈、指令、训令、委任令、指挥执行书、查询单、周克生任内损害人民之一小部分受害人证人过交人姓名金额及损害原因表、传票、诉状、审讯单、复讯单、火签、报告、刑事辩诉状、刑事诉状、谕等。

1184. 璧山县法院案件审理进行表，四川高等法院等与监狱及人犯管理、审理民刑案件相关的文书　12－1－1348

　　1935年1月至1935年12月，璧山县法院案件审理进行统计表，包括进行号数、收受日月、案由、承办者姓名、卷宗数目、证物等项。四川高等法院、四川省政府、璧山县政府、合川司法经费整理委员会关于委任监狱视察委员、派员视察《疏通监狱暂行条例》实施情况、公布《破产法实行法》、呈报监狱成立时间、抄发人犯报告书填表实例、收销地钞等事宜的公函、训令等。

四川高等法院、璧山县政府、巴县地方法院关于胡师化等赔偿损毁桑树上诉案、会款纠葛两案的文书，包括民事上诉状、公函、训令、民事审理笔录、民事理由状、巴县地方法院民事裁定书等。

附有璧山县财物委员会分配地钞一览表，《疏通监狱暂行条例》《破产法实行法》等。

1185. 璧山县政府审理窃盗及窝赃一案相关文书　12－1－1349

1935年4月至1935年5月，璧山县政府关于伍银廷等窃盗及窝赃一案的文书，包括呈、公函、审理笔录、收条、签、刑事诉状、传讯单、诉愿书、刑事辩诉状、比单、刑事保状、刑事缴状、赃物单、传票、谕、失物单、提讯单、验尸单等。

1186. 四川高等法院第一分院、璧山县政府审理借款纠葛、会款纠葛等三案的文书　12－1－1350

1935年6月至1936年12月，四川高等法院第一分院、璧山县政府关于借款纠葛、会款纠葛、赔偿损毁桑树上诉案三案的文书，包括谕、审理笔录、民事辩诉状、呈、璧山县政府民事判决书、民事上诉状、宣告判决笔录、和解契约等。

1187. 四川高等法院第一分院、璧山县司法处审理借款纠葛等七案的文书　12－1－1351

1936年12月至1937年12月，四川高等法院第一分院、璧山县司法处关于借款纠葛上诉、租佃纠葛、垫款纠葛、诈欺取财、确认抵押权、买卖田业引起的窃盗树木案、联保主任滥用职权七案的文书，包括民事上诉状、民事诉状、签、报告、训令、璧山县司法处民事判决书、刑事撤回上诉状、四川高等法院第一分院民事裁定书、谕、审理笔录、四川高等法院第一分院民事判决书等，以上各案文书均不甚齐全。

1188. 璧山县政府等有关管理监犯、申告铃使用、禁烟、审理民刑案件等事宜的文书　12－1－1352

1933年12月至1947年2月，司法行政部、川康绥靖主任公署、四川高等法院第一分院、四川省第三区行政督察专员公署、四川高等法院检察处、璧山县政府、永川县政府、江津县政府、巴县政府关于押解人犯、押解调服军役犯、解送反动人犯、征收诉讼书状费、设置申告铃、抄送《申告铃使用暂行规定》《申告铃装置办法》、禁烟等事宜的解票、公函、押票回证、咨、密令、训令、呈文等。

四川高等法院第一分院、璧山县政府、巴县地方法院关于伤害、买卖树木纠葛、声明证件遗失、诈欺上诉等案的文书,包括往来公函、训令、报告、民事执行状、民事展限状、刑事辩诉状、呈文等。

1189. 璧山县政府审理窃盗及伤害等七案的文书　　12－1－1353

1935年1月至1935年11月,璧山县政府关于入室窃盗及伤害、人犯病重申请释放、婚约诈欺、入室窃盗、诬告窃盗食盐、悔过申请释放、伐树引起的滥用私刑案七案的文书,包括呈、审理笔录、收条、往来公函、璧山县政府刑事判决书、谕、赃物单、失物单、领状、保状、查询单、检查出盗犯什物单、刑事诉状、训令、诉愿书等。

1190. 璧山县政府关于农业生产、乡镇安装电话等事宜的文书　　12－1－1354

1933年12月至1945年4月,璧山县政府关于保护青蛙、严禁屠宰耕牛以维持农业,呈报农村社会经济状况、办农会、处理妨害农业案、家畜保育、呈报棉产调查表、接收电灯机件、电话总栈人事任免、乡公所呈报电话经费、移交存款、接转电话函票、购置电话、挪用电话经费等事宜的布告、训令、呈、指令等。

附往来公文统计表,包括时间、类别、来文机关或姓名、事由等项。

1191. 璧山县政府等有关移交司法卷宗、司法事务等的文书　　12－1－1355

1934年12月至1935年6月,四川高等法院、璧山县政府、巴县地方法院、铜梁县政府关于订约《司法公报》及其费用、呈报司法经费收支书表、呈报司法经费预算书表、呈报司法及行政罚金,璧山县政府第二股移交司法盗匪卷宗清册、移交司法科员司吏警花名册、民刑案件统计单、呈报检验吏及法警姓名薪饷清册、移交司法卷宗、监所人犯清册、监所狱丁更夫人数表,通知司法判决、公布法律法规、通知呈递书状办法、检验尸体、报考司法岗位、撤销空职、人事任免、人犯申请出家为僧,抄发公务员录用办法、《修正司法机关依〈印花税暂行条例〉处罚及执行规则》、办案时保护人民生命财产及营业自由、抄发《诉讼存款发给利息办法》等事宜的公函、呈、训令、咨、保证书、保状、报告等。

杂附《四川高等法院公报》订阅室订报回执。

1192. 璧山县政府关于疑犯申请释放等事宜的文书　　12－1－1356

1935年2月至1937年9月,璧山县政府关于杀人疑犯申请释放、窃盗疑犯申请释放、抢劫疑犯申请释放、盗匪疑犯申请保释等的文书,包括呈、训令、审理笔录、诉愿书、保状、刑事诉状、谕、公函、和解契约、保证书、收条、刑事公证状、报告等。

附铜梁县政府关于保释人犯回境的咨文。

1193. 璧山县政府关于民刑事案件审理、人犯疾病及死亡情况等事宜的文书　12－1－1357

1931年12月至1945年1月,璧山县政府关于吸食鸦片、病重申请保释、借款纠葛、窃盗、过失杀人等案的文书,包括往来公函、璧山县政府兼理军法案件判决书、指挥执行书、诉状、口供单、证明书、训令、审理笔录、咨等。

另有璧山县政府军事人犯看守所、璧山实验地方法院看守所关于呈报人犯刑满、人犯患肠炎、人犯患病诊治无效、人犯身死等事宜的呈、提票回证、公函、签呈、证明书等。

1194. 四川高等法院第一分院、璧山县政府审理伙贸纠葛等五案的文书　12－1－1358

1935年1月至1935年12月,四川高等法院第一分院、璧山县政府关于伙贸纠葛、借款纠葛、病重申请释放、呈报人犯病死、会款纠葛五案的文书,包括呈、验尸单、往来公函、诉愿书、民事审讯笔录、哀呈。

1195. 璧山县政府审理租佃纠葛等五案的文书　12－1－1359

1935年2月至1935年12月,璧山县政府关于租佃纠葛、会款纠葛、人犯病死、病重申请保释、窃盗食米等案的文书,包括民事执行状、民事诉状、谕、民事保状、民事辩诉状、呈、验尸单、收条、刑事诉状、审理笔录、诉愿书。

1196. 五庄公益会会簿,四川省政府等与灾害救济、璧山辖区状况等相关的文书　12－1－1360

1937年5月至1944年9月,新式五庄改良公益会会簿,包括会规、入会纳银账单、各会姓名。

四川省政府、省政府秘书处统计室、璧山县第三区署、璧山县统计员关于呈报各表、依据样表填报各表、救济灾害、填报古迹古物调查表、统一法币与银铜币汇率等事宜的公函、指示、指令等。

璧山灾害概括表、璧山河流概括表、璧山县分区辖乡(镇)暨城内街道洋货商店概括表、施振(赈)概况、收容机关概况,票传出付(支票)等。

1197. 璧山县政府审理入室抢劫等案的文书　12－1－1361

1935年1月至1935年6月,璧山县政府关于古绍云入室抢劫、窃盗、呈报人犯病死等案的文书,包括呈、谕、审理笔录、收条、训令、指令、传票、刑事保状、验尸单等。

1198. 四川高等法院、璧山县政府等关于监犯管理、审理民刑案件等事宜的文书 12－1－1362

1934年12月至1936年3月,四川高等法院、璧山县政府关于抄发《受理疏通监犯暂行条例》《假释人犯办法》、报告书填载实例、转发《疏通监所暂行办法》、《疏通监狱暂行条例》,填报视察监所报告单、典狱员报告书、假释人犯报告表,监犯保外服役、羁押被告管理、人犯申请假释、防止人犯脱逃等事宜的训令、呈、快邮代电、指令等。

另有人犯报告书,包括姓名、职业、罪名、判决、出狱生计等项。四川高等法院第一分院、璧山县政府、永川县政府关于罗元兴等债务纠葛、伙贸纠葛、通奸等案的训令、民事裁定书、民事上诉状、公函、民事委任状、审讯笔录、呈、报告、咨等。

1199. 四川高等法院第一分院、璧山县政府等有关审理民刑案件、教育、监狱呈报报表、改革度量衡等事宜的文书 12－1－1363

1935年1月至1940年4月,四川高等法院第一分院、璧山县政府、江巴璧合特组峡防团务局关于侵占、拐逃妇女、窃盗嫌疑犯申请释放、窃盗钢轨、借款纠葛、布款纠葛、租佃纠葛、通奸等案的文书,包括训令、审理笔录、刑事诉状、谕、呈、保状、公证状、传票、提讯单、收条、璧山县政府民事判决书、璧山县政府民事裁定书、传票回证、保释单、诉愿书等。

另有璧山县政府关于抄发校长、教员(民国)二十八年第二学期评语,呈报管狱员履历等事宜的训令、呈文等。附《公证须知》、璧山县管狱署造报(民国)二十四年一月份监所已决男女人犯表,《劝民众换用新制歌》、新制度量衡与各方面之关系图。

1200. 与账单、中国土地政策相关的文书 12－1－1364（1）

1932年至1934年,邓茂九叔侄之案、追缴欠费的报告,土地政策(包括土地政策之概念、现代土地政策之诸相、土地政策之变迁、民生主义的土地政策之理论、结论等)、中国农家种类历年比较表、佃制改革之价值等公文。

1201.《土地问题》节选 12－1－1364（2）

1934年,中华民国《土地问题》,包括自耕农保护政策导言、东欧各国土地改革的研究、扶植自耕农与土地金融问题、中国复兴运动中的土地政策、《土地法》修正原则、《土地法》修正案起草之意见等。

1202. 最高法院、四川高等法院第一分院、璧山县政府刑事判决书卷　12－1－1365

　　1930年5月至1934年8月,最高法院、四川高等法院第一分院、璧山县政府关于杀人、强盗、诱奸未成年少女、窃盗及收受赃物、窃盗、盗匪、伤害致死、妨害自由、伤害、杀人诈财、私禁及伤害、窝赃及脱逃、伪造钱票印章、入室抢劫、诈财、妨害风化及伤害等案的刑事判决书、刑事裁定书、刑事堂谕代判等。

1203. 璧山县政府、璧山县商会等关于审理民刑案件、宪政会议、司法考试事宜的文书　12－1－1366

　　1934年7月至1944年2月,四川高等法院第一分院、璧山县政府、璧山县商会等关于伤害致死、通奸引起的杀人案、窃盗粮款嫌疑、作伪证、杀人未遂上诉、借款纠葛等案的文书,包括呈、训令、璧山县政府刑事判决书、送达回证、往来公函、指令、传讯单、报告、传票、璧山县政府刑事裁决书、谕、诉愿书、刑事保状、复讯单、账单。

　　另有四川高等法院、璧山县参议会、璧山实验地方法院关于参加宪政研究会议、呈报元旦书告等事宜的公函、训令等。附司法考试国文试题、璧山实验地方法院参加宪政研究会会员名册。

1204. 璧山县政府民事存查卷　12－1－1367

　　1933年3月至1933年10月,璧山县政府关于申请租佃契约、典当田业、借据遗失、分析家产、再嫁、解除抱子立嗣契约、抱子继嗣、遗嘱、破产还债、转移债权存查等案的文书,包括民事声明状、债务及押银数目清单、民事存查状、契约、押佃挪借各亲友全体借债数目清单等。

1205. 璧山县政府审理民刑案件的文书　12－1－1368

　　1934年12月至1945年,璧山县政府关于借款纠葛、租佃纠葛、伤害、通奸、侵占坟地等案的民事判决书、刑事判决书、刑事附带民事判决书、验断书等。附有陕西长安地方法院布告范本、璧山实验地方法院(民国)三十四年度统计年报表。

1206. 璧山县政府、璧山地方法院等民刑案件尾卷　12－1－1369

　　1933年8月至1941年1月,四川高等法院第一分院、巴县地方法院、璧山县政府、璧山地方法院、璧山管狱署关于典当田业纠葛、收受赃物、人犯病死申请验埋、病重申请保外就医、诱拐妇女卷物潜逃、伙贸纠葛、窃盗、重婚上诉案等案的文书,包括收条、验尸报告、谕、保状、刑事判决书、刑事辩诉状、报告、失物单、呈、送达回证、训令、传票、公开笔录、结文、调查笔录等。

附有璧山县闽立私立初级小学校董会聘任教员的关约。

1207. 璧山县政府等民事案件卷　12－1－1370

1933年7月至1934年6月,四川高等法院第一分院、璧山县政府、安顺县政府关于会款纠葛、借款纠葛、租佃纠葛等案的文书,包括民事诉状、报告、传票存根、谕、审理笔录、民事保状、公函、咨、存条、民事展限状、民事请委状、答复债权条件、签票、呈、民事申请状、民事答辩状、训令、拘提票、契约等。

1208. 四川高等法院第一分院、璧山县政府审理诬告、伪造银币等三案的文书　12－1－1371

1930年8月至1933年9月,四川高等法院第一分院、璧山县政府关于诬告、伪造银币、会款纠葛三案的文书,包括保状、呈文、指令、训令、传票存根、公函、哀恳状、提讯单、谕、报告、解票、复讯单、和息契约、民事诉状、民事辩诉状、征收书状费通知单等。

1209. 璧山县政府、巴县地方法院等民刑案件判决文书　12－1－1372

1932年12月至1936年12月,璧山县政府、巴县地方法院、四川高等法院第一分院关于作伪证、伤害儿媳、会款纠葛、伙贸纠葛、坟地所有权争执、借款利息纠葛、借款纠葛、租佃纠纷、买卖山林纠纷、确认婚约、生活费纠葛、布款纠葛、遗嘱纠葛等案的刑事附带民事判决书、处分书、民事堂代谕、民事补呈判决、民事判决、刑事不起诉处分书、刑事裁定书、民事和解笔录、民事裁定书、谕、行政处分书等。

1210. 璧山县法院案件卷宗数目清册,有关办案情形等事宜的文书　12－1－1373

1931年1月至1934年12月,璧山县法院乙股民事已结未结各案卷宗数目清册、检察处子股各案卷宗数目清册、检察处丑股造具民国二十年十月一日起至二十一年三月底止卷宗清册、刑庭已结未结各案卷宗数目清册、总务科行政卷宗数目清册、甲股民事诉讼已结未结卷宗数目清册、璧山县政府承审处移交民刑案件进行表、司法科承审员移交民刑案件进行表、承审处甲股民事刑事案件移交册。

另有国民革命军第二十一军司令部、璧山县政府关于呈报法律有无违背或错误案件、呈报遵办情形的训令、呈、指令。

1211. 璧山县征收局、璧山县政府等关于购买公债、纳粮、审理民刑案件等事宜的文书　12－1－1374

1932年10月至1935年8月,璧山县征收局粮税收税执据、购买天赋公债收据、购买剿赤军费收据、纳粮执据,包括户名、日期、数额等。

四川高等法院第一分院、璧山县政府关于涂改粮票、买卖田业纠葛、侵占坟地、杀人、拐逃妇女、诱拐存查等案的文书,包括刑事保状、呈、诉愿书、公函、朱谕、签票、契约、训令、璧山县政府刑事堂谕代判、四川高等法院第一分院刑事裁定书、报告、刑事存查状、保状等。

1212. 璧山县政府等关于民刑案件的文书等　12－1－1375

1932年9月至1937年12月,四川高等法院第一分院、璧山县政府、国民革命军第二十一军司令部等关于租佃纠葛及伤害上诉、匪嫌、遗产纠葛、租佃纠葛、杀人等案的文书,包括签饬、点名单、谕、审理笔录、收条、报告、签票、训令、领状、保状、呈、指令、刑事领状、原诉状、璧山县司法处民事判决书、送达证书、璧山县兼理司法事务处处分书。

另有璧山县政府、璧山县第三区区署关于编查保甲、呈报户口及异动情形、抄发《民众养路暂行办法》、检查书记员是否称职、查明卸任校长挪款违法、收摊捐、承领联保图记、呈报启用图记日期、呈报联保队职员简历、呈报瘾民名册、汇转未种鸦片切结(保证书)等事宜的训令、密令、指令、呈文等。附有璧山县第一区送选民众养路队工花名清册、《颁给人民荣誉奖章奖状审核办法》,璧山县第三区河边镇联保队附履历表、瘾民名册。

1213. 四川高等法院第一分院、璧山县政府审理教唆杀人等案的文书　12－1－1376

1932年6月至1935年10月,四川高等法院第一分院、璧山县政府关于教唆杀人上诉案、会款纠葛、棉纱债务纠纷、借款纠葛、拖欠布款等案的文书,包括公函、刑事上诉状、呈、刑事诉状、刑事辩诉状、刑事委任状、民事申请状、民事自诉状、民事辩诉状、审理笔录、谕、传票、契约、报告、民事保状、民事反诉状、签、签票、咨等。

1214. 四川高等法院第一分院、璧山县政府审理伙贸纠葛一案的文书　12－1－1377

1932年6月至1935年1月,四川高等法院第一分院、璧山县政府关于吴焕文等伙贸纠葛上诉一案的文书,包括训令、往来公函、最高法院民事判决书、传票、报告、民事诉状、民事上诉状、民事辩诉状、谕、审理笔录、各年账单、呈文、四川高等法院第一分院民事判决书、指令等。

1215. 璧山县政府等审理杀人等案的文书　12－1－1378

1932年1月至1936年3月,璧山县政府、铜梁县政府、铜梁县第六区区公所关于杀人、入室抢劫、病重申请假释、抢劫等案的文书,包括辩护申请书、呈、公函、训令、提讯单、谕、命令、咨、辩护状、点名单、收条、璧山县政府刑事判决书、诉状、保状、公证状、收所证、送达回证等。

1216. 群贤会会簿会等   12－1－1379

1931年10月至1934年5月,群贤会会簿,包括会规、各期接银清单、各会名单、群贤会序等项。另有璧山县政府司法科甲股造报(民国)廿三年五月份刑事审判案件考绩表,包括原告被告、案由、时间等项。李家田房产业记录单。

1217. 璧山县第二区三合乡联保连坐切结书卷   12－1－1380

1942年7月,璧山县第二区三合乡第一、二、三、四、五、六、七保联保连坐切结书(即保证书,有各甲每户户长签名)。

1218. 璧山县政府等关于各级学校薪俸及福利、审理民事案件等事宜的文书   12－1－1381

1931年3月至1949年11月,璧山县政府、川东璧山区行政专员公署、璧山县临时人民解放委员会、璧山县简易示范学校、璧山县立职业学校、狮子乡保联示范学校、璧山县城西乡中心学校、璧山县丁家乡第八保国民学校关于调整各级教职员生活补助、呈报所领校医拨谷单、呈报学生主食拨谷单、呈报教员眷属名单以拨粮、申请兑现伪政府(国民政府)薪津、教员申请救济、请发校医生活食米、呈报复课及学生数量、呈报伙食无着、呈报师生返校情形等事宜的训令、呈、收条等。

四川高等法院第一分院、璧山县政府关于江文章等借款纠葛、吴焕文等伙贸账单纠葛两案的文书,包括呈文、契约、民事诉状、传讯单、公函、民事上诉状、命令、通知书、民事答辩状、送达证书、签呈文等。

璧山县政府县级公粮拨粮单、教员眷属名单,璧山县狮子乡十、十一保联示范国民学校实到学生名册,璧山县接龙乡中心国民学校学生名册、教职员名册,璧山县丁家乡第八保国民学校学生总名册、一九四九年下学期学生名册,茶饭统计表。

1219. 璧山县政府审理民刑案件的文书等   12－1－1382

1931年5－1942年1,璧山县政府关于违约诈欺、伤害、婚约纠葛、窃盗、抛弃妻儿、家产纠葛等案的文书,包括民事诉状、刑事诉状、伤单、验单、呈、报告、委托书、审讯单、训令、契约、复讯单、比较单、刑事公证状、提讯单、刑事辩诉状、签等。附中央各机关及附属机关公务员役家属请领平价米清册。

1220. 四川高等法院审判分厅、璧山县知事公署等关于审理民刑案件、公务员考核等事宜的文书 12—1—1383

1917年6月至1943年12月,四川省高等审判分厅、璧山县知事公署、巴县地方法院关于江周氏等借款纠葛及其上诉、徐定富等因口角伤人上诉案两案的文书,包括民事诉状、征收通知单、借约、传讯单、审讯单、民事辩诉状、民事保状、执行单、训令、公函、民事展限状、签、巴县地方法院民事二审判决书、通知书等。

另附达平之缴纳诉讼费的执据、佃户缴纳租银的存根,《公务员条例》部分条文、公务员明示成绩考核记录表、考绩奖章图样,四川高等法院关于送吴文昭等简历清单的公函。

1221. 璧山县知事公署等审理买卖纠葛、租佃纠葛两案的文书 12—1—1384

1927年9月至1928年5月,璧山县知事公署、璧山县城防司令部、巴县教育局等关于买卖田土房屋纠葛、租佃纠葛两案的文书,包括刑事诉状、饬签、呈、刑事辩诉状、审讯单、复询单、谕、公函、保状、契约、报告、训令、领状、朱谕等。

1222. 璧山县知事公署审理会款纠葛一案的文书 12—1—1385

1928年10月至1930年9月,璧山县知事公署关于王济生等会款纠葛一案的文书,包括民事诉状、传讯单、民事辩诉状、审讯单、复讯单、保状、训令、呈、契约、报告、账单、征收通知单等。

1223. 国民政府司法部等关于监狱管理、民刑案件事宜的文书 12—1—1386

1927年5月至1928年10月,国民政府司法部、璧山县立正心镇松树桥初级小学关于制定《监狱规则》、押解人犯、重新填报表册等事宜的命令、呈、报告、拘提票等。

另有璧山县司法处关于毁损案、遗弃案、伤害、伪证、租佃纠葛等案的文书,包括呈文、报告、公函、验伤单、送达证书、传票等。

1224. 璧山县知事公署、巴县地方审判厅等民事案件尾卷 12—1—1387

1923年11月至1928年9月,璧山县知事公署、巴县地方审判厅关于租佃纠葛、会款纠葛、病重申请保释就医、借款引起的诈欺案、家产纠葛、会款纠葛上诉案六案的文书,包括复讯单、谕、司法状纸、结状、训令、呈文、民事诉状、契约、民事和解状、民事辩诉状、审讯单、传讯单、刑事诉状、保状、民事上诉状、执行单、委任令等。

该卷附集贤会会簿,包括各会名单。

1225. 四川省长行署、璧山县知事公署等有关刑事案件的文书等　12—1—1388

1920年9月至1927年4月,四川省长行署、璧山县知事公署关于张润堂等放火嫌疑、受贿、匪嫌、杀人等案的文书,包括报告、咨文、民事委任状、询单、谕、布告、刑事上诉状、刑事诉状、训令等。

该卷附群贤会会簿,公益会会簿原文、契约等。

1226. 璧山团练讲习所等有关缴纳清乡费、豁免罚金等事宜的文书　12—1—1389

1927年3月至1928年6月,璧山团练讲习所清乡费收据,国民革命军第二十一军第七师司令部、第七师二十一团兼璧山城防司令部关于申请豁免伍善良所欠罚金及安葬费事宜的指令、咨文等。

1227. 璧山县福禄乡第一保户籍登记簿,璧山县知事公署等关于民刑案件的文书等　12—1—1390

1926年10月至1927年11月,璧山县福禄乡第一保各甲户籍登记簿,包括姓名、性别、年龄、出生日期、受教育程度、担任职务、本籍、寄籍等项。璧山县知事公署关于匪患等事宜的呈文等。

四川陆军第十六师司令部、川东南团总监部、璧山县知事公署关于抢劫、受贿、盗匪、违法释匪、诬告窃盗等案的文书,包括呈、刑事委任状、指令、训令、报告、刑事诉状、刑事辩诉状、审讯单等。

1228. 璧山县知事公署审理买卖田业纠葛一案的文书　12—1—1391

1927年6月至1928年5月,璧山县知事公署关于蔡三益等买卖田业纠葛一案的文书,包括民事诉状、对比单、审讯单、保状、公函、恳状、民事领状、报告、签、呈、田业价值及押银佃债比较清单、民事和解状、谕、牌告、民事存查状、保释单、契约、征收通知单等。

1229. 璧山县知事公署等审理伤害、阻葬两起刑事案件的文书　12—1—1392

1927年1月至1927年5月,四川高等检察分厅、璧山县知事公署、国民革命军第二十一军司令部、璧山县教育局关于忤逆伤害母致死、因坟地纠葛开棺阻葬两案的文书,包括刑事委任状、切结状、提讯单、履勘笔录、签、刑事辩诉状、比较单、训令、上诉状、报告、刑事公证状、咨呈、呈、指令、契约、刑事诉状、公函、结状。

1230. 璧山县法院等民刑案件尾卷　12—1—1393

1923年8月至1932年3月,四川高等法院第一分院、四川高等审判分厅、璧山县法院、铜梁县法院、荣昌县政府关于债务纠葛、买卖阴地纠葛、押银纠葛、伙贸纠葛、租佃纠葛、匪嫌、人犯病重申请保释等案的训令、传票、公函、报告、咨、民事诉状、民事和解状、刑事委任状、提讯单、讯问笔录、呈、公证状、刑事保状、保状单等。

该卷附公益会会簿(包括章程、各会名单)、参会缴款收据等。

1231. 四川高等检察分厅、璧山县知事公署审理伤害、买树纠葛两案的文书　12－1－1394

1925年10月至1927年7月,四川高等检察分厅、璧山县知事公署关于江银森等伤害上诉案、萧桂安等买树纠葛两案的文书,包括上诉状、点解单、回证、指令、司法状纸、存查状、保状、刑事辩诉状、训令、公证状、执行单、谕、讯问笔录等。

1232. 富顺县政府、绵竹县政府等有关学校人事任免、审理民刑案件的文书　12－1－1395

1936年9月至1940年11月,富顺县政府、绵竹县政府关于县立初级中学校长继续供职、委令遗失备查、委任教员、成立璧山县司法处等事宜的训令、指令等。富顺县县立初级中学证明书、校长委任令。

另有璧山县司法处案件审理统计表以及关于会款纠葛、侮辱、会款担保纠葛等案的呈文、声明状、理由状、答辩呈、抗告申请书等。

1233. 四川高等法院、璧山县政府民刑案件尾卷　12－1－1396

1917年3月至1928年7月,四川高等法院、璧山县知事公署关于不动产登记、买卖纠葛、租佃纠葛、被匪抢劫、病重申请保释、侮辱、伤害等案的民事声明状、展限申请书、执据、司法状纸、公证状、送达证书、点名单、呈文、刑事上诉状、讯问笔录、保状、刑事委任状。

1234. 四川供单审判分厅、璧山县知事公署审理押银纠葛等案的文书　12－1－1397

1918年10月至1929年4月,四川供单审判分厅、璧山县知事公署关于押银纠葛、租佃纠葛、毁损、分析家产、侵占家产等案的文书,包括训令、点名单、讯问笔录、保状、民事辩诉状、民事诉状、毁损清单、征收通知单、审讯单、谕、公证状、复讯单、契约、账单。

1235. 璧山县政府送达文件簿、公益会会规等,璧山县知事公署等审理民事案件等的文书　12－1－1398

1929年8月至1930年5月,璧山县知事公署送达文件簿,包括时间、类别、件数、送交某处某人等；出卖田土房屋契约、典当田土房屋契约，公益会会规、各会名单。

四川高等法院第一分院、璧山县知事公署、巴县地方法院关于租佃纠葛、杀人、伤害、借款纠葛第案的文书，包括呈、诉状、公函、训令、民事辩诉状、保状、民事判决书、传讯单、报告、委任令、牌告等。

1236. 四川高等审判分厅等审理买卖、租佃纠葛两案的文书　12－1－1399

1917年11月至1919年3月，四川高等审判分厅、璧山县知事公署、璧山县梓潼场团局团总关于买卖松树纠葛、租佃押银纠葛两案的文书，包括理由书、呈文、指令、训令、报告、销案呈文、保状等。

1237. 璧山县知事公署等审理捐款献地产办公益一案的文书　12－1－1400

1929年6月至1931年7月，璧山县知事公署、璧山县团务局、巴县地方法院关于罗少珊等捐献地产办公益一案的文书，包括田业边界说明、捐田公租作地方公益的呈文、民事诉状、征收通知单、审讯单、销案呈文、民国十八年九月七日划定正嘉场已故富绅罗少珊遗嘱捐投佃押租地界一览表、遗嘱、往来公函、咨呈、训令等。

1238. 群贤会会簿、公益会会簿，璧山县政府关于租佃纠葛案的文书　12－1－1401

1920年4月至1931年3月，群贤会会簿（民国九年阴历四月）、新式五庄改良公益会会簿，包括序、章程、各会姓名、契约等项。

另有璧山县政府关于车荣发等垫款租佃纠葛一案的民事诉状、征收书状费通知单、传票存根、收条、呈文、结状、审讯单、民国十九年纳粮收税执据、民事保状。

1239. 璧山地方法院书记室职员签到表　12－1－1402

11至12月（年份不详），璧山地方法院书记室职员签到表，包括署名之顺序、到院时间、出院时间等项。该卷另附有璧山张氏族谱。

1240. 璧山县教育局公函等，公益会会簿，璧山县知事公署审理民事案件的文书　12－1－1403

1920年9月至1925年9月，璧山县教育局关于留学生贷款的公函、律师彭登级在外地读书时的往来家信。编造厂藤科工资条、购买藤条竹子单据。公益会会簿，包括各会姓名。

璧山县知事公署关于分产存查、窃盗、诬告窃盗等案的文书，包括民事存查状、契约、牌告、民事公证状、传讯单、征收通知单、呈、讯问笔录、保状、训令等。

1241. 璧山县政府等有关人事调整、保长大会、补发薪俸、司法考试等事宜的文书　12－1－1404

1941年1月至1944年12月,璧山县政府关于调整各保校人事事宜的签呈。璧山县第三、二视导区各保国民学校人事调整表、应聘校长个人简历。城东乡第六、七保选举乡民代表及正副保长大会记录。璧山地方法院(民国)三十年各月补俸数目表、总表。璧山地方法院招录录事人员考试题、自录楷书。

1242. 璧山（实验）地方法院等有关领发退役费、保民大会、成立实验地方法院、审理民刑案件等事宜的文书　12－1－1405

1936年11月至1947年8月,四川省第三区行政督察专员兼保安司令公署、璧山实验地方法院关于核发退役军官俸、除役及退职人员登记发役俸及领发赡养金办法,请领民刑状纸、通缉案犯等事宜的训令、呈文等。璧山县来凤乡第八保各次保民大会记录、本院(璧山实验地方法院)初办实验计划,重庆师管区永川团管区璧山县退役官佐名册等。

四川高等法院第一分院、璧山县政府兼理司法事务处、璧山地方法院关于伙贸纠葛、租赁汽车赔偿损害零件、拍卖纠葛、损毁及伤害、伤害等案的民事判决书、公函、呈、民事审理笔录、训令、刑事判决书、点名单、起诉书,民国廿四年七月汽车零件价目单。

1243. 璧山（实验）地方法院等有关领取司法印纸、经费收支、职员薪俸、审理民刑案件事宜的文书等　12－1－1406

1939年5月至1945年4月,财政部四川省审计处、四川省农村合作委员会、璧山实验地方法院、璧山地方法院看守所、永川团管区司令部关于呈送司法状纸、呈报民刑案件月报表,经费收支报表、领取退役俸、呈报收支计算书类、审计经费等事宜的公函、代电、通知、报告、呈文等。

璧山实验地方法院二月份未结案件月报表(包括日期、案由、进行状况及延迟原因等),璧山地方法院整理办事处报告,聘书,璧山县除役及退职人员名册,璧山农村合作委员会工作人员薪旅发放清单,修建白市驿机场西北部工程之我见等文书。

璧山实验地方法院关于终止租约、诈欺、会款纠葛、租佃纠葛等案的公函、刑事附带民事判决书、传票回证、公函、司法状纸、民事判决书等。

1244. 璧山地方法院、璧山县政府等有关请领经费及薪俸、人事任免、抄发法律法规、监犯管理、审理民刑案件等事宜的文书　12－1－1407

1933年2月至1943年7月,司法行政部、四川高等法院、重庆防空司令部、重庆卫戍区第四分区司令部、璧山地方法院、璧山县政府关于呈报房舍修建费、经费使用及各类书表、催发欠薪、催收拖欠义学捐、催交义仓谷物、员工食米领发、呈报监所囚粮及经费表册、规定学校发放食米事项，人事任免、辞职、呈报代用教师履历、司法机关设立人事管理机关，抄发《修正审计机关稽察各机关营缮工程及购置、变卖财物办法》《人事管理条例》《人事管理机构通则》《四川省各县军事人犯看守所组织暂行规程》《四川省各县军事人犯看守所任用及奖惩暂行办法》《非常时期公务员任用补充办法》，呈报军法室办案统计表、县立第三小学学生名册，呈报人犯患病、监所宣传队办理情形、管理监犯、移送监犯、人犯申请增加囚粮，规定公务员雇用家丁事项、监督军队以防扰民、通知会计人员座谈会、防止长官滥用印章等事宜的训令、呈、指令、通知、公函、签呈等。

附有《四川璧山实验地方法院司法助理员服务注意事项》《蒋兼主席电告川省士绅奋起服务地方自治，出任乡镇保甲造福乡国》的刊文。璧山实验地方法院关于妨害秩序、贪污、受贿释放烟犯等案的起诉书、刑事判决书、公函、训令、讯问笔录等。

1245. 四川高等法院等关于抄发法律法规、办案注意事项等事宜的文书　　12－1－1408

1940年3月至1949年9月，司法行政部、四川高等法院、璧山地方法院、璧山大使区区署关于委派法院书记官长、呈报到职日期、抄发修正法规遵照、候补推检人员津贴办法、慎重办理涉侨案件、美军在华逮捕战犯、处理德侨在华产业、意大利在华人民及其财产处理办法、同意伊朗船舶驶入中国港口、美大使请求美公民可在华带私人译员、延展美在华军事人员刑事条例，造报各项经费报表、缴纳学费、扩充监所工场基金、囚粮主食费表册，保证监所工场制作成品质量等事宜的训令、指令、呈文等。

另有修正《货物统税条例》，废止《遗产税》，修正《印花税法》第四、十八、十九条，修正《四川各级法院执达员送达民事书类征收食宿、舟车费暂行规则》《德侨在华私人产业处理办法》、德侨产业查报表及填表须知、《联合国在华组织及人员在华之特权及豁免办法》等文书。

1246. 璧山地方法院等有关人事任免、纪念抗战、监犯管理、经费收支、禁毒等事宜的文书　　12－1－1409

1939年12月至1949年4月，司法行政部、四川高等法院、璧山地方法院、交通部公路局重庆管理站、四川省立青木关民众教育馆、璧山县政府、国立音乐院、青木关宪兵队关于人事任免、委派馆长、撤回派驻警察、悼念"七七"抗日罹难者、手枪实弹射击、验收工程，呈报烟犯病重、不得擅押人犯外出、造报军事犯报表、人犯病死、人犯拘役执行、防范人犯脱逃、军事犯保外服役、防止监所瘟疫爆发、咨询人犯遇空袭可否疏散，呈报垫付经费、农村合作指导室办公经费、法院经费扣抵办法等事宜的训令、公函、指令、呈文等。

另有纳溪县政府烟毒案件判决执行书、四川省寄禁押军事犯人数目调查表、提交人犯名册，《重庆卫戍区总司令部劳动总队组织条例》。

1247. 璧山（实验）地方法院等关于律师公会、劳军、民刑案件统计表、不动产登记等事宜的文书　12－1－1410

1939年2月至1947年5月，四川高等法院、璧山实验地方法院、璧山地方法院、璧山律师公会、璧山县政府民政科、璧山县警察局关于呈报到职日期、改选时会员不足可变通办理、修正《律师法实施细则》、召开会议、端午劳军、呈报开会情形、答复请领律师合格证、呈报当选会长情形、迁移会所、公会章程、接收会员，补报各类民刑统计书表、修正二审罚金执行办法，人事调动、呈报到职日期等事宜的呈、训令、通知、指令等。

另有璧山地方法院收款证、收据，璧山律师公会会员证明书、入会保证书、入会登录事项调查表，民事第一审涉外案件表、罚金执行表等。四川高等法院关于张李玉贞等不动产登记案的命令、不动产申请登记书、切结状。

1248. 璧山县政府、璧山地方法院等有关法院情况调查表、处理案件注意事项、呈报各报表、人事任免、刑事案件等事宜的文书　12－1－1411

1935年10月至1949年10月，四川省政府、四川高等法院、璧山县政府关于抄发各法院监所组织与人员调查表，处理刑事、窃盗兵工物品案件注意事项，呈报案件月报表、呈报被告羁押一览表、人犯调服军役、禁止包揽词讼、呈报囚粮名册，人事任免、收发文件、抄发内政公报等事宜的训令、呈、指令、布告、代电等。

另有璧山地方法院关于萧国江违抗法令酿酒、江天秋吸食鸦片、干航贪污嫌疑等案的讯问笔录、刑事保状、报告、训令、呈、刑事委任状。

1249. 璧山地方法院等关于律师公会等事宜的文书　12－1－1412

1947年6月至1947年10月，四川高等法院、璧山地方法院、永川地方法院、璧山律师公会关于律师申请登录、人事任免、律师宣誓，抄发《修正、律师法、实施细则》及律师公会会员表、《四川璧山律师公会补充会则》、《法人登记须知》、《修正会则条及说明》、《重庆律师公会会则》、《修正律师法实施细则》第四条、《璧山律师公会补充会则》、《受刑人接见规则》、《被告接见规则》、《律师接见被告规则》、修正《律师法》部分条文，呈报国大代表名册、会员暨职员表、选民总人数名册、律师调查表，增设民事上诉三审、规定律师办理案件酬金数额、通知办公时间、律师领资格证、景亮钧申请注销登录、司法事务建议、处理伪组织所发律师证、补行宣誓礼秩序、选举会员及理事、开会通知、禁烟节扩大会议记录等事宜的公函、呈、誓词、指令、通知等。

1250. 璧山县政府、璧山地方法院看守所等有关敌机轰炸后人犯脱逃、抄发法律法规、处置难民、伤兵之友社、抗敌家属扶贫、防空、审理民刑案件等事宜的文书　12－1－1413

　　1940年5月至1948年12月，司法行政部、审计部重庆审计处、重庆卫戍区总动员委员会、四川省政府、四川高等法院、四川高等法院会计室、璧山县政府、璧山地方法院看守所、璧山县管狱署、《伤兵之友》总办事处关于监所被炸人犯脱逃、呈报罗炳全犯罪及执行经过，法院办事程序意见，抄发修正《各省高等法院及各省地方法院会计室组织及办事通则》、《中央及各省市政府主办会计统计人员考核实施细则》、《设计各种会计制度应行注意事项》、《政府主计处会计局审核各种会计报告之准则》、《非常时期公务员考绩暂行条例补充办法》、《四川省出征军人家属合作社推行方案》及出征家属调查表、会计册登记注意事项、广播宣传，押解人犯、越狱罪犯、煽动难民暴动及抄发《回籍难民处理办法》、报告难民情形，组建保长、派员接收军法监狱、采购食物、组织抗敌家属贫农服务队、抄发电报电码、法院采用电报挂号、《伤兵之友》征求社友、捐款抗救伤兵等事宜的训令、呈、指令、公函等。

　　另有人犯押解统计单，包括姓名、罪名、时间等项。重庆卫戍区难民组训委员会璧山分会关于设妇女卫生组训班的提案、航空救济会议记录、《璧山实验地方法院检察处申告铃使用规则》。四川高等法院第一分院、璧山地方法院关于租佃纠葛、清偿桐油、伤害、回赎田业、窃盗、遗产纠葛、妨害风化、侵占等案的民事判决书、刑事判决书、检察官起诉书。

1251. 璧山地方法院、璧山县警察所等有关审理民刑案件、调查土地租用情况、租佃及教育调查、房租等事宜的文书　12－1－1414

　　1939年3月至1948年11月，璧山地方法院、璧山县警察所关于窃盗、止约交业、给付黄谷、杀人、伤害、烟毒、妨害自由、搬迁交业、确认纳粮义务、返还熟土、给付租谷、贪污、窃占、妨害人行使权利、盗匪、抢夺、湮灭证据、侮辱、确认买卖契约无效、妨害公务、妨害兵役、遗弃、妨害名誉、妨害自由及农业、诬告、确认婚约、伪造、确认租赁契约等案的呈、民事判决书、口供笔录、戒烟证书、刑事审判笔录、刑事判决书、公函、刑事裁定书；

　　另有璧山县河边乡乡公所、接龙乡乡公所、城西乡乡公所、太和乡乡公所关于汇报本乡有无外人及外国教会租用土地的呈，璧山军事人犯看守所移交清册等。四川省政府关于抄发租佃制度调查表、呈报各县市教育统计表、取缔房租征收实物及金银等事宜的训令等。

1252. 璧山地方法院等有关经费收支、抄发法律法规及注意事项、人犯管理、刑事案件统计表、查禁赌博等事宜的文书   12－1－1415

　　1940年3月至1946年5月,司法行政部、四川高等法院、审计部四川省审计处、璧山地方法院、江北县政府、璧山地方法院看守所关于经费计算书、审核计算书类、呈报会计报告、代贴经费单据,押解人犯、监所人犯出入报表、判刑人数报表、民刑月报表及年报表、统计年报情形,严惩非常时期窃盗汽车等重要物资人犯、抄发行政院通令、司法机关处理赌博案件、防止船户运输时盗卖物质、抄发《惩治盗匪条例》、没收逆匪不动产、执行死刑用枪决等事宜的呈文、通知、训令、指令、公函等。

　　中华平民教育促进会实验部调查表,填表注意事项、月终在监人犯年龄报告表,押解人犯的解票、提票回证、执行书存根,人犯申请保释就医、母亲病逝申请假释、刑期满申请释放的诉状、送达证书、批示、侦查笔录,特种刑事案件统计表(包括卷宗文书目录、页数等),重庆卫戍区总司令部查禁赌博会议记录、《司法机关赌博案件罚金及没收钱财充奖办法》。

1253. 璧山县政府、璧山律师公会、璧山实验地方法院等有关人犯管理、修整公路、清剿土匪、装置电话、人事任免、法院调查、审理民刑案件等事宜的文书　12－1－1416

　　1935年1月至1947年5月,四川省政府、四川动员委员会、璧山县政府、永川县政府、璧山律师公会、璧山实验地方法院看守所关于囚犯劳役、县职员兼任他职、修建公路困难情形、修正各种年月报表格式、设置人事管理员、清查户口以剿匪、各乡镇电话经费、激励抗战、会员捐款、会员加入律师公会、机关状况及委任职员情形、嘉奖治螟有功者、呈送会议记录、呈报到职日期、移交人犯的名单、看守所人事变动,呈送人犯分身簿、押解人犯等事宜的训令、呈文、公函、指令等。

　　另有璧山实验地方法院设置人事管理机构情形调查表、人事管理员办事细则、委任职员名册造报须知、机构概括调查表须知、《监犯外役规则》,押解人犯的提票回证、解票、收条等。附四川高等法院第一分院、璧山县政府关于请求偿清垫款、通匪嫌疑、潜逃案的民事裁定书、谕、刑事保状、审理笔录。

1254. 璧山地方法院、璧山县政府等有关乡立小学、监所等事宜的文书等　12－1－1417

　　1934年8月至1939年4月,四川高等法院、璧山地方法院、璧山县政府、璧山县政府教育科、璧山清平乡乡公所关于呈报选举情形、委任校长、呈报到职日期、成立学校、呈报教员职务及开班情形、委任教员、补发图章、聘助教、引发捐票;学生一览表、公务员调查表、收支报销清册;呈报经费收支、学校开支、收捐办教育、呈报教员薪俸、呈报预算书本核定、呈报捐款及租谷数额；通知定期汇解经费、抄发《监所作业管理人员奖惩办法》条文、呈报监所作业成绩、抄发监所作业调查表及季报表、整顿作业暨增设农业畜牧科、抄发《受刑人员监外作业实施办法》及视察监所报告单填载注意事项、呈送借拨囚粮证明书及调查表、征收罚款留作经费等事宜的呈文、公函、委任令、训令、指令等。

附有应送文件统计表，包括文件类别、应送达人姓名、案由等项。

1255. 璧山县政府、璧山县警察局、璧山县城中镇镇公所等关于选举保长舞弊违法、整理卫生等事宜的文书　12－1－1418

1942年7月至1946年4月，璧山县政府、璧山县警察局、璧山县城中镇公所、后方勤务部直属第十三粮服仓库关于选举保长舞弊违法、派员参加"三二九"革命先烈纪念日典礼、镇长经商维生报请另选、呈报镇务会议记录、辞职、饬令各保整理卫生、督导整理卫生、呈报有人盗窃军粮、征用民房为粮仓、申请保障征属权益、镇公所搬迁、挽留继任保长、镇民代表移交、召开秋季扩大会议、准许成立官兵及军属福利合作社、文具预算经费、呈报西医人员调查表、请派员监督移交镇务、申请私章遗失备查、委任校长、受伤请假、责令呈报查封房屋情形、呈报处理债务纠葛、房屋查封后被盗案等事宜的公函、签呈、呈、代电、训令等。

另有璧山县城中镇镇民代表大会移交清册、购置文具桌凳图表预算书，璧山清平乡乡立初级小学第四班学生一览表，被盗物品单。

1256. 璧山实验地方法院等有关人事任免、案件统计表、司法印状纸及其收支、审理民刑案件等事宜的文书　12－1－1419

1940年9月至1944年12月，西康高等法院、璧山实验地方法院、綦江地方法院、乐山地方法院、永川地方法院、重庆地方法院、大竹地方法院、绵阳地方法院、荣昌地方法院、重庆卫戍区司令部关于委任法院推事、函报上任日期、呈报达成法院启用印信日期、委派检察官、查封谷仓等事宜的训令、公函、批文等。另有案件审理统计表、推事办案月报表、标准制正名表，粘贴修造碾场费用账目单及收据、璧山实验地方法院收支款项四柱清册、作业材料四柱清册、作业成品四柱清册等。

四川高等法院第一分院、璧山实验地方法院关于租佃纠葛案、妨害人行使权利及损毁、妨害自由、侵占、私立慈善团体、伪造契约、确认所有权等案的公函、刑事判决书、各种契约、令、不起诉处分书、起诉书、璧山明达慈善会座谈会记录、犯罪证据及所犯法条、刑事裁定书、民事裁定书。

1257. 璧山县政府、璧山县参议会等关于发送公文、人事安排、监犯管理、职员任职保证、里程表等事宜的文书　12－1－1420

1939年8月至1949年7月，四川高等法院、璧山县政府、璧山县参议会关于解送人犯办法、通知乡公所领取经费、送达公文加盖乡公所印章、规定各地送达文书往来时间、抄送通讯丁设置办法、规定各县合作指导人员名额，协助通缉人犯、借因粮折价还款等事宜的训令、公函等。

另有璧山县政府办事员服务期内保密、不贻误公文、不拐逃公物、禁止不法行为、防止耽延公文等事宜的保状、保结状，璧山县政府发给公物一览表、璧山县政府各乡镇距县城里程表。

1258. 璧山地方法院及看守所等有关法院经费收支事宜的文书　12－1－1421

1947年4月至1947年11月，司法行政部、四川高等法院、璧山地方法院、璧山地方法院看守所关于呈报收到款项日期、募捐修建监所概算、各类收支清册、修纪念碑经费、追加经费、共有建筑修建费备案办法及会计报告、修建监房收支概算、募款修建估价单、超支经费、修建纪念碑及接待室经费、物价波动增加经费等事宜的呈、训令、收条、公函、指令、通知书等。附有璧山地方法院经费缴款书、领款收据、支付书、收入总存款、收入科目日报表、发送表单目录。

1259. 璧山地方法院、璧山县政府等有关法院作业经费、抄发法律法规、人事任免、监犯管理等事宜的文书　12－1－1422

1939年9月至1949年1月，司法行政部、四川省政府、璧山地方法院、璧山县政府关于派员绘图办案、将司法行政部所拨作业经费的百分之五存库、请示罚款基数、呈报诉讼月报表，公布修正《律师法》、《青木关各机关、法团、学校核办游泳池个人购票游泳证请领办法》、《非常时期捐献款项承购国债及募捐国债奖励办法》、《疏通军事犯办法》，调整人马副粮秣费月支标准、扣除党员月费注意事项、员工食谷领发及报销注意事项，代监犯人罗文祥、代为关押调换子弹罪犯、清理军事人犯保外服役、讯问监犯是否病重、犯人患病申请提验、收监犯人、犯人脱逃移交人犯财物、放出重犯记过一次、军官犯罪不须调服军役、犯人保外就医、军事犯调服军役或劳役，呈报收支经费预算表、各机关应按时呈报会计报告、抄发存簿格式、呈报预算分配表、典狱任命等事宜的训令、公函、指令、呈、咨文等。

另有驻璧山县农村合作委员会人员薪旅发放清单、四川省农村合作委员会关于发月俸旅费的训令、呈文等。四川高等法院第一分院关于李云初妨害自由上诉案、各机关经手各项罚款提成留用、查明提成款数目、通知收入计算书的训令、代电等。璧山县军法犯监狱禁押人犯数目调查表。

公文二

1. 璧山地方法院俸薪簿　　13—1—140

1939年9月至1941年7月,璧山地方法院院长、检察官、书记官、推事等职员的俸薪簿数份,附卷内人物卡片名单登记表、财务总结报告各一份。

2. 璧山地方法院党员服务调查总表等　　13—1—141

1939年11月,四川高等法院关于全国党员服务调查的训令、璧山地方法院送达四川省党部的公函、璧山地方法院党员服务调查总表及目录表。

3. 璧山地方法院工饷簿　　13—1—142

1939年9月至1943年5,璧山地方法院警长、法警、庭丁、公丁等职员的工饷簿数份,附总结报告一份。

4. 璧山地方法院训令,附行使伪币案文书　　13—1—143

1946年4月至1946年11月,璧山地方法院关于提审法,监狱行刑法、羁押法、监狱条例及看守所条例,定购统计法令汇编,行刑累进处过条例,清理各监所已未决军事人犯实施要点,看守所寄押人犯报告表等表式,主计处(民国)三十四年度工作改进意见,革新政治案,疏通监所拥挤人犯法令,监犯工作按实施程序标准迅速扩充,司法人员回避本籍实施标准的训令数份,并附相关法令抄件。

1939年7月至1939年8月,璧山县司法处关于彭三盛诉张治勋伪造法币行使伪券一案的文书,包括永川地方法院送璧山县司法处公函、诉愿书、刑事原诉状、乡联保主任呈状等。

5. 四川高等法院关于取缔党政军机关人员宴会办法的训令　　13—1—144

1940年7月,四川高等法院关于国防最高委员会令发取缔党政军机关人员宴会办法的训令,附抄件一份。

6. 璧山实验地方法院等关于国民党党员月捐的文书等　13－1－145

　　1940年4月至1943年11月，璧山实验地方法院关于国民党党员月捐的报告书、收条、汇费计数单数份，党员月捐扣缴报告表一份。1939年8月中国国民党党员月捐暂行条例及施行细则，扣缴报告表、扣缴变动表、解款存根通知收据的白页，四川高等法院关于党员月捐的训令，国民党中央执行委员会秘书处代电以及璧山实验地方法院公函等。

7. 璧山实验地方法院看守所职员人事任免往来文件、请假报告等　13－1－146

　　1940年8月至1943年8月，璧山实验地方法院看守所职员请假报告、辞职报告数份，璧山实验地方法院关于调任核转医士药剂士张国安证明文件、履历表、公函、指令、签呈等，调任看守所主任潘仲文的训令、往来公函、主任看守备用人员登记表、证明书等，另附有招考看守的布告一份。

8. 璧山地方法院关于公务员考绩等事宜的文书　13－1－147

　　1940年2月至1940年3月，四川高等法院发往璧山地方法院关于"非常时期公务员考绩暂行条例"的训令，附条例；考绩表、考绩奖状、合格证明书；"非常时期考绩应行注意事项"的训令，评定分数表、分数表内表辞、分数表填载说明以及考核造册提交备查的指令、往来公函、璧山地方法院公务员总名册及考绩表等。

　　另附1944年5月璧山地方法院关于刘湘浦帮工党部党部被盗嫌疑案的保状一份。

9. 璧山实验地方法院俸薪簿　13－1－148

　　1941年8月至1942年12月，璧山实验地方法院院长、推事、检察官、书记官、录事、执达员、检验员等职员的俸薪簿，附1941年年终财务总结单一份。

10. 璧山实验地方法院薪俸及补贴清册　13－1－149

　　1941年12月至1945年11月，璧山实验地方法院公务员役与其眷属实领平价米代金清册、职员警丁俸薪米金借支册、职员警丁薪饷暨米贷金清册、公粮费报核清册、发给职员借支薪饷册、补助费实领清册、看守所补发看守生活补助实领清册等。

11. 璧山实验地方法院薪俸补贴清册，附职员一览表、履历表等　13－1－150

　　1941年2月至1942年11月，璧山实验地方法院（民国）三十年度一至六月份生活补助费、膳食及房租补助费的两种补助费清册,两种生活费补助费收支对照表,特别生活补助费及生活补助费分表;公务员役与其眷属实领平价米代金清册;公务员役与其眷属实领平价米异动卷册;职员警丁俸薪米金借支册;职员警丁薪饷暨米贷金清册;警丁本人请领平价米数清册等。

附璧山实验地方法院检察处法警公丁一览表、职员录、职员一览表、公务员任用审查表、职员履历表等。

12. 璧山地方法院关于人事任免等事宜的训令、指令、履历表、名册等　13－1－151

1942年3月至1942年4月,四川高等法院检察处、璧山地方法院及司法行政部关于法院检察官兼行首席检察官职务、检察处书记授职、候补检察官代正额检察官、候补检察官改派正缺、发职员履历表及填表注意事项、公务员退休金及抚恤金、因公伤病等事宜的指令、训令等;

附履历表数份、职员录数份,司法助理员考试试卷、投考执达员名册,以及民国三十四年元月至三月的看守所菜蔬补助费实领清册等。

13. 璧山实验地方法院人事任免相关文书　13－1－152

1942年2月至1943年4月,四川高等法院、璧山实验地方法院及司法行政部关于璧山实验地方法院职员辞职、派任、就职、暂时代职、调任以及实习期满鉴核、资格审查、在任病故予以抚恤、任用审查等人事变动相关文书,包括训令、司法行政部指令、呈件、往来函件、审查表、充任执达员的保证书、职员履历表、拟任人员送审书等。

14. 司法行政部、四川高等法院关于璧山地方法院人事任免、调动等的文书等　13－1－153

1946年1月至1946年5月,司法行政部、四川高等法院关于璧山地方法院推事等职务的人员任免、调动、接替等事宜的文书,包括训令、签呈、指令、公函、卷宗文书目录等,另夹杂两份职员履历表。

15. 璧山地方法院关于人事任免、调动、任用审核等事宜的文书　13－1－154

1946年1月至1946年7月,璧山地方法院关于禄事、检验员、检察官、书记官等职务人员任免、调动、发还证件、就职日期、报送履历、申请免调、代理、任用审查、检验员高级训练班学生见习成绩呈报等事宜的文书,包括璧山地方法院检察官令、往来公函、拟任人员送审书、呈件、司法行政部指令、四川高等法院检察处训令、证明文件、拟任人员送审表、江津地方法院检察处公函等。

16. 璧山地方法院人员调任及到职日期公函卷　13－1－155

1946年10月至1946年12月,璧山地方法院人员调任及到职日期的公函卷,文书包括卷内人物卡片名单登记表,卷宗文书目录、永川地方法院检查处、奉节地方法院、北碚地方法院、垫江县司法处、铜梁地方法院检查处、西川地方法院、遂宁地方法院、泸县地方法院等周边相邻法院,璧山县救济院警察局、四川高等法院第十分院、璧山县商会等相关部门的公函。

17. 璧山地方法院看守所职员任免卷　13－1－156

1946年1月至1946年11月,璧山地方法院看守所所官、所长、候补看守长等职员的选任、代理、调职、宣誓就职、誓词备查、现有员额调查表、到职日期等事宜的呈报文书及往来公函,包括卷宗文书目录、看守所呈文附履历表、四川高等法院指令、璧山地方法院训令等。

18. 璧山地方法院关于职员任用的公文等　13－1－157

1946年7月至1946年8月,璧山地方法院关于统计室雇员、法院推事兼庭长、公证处人员等职员任用的呈报公文;年度工作计划、司法人员回避本籍、更换印鉴等事宜的四川高等法院指令、训令;参加法官训练班事宜的司法行政部指令、签呈;缝制制服配布事宜的公文,附购布职员名册以及户籍登记名册等。

19. 璧山县各机关成立,长官就职事宜的公函等　13－1－158

1946年1月至1946年8月,璧山县各机关成立,长官就职事宜公函卷,包括重庆卫戍区第三分区司令部、财政部川康区江津盐务分局青海高等法院、四川高等法院第三分院、江北、成都、长寿、万县、云阳、宣汉、永川、广安、旺苍、简阳、广汉等地方法院等关于长官的到职日期、就职接印视事、调派代职等事宜的公函;

另有社会部重庆第五育幼院关于改换名称番号、璧山县初级中学关于本校复员情形、组织长途汽车有限公司、税捐处成立日期等事宜的公函。

20. 璧山地方法院职员履历表、考试报名单等,附申请宣告死亡一案的文书　13－1－159

1946年1月至1948年4月,璧山地方法院职员履历表、任职资历审查表、公务员履历表、报考司法助理员报名单等。

1945年11月至1947年4月,璧山地方法院关于冯高氏申请对失踪人冯仲德宣告死亡的文书,包括案件审理单、送达证书、民事言辞辩论笔录、民事声明状、鉴定人结文、璧山地方法院民事裁定书、公示布告等。

公文二

21. 璧山地方法院职员领薪清册　13—1—160

　　1946年1月至1946年5月,璧山地方法院公役生活补助费报核清册及实领清册,璧山地方法院员工生活补助费册及员工俸薪册,璧山地方法院职员及法警员生活补助费实领清册。

22. 璧山地方法院人事任免公文及公务人员任用审查表等　13—1—161

　　1946年1月至1946年9月,司法行政部及会计处、四川高等法院、璧山地方法院及书记室关于派员暂代璧山地方法院推事及书记官职务、辞去暂代推事职务、免去推事职务、书记官任命状等事宜的训令、指令、呈、签呈、通知、公函、令,附卢炳林、徐一鸣等履历表;璧山地方法院关于公务员任用审查表的训令、呈;附璧山地方法院职员履历表几张等。

23. 璧山地方法院等关于人事任免调整的往来文件,附有关监所协进会的公文等　13—1—162

　　1945年5月至1948年7月,司法行政部、四川高等法院、璧山地方法院、人事室关于调会计员及推事职务、任会计室雇员及书记官职务、到职日期、辞去公证人职务等人事事宜的训令、令、通知、呈、指令、签呈、公函等,附璧山地方法院职员履历表若干;璧山地方法院、看守所关于监所修建费、监所协进会等的呈、训令,附璧山地方法院看守所监所协进会会议记录及会员名单。

24. 璧山县政府、璧山地方法院及看守所等关于人事、经费等事宜的公文等　13—1—163

　　1945年1月至1946年10月,重庆卫戍区第三分区司令部、四川高等法院、四川第二监狱、璧山县政府及璧山地方法院、税捐征收处、农业推广所关于公共食堂煤水费、对嫌疑犯加镣、服务年资及工作成绩的证明书、知识青年深入农村、公务员服务法、呈送刑事裁定规定、宣誓就职、印鉴单及印鉴簿签章、定战事结束日、限制引用适龄壮丁充当夫役及机关公役限制暨登记办法、膳食补助费缴款书、抗战损失调查委员会组织规程暨调查办法查报须知、支出计算不符之处、夏季时间拨早一小时、停止收提人犯、公务员生活补助费、监所人犯戒护、军政机关公款存汇办法、税捐处成立日期、恤金调整、烟毒案件划归司法机关办理、公务员不得兼职、监狱官暂缓赴任等事宜的训令、启、呈、公函、便函、指令,附知识青年深入农村办法、宣誓词、缴款书若干、调验鉴定书若干、看守所处方笺若干;璧山省立医院、璧山县人民自由保障委员会关于人民自由保障委员会成立、医院改组等的公函,附委员会章程等。

287

25. 璧山地方法院看守所职员领薪名册等　13—1—164

1946年1月至1946年11月，璧山地方法院看守所关于员守所丁生活补助费的呈文；璧山地方法院看守所员及丁守生活补助费实领清册，看守所补领加成数清册等。

26. 璧山地方法院及看守所公役、员警等的生活补助费报核清册及实领清册　13—1—165

1946年7月至1947年12月，璧山地方法院及看守所公役、员警、员守、所丁生活补助费报核清册，璧山地方法院补发职员生活补助费俸薪加成数实领清册等。

27. 璧山实验地方法院职员、司法助理员每日上班签到簿　13—1—166

1943年4月至1943年12月，璧山实验地方法院职员、司法助理员每日上班签到簿。

28. 璧山实验地方法院等关于人事调派等事宜的往来公文等　13—1—167

1943年4月至1946年9月，司法行政部及会计处、四川高等法院、璧山实验地方法院、国立社会教育学院关于璧山实验地方法院办事程序意见、派员暂代候补检察官职务、司法官报到日期及表件、派员充当录事及书记官、院长首席及各推检宣誓誓词、书记官任用审查表及任命状、派员充当看守所医士兼药剂师、会计员对调职务、辞职证明书、派员办理监犯补习教育、派员充当统计员及公证人、职员应补填登记事项清单及履历表等人事事宜的指令、训令、呈、签呈、公函、委任令等，附璧山实验地方法院职员及公务员履历表若干张；(民国)三十一年第二次高等司法官考试初试及格人员分派学习情形报告表等。

29. 璧山地方法院及看守所关于人事等事宜的公文等　13—1—168

1943年1月至1945年11月，司法行政部及人事处、四川高等法院统计室，璧山地方法院、检察院、看守所关于派员监视就职及报到日期、雇员支薪规则、改叙级俸、修正各种法规、公务员登记规则、派员充当看守所医士、呈送任用审查表及证件、试用任用派用及见习人员成绩考核办法及表式、公务员抚恤法及退休法令、请假、辞职、公务员家庭状况登记表、各地方法院看守所编制、公务员眷属人数调查表、看守所所长就职、服务起讫证明书、司法官对于黜陟迁调不得请托、呈送现有看守名册、任职人员最高年龄、简荐委任司法人员、各省委任职司法人员审查成绩、各省机关办理考绩补充注意事项、年度工作计划、依法办理退休事项、统计人员调查表、铨叙资格、人事管理员兼任书记官或委任监狱官职务者报部备查、考绩条例之奖金、职员名册及履历动态月报表等事宜的呈、签呈、训令、指令、公函、启、报告,附璧山实验地方法院职员履历表及公务员任用审查表,非常时期公务员任用补充办法及年资计算表等。

30. 璧山实验地方法院等关于职雇员名录等事宜的公文　13－1－169

1943年9月至1946年8月,司法行政部、四川高等法院、璧山实验地方法院关于职雇员名录、职员履历表式等事宜的训令,附璧山实验地方法院、检察处及看守所职员名录、职员履历表式等。

31. 璧山实验地方法院薪俸及生活补助费表册等　13－1－170

1943年6月至1944年2月,璧山实验地方法院生活补助费表、薪俸表、工饷表及薪俸加成数表、主计人员俸薪表及薪俸加成数表、补发勤工伙食费表等。

32. 璧山实验地方法院职雇员领米名册等　13－1－171

1943年5月至1943年12月,璧山实验地方法院员役薪饷册及生活补助费清册,主计人员生活补助费册,补发勤工伙食费表,璧山实验地方法院公务员役实领食米代金报销名册等。

33. 璧山实验地方法院薪俸簿、工饷簿　13－1－172

1943年1月至1944年5月,璧山实验地方法院薪俸簿、工饷簿,附粮食部四川粮食储运局璧山仓储(民国)三十二、三十三年度征借预售黄谷加工概况表等。

34. 璧山实验地方法院职雇员领薪名册等　13－1－173

1943年1月至1943年4月,璧山实验地方法院职员薪俸册、领食米表、领代金人员、领饷册,璧山实验地方法院公务员役实领食米代金报销名册,分发及增设人员实领食米或代金报销名册,看守所补发看守生活补助费实领清册等。

35. 司法行政部、璧山实验地方法院等关于司法人员训练大纲及璧山法院调训名册等事宜的公文　13－1－174

1943年8月至1944年4月,司法行政部、四川高等法院、泸县地方法院检察处、璧山实验地方法院关于司法人员训练大纲、呈送合格调训人员名单及考核册、现任书记官中尚无符合司法人员训练大纲之人员、到院接印视事、民事刑事学习成绩、高考及格实习人员报到、现任法官在调训期之原俸津及应领食米、各机关受训人事管理人员通讯办法、调训人员俸薪各费、高等考试初试及格人员带薪受训办法等事宜的训令、呈、签呈、代电、快邮代电、公函等。附有中央训练委员会训练团党政训练班每期受训人员调集办法,璧山实验地方法院调派参加中央训练团党政训练班受训人员姓名及考核册,司法人员训练大纲,调训书记官姓名单,各区高考司法官考试及格分发学习人员未送学习成绩姓名简表等。

36. 璧山实验地方法院招考司法助理员报名单及职员履历表　13－1－175

1944年2月至1945年1月,璧山实验地方法院招考司法助理员报名单,璧山实验地方法院职员履历表等。

37. 四川各地方法院检察处关于人事调派及到职日期等事宜的公函等　13－1－176

1942年12月至1943年7月,成都、铜梁、永川、泸县、长寿、潼南、合江、万县、绵竹、合川、綦江、富顺、乐山、重庆、江津等地方法院检察处、璧山实验地方法院看守所关于就职视事日期、调派人员充当地方法院检察官及推事等职务等人事事宜的往来公函、呈等。

38. 璧山实验地方法院检察处、书记室签到簿　13－1－177

1944年6月至1944年10月,璧山实验地方法院检察处、书记室签到簿,此簿包含署名之顺序、到院时刻、出院时刻等事项。

39. 璧山实验地方法院关于人事调派、任免等事宜的往来公文　13－1－178

1944年1月至1944年12月,司法行政部、璧山实验地方法院检察处关于派员暂代书记官及检验员职务、高考司法官临时考试再试笔试及格人员、检察官就职日期、派员充当主任书记官、派员充当新疆高院推事等人事事宜的呈、训令、令、指令等。

40. 璧山实验地方法院关于人事调派、职员任免资历证明书等人事事宜的公文　13－1－179

1943年12月至1944年9月,司法行政部及人事处、四川高等法院、璧山实验地方法院、国立社会教育学院关于免去书记官长署及会计员职务、职员待遇及履历表式、派员充当书记官及会计员职务、书记官等考试及格证书、派员充当特约通译、职员任免资历证明书、年度分配预算意见、派员充当司法助理员、派员充当公证处公证人佐理员、到职日期、请假、派学生到地方法院实习、呈送履历及证件、派员到训练班讲演等事宜的训令、呈、启、指令、令、公函、签呈等,附璧山实验地方法院现有人员名册,公务员任用审查表,璧山实验地方法院职员履历表若干张等。

41. 璧山实验地方法院职员领薪名册及生活补助费实领清册等　13－1－180

1944年1月至1944年12月,璧山实验地方法院职员领薪名册,璧山实验地方法院补发员工菜蔬等补助费实领清册及员警生活补助费实领清册,分配员工服役棉布实领册等。

42. 璧山实验地方法院职雇员领薪名册等清册　13－1－181

1944年1月至1944年10月,璧山实验地方法院职员生活补助费册、俸薪册、工饷表、职员及丁役借支册、员丁俸饷及生活费结算详册、主计人员薪津册、领米册、卫警生活补助费实领清册、现有职员领米名册、公粮费报核清册等。

43. 璧山实验地方法院领薪名册等清册　13－1－182

1944年3月至1948年12月,璧山实验地方法院补助俸实领清册、公粮费报核清册、补发俸薪表、发给职员笔墨清册等。

44. 璧山实验地方法院职雇员领公粮费报核清册　13－1－183

1944年2月至1944年12月,璧山实验地方法院职雇员领公粮费报核清册,此表包含职别、姓名、年龄、在职日数、领粮盖章等事项。

45. 四川高等法院关于呈报公务员动态月报表的指令　13－1－184

1941年2月至1941年7月,四川高等法院关于填报官册式样、公务员动态月报表的指令,附公务员动态月报表、官册等。

46. 司法行政部、璧山实验地方法院等关于人事任免等事宜的往来公文　13－1－185

1943年4月至1945年12月,司法行政部及人事处、四川高等法院、璧山实验地方法院书记官、城中镇第二保办公处关于职员真实年龄、生活困难、代领薪俸及补助俸、回籍安葬、职员录分订、暂缓调训、派员充当厨工、派员充当通译、派员充当书记官、执行推事违法渎职案、呈送成绩文件、民刑判决清册、高等考试司法官考试及格人员参加专业训练、旅行护照证明等事宜的公函、训令、证明书、签呈、呈、启、指令、通知、代电、快邮代电等;附公务员叙级条例,陆海空军军官佐未服军职或改任外职之军官佐调查表式等。

47. 璧山实验地方法院等头天人事任免等事宜的公文等　13－1－186

1945年6月至1945年8月,重庆实验地方法院、璧山实验地方法院关于书记官离职、担任录事职务、考取指导员、供职经历、病假等事宜的证明书、签呈、笺函、报告、公函等，以及在法院充当录事期间遵守法令的保证书。

48. 璧山实验地方法院俸薪工饷备查簿　13－1－187

1945年1月至1945年10月，璧山实验地方法院俸薪工饷备查簿，此簿包含职别、姓名、俸薪额等事项。

49. 璧山（实验）地方法院关于职员请假情形及调派等人事事宜的文书　13－1－188

1945年1月至1948年2月，璧山实验地方法院职员请假登记簿，附关于请假的签呈、报告，请假书若干；四川高等法院、璧山地方法院关于派司法官代推事职务、呈送推事审查成绩表等人事事宜的公函、签呈、呈、训令、指令等。

50. 璧山实验地方法院等关于调派职务等人事事宜的往来公文　13－1－189

1945年2月至1945年9月，司法行政部、四川高等法院、璧山实验地方法院关于派员代书记官职务、派员任人事管理员职务、设置人事管理员、派高等考试司法官考试初试并参加再试笔试及格者到璧山实验地方法院学习、叙级及级俸改叙、免除书记官及推事兼庭长职务、书记官参加法官训练班、办理囚粮册表人员、派员充当公证人、书记官调训情形及领取俸薪食米、派员代统计员职务、派员任录事及推事职务、调员任司法助理员职务、请假、辞职等人事事宜的令、公函、训令、呈、指令、签呈、委任令、证明书、报告等，附璧山实验地方法院职员履历表、请假书等。

51. 四川高等法院、璧山（实验）地方法院等关于人事等事宜的往来公文等　13－1－190

1942年1月至1948年12月，司法行政部、四川高等法院、璧山地方法院关于监所作业月报表、设置人事管理机构、修正人事管理人员官等官俸比叙表、助理员最高级俸、人事管理人员成绩考核实施办法、看守所更正囚粮名册、警丁役守膳食补助费及收支对照表格式、派员离职给予资历证明书等事宜的呈、训令、指令；附璧山实验地方法院职员履历表及公务员履历表，璧山地方法院警丁补报家属请领平价米人数清册，璧山地方法院职员雇员请假单，司法行政部甲种考绩表，人事管理人员成绩考核实施办法，人事管理人员官等官俸比叙表等。

52. 璧山县政府、璧山实验地方法院看守所关于职员调派等人事事宜的往来公文　13－1－191

1945年11月至1946年11月，璧山县政府、璧山实验地方法院看守所关于看守所所长到职日期及履历表、公务统计方案及人事登记表、公务员任用审查表、调派人员代理看守所所长职务、机关组织及员工人数年报表、看守所候补看守继续就职、派员充当候补看守长、看守所现有员额调查表、中央陆军军官学校特别训练班毕业证书、看守所医士工作交接、雇员考绩表、人犯出狱宣誓、请假、缓调、司法人员回避本籍原则、烟毒案归法院办理、伪组织或其所属机关团体任职人员候选及任用限制办法、派员任看守所戒护主任职务等事宜的公函、令、呈、训令、指令、签呈；附公务员任用审查表，璧山实验地方法院看守所现有员额调查表，军训部总务厅医务所证明书，璧山地方法院职员履历表等。

53. 璧山实验地方法院职雇员领薪及生活补助费名册等　13－1－192

1945年3月至1945年12月，璧山实验地方法院菜蔬洗澡补助费实领清册，员警生活补助费实领清册，公粮费报核清册，发给肥皂棉布清册，笔墨费清册，生活补助费俸薪加成数实领清册，理发清册，俸薪表，公役生活补助费报核清册，法警庭丁生活补助费实领清册，员守及职员生活补助费实领清册，看守所阴历年所长奖与聚餐名册，等。

54. 璧山实验地方法院职雇员领薪及生活补助费名册等　13－1－193

1945年7月至1945年12月，璧山实验地方法院生活补助费实领清册，俸薪表，菜蔬洗澡补助费实领清册，补助俸实领情形表，公粮费报核清册，职员生活补助费俸薪加成数实领清册，员工半月借支清册，员警生活费补助清册，看守所菜蔬补助费实领清册，等。

55. 璧山实验地方法院职员领薪及生活补助费名册等　13－1－194

1945年1月至1945年10月，璧山实验地方法院菜蔬洗澡补助费实领清册，俸薪册，工饷表，补助俸实领清册，分发人员及员警生活补助费实领清册，勤工伙食补助费实领清册，分发员工毛巾清册，半月借支清册，职员生活补助费俸薪加成数实领清册，看守所菜蔬补助费实领清册等。

56. 璧山实验地方法院等关于人事任免情况及职员领薪等事宜的文书　13－1－195

1945年3月至1945年10月，司法行政部会计处，璧山实验地方法院检察处、会计室关于录事支薪、解释"辞职"与"退职"差别、司法官官俸、派员代理书记官职务、检验员支薪、派员代理人事管理员职务、派员充当录事、请假、公丁支薪、派员实习并支给津贴、人事处科员薪俸、录事薪俸等事宜的启、指令、呈、报告等。

57. 璧山实验地方法院等关于人事任免等事宜的往来公文等　13－1－196

1946年11月至1947年12月,四川高等法院、璧山地方法院会计室关于抄发任免广东高等法院等会计室佐理人员清单、录事到职、任免浙江泰顺县司法处看守所等主办会计及佐理人员清单、派员充当书记官职务、因病请假、派员任统计室雇员等职务等事宜的训令、通知、签呈,附公务员履历表等。

58. 璧山地方法院等关于人事任免、成绩考核、到职日期等人事事宜的公文　13－1－197

1946年3月至1947年12月,四川高等法院会计室、璧山地方法院会计室关于佐理人员清单、会计室雇用及解雇人员清单、派员充当会计室雇员、会计室现有人员调查表、书记官到职日期、印发公务员履历表、职雇员履历表、书记官考成清册及平时成绩考核记录表、职雇员到差日程调查表、因病请假等事宜的代电、训令、指令、呈、签呈等,附璧山地方法院会计室雇用及解雇人员清单、会计室现有人员调查表、司法行政部会计处拟请任璧山地方法院会计室佐理人员清单、国民政府主计处所属雇用人员考成清册,等。

59. 璧山地方法院、看守所关于职员呈请备查发证明书、工作移交、遗失证章等事宜的往来公文　13－1－198

1946年1月至1947年12月,璧山地方法院、看守所关于调换职务、书记官工作移交、发给职员住宅证明书、派员充当人事调动书记官、看守所所长赴任时携有眷属、制发职员证章、遗失看守所证章、派员充当书记室录事主任、员丁参加地方性组织团体、接收刑庭平股案件、办公证登记法人登记处事项等簿册及卷宗列册移交、保管赃物及财产移交等事宜的签呈、报告、证明书、呈等,附工作移交清册等。

60. 璧山地方法院等关于人事调派等事宜的公文　13－1－199

1947年7月至1947年9月,四川高等法院、璧山地方法院关于派员代理推事职务、派员代理书记官职务、司法人员分发学习、呈报地方法院院长赴渝往返日期、璧山地方法院服务证件、派公证人到地方法院学习、推事办案成绩、行政档案卷宗等事宜的通知、呈、指令、训令、签呈、公函,附公务员任用审查表等。

61. 璧山地方法院等关于人事调派、到职离职等人事事宜的往来公文　13－1－200

1947年1月至1947年12月,四川高等法院、璧山地方法院检察官关于书记官报到及支薪、庭丁月薪、雇员考成结果清单、派员代理推事职务、请假止薪、录事停支薪俸、人事管理员到职、派员充当法警、公丁月支工饷、录事解雇、派员充当庭丁、书记官补助俸等事宜的公函、训令、通知、启、签呈,附璧山地方法院及检察处雇用人员考成结果清单,璧山地方法院业务检讨会议记录及年终会议记录,新派人员暂支级俸通知单等。

62. 璧山地方法院职雇员役领薪名册　13—1—201

1947年1月至1947年12月,璧山地方法院员工总领薪津清单,员警借支清册,垫支员警及公庭丁新标准生活补助费清册,员工福利金清册,补发职员生活补助费实领清册,职员生活补助费俸薪加成数印领清册等。

63. 璧山地方法院等关于人事等事宜的往来公文　13—1—202

1946年12月至1947年8月,国防部军法处、四川高等法院、璧山地方法院及人事室关于推事是否适用非常时期公务员任用补充办法、推事呈送审查、职员配置表册、年终会议司法事务分配及代理次序表、书记官任职、司法助理员支给补助俸、派员代理人事管理员职务、公务员学校教职员等依法参加考试、璧山地方法院院长到职、改选委员会认定及格者换领证书、司法助理员办法是否继续施行、书记官及会计员骨骼证明书、执事证件、添设庭长、预算书符合原额、刑事裁判审查、请假、离职、补送推事成绩判词等事宜的快邮代电、代电、笺函、启、训令、指令、呈、通知、公函,附璧山地方法院职员配置及事务分配代理次序表、璧山地方法院民庭推事办案进度表、四川省司法机关推事审判官结案及计数暂行标准等。

64. 璧山地方法院职雇员、看守所员之领薪名册　13—1—203

1947年2月至1947年12月,璧山地方法院职员及员警生活补助费实领清册,所丁补助费基本数实领清册,公役生活补助费报核清册,看守所增设看守生活补助费实领清册等。

65. 璧山地方法院等关于人事任免等事宜的往来公文等　13—1—204

1933年12月至1943年10月,司法院法官训练所、四川高等法院及会计室、璧山地方法院关于派员充当会计员职务、暂调推事办事、公务员任用审查表及证件、候补推事免职及离院日期、派员充当候补书记官、历届考试及格人员服务状况调查表式、民事案件及公证簿册、书记官辞职、书记官到院日期、叙俸文内略去官俸表名、呈送录事证明文件、高等考试司法官考试及格学习期满者转请试用、公布各机关人事管理暂行办法、原设候补推事或检察官者分期改为正缺、设置人事管理情形及人员名册、学习司法官成绩报告、到院实习起止日期等事宜的训令、呈、指令、笺函、公函;附法院文卷保存期限规程、各机关人事管理暂行办法等。

66. 璧山地方法院及看守所职雇员役领薪名册及生活补助费清册等　　13－1－205

1947年1月至1947年6月,璧山地方法院及看守所所丁及员守生活补助费基本数实领清册,公役生活补助费报核清册,职员及警员生活补助费实领清册,职员生活补助费俸薪加成数印领清册等。

67. 璧山地方法院等关于职员任免、调派等的往来公文及职员名册等　　13－1－206

1946年1月至1948年1月,四川高等法院检察处、璧山地方法院、检察官关于呈送职员名册、书记官任事日期及任命状、派员充当书记官及录事、首席检察官免职、现时未能赴台工作困难情形、公务员任用审查表、书记官俸薪、派员暂代检察官职务、书记官就职日期等人事事宜的公函、呈、训令、签呈、指令,附璧山地方法院职员名册及职员录、璧山地方法院检察处职员录、公务员任用审查表等。

68. 璧山地方法院检察处及看守所领薪名册及生活补助费清册等　　13－1－207

1947年10月至1949年11月,璧山地方法院检察处及看守所增设看守生活补助费实领清册,员守生活补助费实领清册,所丁生活补助费基本数实领清册,补发生活补助费清册,发给员警理发证清册,璧山地方法院雇员考成结果清册,员警食米代金借支册,员守预借伙食费清册,调整员守俸薪清册,发给职员信封信纸清册,员守薪饷册,俸薪清册,工饷清册等。

69. 璧山地方法院职员领薪名册及生活补助费清册等　　13－1－208

1947年1月至1948年10月,璧山地方法院菜蔬洗澡补助费实领清册,补助俸实领清册,补发补助俸实领清册,俸薪表,员警及职员生活补助费实领清册,公役生活补助费报核清册,发给职员笔墨费清册等。

70. 璧山地方法院等关于职员调查表、工作计划等人事事宜的公文等　　13－1－209

1947年2月至1947年9月,四川高等法院、璧山地方法院、看守所关于制发专门人才调查表、抄发各机关现有员额调查表格式、人事机关工作计划等事宜的训令、呈、指令,附璧山地方法院专门人才调查表,各机关现有员额调查表,璧山地方法院法定预算岗额表,璧山地方法院人事机关工作计划,等。

71. 璧山地方法院等关于人事任免及各项法律法规的往来公函等　　13－1－210

1947年1月至1947年12月,四川高等法院、璧山地方法院及检察官、看守所、县立简易师范学校关于撤销派代看守所所长、首席检察官擅自调用看守及多用看守名额分摊薪津案、调赴任人员报领旅费及借支旅费办法、看守所主任看守疏懈职责、清洁监所、浙江桐庐看守所所长行为不检、马边县司法处看守所所长戒护得力、废止职员给假条例、公务员请假规则、看守所所长因病不能赴任、监所员守不得擅自掉换、公务员恤金调整办法、设置会计机构、简易师范学校校长委任状、矫正监所人员奔竞之风、监狱行刑法羁押法、医药丧葬各项补助费救济办法、司法人员因公伤病医药费款支给办法、司法人员殓葬补助费核发办法、雇用人员年资薪额稽核办法、拟具实需人员分配表、抚恤抗共伤亡文职公务员、添补看守及扩充看守所办法、接收烟毒案件增设看守、看守所条例、看守所人数报告表、送审人员证件、修订公务员任用审查表、试署期满之级俸起支办法、职员考勤请假、修正解送人犯条文、首席检察官就职日期、司法机关办理考绩应行注意事项、制发职员证、公务员学校教员等依法参加考试、保障事务官等事宜的训令、呈、通知、指令、公函、签呈、报告；附璧山地方法院看守所主任看守及看守调查表，看守所附设监狱实在需要工作人员分配表，璧山地方法院职员及公务员履历表，四川各监所长官奖惩一览表，雇用人员进退动态汇报清册，看守所附设监狱购置铁链预算书等。

72. 璧山地方法院等关于人事及案件等的往来公文等　　13－1－211

1946年12月至1947年11月，四川高等法院第一分院检察处、书记室、重庆警备司令部、重庆地方法院检察处、璧山地方法院及检察官、警察局、看守所关于贪污及侵占旅费案，订国民政府公报，乘车携带眷属证明，司法检验员训练班学院临时毕业证书，诬告案送达证书，鸦片案，现有员额调查表，密电本表使用期限，行政及诉讼上公文簿册用纸及法警服务须知，重刑案件可在当地新闻报纸发布，滥押不予释放，盗匪等案件的赃物，亏挪公粮案，侵蚀囚粮副食费情形，法官学习成绩，要挟控告情形，考铨法规，确认所有权事件，窃盗案卷宗，举行禁烟节，乡长、副乡长选举，请假，违反改造城东乡教育会案，密加码表、通用表、横直角码表，换法警布质徽章，警察服务证明书及离职交接，制造毒品搜索拘票，充任购买公物证明验收人等事宜的公函、训令、呈、指令、快邮代电、报告、签呈、证明书、通知；附璧山地方法院出差旅费报告表及出差工作日记簿，国民政府公报价目表，各机关现有员额调查表，璧山地方法院资历证明书，璧山地方法院禁烟节提交纪念大会焚烧烟毒及烟毒工具数量清册等。

73. 璧山地方法院等关于职员任免等事宜的往来公文及职员履历表　　13－1－212

1947年3月至1947年12月，四川高等法院、璧山地方法院及书记室、看守所关于派员暂代川南地方法院看守所所长遗缺、新旧所长到离职日期及履历表、派员担任候补看守长职务及到离日期、新任所长调合川、派员充当医士、看守所所长因病不能赴任及撤销调派等人事事宜的训令、呈、指令、签呈、函、代电等；附璧山地方法院看守所职员履历表等。

74. 璧山地方法院等关于人事任免、调派等事宜的往来公文等   13—1—213

1943年1月至1949年1月，铨叙部、四川高等法院及会计室、璧山地方法院及书记室关于推事辞职及派员暂代其遗缺、派员暂代人事管理员职务、分派地方法院学校、推事到职日期、派员暂代书记官职务、派员暂代检察官职务、请假、派员充当录事、书记官离职日期、派员暂代公证处公证员遗缺、书记官任命状、人事行政创刊订阅办法及订单、统计员溢支俸薪、收养子女、推事补助俸、经费划分、调整征收各种考试及格证书费额及邮费表、启用新官章日期及印模、抄发机关概况调查表及委任以上职员名册、操行学识成绩记录表、公务员平时成绩考核等事宜的指令、训令、呈、报告、令、签呈、公函；附公务员履历表，人事行政月刊订单、调整征收各种考试及格证书费额及邮费表，法院组织法，璧山地方法院委任以上职员名册及机关概况调查表，重庆地方法院公务员每月工作操行学识成绩记录表等。

75. 司法行政部及璧山地方法院公务员考核表等   13—1—214

1944年1月至1947年2月，四川高等法院、璧山地方法院关于考绩考成表册等的训令、呈；

璧山地方法院公务员平时成绩考核记录表及考核结果汇报表，司法行政部甲种、丙种考绩表等。

76. 璧山地方法院关于职员请假等人事事宜的往来公文及统计表   13—1—215

1948年1月至1948年11月，璧山地方法院关于辞职、看守所所长请假及职务交接等事宜的签呈、呈、指令、报告；璧山地方法院员工请假统计表，员工请假暨迟到统计表，请假书若干，员工请假天数及迟到次数统计表，职员请假汇计表，等。

77. 璧山地方法院等关于人事任免调派、辞职等事宜的往来公文及公务员履历表等   13—1—216

1947年12月至1948年12月，四川高等法院及统计室、璧山地方法院及书记室关于派员充当川南地方法院推事职务及到职离职日期、公证人不到职及辞职、派员办理推事事务、派员代理书记官职务、派员办理统计员事务、统计人员对调、抄发任免会计人员清单、抄发设置并调任统计室佐理人员清单、书记官离职日期等事宜的训令、指令、公函、代电、签呈、令、呈等，附公务员履历表，主计处任免所属各会计统计处室主办及佐理人员清单等。

78. 璧山地方法院等关于职员人事任免等事宜的公文等　13-1-217

1948年1月至1948年7月，四川高等法院、璧山地方法院关于派员代理书记官职务、证章遗失、因病请假、派员办理公证处事务、派员充当会计室书记官职务及到职日期、狮子乡乡公所解送盗犯、派员办理执行处工作、庭丁殴打公丁、交接公证提存不动产暨法人登记事项等事宜的签呈、报告、函、通知，附璧山地方法院民刑庭忠股移交卷宗清册等。

79. 璧山地方法院等关于公务员惩戒法等事宜的往来公文及奖惩人员姓名表等　13-1-218

1947年7月至1948年12月，四川高等法院、璧山地方法院关于中央公教人员久任奖金给予办法、司法处书记官强迫看守所提缺、甘肃高等法院及辽宁盘山地方法院文职公务员被处刑罚案、公务员惩戒法及公务员惩戒委员会组成法、抄发奖惩人员姓名表等事项的训令；附卷内建立人物卡片名单登记表，中央公教人员久任奖金给予办法，文职公务员被处刑罚案件月报表，奖惩人员姓名表等。

80. 璧山地方法院等关于公务员考绩结果等往来公文等　13-1-219

1947年1月至1948年12月，四川高等法院及重庆分院、会计室、璧山地方法院、律师公会关于考绩考成表册、应予及不予考绩人员、律师加入律师会员登记、院长荐任状、考绩结果等事宜的呈、训令、指令、公函；附璧山地方法院公务员平时成绩考核结果汇报表，公务员平时成绩考核记录表，见习人员考成清册，司法行政部甲种及丙种考绩表，四川高等法院及所属不予考绩人员清单，璧山地方法院应予考绩考成人员姓名职别清单，四川高等法院重庆分院公务员考绩清册，主计部四川各级法院会计室雇用人员考成结果清册等。

81. 璧山地方法院、检察处、看守所职员领薪名册及生活补助费清册　13-1-220

1948年3月至1948年6月，璧山地方法院、检察处、看守所生活补助费清册，俸薪册，配发公教人员食米折发代金报核清册，员守生活补助费实领清册，所丁生活补助费基本数实领清册，借支食米代金清册，等。

82. 璧山地方法院、检察处、看守所员役领薪名册及生活补助费清册等　13-1-221

1948年5月至1948年12月，璧山地方法院、检察处、看守所生活补助费清册、员守及所丁生活补助费清册、俸薪表、员守及公教人员食米代金报核清册、俸薪清册、工饷清册、员工借支薪饷册等。

83. 璧山地方法院、检察处、看守所领薪名册及生活补助费清册等　13－1－222

1948年9月至1948年12月,璧山地方法院、检察处、看守所配发公教人员食米折发代金报核清册、俸薪清册、工饷清册、生活补助费清册、借支生活补助费清册等。

84. 璧山地方法院、检察处、看守所领薪名册及生活补助费清册等　13－1－223

1946年7月至1948年9月,璧山地方法院生活补助费清册、员警应领食米代金清册、职员生活补助费实领清册、俸薪清册、公役生活补助费报核清册、职员俸薪加成印领清册等。

85. 璧山地方法院关于人事调派、机关奖惩人员名单、训练实施办法等事宜的往来公文　13－1－224

1947年9月至1948年10月,四川高等法院、四川第二监狱、中国民主社会党四川省璧山县党部筹备委员会、璧山县政府、璧山地方法院、警察局、看守所、土地清丈队关于警察局局长到职日期、司法机关奖惩人员姓名表、监所人员训练班毕业生资格考试规定、中小学体育讲演歌咏竞赛、看守所医士证件及到职日期、修正现行司法官及其他司法人员官等官俸表、抄发请假单格式、抄发文职公务员被处刑罚案、司法人员因公伤病医药费、看守所所长任职日期及任用审查表及证件、雇用人员考成停止办理、公务员退休抚恤金发给标准、广安看守所所长被控案、雇用人员登记册、制服费报销办法、调训人员报到及薪津、派员担任候补看守长职务、司法人员请假实施办法、监所医药统筹购配办法、公务员平时成绩考核结果汇报册及雇员考成清册、民主社会党四川省璧山县党部筹备会、晒衣问题、官吏贪污嫌疑、司法处书记官强迫看守所提缺、整饬司法人员风纪、看守所条例、监所人员训练办法、监所羁押看守、应酬费支报、机关主管擅离任所、看守人相指纹表式、现任委任以上职员新式履历表、监所人员暂代期间支给薪限制办法等事宜的公函、训令、通知、呈、指令、代电;附璧山地方法院所属机关奖惩人员姓名表,司法行政部监所人员训练班毕业生铨定资格考试规则,文职公务员被处刑罚案件表,璧山地方法院看守所附设监狱雇用人员登记册,调训看守应携物品表,司法人员请假实施办法,监狱暨外役监所附设看守训练所实施办法,收复区监所训练看守办法,监所看守考试条例,中央公教人员久任奖金给予办法,看守所人相指纹表。

86. 璧山地方法院等职雇员领薪名册及生活补助费清册等　13－1－225

1941年7月至1944年11月,璧山地方法院、检察处、看守所膳食补助费单据表,公务员役与其家属请领平价米清册及平价米代金清册,米津贴暂垫清册,职员俸薪米金清册,员役工饷清册,警丁膳食费清册,员役薪饷津贴总册,公粮费报核清册,职员生活补助费实领清册等。

87. 璧山地方法院等关于业务会议及院务会议决议案等事宜的公文等　13－1－226

1947年12月至1948年9月,四川高等法院关于呈送院务会议决议案的训令;璧山地方法院业务检讨及年终会议记录,四川万县地方法院院务会议决议案等。

88. 璧山地方法院检察官等关于公务员考试成绩等事宜的往来公文等　13－1－227

1948年1月至1949年9月,四川高等法院检察处、璧山地方检察官关于公务员平时成绩考核结果汇报册及雇员考成清册、公务员考绩或考成人员名单、录事支薪、学习审判官支薪、公丁及录事请假、派员充当书记官职务等事宜的训令、呈、指令、通知,附璧山地方法院检察处公务员平时成绩考核结果汇报册,司法行政部甲种考绩表,公务员考绩或考成人员名单等。

89. 璧山地方法院关于人事调派及薪金等的通知等　13－1－228

1948年1月至1948年7月,璧山地方法院关于派员担任录事职务及薪金、请假、公丁待遇、录事离职、派员充任司法警察遗缺、庭丁、离职、书记官补助俸、派员担任书记官职务、人事管理员兼主任书记官月俸、厨工薪金等事宜的通知、启等。

90. 璧山地方法院关于人事任免、调职等事宜的公文等　13－1－229

1948年3月至1948年9月,璧山地方法院关于首席检察官起程日期、书记助理员离职、书记官在院服务资历、派员充任书记官等人事事宜的证明书、报告、签呈、公函,附璧山地方法院职雇员卸职证明书等。

91. 四川高等法院、璧山地方法院关于人事任免调派及分子渗入政府部门等事宜的往来公文　13－1－230

1948年4月至1948年10月,四川高等法院、璧山地方法院关于保障任用考试及格人员、任用机关长官前任职务交代、司法官任审程序、委任监所看守长、防止奸党分子渗入政府部门办法、在职人员擅自裁撤等事宜的训令等。

92. 璧山司法警察勤务送阅簿等　13－1－231

1948年6月至1948年11月,璧山司法警察勤务送阅簿,此簿为内勤、外勤等司法警察勤务事宜登记情况鉴核送呈上报。

93. 璧山地方法院关于经费、大学生找工作情况并混入等事宜的往来公文及职员履历表等   13－1－232

　　1942年7月至1948年10月,四川高等法院、璧山县政府、璧山地方法院及看守所关于大学生找工作情况及防止奸党混入办法、修正受刑人金钱物品保管办法、县民参加社会秘密活动、司法季刊工本费、回教协会代表大会、司法机关调赴人员报领旅费、看守所官雇调查图表、视察监所、追加看守制服费、印制法院监所簿册用纸、抄发悬挂国旗方式、禁烟节扩大纪念筹备会、补汇报费、中小学体育讲演歌咏竞赛、订购国民公报、向外募得财物情形等事宜的训令、启、公函、代电、通知;附视察监所规则,璧山地方法院看守所职员看守略历表,璧山县禁烟节扩大纪念筹备会议记录,总统府公报价目表,民生实业公司轮船客票价目表等。

94. 璧山地方法院职员及看守所员及领薪名册及生活补助费清册   13－1－233

　　1948年1月至1948年6月,璧山地方法院、看守所生活补助费实领清册,俸薪表,所丁生活补助费基本数实领清册,员警应领食米代金清册,发配公教人员食米折发代金报核清册,食米代金借支册等。

95. 璧山地方法院等关于公务员任用审查表等事宜的往来公文等   13－1－234

　　1947年2月至1947年9月,四川高等法院、四川第二监狱、璧山地方法院关于修订公务员任用审查表,司法人员调赴支给旅费暂行补充办法、伪组织或其所属机关团体任职人员候选及任用限制办法,废止指纹代替相片暂行办法,公务员任用审查表及履历表,书记官任用年资计算应分别办理,收到璧山邮局汇款,审查证件装订成册,复审成绩,高级中学、旧制中学或其他同等学校毕业者任荐简任职务办法、停止或延长司法机关人员甄用办法等事宜的训令、呈、代电、签呈、指令、公函,附公务员任用审查表及履历表、司法人员调赴支给旅费暂行补充办法等。

96. 璧山地方法院等关于人事调派、到职日期、启用新印等事宜的往来公文等   13－1－235

　　1948年12月至1949年9月,司法行政部会计处及统计处、检察院川康区监察委员行署、四川高等法院及重庆分院、重庆高等特种刑事法庭、内政部调查局重庆调查处永川分处、中国国民党四川省璧山县执行委员会、中央各军事学校同学会重庆分会非常委员会璧山区会筹备委员会、奉节地方法院、江北地方法院、璧山县政府、参议会、省立璧山医院、城湘联防办事处、《重庆世界日报》关于撤销未决政治犯、最高法院正式成立开始办公、日报分销业务、书记官辞职、中央机关应受最高军事长官指挥、最高法院筹设分庭、启用新颁铜质印信日期、璧山县县长到任日期、璧山县参议会会议、司法行政部长接印视事、会计主任对调服务、派员充任城湘联防办事处主任、川康区监察委员行署委员到职视事、内政部调查局重庆调查处永川分处主任到职视事、政务委员会组织规程、筹备会暂行组织条例、推事接任视事、统计员免职、璧山医院院长到职视事等事宜的公函、代电、启、公函,附西南军政长官公署政务委员会组织规程等。

97. 璧山地方法院人事室、书记室、会计室移交清册　13－1－236

1949年1月至1949年11月,璧山地方法院人事室、书记室、会计室移交清册,此册包含职别、姓名、性别、年龄、籍贯等事宜。

98. 璧山地方法院等关于人事调派等事宜的往来公文及职雇员领薪名册等　13－1－237

1949年1月至1949年11月,四川高等法院、璧山地方法院关于派员在璧山地方法院学习、公证处佐理员成绩考核表、公务员任用法施行细则、派员暂代推事职务、推事到职离职日期、公证人成绩审定合格实授核定级俸、核发指挥司法警察证、推事资格审查表等事宜的训令、指令、呈、签呈;附公务员履历表,公务员试署期满成绩审查表,司法官办案成绩简表,准予试用任用派用及见习人员考核表等。

1949年1月至1949年6月,璧山地方法院看守所俸薪清册,银行给款名册,员警及员工伙食津贴清册,员守所丁工饷清册,发给职员信封信纸清册等。

99. 璧山地方法院等关于到职离职等事宜的往来公文等　13－1－238

1949年1月至1949年11月,四川高等法院、璧山地方法院关于派员充当司法官、推事资格审查、审定合格实授核定级俸及发通知书、书记官审查表、司法官训练班铨考及格司法者分发地方法院学习、公证处佐理员成绩考核表、派员充当推事、推事到职及离职日期等事宜的签呈、呈、指令,附准予试用任用派用及见习人员考核表,司法官训练班铨定资格考试及格派学习情形表,公务员履历表,公务员试署期满成绩审查表,司法官办案成绩简表,璧山地方法院请领推事指挥司法警察证人员表等。

100. 璧山地方法院、看守所关于职员到职、考绩等的往来公文及清册等　13－1－239

1948年11月至1949年9月,璧山地方法院、看守所关于看守所所长到职视事及接收情形、雇用人员登记册、抄发机关概况调查表、委任以上职员名册及填报须知、考绩应行注意事项、雇员考成表及考成清册、监所委任待遇、请假等事宜的呈、签呈、指令、训令,附机关概况调查表填报须知及委任以上职员名册及填报须知,璧山地方法院看守所概况调查表及委任以上职员名册,司法机关办理考绩应行注意事项,看守所雇员考成表及考成结果清册,璧山地方法院所属机关奖惩人员姓名表等。

101. 璧山地方法院关于司法警察派任的会、职员领薪名册等　13－1－240

1949年3月至1949年9月,璧山地方法院关于派员充当司法警察职务等的令,附璧山地方法院司法警察身份书,警丁保证书等。

1949年1月至1949年10月,璧山地方法院及检察处职员补助俸册,员工及员警借支薪饷册,菜蔬洗澡补助费实领清册,俸薪清册,员警薪饷册,员工伙食津贴清册等。

102. 璧山地方法院等关于人事任免等事宜的往来公文等　13－1－241

1949年1月至1949年11月,四川高等法院、璧山地方法院、检察官关于录事员额减少、派员充当录事职务、派员代理书记官职务、派员暂代统计员职务、任免会计室主办及佐理人员清单、派员暂代推事职务、派员充任司法处主任审判官职务、卸任推事职务发还原证件等事宜的公函、训令、指令、呈、报告,附国民政府主计部任免会计室主办及佐理人员清单等。

103. 璧山地方法院等关于雇员考成表及考成清册等的往来公文等　13－1－242

1949年1月至1949年4月,四川高等法院、璧山地方法院、看守所关于雇员考成表及雇员考成清册等的呈、指令、训令,附璧山地方法院看守所雇员考成表及雇员考成清册等。

104. 璧山地方法院及看守所职雇员领薪名册等　13－1－243

1949年7月至1949年11月,璧山地方法院职员及看守所俸薪清册,员工及员警俸薪清册,员守所丁薪饷清册,工饷表,发给职员笔墨费册等。